D1663239

INTE UTAN MIN DOTTER

INTE UTAN MIN DOTTER

BETTY MAHMOODY
MEDFÖRFATTARE WILLIAM HOFFER

ÖVERSÄTTNING: MIKAEL MÖRLING

BONNIERS

Detta är en sann berättelse.

Personerna är verkliga, händelserna är verkliga. Namn och andra detaljer som skulle kunna möjliggöra en identifikation har emellertid ändrats för att skydda enskilda och deras familjer mot en möjlig arrestering och avrättning i Iran. Detta gäller i första hand: Hamid, innehavaren av en ekiperingsaffär; Judy, en amerikanska gift med en iranier; Judys svåger, Ali; Judys vänner, Rasheed, Trish och Suzanne; lärarinnan fru Azahr; den hemlighetsfulla fru Alavi; Amahl; samt smugglaren, Mosehn.

Amerikanska originalets titel: *Not Without My Daughter*
Copyright © 1987 Betty Mahmoody och William Hoffer
Published by agreement with Lennart Sane Agency
All rights reserved.
Översättning Mikael Mörling
© 1988 Bonnier Fakta Bokförlag AB, Stockholm
Omslagsfoto One Plus One Studio
Omslagstypografi Martin Heap
Sättning Ytterlids Sätteri AB, Falkenberg
Printed in Finland by WSOY, Juva 1990
ISBN 91-34-51076-1

*Denna bok tillägnas
minnet av min far,
Harold Lover.*

Tack

Marilyn Hoffer har bidragit till projektet på ett oskattbart sätt genom att kombinera sin skicklighet som skribent med sin förståelse som kvinna, hustru, mor och vän. Utan hennes insikt skulle det ha varit svårt – kanske omöjligt – att åstadkomma det här verket. Hon var en viktig medlem i teamet från början till slut. Jag beundrar henne djupt och jag älskar henne.

1

M in dotter slumrade i fåtöljen i fönsterraden på British Airways-planet. Hennes rödbruna lockar ramade in ansiktet och flöt ostyrigt ut över axlarna. De hade aldrig blivit klippta.

Det var den 3 augusti 1984.

Mitt älskade barn var trött av den långa resan. Vi hade gett oss av från Detroit på onsdagsmorgonen, och när vi nu närmade oss slutet på den sista etappen av resan höll fredagsmorgonens sol på att gå upp.

Min make, Moody, lyfte blicken från boken som låg uppslagen på hans kulmage. Han sköt upp glasögonen i pannan där hårfästet kröp allt högre upp. "Det är bäst du gör dig i ordning", sa han.

Jag spände av säkerhetsbältet, tog handväskan och gav mig av längs den trånga mittgången till toaletten längst bak i planet. Kabinpersonalen höll redan på att plocka upp skräp och på andra sätt förbereda den sista etappen ner mot flygplatsen och landningen.

Det är ett misstag, sa jag tyst för mig själv. Om jag bara kunde ta mig av planet nu. Jag reglade dörren och vände blicken mot spegeln. Det jag såg var en kvinna som höll på att gripas av panik. Jag hade just fyllt trettionio, och vid den åldern borde en kvinna ha ett fast grepp om sitt liv. Varför, undrade jag, hade jag tappat greppet?

Jag bättrade på min make-up och försökte ordna till mitt utseende för att på det sättet skingra tankarna. Jag ville inte vara här, men nu var jag det i alla fall, och jag måste göra det

11

bästa av situationen. Kanske skulle de här två veckorna gå snabbt. Hemma i Detroit skulle Mahtob börja förskolan i en montessoriskola utanför staden. Moody skulle gå in helhjärtat för sitt arbete. Vi skulle börja bygga vårt drömhus. Det gällde bara, intalade jag mig, att komma igenom de här två veckorna.

Jag letade i väskan efter de tjocka strumpbyxorna som Moody sagt till mig att köpa. Jag drog på dem och slätade till kjolen på min klassiska gröna dräkt över dem.

Jag kastade ännu en blick på min spegelbild och avfärdade tanken på att dra en borste genom mitt bruna hår. Varför skulle jag bry mig om det? frågade jag mig själv. Jag tog på mig den stora gröna scarf som Moody sagt att jag måste ha på mig så snart vi gick ut. När jag knutit den under hakan tyckte jag att jag liknade en gammal bondgumma.

Jag funderade ett ögonblick på mina glasögon. Jag tyckte att jag såg bättre ut utan dem. Det var frågan om hur gärna jag ville göra ett gott intryck på Moodys familj eller hur mycket jag ville se av detta plågade land. Jag lät glasögonen sitta på, för jag insåg att scarfen redan gjort irreparabel skada.

Till sist återvände jag till min plats.

"Jag har tänkt på en sak", sa Moody. "Vi måste gömma våra amerikanska pass. Om de hittar dem kommer de att ta dem från oss."

"Vad ska vi göra med dem?" frågade jag.

Moody satt tyst en stund innan han svarade. "De kommer att leta igenom din väska eftersom du är amerikan", sa han sedan. "Låt mig ta hand om dem. Det är inte lika troligt att de visiterar mig."

Det var antagligen sant, för min make tillhörde en känd familj i sitt hemland. Det framgick redan av hans namn. Persiska namn är fyllda av antydningar, och vilken iranier som helst skulle kunna uttyda en hel del av Moodys fullständiga namn, Sayyed Bozorg Mahmoody. "Sayyed" är en religiös titel som antyder en direkt härstamning från profeten Mohammed på både fars- och morssidan, och Moody hade ett invecklat familjeträd, skrivet på farsi, för att bevisa det släktskapet. Hans föräldrar hade gett honom tillnamnet "Bozorg" i hopp om att han med tiden skulle visa sig förtjänt av denna benämning, som används om en person som är stor, värdig och hedervärd.

12

Familjens efternamn var ursprungligen Hakim, men Moody föddes ungefär samtidigt som shahen av Iran utfärdade ett dekret som förbjöd islamiska namn av det slaget. Moodys far ändrade därför familjenamnet till Mahmoody, som är mer persiskt än islamiskt. Det kommer av Mahmood, som betyder "prisad".

Till den status som hans namn gav kom så den som följde av hans utbildning. Trots att Moodys landsmän officiellt hatar amerikaner beundrar de det amerikanska utbildningssystemet. Som läkare utbildad i USA kunde Moody vara säker på att han skulle komma att räknas till den privilegierade eliten i sitt gamla hemland.

Jag sökte i min väska och fann passen. Jag gav dem till Moody och han stoppade dem i innerfickan på sin kostym.

Efter en stund började planet inflygningen. Motorljudet minskade och nosen började peka kraftigt nedåt. "Vi måste dyka brant för att bergen runt staden är så höga", sa Moody. Hela planet skakade av påfrestningen. Mahtob vaknade och grep oroligt min hand. Hon såg på mig för att bli lugnad.

"Det är inget farligt", sa jag. "Vi ska snart landa."

Varför var egentligen en amerikansk kvinna på väg till ett land som hade en mer öppet fientlig inställning till amerikaner än något annat land i världen? Varför förde jag med mig min dotter till ett land som var engagerat i ett bittert krig med Irak?

Hur jag än försökte kunde jag inte släcka den mörka rädsla som förföljt mig ända sedan Moodys systerson Mammal Ghodsi hade föreslagit den här resan. En två veckors semesterresa vart som helst skulle vara uthärdlig om man bara kunde lita på att man skulle komma tillbaka till sitt vanliga hemliv efteråt. Men jag var besatt av en misstanke som mina vänner försäkrade mig var helt ogrundad. Jag var rädd för att Moody skulle hålla mig och Mahtob kvar i Iran för all framtid när han väl fått oss med dit.

Mina vänner hade försäkrat att han aldrig skulle göra något sådant. De hävdade att Moody var helt och hållet amerikaniserad. Han hade levt i USA i tjugo år. Alla hans tillgångar, hans läkarpraktik, kort sagt hela hans nuvarande tillvaro och hela hans framtid – fanns i Amerika. Varför skulle han vilja återvända till sitt forna liv?

13

Deras argument var övertygande på förnuftsplanet, men ingen kände Moodys motsägelsefyllda personlighet bättre än jag. Moody var en kärleksfull make och far, men han struntade ibland i sin familjs behov och önskningar på det mest hjärtlösa sätt. Hans inre var en blandning av lysande begåvning och mörk förvirring. Kulturellt var han en blandning av öst och väst. Han visste inte ens själv vilken av de båda världarna som var den dominerande.

Moody hade alla skäl i världen att ta oss med tillbaka till Amerika efter tvåveckorssemestern i Iran. Och han hade samtidigt alla skäl i världen att tvinga oss att stanna kvar där.

Med tanke på att det var en möjlighet, en skrämmande möjlighet, varför hade jag då kommit?

Mahtob.

Under sina första fyra år var hon ett lyckligt och pratsamt barn, fyllt av livslust och med ett varmt förhållande till mig, till sin far och till sin kanin. Den senare var en billig, platt uppstoppad leksakskanin, drygt en meter hög och prydd med vita prickar på det gröna tyget. Den hade hållor på tassarna så att hon kunde spänna fast dem vid sina egna fötter och dansa med den.

Mahtob.

På farsi, som är det officiella språket i den Islamiska Republiken Iran, betyder ordet "månljus".

Men för mig är Mahtob solsken.

I samma ögonblick som planets hjul snuddade vid landningsbanan kastade jag en blick på Mahtob och sedan på Moody, och jag visste varför jag hade kommit till Iran.

Vi steg av flygplanet och klev rakt ut i den tryckande och överväldigande iranska sommarhettan — en hetta som tycktes vilja trycka mig till marken rent fysiskt medan vi gick över plattan från planet till bussen som skulle köra oss till stationsbyggnaden. Ändå var klockan bara sju på morgonen.

Mahtob höll min hand i ett stadigt grepp medan hennes stora bruna ögon betraktade denna främmande värld.

"Mamma", viskade hon, "jag behöver gå på toaletten."

"Visst. Vi ska leta rätt på en toalett." När vi steg in i den stora ankomsthallen möttes vi av ännu en obehaglig sensation

14

– den påträngande stanken från kroppar som svettades i värmen. Jag hoppades att vi skulle komma ut ur hallen snart, men det var fullt av passagerare som anlände med andra plan ungefär samtidigt, och alla trängde sig fram mot den enfiliga passkontrollen som var enda vägen ut ur hallen.

Vi måste ställa oss i samma kö som alla de andra och armbåga oss fram mot passkontrollen. Jag lät Mahtob gå framför mig och la armarna om henne för att skydda henne från folkmassan så gott det gick. Runt omkring oss pratade alla oupphörligt med höga och gälla röster. Mahtob och jag var genomvåta av svett.

Jag visste att kvinnorna i Iran måste ha armarna, benen och pannan skylda, men jag blev ändå förvånad när jag såg att alla de kvinnliga anställda på flygterminalen och alla de kvinnliga passagerarna var insvepta i ett egendomligt klädesplagg. Moody berättade att det hette *chador*. En *chador* är ett stort halvmånformat tygstycke som viras om skuldrorna, pannan och hakan så att bara ögon, näsa och mun syns. En kvinna klädd i *chador* liknar en nunna. De som lyder Koranens bud helt strikt låter bara ett öga vara blottat. Jag såg kvinnor som skyndade genom ankomsthallen med flera tunga väskor i ena handen för att de måste hålla tygstycket på plats under hakan med den andra. De långa svarta slöjorna fylldes med luft när kvinnorna skyndade fram och buktade ut som segel kring dem. Det som förbryllade mig mest var att denna *chador* bara var ett alternativ. Det fanns andra plagg som uppfyllde kraven på korrekt klädsel enligt islamisk lag, men de muslimska kvinnor jag såg valde att bära en *chador* ovanpå de andra plaggen, trots den tryckande hettan. Jag häpnade över att samhället och religionen hade sådan makt över dem.

Det tog oss en halvtimme att komma fram till passkontrollen. Där tittade en hånfull tjänsteman på det enda iranska pass som gällde för oss alla tre. Han stämplade det och lät oss fortsätta. Mahtob och jag följde sedan Moody uppför en trappa, runt ett hörn och bort till ännu en hall, full av folk, där vi skulle hämta vårt bagage.

”Mamma, jag måste gå på toaletten”, upprepade Mahtob som redan stod och trampade av obehag.

Moody vände sig till en kvinna i *chador* och frågade på farsi var det fanns en toalett. Hon pekade mot hallens bortre ände och skyndade sedan vidare. Moody stod kvar och väntade på vårt bagage medan Mahtob och jag letade rätt på toalettrummet. Jag tvekade när vi kom dit och kände stanken. Vi gick motvilligt in och letade i halvmörkret efter en toalett. Men allt som fanns var ett hål i cementgolvet, omgivet av en oval porslinsplatta. Här och där på golvet låg flugbesatta högar där besökare hade missat hålet eller helt enkelt struntat i det.

"Det luktar så illa här!" sa Mahtob och drog mig mot utgången. Vi sprang snabbt tillbaka till Moody.

Det syntes att Mahtob led, men hon ville inte leta efter någon annan offentlig toalett. Hon föredrog att vänta tills vi kom hem till hennes faster. Moody talade med vördnad om sin syster, Sara Mahmoody Ghodsi, som var familjens matriark och som alla tilltalade med den djupaste respekt och kallade Ameh Bozorg, "storfaster". Allt blir säkert bra bara vi kommer hem till Ameh Bozorg, tänkte jag.

Mahtob var trött, men det fanns ingenstans att sitta. Vi tog fram den hopfällbara barnvagn som vi tagit med som present till en av Moodys nyfödda släktingar, och Mahtob satte sig i den.

Medan vi väntade på vårt bagage, som inte visade några tecken på att dyka upp, hörde vi ett gällt skrik som verkade gälla oss. "*Da-heee-jon!*", ropade någon. "*Da-heee-jon!!*"

När Moody hörde orden "käre farbror" på farsi vände sig och ropade glatt en hälsning till en man som kom springande i riktning mot oss. De båda männen föll i varandras armar och kramade om varandra länge. Jag såg hur tårarna rann utför Moodys kinder, och jag greps plötsligt av skuldkänsla när jag tänkte på att jag varit så ovillig att resa. Det här var hans familj. Hans rötter. Det var självklart att han ville och behövde träffa dem. Han skulle njuta av deras sällskap i två veckor, och sedan skulle vi återvända hem.

"Det här är Zia", förklarade Moody för mig.

Zia Hakim tog min hand och hälsade länge och hjärtligt.

Han var en av de oräkneliga unga manliga släktingar som Moody med ett gemensamhetsnamn kallade "syskonbarn". Zias syster, Malouk, var gift med Mustafa, hans vördnadsvärda äldre systers tredje son. Zias mor var Moodys moster och

16

hans far var Moodys farbror, eller vice versa. Jag blev aldrig riktigt klar över de invecklade släktskapsförhållandena. "Syskonbarn" var den enklaste benämningen.

Zia tyckte det var spännande att träffa Moodys amerikanska hustru för första gången. Han hälsade mig välkommen till Iran på god engelska. "Jag är så glad att du kom", sa han. "Vi har väntat så länge på det här ögonblicket!" Sedan lyfte han upp Mahtob, kramade henne och överöste henne med kyssar.

Han såg bra ut och hade ett vinnande leende. Han hade utpräglat arabiska anletsdrag, men han var längre än de flesta iranska männen runt omkring oss. Hans charm och trevliga sätt märktes från första stund. Det var så jag hoppades att Moodys familj skulle vara. Zias rödbruna hår var modernt klippt. Han hade en snygg kostym och en nytvättad skjorta som var öppen i halsen. Det bästa av allt var att han var ren.

"Det är så många som väntar på dig utanför", sa han glädjestrålande. "De har varit här i timmar."

Hur kom du förbi tullen?" frågade Moody.

"Jag har en vän som arbetar där."

Moody ljusnade. Han tog diskret upp våra amerikanska pass ur innerfickan. "Vad ska vi göra med de här?" frågade han. "Jag vill inte att de ska bli konfiskerade."

"Jag ska ta hand om dem åt dig", sa Zia. "Har du några pengar?"

"Ja." Moody skalade av flera sedlar från en bunt och gav dem till Zia, tillsammans med våra amerikanska pass.

"Vi ses utanför", sa Zia och försvann i mängden.

Jag var imponerad av Zias yttre och tyckte att hans sätt tydde på att han var en inflytelserik man. Det var en bekräftelse av vad Moody hade berättat om sin familj. De flesta var välutbildade och flera av dem hade akademiska examina. De var läkare, som Moody själv, eller framgångsrika affärsmän. Jag hade träffat flera av hans "syskonbarn" som besökt oss i USA, och de tycktes alla ha hög social status bland sina landsmän.

Men av allt att döma kunde inte ens Zia få bagagehanteringen att gå fortare. Alla sprang hit och dit och pratade oupphörligt, men det gav inga märkbara resultat. Det ledde till att vi fick stå i hettan i mer än tre timmar. Först måste vi vänta på

17

vårt bagage och sedan ställa oss i den till synes ändlösa kön framför tullkontrollen. Mahtob var tyst och tålig, men jag visste att hon led. Till sist hade vi knuffats och skuffats ändra fram till disken. Moody stod främst, sedan jag och bakom mig Mahtob och barnvagnen.

Tullkontrollanten letade omsorgsfullt igenom varje kolli. Han hejdade sig när han kom till en väska som var helt och hållet fylld med receptbelagda mediciner. Han och Moody började en upphetsad diskussion på farsi. Moody förklarade på engelska för mig att han talade om för tulltjänstemannen att han var läkare och att han hade tagit med sig medicinerna för att donera dem till iranska läkarkollegor.

Tullinspektören blev misstänksam och ställde fler frågor. Moody hade tagit med sig många presenter till sina släktingar. De måste packas upp och kontrolleras. Tulltjänstemannen öppnade vår väska med kläder och hittade Mahtobs kanin, som vi hade packat ner i sista minuten. Det var en vittberest kanin som följt med oss till Texas, Mexico och Canada. Just när vi skulle lämna vårt hem i Detroit hade Mahtob beslutat att hon inte kunde resa till Iran utan sin bästa vän. Tullinspektören lät oss behålla väskan med kläderna, och – till Mahtobs stora lättnad – kaninen. Resten av bagaget skulle skickas till oss senare när man gått igenom det ordentligt.

Nu var i alla fall den saken avklarad, fyra timmar efter det att vi stigit av planet, och vi gick ut från flygterminalen.

Moody omslöts genast av en grupp människor i slöjor och fotsida kläder. Alla försökte få grepp om honom eller i alla fall om ett stycke av hans kostym, och alla tjöt av glädje. Mer än hundra av hans släktingar hade samlats, och alla grät och skrek, tryckte hans händer, kramade honom och kysste honom, kysste mig och kysste Mahtob. Alla tycktes ha tagit med sig blommor som de kastade till Mahtob och mig. Snart hade vi båda famnen full.

Moody grät av glädje när Ameh Bozorg tog honom i sin famn. Hon var klädd i samma tunga svarta *chador* som alla de andra kvinnorna, men jag kände i alla fall igen henne från foton. Man kunde inte missa sig på hennes kroknäsa. Hon var en storvuxen och bredaxlad kvinna och flera år äldre än Moodys fyrtiosju år, men nu höll hon honom intill sig i en björnkram. Hon slog sedan armarna om hans hals, hoppade upp i luften och slog benen om honom som om hon aldrig mer tänkte släppa honom.

I Amerika var Moody läkare med osteopati och smärtlindring som specialitet. Han var väletablerad och tjänade nästan hundra tusen dollar om året. Här var han bara Ameh Bozorgs lille grabb igen. Moodys föräldrar, som båda varit läkare, hade dött när han bara var sex år, och hans syster hade fostrat honom som om han varit hennes egen son. När han nu återvände efter nästan ett årtionde blev hon så överväldigad att andra släktingar till sist måste slita henne från honom.

Moody presenterade henne för oss och hon tog också mig i famn och nästan kvävde mig med kramar och kyssar medan hon hela tiden pratade på farsi. Hennes näsa var så stor att jag inte kunde tro att den var verklig. Den stack ut under två grönbruna ögon som var glansiga av tårar. Munnen var full av krokiga och fläckiga tänder.

Moody presenterade också hennes make, Baba Hajji. Han sa att namnet betyder "fader som besökt Mecka". Han var en kortvuxen man med bistrare min än de andra och klädd i en säckig grå kostym vars byxben var så långa att de dolde sulorna på hans tygskor. Han stirrade i marken framför sig så att hans ögon, som satt djupt inne i det rynkiga ansiktet, inte skulle möta mina. Hans spetsiga vita skägg var en exakt kopia av det som prydde ayatollah Khomeinis ansikte.

Plötslig lades en blomsterkrans om min hals. Den var längre än jag själv och vilade på mina skuldror. Det kan ha varit en signal av något slag, för i samma ögonblick började hela gruppen gå mot parkeringsplatsen. Vi gick fram till ett antal likadana små lådformade vita bilar och de trängde in sig i dem – sex, åtta eller till och med tolv personer i en och samma bil. Armar och ben spretade åt alla håll.

Moody, Mahtob och jag fördes högtidligt fram till hedersbilen, en stor och bred turkosfärgad Chevrolet av tidig sjuttiotalsmodell. Vi placerades i baksätet medan Ameh Bozorg satte sig fram tillsammans med sin son Hussein, vars ställning som äldste son gav honom äran att få köra. Zohreh, den äldsta ogifta dottern, tog plats mellan sin mor och sin bror.

Vår bil var prydd med blomstergirlander och vi åkte först i

den högljudda kortegen från flygplatsen. Vi körde runt det jättelika Shahyadtornet, som vilar på fyra elegant svängda ben. Det är grått och smyckat med turkosfärgade mosaiker, och nu glittrade det i middagssolen. Tornet byggdes av shahen som ett utsökt exempel på persisk arkitektur. Moody hade berättat för mig att Teheran var berömt för det väldiga tornet som stod som en vaktpost i utkanten av staden.

När vi passerat tornet körde vi ut på en motorväg och Hussein tryckte gasen i botten och fick upp den gamla Chevan i hundratrettio. Det var ungefär vad den orkade med.

Medan vi studsade fram längs vägen vände sig Ameh Bozorg om och kastade till mig ett paket som var inslaget i presentpapper. Det var tungt.

Jag kastade en frågande blick på Moody. "Öppna det", sa han.

Jag tog av papperet och fann en lång kappa som säkert skulle räcka mig ner över anklarna. Det fanns ingen markerad midja eller några andra skräddade detaljer. Moody sa att tyget var ylle av en speciell och dyr kvalitet, men det kändes som nylon eller som plast. Det var ett tunt tyg, men så tätt vävt att det säkert skulle göra sommarvärmen ännu svårare att uthärda. Jag avskydde färgen. Det var en ljust olivgrön nyans. I paketet fanns också en lång grön scarf som var mycket tjockare än den jag redan tagit på mig.

Ameh Bozorg log, nöjd med sin generositet, och Moody översatte: "En sådan här kappa kallas *montoe*. Den är det slags plagg vi använder här. Scarfen kallas *roosarie*. I Iran måste man ha den på sig när man går ut på gatan."

Det var inte alls vad jag fått höra tidigare. När Mammal, Baba Hajjis och Ameh Bozorgs fjärde son, hade föreslagit den här semesterresan under sitt besök i Michigan hade han sagt: "När du går i stan måste du ha långärmade plagg, scarf på huvudet och svarta sockor." Men han hade inte sagt något om en fotsid kappa mitt i den helvetiska sommarvärmen.

"Oroa dig inte", sa Moody. "Du fick dem som en gåva. Du behöver bara ha dem på dig när du går ut."

Men jag blev verkligen bekymrad. När Hussein tog av från motorvägen och fortsatte in på en gata tittade jag noga på de kvinnor som skyndade fram längs Teherans trottoarer. De var

20

höljda i tyg från huvud till fot, och många av dem bar en svart *chador* ovanpå samma slags kappa och scarf som jag just fått. Alla färger jag såg var lika trista.

Vad gör de med mig om jag *inte* klär mig så? undrade jag. Blir jag arresterad?

Jag vände mig till Moody och upprepade frågan högt. Han svarade med ett enda ord: "Ja."

Jag fick annat än det lokala dammodet att tänka på när Hussein angrep stadstrafiken. Det var fullt med bilar på de trånga gatorna och varje förare letade efter en passage. När han såg en öppning tryckte han på gasen och signalhornet samtidigt. Vid ett tillfälle när Hussein tröttnat på att vänta la han in backen och backade i full fart hela vägen ner längs en enkelriktad gata. Jag såg resultatet av den rådande trafikdisciplinen: illa tilltygade stötfångare och förare som hoppade ur sina bilar och började gräla. Ibland började de till och med slåss.

Via Moodys översättning förklarade Ameh Bozorg att det var ovanligt lite trafik för att vara fredag. Det var den muslimska sabbaten, och då samlas familjerna i den äldste släktingens hem för att be tillsammans. Men nu närmade sig det klockslag då det var dags för fredagsbön och predikan i stadens centrum. Den hölls av en av islams heligaste män. Denna heliga plikt utfördes oftast av president hojatoleslam Seyed Ali Khameini (som inte ska förväxlas med ayatollah Ruhollah Khomeini, som är religiös ledare och till och med står högre på rangskalan än presidenten). Han assisteras av hojatoleslam Ali Akbar Hashemi Rafsanjani, som är parlamentets talman. Fredagsandakterna samlade – påpekade Ameh Bozorg – inte tusentals utan miljoner människor.

Mahtob såg ut genom bilfönstret utan att säga ett ord. Hon höll sin kanin i famnen medan hon tog in alla nya syner, ljud och dofter. Jag visste att hon längtade efter att få komma till ett badrum.

Efter att våra liv legat i Husseins osäkra händer under en timme körde vi till sist upp framför våra värdars hem. Moody skröt över att Baba Hajji och Ameh Bozorg bodde i en välmående stadsdel i norra delen av Teheran. Han systers hus låg nästan granne med kinesiska ambassaden. Det var avskilt från

21

gatan med att högt grönmålat järnstaket. Vi gick in genom en dubbel järngrind och kom in på en cementerad gård.

Mahtob och jag visste redan att man inte fick ha skor på sig inomhus. Vi följde Moodys exempel och tog av våra skor och lämnade dem ute på gården. Det hade redan kommit så många gäster att det stod en ansenlig samling skor i ena änden av gården och täckte en stor yta av cementen. Ute på gården stod också gasolgrillar som sköttes av inhyrda kockar.

I strumpfötterna gick vi sedan in i det stora huset. Det var byggt i betong och hade platt tak. Vi kom in i en hall som var minst dubbelt så stor som ett stort amerikanskt vardagsrum. Dörrarna var av valnöt och väggarna klädda med panel i samma mörka lyster. Vackra persiska mattor låg i tre eller fyra lager och täckte nästan hela golvet. Ovanpå mattorna låg i sin tur dekorativa överdrag, *sofrays*, av oljeimpregnerat tyg med tryck i ljusa blommönster. Det fanns inga möbler i rummet med undantag av en liten TV i ett hörn.

Genom fönster i den inre väggen kunde jag skymta en pool fylld med klart blått vatten, och hettan fick den att se extra inbjudande ut.

Ännu fler glatt pratande släktingar vällde ut ur sina bilar och kom in i hallen. Moody bubblade av stolthet över sin amerikanska hustru. Han lyste när hans släktingar berömde Mahtob.

Jag letade snabbt rätt på ett badrum för Mahtobs räkning. Det låg ett stycke från vårt sovrum, lite längre ner i korridoren. När jag öppnade dörren ryckte både jag och Mahtob till inför åsynen av de största kackerlackor jag någonsin sett. Djuren kilade omkring på det fuktiga marmorgolvet. Mahtob ville inte gå in, men nu hade hon inget val. Jag släpade med henne in. Här fanns det i alla fall en toalett av amerikansk typ – och till och med en bidé. Men i stället för toalettpapper hängde det en vattenslang på väggen.

Rummet luktade mögel och en sur stank kom in genom ett fönster som vette mot ett angränsande badrum i persisk stil, men det var i alla fall bättre än de faciliteter flygplatsen hade att erbjuda. Jag stod vid sidan medan Mahtob äntligen fick lätta sig.

När vi kom tillbaka till hallen stod Moody och väntade på

22

oss. "Kom", sa han, "jag ska visa er en sak."

Mahtob och jag följde med honom till ingångsdörren och ut på gården.

Mahtob skrek till. En pöl av färskt rött blod låg mellan oss och gatan. Mahtob satte händerna för ansiktet.

Moody förklarade lugnt att familjen köpt ett får av en gatuförsäljare och att han hade slaktat det till vår ära. Det skulle ha gjorts före vår ankomst så att vi kunnat gå tvärs över blodpölen när vi gick in i huset första gången. Nu måste vi gå in på nytt, sa han, tvärs genom blodet.

"Det får du göra själv", sa jag. "Jag gör inte något så dumt."

Moody sa med låg men bestämd röst: "Du måste göra det. Du måste visa respekt. Köttet kommer att delas ut till de fattiga."

Jag tyckte det var en helt galen tradition, men ville inte såra någon, och gick därför motvilligt med på att göra det. När jag lyfte upp Mahtob i famnen gömde hon ansiktet mot min axel. Jag följde Moody runt blodpölen till den andra sidan och gick sedan genom den medan hans släktingar intonerade en bön. Nu hade vi också formellt hälsats välkomna.

Det var dags att dela ut presenter. Det var vanligt att en iransk brud fick guldsmycken av makens familj. Jag var inte längre en brud, men jag visste tillräckligt om de sociala reglerna i de här människornas samhälle för att vänta mig guld första gången jag träffade dem. Men Ameh Bozorg brydde sig inte om den traditionella seden. Det fanns inga smycken för mig. Hon gav Mahtob två guldarmband, men jag fick inget. Det var en tydlig förebråelse. Jag vet att hon blivit upprörd när Moody gifte sig med en amerikanska.

Hon gav både mig och Mahtob varsin utsmyckad *chador* för inomhusbruk. Min var ljust beige med ett persikofärgat blommigt mönster. Mahtobs var vit med rosafärgade rosenknoppar.

Jag mumlade mitt tack för presenterna.

Ameh Bozorgs döttrar Zohreh och Fereshteh gick runt med brickor fulla av cigaretter till de mer betydande gästerna och serverade te till alla. Skrikande barn sprang omkring överallt utan att de vuxna brydde sig om dem.

Det var tidigt på eftermiddagen nu. Gästerna satte sig på hallgolvet medan kvinnorna bar in mat och ställde faten på mattöverdragen. Det kom fat efter fat med sallader som garnerats med rädisor i vackra mönster eller med morötter som lagts ut så att de bildade granmönster. Det serverades vida skålar med yoghurt, fat med tunt bröd, stycken av bitter ost och stora brickor med färsk frukt. *Sabzi* (fat med färsk basilika, mynta och grön purjolök) fullständigade det färggranna utbudet.

Nu kom de inhyrda kockarna för att hämta fat från huset för att lägga upp restaurangmaten på. Det fanns dussintals variationer på ett gemensamt tema. Två väldiga grytor med ris – en fylld med vanligt vitt ris och en med "grönt" ris som kokats med *sabzi* och stora bönor som påminde om bondbönor – hade lagats till på det iranska sätt som Moody lärt mig för länge sedan. Först kokar man dem och sedan glaseras de i olja och ångkokas så att det bildas en brun skorpa på botten i grytan. Denna iranska basrätt serveras med ett urval olika såser som kallas *khoreshe* och som lagas till av grönsaker och kryddor, ofta med tillskott av små köttbitar.

Kockarna la upp riset på fat och hällde över en röd bärsås eller en gul saffranssås. De bar in faten i hallen och ställde dem intill det rika utbud som redan fanns där. Man hade lagat till två slags *khoreshe* för det här tillfället, och en av dem var vår favoritblandning av auberginer, tomater och lammkött. I den andra fanns lök, tomater, lammkött och gula ärtor.

Huvudrätten var kyckling, en sällsynt delikatess i Iran. Den hade först kokats och sedan friterats i olja.

Iranierna satt på golvet med korslagda ben eller hukande på ett knä. De angrep maten som en hjord vilda djur som var utom sig av hunger. De enda bestick som fanns var stora slevliknande skedar. Några använde dem tillsammans med händerna eller ett stycke bröd som formats till en skopa. Andra brydde sig inte om skedarna. Inom några sekunder fanns det mat överallt. Den skyfflades in hur som helst i pladdrande munnar som spillde och spred stycken och bitar över *sofrays* och mattor. En del av det som spilldes skyfflades tillbaka på faten. Den oaptitliga synen ackompanjerades av en kakafoni på farsi. Alla meningar tycktes avslutas med frasen "*Insha Allah*", om gud vill. Det tycktes inte var respektlöst att bruka Allahs heliga namn medan man tuggade och spillde mat omkring sig.

24

Ingen talade engelska. Ingen fäste någon uppmärksamhet vid Mahtob och mig.

Jag försökte äta, men det var svårt för mig att luta mig fram och hämta mat utan att tappa balansen eller uppträda opassande. Min trånga dräktkjol var inte sydd med tanke på att bärarinnan skulle sitta på golvet och äta. På något sätt lyckades jag i alla fall fylla en tallrik.

Moody hade lärt mig att laga många iranska rätter. Mahtob och jag hade lärt oss att tycka om mat från Iran och från många andra islamiska länder. Men när jag smakade på den här festmåltiden fann jag maten otroligt fet och oljig. Olja är ett tecken på rikedom i Iran – och det gäller även matolja. Eftersom det var ett speciellt högtidligt tillfälle formligen simmade maten i olja. Varken Mahtob eller jag kunde få i oss särskilt mycket. Vi plockade i salladerna, men aptiten var borta.

Det var lätt att dölja att vi inte tyckte om maten, för det var Moody som stod i centrum för familjens vördsamma uppmärksamhet. Jag förstod och accepterade det, men kände mig ensam och isolerad.

Men de egendomliga händelser som utspelades under denna oändligt långa dag bidrog till att jag började frukta att Moody skulle försöka utsträcka vår vistelse längre än de två veckor vi bestämt. Det var sant att Moody var extatiskt glad över att träffa sin familj, men det här livet var inte hans stil. Han var läkare. Han visste hur viktigt det var att iaktta en god hygien och han uppskattade en hälsosam kosthållning. Hans personliga stil var en helt annan än den de här människorna visade. Han njöt av ett bekvämt liv och tyckte om lugna samtal. Han tog gärna en eftermiddagsslur i sin favoritfåtölj. Det var ovant för honom att sitta på golvet med korslagda ben som man gjorde här. Jag visste att han inte på något sätt kunde föredra Iran framför Amerika.

Mahtob och jag växlade blickar och läste varandras tankar. Den här semestern var ett kort avbrott i våra annars så normala amerikanska liv. Vi kunde stå ut med det, men ingen kunde tvinga oss att trivas med det. Redan från det ögonblicket började vi räkna dagarna tills vi skulle få resa hem.

Måltiden drog ut på tiden. Medan de vuxna fortsatte att

skyffla in mat i sina munnar blev barnen otåliga. Det blev bråk och kiv. De kastade mat på varandra och skrek med gälla röster medan de sprang fram och tillbaka över golvet. Ibland hände det att en av deras smutsiga bara fötter hamnade i ett matfat. Jag la märke till att några av barnen led av medfödda missbildningar av olika slag. Andra hade egendomligt uttryckslösa ansikten och blickar. Jag undrade om de var resultat av ingifte. Moody hade försökt övertyga mig om att det inte har några negativa effekter i Iran, men jag visste att många av de äkta par som fanns i rummet var kusiner som gift sig med kusiner. Resultatet tycktes avspegla sig i några av barnen.

Senare presenterade mig Reza, Baba Hajjis och Ameh Bozorgs femte son, för sin hustru Essey. Jag kände Reza väl. Han hade bott hos oss en tid i Corpus Christi i Texas. Han hade varit påfrestande för mig där, och jag hade till sist gett Moody ett ultimatum för att få Reza ut ur huset, trots att jag inte brukade ta till sådana metoder. Men här var han ett bekant ansikte och en av de få som talade engelska med mig. Essey hade studerat i England och talade hygglig engelska. Hon hade en liten son i famnen.

"Reza talar så mycket om dig och Moody", sa Essey. "Han är så tacksam för allt ni gjort för honom."

Jag talade med Essey om hennes baby, men då blev hennes min dystrare. Mehdi hade fötts med deformerade fötter som var bakåtvridna. Hans huvud var också missbildat. Pannan var för stor i förhållande till ansiktet. Jag visste att Essey var Rezas kusin, men att han i alla fall hade gift sig med henne. Vi pratade bara i några minuter innan Reza kom och tog henne med till en annan del av hallen.

Mahtob slog förgäves efter en mygga som hade bitit henne och fått en stor röd bula att slå upp i pannan. Nu var augustieftermiddagens hetta tryckande. Som jag hoppats fanns det luftkonditionering i huset, och den slogs på. Men av någon anledning stängde man inte dörrar och fönster. Hettan och myggen fortsatte att strömma in.

Jag kunde se att Mahtob led lika mycket som jag. För en västerlänning liknar ett normalt samtal i Iran ett gräl mellan uppretade människor. Man skriker och gestikulerar samtidigt som man skjuter in ett "*Insha Allah*" titt och tätt. Ljudnivån är bedövande.

Jag kände huvudvärken komma smygande. Lukten av den oljiga maten, stanken från människorna, det oupphörliga pratet och effekten av den långa flygresan med dess tidsförskjutning tog sin tribut.

"Mahtob och jag vill gå och lägga oss", sa jag till min make. Det var tidigt på kvällen och de flesta släktingarna var fortfarande kvar, men Moody visste att det var honom de ville prata med och inte mig.

"Visst, gör det", sa han.

"Jag har en fruktansvärd huvudvärk", sa jag. "Har du något jag kan ta mot den."

Moody reste sig och gick med mig och Mahtob till vårt sovrum. Han hittade en förpackning med värktabletter som tullen inte sett. Han gav mig tre tabletter och gick sedan tillbaka till sin familj.

Mahtob och jag kröp i säng. Vi var så trötta att den nerlegade madrassen, de unkna filtarna och de sträva kuddarna inte kunde hindra oss från att somna. Jag visste att Mahtob slumrade in med samma bön i tankarna som jag hade i mitt bultande huvud. Gode Gud, låt de här två veckorna gå fort.

2

Klockan var ungefär fyra nästa morgon när Baba Hajji bultade på vår sovrumsdörr. Han ropade något på farsi. Utanför hördes rösten av en *azan*, en böneutropare som kallade de trogna till deras heliga plikter.

"Dags för bön", muttrade Moody. Han gäspade och sträckte på sig innan han gick ut i badrummet för att utföra den rituella tvagningen och skölja båda armarna från armbågen och ner, tvätta pannan och näsan samt fötternas översida.

Min kropp värkte eftersom jag sovit i gropen mitt i den tunna madrassen. Mahtob låg mellan Moody och mig, och hon hade haft det obekvämt eftersom hon legat i skarven mellan de båda sängarna och haft den hårda träramen under sig. Hon hade glidit ner på min sida och sov nu så tungt att jag inte kunde flytta henne. Vi låg tätt tillsammans, trots hettan, när Moody gick ut i hallen för att be.

Några minuter senare hördes hans röst tillsammans med Baba Hajjis, Ameh Bozorgs och deras döttrars, Zohrehs och Fereshtehs. Den yngste sonen, Majid, som var trettio år, deltog också i andakten. De övriga fem sönerna och dottern Ferree hade sina egna hem nu.

Jag vet inte hur länge de höll på. Jag slumrade in och vaknade på nytt flera gånger, och märkte inte när Moody kom tillbaka till sängen. Men det var inte slut på husets religiösa undervisning i och med det. Baba Hajji stannade och läste mässande ur Koranen så högt hans röst förmådde. Jag kunde också höra Ameh Bozorg läsa ur Koranen i sitt sovrum i andra änden av huset. De fortsatte i timmar, och deras röster fick så småningom en hypnotiserande effekt.

Baba Hajji hade avslutat sin andakt och gett sig av till sitt kontor innan jag steg upp. Han drev en import-exportfirma som hette H S Salam Ghodsi & Söner.

Min första tanke var att duscha bort verkningarna av föregående dags hetta. Det fanns inga handdukar i badrummet. Moody sa att Ameh Bozorg antagligen inte ägde några, och jag tog ett lakan från sängen som ersättning för oss alla tre. Det fanns inget duschdraperi heller. Vattnet rann helt enkelt ut vid nedre änden av det sluttande marmorgolvet. Trots bristen på bekvämligheter var duschen uppfriskande.

Mahtob duschade efter mig och efter henne var det Moodys tur. Jag klädde mig i en enkel kjol och blus. Sedan la jag på en lätt make-up och ägnade tid åt håret. Moody hade sagt att jag inte behövde ha det täckt inomhus.

Ameh Bozorg var sysselsatt i köket. Hon hade en mönstrad *chador* för hemmabruk på sig. Eftersom hon behövde båda händerna i arbetet hade hon lindat det fladdrande tyget ett extra varv runt kroppen och stuckit in de lösa ändarna i armhålorna. För att inte plagget skulle linda upp sig måste hon hålla armarna tätt efter sidorna.

Hon arbetade så gott hon kunde i ett rum som i likhet med hela det övriga huset en gång varit vackert men som nu hade förfallit. Väggarna var täckta av decenniers fettavlagringar. Stora köksskåp av plåt, av samma typ som finns i amerikanska restaurangkök, höll på att rosta sönder. Det fanns en diskbänk av rostfritt stål, men den var täckt av odiskad servis. Grytor och pannor av alla slag fyllde arbetsbänken och ett fyrkantigt bord intill. Eftersom det inte fanns något ledigt arbetsutrymme använde hon golvet som arbetsyta. Golvet var av brun marmor och delvis täckt med en röd och svart matta. Överallt låg matrester och kladdiga droppar av spilld matolja och märkliga sockerränder. Jag såg till min förvåning ett General Electric kyl- och frysskåp, komplett med ismaskin. När jag öppnade dörren såg jag att det var fullt av grytor och fat som inte var täckta och som fortfarande hade serveringsskedarna nerstuckna i maten. I köket fanns också en italiensk tvättmaskin och husets enda telefon.

Den största överraskningen kom när Moody skröt inför mig

med att Ameh Bozorg hade städat hela huset till vår ära. Jag undrade hur det såg ut när det var ostädat.

Ett gammalt magert hembiträde, vars ruttna tänder matchade det tillstånd hennes blå *chador* befann sig i, lystrade håglöst till Ameh Bozorgs befallningar. På golvet gjorde hon i ordning en bricka med te, ost och bröd och serverade oss sedan på hallgolvet.

Teet serverades i små glas som knappt rymde en kvarts kopp, och det skedde i strikt ordning: först fick Moody sitt glas. Han var den ende närvarande mannen. Sedan serverades Ameh Bozorg, den kvinna i sällskapet som stod högst i rang. Sedan var det min tur, och sist fick Mahtob sitt glas.

Ameh Bozorg hällde rikligt med socker i sitt te. Hon tog flera fulla skedar ur skålen och tömde dem i koppen. På vägen spillde hon en rand socker på mattan och bjöd på så sätt kackerlackorna på frukost.

Teet var hett, starkt och överraskande gott. När jag smakade på det sa Ameh Bozorg något till Moody.

”Du tog inget socker i ditt te”, sa han.

Jag la märke till att Moody uttryckte sig på ett nytt sätt. Hemma skulle han ha sagt: ”Vill du inte ha socker i teet?” Nu uttryckte han sig mer formellt och talade som en person som inte har engelska som sitt modersmål. Moody hade för länge sedan lärt sig att tala och uttrycka sig som en infödd amerikan. Varför talade han på det här sättet nu? undrade jag tyst för mig själv. Hade han återgått till att tänka på farsi så att han översatte till engelska innan han talade? Högt svarade jag på hans fråga.

”Jag vill inte ha socker i teet. Det är gott som det är.”

”Hon är upprörd över ditt beteende”, sa han. ”Men jag sa att du är söt nog som du är. Du behöver inget socker.”

Ameh Bozorgs djupt liggande ögon avslöjade att hon inte uppskattade skämtet. Att dricka te utan socker var av allt att döma ett svårt etikettsbrott, men jag brydde mig inte om det. Jag stirrade tillbaka på min svägerska, smuttade på teet och lyckades pressa fram ett leende.

Brödet som serverades var ojäst och smaklöst, platt och torrt. Det hade samma konsistens som fuktig kartong. Osten var en stark dansk ädelost. Mahtob och jag tycker om dansk ädelost, men Ameh Bozorg visste inte att den måste ligga i vätska för att behålla sin arom. Den här osten luktade fotsvett. Mahtob och jag svalde ner vad vi förmådde av den.

Senare på förmiddagen kom Majid, den yngste sonen i familjen och hälsade på mig en lång stund. Han var snäll och godmodig, och hans engelska var hygglig. Det var så många ställen han ville visa oss. Vi måste se shahens palats, sa han. Och Mellattparken, där det fanns något som var en raritet i Teheran – gräs. Han ville också ta med oss ut och handla.

Men vi visste att allt det måste vänta. De första dagarna måste ägnas åt att ta emot besökare. Släktingar och vänner från när och fjärran ville träffa Moody och hans familj.

Samma förmiddag insisterade Moody på att vi skulle ringa mina föräldrar i Michigan. Det innebar ett problem för mig. Mina söner Joe och John, som nu bodde hos min exmake i Michigan, visste att vi var här, men de hade lovat att inte berätta det för mina föräldrar. Jag ville inte att de skulle få veta att vi rest till Iran. De skulle bara bli bekymrade. De hade redan annat att oroa sig för. Pappa höll på att kämpa mot sin sjukdom. Man hade konstaterat cancer i grovtarmen. Jag ville inte ge dem orsak till ytterligare oro, och jag hade sagt till dem att vi skulle resa till Europa.

”Jag vill inte berätta för dem att vi är i Iran”, sa jag.

”De visste att vi skulle resa hit”, sa han.

”Nej, det visste de inte. Jag sa till dem att vi skulle resa till London.”

”När vi träffades senast”, sa Moody, ”berättade jag för dem att vi skulle resa till Iran. Jag sa det när vi skulle gå.”

Vi ringde. Jag hörde min mors röst, som färdats nästan halva vägen runt jorden innan den nådde mig. När vi utväxlat hälsningar frågade jag hur det var med pappa. ”Det går ganska bra”, sa mamma. ”Men kemoterapin besvärar honom.”

Till sist berättade jag för henne att jag ringde från Teheran.

”Åh, herregud!” sa hon. ”Jag var rädd för det.”

”Oroa dig inte. Vi har det härligt här”, narrades jag. ”Allt är bara bra. Vi kommer hem den sjuttonde.”

Jag gav luren till Mahtob och såg hennes blick ljusna när hon hörde mormors välbekanta röst.

Efter telefonsamtalet vände jag mig till Moody. ”Du ljög för

31

mig!" anklagade jag honom. "Du sa att de visste att vi skulle hit, men det gjorde de inte."

"Jaså. Jag sa det i alla fall till dem", sa han och ryckte på axlarna.

Jag kände paniken börja växa inom mig. Hade mina föräldrar inte hört honom eller inte förstått? Eller hade jag kommit på Moody med en lögn?

Moodys släktingar kom i klungor som samlades i hallen till lunch eller middag. Männen togs emot vid dörren med det pyjamasliknande plagg man använde inomhus. De gick snabbt till ett annat rum för att byta och kom sedan tillbaka till hallen. Ameh Bozorg gav var och en av de besökande kvinnorna en *chador* ur ett förråd av färggranna plagg som hon hade till hands. De kvinnliga gästerna bytte skickligt från den svarta slöja de bar ute på gatan till den vackrare inomhusmodellen utan att visa en kvadratcentimeter av den förbjudna ansiktshuden.

Man ägnade besöken åt att prata och äta.

Under sina samtal fortsatte männen med sina ändlösa böner. De hade alla var sitt radband med kulor av plast eller sten. De höll det i handen och använde det för att räkna de trettiotre upprepningarna av "*Allah akbar*", "Gud är stor".

Om besökarna kom på morgonen började de den utdragna avskedsprocessen vid middagstid. När de bytt tillbaka till sin gatudress kysste de varandra farväl, tog några steg mot utgången, fortsatte att prata, kysste farväl på nytt, tog några steg till mot dörren, skrek, grät och kramades i ytterligare en halvtimme, tre kvart eller en timme. Ingen tycktes behöva hålla några tider.

Men de lyckades i alla fall ge sig av före de tidiga eftermiddagstimmarna. De var reserverade för den siesta som hettan tvingade till och för en krävande andakt med många böner.

Om besökarna kom till middag stannade de länge, för vi väntade alltid på att Baba Hajji skulle komma hem från arbetet – vilket han aldrig gjorde före klockan tio – och sätta sig bland de andra pyjamasklädda männen och *chador*-täckta kvinnorna för att äta kvällsmåltiden.

I vanliga fall brydde jag mig inte om att ha huvudet täckt

inomhus, men några av gästerna var av allt att döma mer fanatiskt religiösa än andra. Vid ett tillfälle tvingades jag att skyla mitt ansikte. En kväll när det oväntat kom gäster sprang Ameh Bozorg in i vårt sovrum och kastade till mig en svart *chador* samtidigt som hon röt något åt Moody.

"Ta på den genast", kommenderade Moody. "Vi har gäster. En av dem är en turbanman." En turbanman är föreståndare för en *masjed* – en moské. Han är motsvarigheten till en kristen kyrkoherde eller pastor. Man kan lätt känna igen en sådan man på hans klädsel. Han bär alltid en *abbah*, ett slags kåpa, och den huvudbonad som gett upphov till hans öknamn. Vanliga iranska män klär sig för det mesta i kostym eller sportigare vardagskläder, och de brukar gå barhuvade. En turbanman bemöts alltid med stor respekt.

Det fanns därför ingen möjlighet att protestera mot Moodys krav att jag skulle ta på mig *chador*. Men när jag strävade med att drapera det besvärliga plagget på rätt sätt märkte jag att det var smutsigt. Den del av slöjan som skulle täcka nedre delen av ansiktet var stel av torkad saliv och matrester. Jag hade inte sett några näsdukar eller pappersservetter i hushållet. Men jag hade lagt märke till att kvinnorna använde slöjorna i stället. Lukten från det här plagget var motbjudande.

Turbanmannen var *Aga* Marashi. Han var gift med Baba Hajjis syster. Han var också avlägset släkt med Moody. Han stödde sig på en snidad käpp när han mödosamt stegade in i hallen, tyngd av vad som måste ha varit en kroppshydda på hundrafemtio kilo. Han satte sig långsamt och försiktigt på golvet medan han stönade av ansträngningen. Han förmådde inte sitta med benen i kors som de andra utan sträckte i stället ut benen framför sig i ett V och hukade sedan framåt med skuldrorna. Under den svarta kåpan vilade buken mot golvet. Zohreh kom snabbt med en bricka med cigaretter till den vördnadsvärde gästen.

"Servera te", kommenderade han med skarp röst och tände en ny cigarett med resten av den han just rökt. Han hostade och harklade högljutt men brydde sig inte om att hålla handen för munnen.

Teet serverades omedelbart. *Aga* Marashi öste rågade sockerskedar i det lilla teglaset, blossade på cigaretten, hostade och skopade ännu en sked socker i teet. "Jag ska bli din patient", sa han till Moody. "Jag behöver behandlas för diabetes."

Jag kunde inte besluta mig för vad som var mest motbjudande: den smutsiga *chador* som jag höll tätt mot mitt ansikte eller turbanmannen till vars ära jag måste ta på den.

Jag satt stilla och tyst under besöket och ansträngde mig att inte ge efter för mitt illamående och kräkas. När gästerna gått kastade jag av mig slöjan och sa till Moody att den var så smutsig att den äcklade mig. "Kvinnorna här snyter sig i slöjan", klagade jag.

"Det är inte sant", sa han. "Det är lögn."

"Ta en titt här då."

Det var först sedan han själv undersökt slöjan som han medgav att jag talat sanning. Jag undrade vad det var för underliga tankar som fyllde Moodys huvud. Hade han så lätt glidit tillbaka i sin barndomsmiljö att allt tycktes naturligt för honom tills jag påpekade att det inte alls var det?

De första dagarna tillbringade jag och Mahtob mesta tiden i sovrummet. Vi kom bara ut när Moody talade om att det hade kommit fler besökare som vi måste hälsa på. I vårt rum kunde vi i alla fall sitta på sängen och var inte hänvisade enbart till golvet. Mahtob lekte med sin kanin eller med mig. För det mesta var vi uttråkade, varma och olyckliga.

Sent på eftermiddagen hade den iranska televisionen en nyhetsutsändning på engelska. Det var Moody som fäst min uppmärksamhet på det, och jag gick och såg nyhetsprogrammet. Det var inte så mycket för nyheternas skull som för att det var ett tillfälle att höra mitt eget språk. Sändningen började ungefär halv fem och pågick i en kvart eller tjugo minuter, men det var aldrig så exakt noga med tiden.

Första delen av nyhetssändningen handlade alltid om det pågående kriget med Irak. Var dag räknade man döda irakiers kroppar och jublade, men man nämnde aldrig några iranska förluster. Man visade alltid några filmsnuttar som visade ivriga unga män och kvinnor som marscherade ut till det heliga kriget (männen slogs och kvinnorna lagade mat och tog även över den eljest manliga uppgiften att baka bröd). Efter de scenerna efterlyste man fler frivilliga som kunde kämpa för fosterlandet. Därefter kom fem minuter med libanesiska nyheter. Shiamuslimerna i Libanon är en stark och våldsam fraktion som stöds av Iran och som är lojala mot ayatollah Khomeini. Sist gav man en treminutersöversikt med nyheter från den övriga världen, vilket alltid innebar något negativt om Amerika. Amerikanerna dog som flugor i aids. Den amerikanska skilsmässofrekvensen var skyhög. Om det irakiska flygvapnet bombade en tanker i Persiska viken var det för att amerikanerna bett dem göra det.

Jag tröttnade snart på retoriken. Om det var vad de sa i de engelskspråkiga nyheterna kunde man undra vad de berättade för iranierna.

Sayyed Salam Ghodsi, som vi kallade Baba Hajji, var en gåta. Han var sällan hemma och han talade nästan aldrig till sin familj utom när han kallade dem till bön eller läste högt ur Koranen. Men hans inflytande var ändå allestädes närvarande. När han lämnade hemmet tidigt på morgonen, efter flera timmars bön, alltid klädd i samma grå och svettfläckiga kostym och med radbandet i handen, lämnade han av allt att döma sin järnvilja efter sig. Under hela dagen, medan han skötte sina affärer och gick till moskén när det var dags för bön, fanns hela tiden hans tunga och dystra aura kvar i hemmet. Hans far hade varit en turbanman. Hans bror hade nyligen lidit martyrdöden i Irak. Han var alltid medveten om den värdighet dessa fakta förlänade honom, och han förde sig på det högdragna och en smula frånvarande sätt som utmärker en person som vet att han står över sin omgivning.

I slutet av sin långa dag, fylld av arbete och bön, åstadkom Baba Hajji ett veritabelt tumult genom att återvända hem. När man hörde att järngrinden öppnades vid tiotiden på kvällen utlöstes alarmet. "Baba Hajji", sa någon, och varningen spreds snabbt i hela huset. Zohreh och hennes yngre syster, Fereshteh, som under dagen skylde sig enbart med *roosarie*, skyndade sig båda att ta på sin *chador*.

Vi hade varit Baba Hajjis gäster i fem dagar när Moody plötsligt sa att jag måste börja bära *chador* inomhus – eller i alla fall min *roosarie*.

"Nej", svarade jag. "Både du och Mammal sa innan jag kom att jag inte skulle behöva ha några sådana plagg på mig inomhus. Du sa att de skulle förstå mig för att jag är amerikan."

Men Moody gav sig inte. "Baba Hajji är mycket upprörd för att du inte har den på dig. Det är hans hem vi bor i." Moodys ton var bara delvis ursäktande. Det fanns också en underström av auktoritet i hans röst, och han lät nästan hotfull. Jag kände den sidan av hans personlighet väl, och jag hade tvingats kämpa mot den vid tidigare tillfällen. Men det här var hans land och hans folk. Jag hade av allt att döma inget val, men var gång jag tog på mig den hatade scarfen för att vistas i Baba Hajjis sällskap tröstade jag mig med tanken på att vi snart skulle resa hem till Michigan, till mitt land och mitt folk.

Allt eftersom dagarna gick blev Ameh Bozorg mindre hjärtlig. Hon beklagade sig inför Moody över vår slösaktiga amerikanska vana att duscha var dag. Som en förberedelse inför vårt besök hade hon gått till *hamoom*, den offentliga badinrättningen, och genomgått den badritual som tar en hel dag att klara av. Hon hade inte badat sedan dess och tänkte av allt att döma heller inte göra det inom överskådlig framtid. Hon och de övriga i hennes klan klädde sig i samma smutsiga kläder dag efter dag, trots den kvävande hettan.

"Ni får inte duscha varenda dag", sa hon.

"Vi måste duscha varje dag", svarade Moody.

"Nej", sa hon. "Ni tvättar bort alla cellerna från huden. Ni kommer att bli förkylda i magen och bli sjuka."

Meningsutbytet slutade utan att någon övertygade den andra. Vi fortsatte att duscha dagligen. Ameh Bozorg och hennes familj fortsatte att lukta illa.

Trots att Moody höll sig själv ren ville han inte lägga märke till hur smutsig omgivningen var förrän jag fäste han uppmärksamhet på det.

"Det är mjölbaggar i riset", klagade jag.

"Det är inte sant", sa han. "Du har bara bestämt dig för att inte trivas här."

Vid middagen på kvällen grävde jag i smyg med en sked i riset och fick upp flera små svarta mjölbaggar i en enda portion som jag la på Moodys tallrik. Det är inte artigt att lämna mat på tallriken, och Moody ville inte bryta mot etiketten. Han åt upp mjölbaggarna och han förstod vad jag hade menat.

Moody la inte märke till den hemska lukt som fyllde huset varje gång Ameh Bozorg ansåg att det var dags att avvärja det

36

onda ögat. Ritualen bestod i att man brände illaluktande svarta frön i en behållare av plåt med hål i som liknade ett durkslag. Man använder samma anordning när man kokar ris på iranskt sätt. Den sprider värmen och fördelar den jämnt så att den skorpa man vill ha i botten av kokkärlet kan bildas utan att riset blir bränt. Men i Ameh Bozorgs händer och fyllt med de svarta fröna blev detta hjälpmedel till ett tortyrinstrument. Moody avskydde lukten lika mycket som jag.

Ibland lekte Mahtob lite med de barn som kom på besök tillsammans med sina föräldrar. Hon snappade till och med upp några ord på farsi, men miljön var så främmande att hon alltid höll sig nära mig och sin kanin. En gång räknade hon myggbetten i ansiktet för att ha något att göra. Hon kom till tjugotre. Hon hade inte bara bett i ansiktet. Hela hennes kropp var full av röda svullnader.

Allt efter som dagarna gick tycktes Moody i allt högre grad glömma att Mahtob och jag existerade. I början hade han översatt varje konversation och alla kommentarer. Nu brydde han sig inte längre om det. Mahtob och jag fick sitta och visa oss för gästerna i timmar och försöka vara trevliga, trots att vi inte förstod något av det som sas. Det förekom flera dagar att bara Mahtob och jag talade med varandra.

Tillsammans väntade vi på – och levde för – den stund då vi skulle återvända till Amerika.

En gryta med stuvning stod hela tiden på spisen för den som var hungrig. Många gånger såg jag besökare gå fram till grytan och äta ur den med den sked som låg i. Det som de spillde ur munnen när de åt ur den stora sleven föll tillbaka i grytan eller spilldes på golvet. Köksbänkar och golv var fulla av spillt socker som obetänksamma tedrickare hade lämnat efter sig. Kackerlackorna frodades i köket i lika hög grad som i badrummet.

Jag åt nästan ingenting. Ameh Bozorg brukade laga till en *khoreshe* på lamm till middag, och till den använde hon generösa mängder *dombeh*. Det är den fettdepå som hänger under de iranska fettsvansfårens svans och gungar när djuren går. Fettet smakar härsket men uppskattas mycket av iranierna, och det används som en billig ersättning för olja till matlagning.

Ameh Bozorg hade en hel *dombeh* i kylskåpet, och när hon

37

skulle laga mat började hon med att skära av ett stycke fett och smälte det sedan i en stekpanna. Sedan kanske hon sauterade några lökar i pannan och la i några köttstycken och vad hon hade hemma av bönor och grönsaker. Sedan sjöd alltsammans under hela eftermiddagen och kvällen medan den påträngande doften av *dombeh* spred sig i hela huset. När det blev dags att äta middag kunde varken jag eller Mahtob få ner något av Ameh Bozorgs mat. Inte ens Moody tyckte om den.

Långsamt började hans medicinska utbildning och sunda förnuft göra sig gällande, trots hans respekt för familjen. Jag klagade hela tiden på de dåliga sanitära förhållandena, och det ledde så småningom till att Moody la märke till bristerna i tillräckligt hög grad för att ta upp saken.

”Jag är läkare, och jag tycker att du borde lyssna på mina råd”, sa han till sin syster. ”Du är inte ren. Du behöver en dusch. Du måste lära barnen att duscha. Jag blir verkligen ledsen när jag ser dig så här.”

Ameh Bozorg brydde sig inte om sin yngre brors ord. När han inte såg kastade hon hatiska blickar i riktning mot mig. Hon ville att jag skulle veta att hon ansåg att jag var orsaken till problemen och misshälligheterna.

Den dagliga duschen var inte det enda västerländska bruk som retade min svägerska. En dag när Moody var på väg ut, kysste han mig lätt på kinden då han gick förbi. Ameh Bozorg såg det och blev rasande. ”Du kan inte göra så i mitt hus”, skrek hon åt Moody. ”Det finns barn här.” Det faktum att det yngsta ”barnet”, Fereshteh, skulle börja studera vid universitetet i Teheran gjorde av allt att döma ingen skillnad.

Efter att i flera dagar ha varit instängda i Ameh Bozorgs tråkiga hus gav vi oss till sist ut på stan för att handla. Moody, Mahtob och jag hade sett fram mot den delen av resan, och nu ville vi utnyttja tillfället att köpa exotiska presenter åt våra vänner och släktingar hemma i USA. Vi ville också utnyttja de relativt låga priserna i Iran för att köpa mattor och smycken för egen del.

Flera morgnar i följd blev vi körda in till stan av Zohreh eller Majid. Varje resa var ett äventyr i en stad som hade vuxit från fem miljoner invånare till fjorton miljoner under de fyra åren efter revolutionen. Det var omöjligt att få fram exakta uppgif-

38

ter om hur många som bodde i staden nu. Hela byar hade drabbats av ekonomiskt sammanbrott och invånarna flydde till Teheran för att försöka skaffa mat och tak över huvudet. Tusentals – kanske miljoner – flyktingar från kriget i Afghanistan hade också kommit till staden.

Vart vi än begav oss såg vi skaror av människor som skyndade fram i olika ärenden med bistra anletsdrag. Man kunde inte se ett enda leende på gatorna. Zohreh eller Majid lotsade bilen genom otroliga trafikstockningar som orsakades av fotgängare som riskerade sina fattiga liv och barn som sprang över gatorna hur som helst.

Vid sidan om körbanorna fanns breda rännstenar som var fulla med vatten som rann ner från bergen. Befolkningen fann denna gratis vattenförsörjning användbar till en rad ändamål. Man kunde slänga skräp i vattnet och bli av med det. Butiksägare doppade sina svabbar i det. Somliga kissade i det och andra tvättade händerna i det. I varje gathörn måste vi hoppa över den smutsiga vattenströmmen.

Man höll på att bygga överallt i den stora staden. Allt arbete utfördes för hand på ett godtyckligt sätt. I stället för att använda bräder snickrade man stommar av stockar som var omkring fyra tum i diameter. Man skalade barken av det råa virket, som ofta var krokigt. Utan tanke på någon större precision fogade man samman stockar av olika dimensioner och byggde hus av tvivelaktig kvalitet och hållbarhet.

Staden befann sig i belägringstillstånd och all aktivitet övervakades av tungt beväpnade soldater och polis. Det var skrämmande att gå på gatorna framför mynningarna på laddade vapen. Överallt kunde man se män i mörkblå polisuniformer och deras vapen var riktade mot de människor som fyllde trottoarerna – mot oss. Hur skulle det gå om ett skott avlossades av misstag?

Revolutionssoldater i kamouflagefärgade uniformer förekom överallt. De stannade godtyckligt bilar och sökte efter kontrarevolutionärt material som narkotika, skrifter som kritiserade den shiamuslimska fraktionen av islam eller amerikanska musikkassetter. Att ertappas med en sådan kassett kunde bestraffas med sex månaders fängelse.

Vidare fanns den hotfulla *pasdar*. Det är en speciell polisstyrka som åker runt i små vita fyrhjulsdrivna Nissan-pick-uper. Alla tycks ha en egen skräckhistoria om *pasdar*. De var ayatollans svar på shahens hemliga polis, *savak*. Det förekommer många dystra berättelser om *pasdar*, som inte är mycket mer än gatugangsters som plötsligt fått officiella maktbefogenheter.

En av *pasdars* uppgifter är att se till att kvinnor är korrekt klädda. Det var svårt för mig att förstå denna fanatiska envishet när det gällde klädedräkten. Kvinnor ammade sina barn ute bland folk och brydde sig inte om hur mycket de visade av sina bröst, så länge huvud, haka, handleder och anklar var väl täckta.

Moody hade berättat för mig att vi räknades till eliten i detta egendomliga samhälle. Vi tillhörde en respekterad familj med stor prestige, som i jämförelse med genomsnittsiraniern var högst avancerad i fråga om förfining och kultur. Till och med Ameh Bozorg var ett föredöme i fråga om kunskap och renlighet i jämförelse med de flesta människor vi såg på Teherans gator. Och vi var, relativt sett, rika.

Moody hade sagt att han skulle ta med sig två tusen dollar i resechecker, men han hade av allt att döma betydligt mer, och han spenderade frikostigt sina pengar. Också Mammal tyckte om att visa att han hade gott om pengar. Det gav honom makt och prestige och var dessutom ett sätt att återgälda allt vi gjort för honom i Amerika.

Växlingskursen mellan dollar och rial var svårt att förstå. Bankerna betalade ungefär hundra rial för en enda dollar, men Moody sa att kursen på svarta börsen var bättre. Jag antar att det var syftet med de ärenden han gick utan att ta mig med. Moody hade så mycket iranska pengar att det var svårt att bära dem med sig. Han stoppade tjocka sedelbuntar i fickorna på de kläder som hängde i garderoben i vårt sovrum.

Nu förstod jag hur det kom sig att man kunde se folk på gatan som öppet bar sedelbuntar som kunde vara en decimeter tjocka eller mer. Det gick åt mängder av sedlar när man skulle köpa något. Kredit förekommer inte i Iran och man betalar inte heller med check.

Både Moody och jag förlorade allt perspektiv på dessa pengars relativa värde. Det kändes skönt att vara rik och vi handlade därefter. Vi köpte handbroderade örngott, emblem i tjugo-tvåkarats guld i handskurna tavelramar och vackra miniatyr-tavlor. Moody köpte guldörhängen med diamanter åt Mahtob. Han köpte mig en ring, ett armband och ett par diamantbesat-ta örhängen. Han gav mig också en speciell present – ett guld-halsband – som kostade motsvarigheten till tre tusen dollar i iranska pengar. Jag visste att det skulle vara värt mycket mer i USA.

Mahtob och jag var förtjusta i de långa klänningar i vackra färger som de pakistanska kvinnorna brukade bära, och Moody skaffade dem åt oss.

Vi valde ut två hela rumsmöblemang av polerat ädelträ med guldinläggningar i intrikata mönster och klädda med exotiska och vackra tyger. Den ena möbeln var en matsalsmöbel och den andra en salongsmöbel. Majid sa att han skulle ta reda på hur vi skulle kunna skicka dem med båt till Amerika. Min oro lättade när jag såg hur gärna Moody gjorde det köpet. Han *tänkte* i alla fall resa tillbaka hem.

En morgon när Zohreh erbjudit sig att ta med Mahtob och mig ut på en köprunda tillsammans med andra kvinnliga släk-tingar räckte mig Moody generöst en tjock sedelbunt utan att räkna hur mycket den innehöll. Mitt bästa fynd den dagen var en italiensk gobeläng, en och en halv gånger två och en halv meter, som jag visste skulle bli en verkligt vacker väggprydnad i vårt hus. Den kostade ungefär tjugo tusen rial, vilket motsva-rade ett par hundra dollar. När vi kom hem hade jag kvar det mesta av pengarna, och jag behöll dem för att ha dem nästa gång jag skulle ut och handla. Moody strödde pengar omkring sig så generöst att jag visste att han inte skulle bry sig om det eller ens märka att jag inte lämnade tillbaka det jag hade kvar.

Nästan varje dag var vi inbjudna till någon av Moodys till synes oräkneliga släktingar. Mahtob och jag var alltid de avvi-kande och de som blev föremål för nyfiken uppmärksamhet. De kvällarna var tråkiga när de var som bäst, men de gav oss i alla fall anledning att lämna Ameh Bozorgs otrivsamma hem.

Det framgick snart att Moodys släktingar kunde delas in i två kategorier. Hälften av dem levde som Ameh Bozorg, i smuts och förakt för västerländska seder och ideal, medan de

41

klängde sig fast vid sin egen variant av ayatollah Khomeinis fanatiska shiamuslimsekt. Den andra kategorin föreföll vara en smula mer västerländskt orienterad, mer öppen för nya intryck, mer kultiverad, vänligare och definitivt mer hygienisk. De talade oftare engelska och var mycket artigare mot Mahtob och mig.

Vi tyckte om att hälsa på Reza och Essey. När han var hemma hos sig var han vänlig och omtänksam, och det verkade som om Essey också tyckte om mig. Hon utnyttjade varje tillfälle att träna sin engelska i samtal med mig. Essey och några av de andra släktingarna fick oss att känna oss bättre till mods och bröt monotonin i vår tillvaro.

Men jag tilläts sällan glömma att jag, som amerikan, var en fiende. Vi var exempelvis hembjudna till Moodys kusin Fatima Hakim en kväll. Det förekommer att iranska kvinnor tar sin makes efternamn när de gifter sig, men de flesta behåller sitt flicknamn. I Fatimas fall spelade det ingen roll, för hon var född Hakim och hade gift sig med en Hakim, en nära släkting. Fatima var en varm och hjärtlig kvinna i slutet av fyrtio- eller början av femtioåren. Hon vågade bestå Mahtob och mig med många glada leenden. Hon talade inte engelska, men under middagen på hennes hallgolv var hon vänlig och omtänksam. Hennes man, som var ovanligt lång för att vara iranier, tillbringade större delen av kvällen med att mumla böner och läsa ur Koranen med mässande röst. Runt omkring oss förde släktingarna samma högljudda samtal som vanligt, men våra öron hade vant sig vid röstläget.

Fatimas son var en egendomlig varelse. Han kan ha varit i trettioårsåldern, men han var bara ungefär en och tjugo lång och hade fortfarande en pojkes ansikte. Jag undrade om det var ännu ett exempel på ingiftets negativa verkningar.

Under middagen talade han till mig och sa några ord på engelska. Hans uttal var perfekt och mycket brittiskt. Jag blev glad när jag hörde att han talade engelska, men hans beteende var egendomligt. Han var en religiös man och såg därför inte på mig när han talade till mig.

Efter middagen sa han, med blicken fäst vid ett hörn av hallen: "Vi skulle vilja att ni kom med upp en stund."

Moody, Mahtob och jag följde honom upp på andra våningen. Där steg vi till vår häpnad in i ett rum som var möblerat i amerikansk stil. Bokhyllorna var fyllda med engelska böcker. Fatimas son bad mig slå mig ner i en låg soffa och Moody och Mahtob satte sig på var sin sida om mig.

Medan jag satt och såg på det hemvant möblerade rummet kom andra familjemedlemmar in. De satte sig efter ålder och rang så att den högsta platsen i rummet reserverades för Fatimas make.

Jag kastade en frågande blick på Moody. Han lyfte lätt på skuldrorna till tecken på att han inte heller visste vad det var fråga om.

Fatimas man sa något på farsi och sonen översatte och riktade frågan till mig. "Tycker ni om president Reagan?"

Jag blev så häpen över frågan att jag försökte vara artig och stammade fram ett "Jodå, jovisst".

Flera andra frågor riktades till mig i snabb följd. "Tyckte ni om president Carter? Vad anser ni om Carters förhållande till Iran?"

Nu drog jag öronen åt mig. Jag ville inte ställa upp som försvarare av mitt land medan jag satt i en iransk salong. "Jag vill inte diskutera de här frågorna. Jag har aldrig varit intresserad av politik."

De envisades och fortsatte utfrågningen. "Men", sa sonen, "jag är säker på att ni innan ni kom hit hörde en massa prat om att kvinnorna är förtryckta i Iran. Nu när ni har varit här en tid kan ni ju se att det inte är sant och att allt det som sägs om den saken är lögn."

Det var ett påstående som var för löjligt för att jag inte skulle bemöta det. "Det är inte alls vad jag kan se", sa jag. Jag var redo att göra en längre utläggning om det kvinnoförtryck jag bevittnat i Iran, men jag var omgiven av förmätna och överlägsna män som tummade sina radband och mumlade *"Allah akbar"* och kvinnor som satt tysta och undergivna. "Jag vill inte diskutera de här frågorna", sa jag bestämt. "Jag tänker inte svara på några fler frågor." Jag vände mig till Moody och sa med låg röst: "Det är bäst att du ser till att jag kommer härifrån. Jag tycker inte om att bli satt i något slags vittnesbås."

Moody var illa till mods. Han var klämd mellan omtanke

43

om sin hustru och sin plikt att visa sina släktingar respekt. Han gjorde ingenting och samtalet gick över till att gälla religion.

Fatimas son tog en bok ur hyllan och skrev en dedikation i den: "Till Betty. En gåva från mitt hjärta till dig."

Det var en bok med lärosatser av imamen Ali, shiasektens grundare. Man förklarade för mig att Muhammed själv hade utsett imamen Ali till sin efterträdare, men att sunnisekten efter hans död hade slagit sig fram till makten med våld och med tiden skaffat sig kontroll över större delen av den islamiska världen. Detta var fortfarande orsaken till motsättningarna mellan sunni- och shiamuslimer.

Jag försökte ta emot gåvan med tacksam min, men kvällen var redan präglad av motsättningarna. Vi drack te och åkte hem.

När vi var tillbaka hemma i vårt sovrum i Ameh Bozorgs hus grälade Moody och jag. "Du var oartig", sa han. "Du borde hålla med dem."

"Men det de sa var inte sant."

"Jo, det är sant", sa han. Till min förvåning stödde min egen make den shiitiska partilinjen och hävdade att kvinnorna har större rättigheter än männen i Iran. "Du har fördomar", sa han. "Det råder inget kvinnoförtryck i Iran."

Jag kunde inte tro att jag verkligen hörde honom säga det. Han kunde ju med egna ögon se att iranska kvinnor var sina äkta mäns slavar och att deras religion och deras lands lagar styrde alla deras handlingar. Att de tvingades gå i gammaldags och ohälsosamma kläder var bara ett exempel på förtrycket.

Vi var fortfarande osams när vi gick och la oss den kvällen.

Flera familjemedlemmar ville absolut att vi skulle besöka den tidigare shahens palats. När vi kom dit blev vi indelade i två grupper efter kön. Jag följde med de andra kvinnorna till ett väntrum där vi blev visiterade för att man skulle se om vi hade smuggelgods på oss och kontrollera att vi var klädda på godtagbart sätt. Jag hade på mig en *montoe* och en *roosarie* som jag fått av Ameh Bozorg, och dessutom hade jag tjocka svarta sockor. Det syntes inte en millimeter av mina ben, men jag klarade i alla fall inte av inspektionen med godkänt resultat. Via en tolk fick jag veta att jag måste ha långbyxor på mig förutom de plagg jag redan bar.

När Moody kom för att ta reda på orsaken till dröjsmålet började han diskutera med kontrollanten. Han förklarade att jag var utlänning och att jag inte hade några långbyxor med mig. Men det räckte inte som ursäkt, och hela gruppen måste vänta medan Mammals hustru, Nasserine, gick till sina föräldrars hem, som låg i närheten, och lånade ett par byxor.

Moody envisades med att hävda att inte ens det var ett uttryck för kvinnoförtryck. "Det är bara fråga om att en person vill visa att hon har makt att bestämma", muttrade han. "Det är egentligen inte alls på det här viset."

När vi till sist fick se palatset var det en besvikelse. Mycket av den omtalade prakten hade avlägsnats av Khomeinis plundrande revolutionärer, och mycket av det som fanns kvar hade slagits sönder. Det fanns inget kvar som påminde om shahens existens, men vår guide beskrev det syndiga överflödet för oss och bad oss sedan se ut över den kringliggande slummen och fråga oss hur shahen kunde leva i sådan lyx medan han såg massornas elände. Vi gick genom de tomma salarna och tittade in i sparsamt möblerade rum medan otvättade barn utan tillsyn löpte amok. Det största attraktionen tycktes vara en kiosk där man sålde islamisk litteratur.

Trots att det var en meningslös upplevelse kunde Mahtob och jag räkna det som en dag som gått och som gjorde att det var en dag mindre kvar till hemresan.

Tiden gick långsamt. Mahtob och jag längtade efter att få resa hem till Amerika, till det normala och sunda livet där.

I mitten av vår andra semestervecka gav oss Reza och Essey tillfälle att uppleva något som påminde oss om vårt vanliga liv i Amerika. Ett av Rezas käraste minnen från tiden tillsammans med oss i Corpus Christi var Thanksgiving Day. Nu frågade han om jag skulle kunna laga till en kalkonmiddag.

Jag blev förtjust. Snabbt skrev jag en lista över de förnödenheter jag behövde, och han ägnade en hel dag åt att leta rätt på dem.

Kalkonen var en mager fågel som kom med huvud, fötter och det mesta av fjädrarna kvar. Den var heller inte urtagen. Den representerade en utmaning för mig, och jag ägnade större delen av dagen åt att laga till den. Esseys kök var visserligen smutsigt, men det var sterilt i jämförelse med Ameh Bozorgs, och jag arbetade ganska nöjd med att försöka skapa en amerikansk fest.

Essey ägde ingen långpanna. Hon hade aldrig använt ugnen i sin gasspis. Jag måste skära kalkonen i flera bitar och steka dem i grytor. Jag höll Moody och Reza sysselsatta. De skyndade fram och tillbaka mellan Esseys kök och Ameh Bozorgs kök i olika ärenden.

Jag måste hitta på olika ersättningar för ingredienser som inte gick att skaffa. Det fanns ingen salvia till såsen, och jag använde i stället en krydda som heter *marsay*, tillsammans med färsk selleri, som Reza hittat efter att ha gått runt i flera timmar. Jag bakade en efterapning av franskbröd för att ha till fyllningen. Jag mosade potatis, som var en sällsynt delikatess, genom en sil med ett trästycke och fick efter ytterligare bearbetning till en hyfsad puré.

Varje uppgift försvårades av skillnaderna mellan de båda kulturerna. Det fanns inga kökshanddukar eller grytlappar. Iranierna känner inte till sådana hjälpmedel. Jag kunde heller inte få tag i smörpapper. Iranierna använder tidningspapper i stället. Mina planer på att göra en äppelpaj hindrades av att jag inte kunde hitta någon pajform, och jag gjorde en äppelkaka i stället. Jag måste gissa mig till temperaturen i ugnen, för jag kunde inte dechiffrera angivelserna på skalan. Essey, som aldrig använt ugnen, kunde inte hjälpa mig på den punkten.

Det tog hela dagen, och resultatet blev en torr, senig och ganska smaklös kalkon. Men Reza, Essey och deras gäster tyckte om den, och jag måste själv medge, att i jämförelse med den smutsiga och oljiga mat vi dittills fått i Iran var det en verklig festmåltid.

Moody var mycket stolt över mig.

Till sist kom så den sista hela dagen av vår vistelse i Iran. Majid ville absolut att vi skulle tillbringa förmiddagen i Mellattparken.

Det tyckte jag var en bra idé. Majid var den ende medlemmen av Ameh Bozorgs hushåll som jag tyckte om, och han var den ende av dem som hade en gnista liv i blicken. Majid och

Zia – som hade imponerat så på mig på flygplatsen – hade tillsammans ett företag som tillverkade kosmetika. Deras viktigaste produkt var en deodorant, men det märktes aldrig i Ameh Bozorgs hem.

Affärsverksamheten tycktes tillåta Majid så mycket fritid han ville, och han ägnade en stor del av den åt att leka med de många barnen i familjeklanen. Han var den ende av de vuxna som tycktes vara intresserad av barnen över huvud taget. Mahtob och jag räknade nu timmarna till avresan.

Parken var en oas med gröna gräsmattor som prytts med blomsterplanteringar. Mahtob var lycklig över att finna ett ställe där hon kunde leka. Hon och Majid stojade och lekte medan jag och Moody följde efter ett stycke bakom dem.

Hur mycket roligare skulle det inte vara, tänkte jag, om jag kunde få ta av mig den löjliga långa kappan och scarfen. Jag avskydde hettan och den bedövande stanken av otvättade människor som trängde ända in i denna Edens lustgård. Jag avskydde Iran!

Jag kände plötsligt att Moody tog min hand och kramade den. Det var ett mindre brott mot den shiitiska morallagen. Han var tankfull och ledsen.

"Det hände en sak innan vi åkte hemifrån", sa han. "En sak som jag inte berättat för dig."

"Vad då?"

"Jag fick sparken från mitt jobb."

Jag drog till mig handen. Jag misstänkte att det var en bluff och jag vädrade plötsligt fara. "Varför?" frågade jag.

"Kliniken ville anställa en annan i mitt ställe. Någon som inte var lika dyr."

"Du ljuger", sa jag häftigt. "Det är inte sant."

"Jo, det är sant."

Vi satte oss i gräset och fortsatte att prata. Jag såg spår i Moodys ansikte av den depression som hade plågat honom under de två senaste åren. Som ung hade han lämnat sitt hemland för att söka sin lycka i väst. Han hade arbetat hårt och studerat intensivt för att till sist få sin legitimation som läkare och osteopat, och sedan hade han avslutat sin utbildning som anestesist. Vi hade skött hans praktik tillsammans, först i Corpus Christi och senare i Alpena, en liten stad som ligger på norra delen av nedre Michiganhalvön. Vi hade levt gott innan svårigheterna började. De var till stor del orsakade av honom själv, även om Moody helst förnekade det. Några av problemen berodde på rasfördomar och andra på otur. Hur som helst så hade Moodys inkomster minskat och hans yrkesstolthet hade undergrävts på ett allvarligt sätt. Vi hade varit tvungna att lämna Alpena, trots att vi trivdes så bra där.

Han hade arbetat på Fourteenth Street Clinic i Detroit i över ett år. Det var en tjänst han tagit först efter det att jag drivit honom till det. Nu var den anställningen av allt att döma ett minne blott.

Men framtiden var långt ifrån dyster. Jag försökte uppmuntra honom där jag satt i parken och torkade tårarna från kinderna.

"Det gör inget", sa jag. "Du kan få ett annat jobb, och jag kan ta ett jobb också."

Moody var otröstlig. Hans ögon blev blanka och tomma som hos så många andra iraniers.

Sent på eftermiddagen började Mahtob och jag ett spännande äventyr: vi packade! Det var en sak jag ville göra hellre än något annat i världen, och det var att resa hem. Jag hade aldrig i hela mitt liv längtat bort från ett ställe så desperat. Bara en iransk middag till att äta! sa jag till mig själv. Bara ännu en sista kväll bland folk vars språk och seder jag inte förstod.

På något sätt måste vi finna plats i våra väskor för alla saker vi köpt, men det var en rolig uppgift. Mahtobs ögon sken av lycka. I morgon, visste hon, skulle hon och hennes kanin spänna fast sig i flygplansfåtöljen för resan hem.

En del av mitt jag var fylld av medkänsla för Moody. Han visste att jag avskydde hans hemland och hans familj, och jag såg ingen anledning att understryka den saken genom att berätta för honom hur glad jag var över att vår semester var slut. Men jag ville i alla fall att han skulle bli klar för avresan.

Jag såg mig om i det lilla och torftigt möblerade sovrummet för att se om jag hade glömt något. Jag såg honom sitta på sängen med bekymrad min. "Sätt i gång nu", sa jag, "så att vi får våra saker klara."

Jag såg på väskan med mediciner som han tagit med sig för

att skänka till läkarkollegor här i Iran. "Vad ska du göra med den?" frågade jag.

"Jag vet inte", svarade han.

"Varför ger du den inte till Hussein?" föreslog jag. Baba Hajjis och Ameh Bozorgs äldste son var farmaceut och ägde en blomstrande rörelse.

Jag hörde att telefonen ringde långt bort, men jag var knappt medveten om ljudet. Jag hade bråttom med att avsluta packningen.

"Jag har inte beslutat vad jag ska göra med den", sa Moody. Hans röst var låg och tankspridd.

Innan vi hann fortsätta samtalet blev Moody kallad till telefonen och jag följde honom till köket. Det var Majid som ringde. Han hade åkt för att checka in oss på flyget. De båda männen samtalade några minuter på farsi innan Moody sa på engelska: "Det är bäst att du talar med Betty."

När jag tog luren ur min makes hand kände jag en varningssignal vibrera inom mig. Plötsligt verkade alla bitar passa ihop i en skräckmosaik. Jag mindes Moodys överväldigande glädje när han träffade sin familj och hans positiva inställning till den islamiska revolutionen. Jag tänkte på hans sätt att spendera sina pengar på ett sätt som verkade rent slöseri. Hur var det då med möblerna vi köpt? Men så mindes jag att Majid ännu inte hade ordnat med frakten till USA. Var det en tillfällighet att Majid försvann med Mahtob i parken på förmiddagen så att Moody och jag skulle få prata ostört? Jag tänkte tillbaka på alla de långa samtalen på farsi mellan Moody och Mammal när Mammal bodde hos oss i Michigan. Jag hade redan då misstänkt att de konspirerade mot mig.

Nu visste jag plötsligt att något var på tok. Jag visste det redan innan jag hörde Majid säga i telefonen: "Ni kan inte åka i morgon."

Jag försökte att inte låta paniken färga rösten när jag frågade: "Vad menar du med att vi inte kan åka i morgon?"

"Man måste ta passen till flygplatsen tre dagar innan man reser för att få dem godkända innan man lämnar landet. Ni lämnade inte in passen i tid."

"Det visste jag inte. Det är inte mitt ansvar."

"Hur som helst så kan ni inte åka i morgon."

49

Det fanns en anstrykning av nedlåtande i Majids röst som om han ville säga: "Ni kvinnor – i synnerhet ni västerländska kvinnor – kommer aldrig att lära er att förstå hur världen verkligen fungerar." Men det fanns också något annat, en kall precision i hans ord som fick dem att låta inlärda och repeterade. Jag tyckte inte längre om Majid.

Jag skrek i telefonen: "När går det första planet härifrån som vi *kan* ta?"

"Jag vet inte. Jag måste ta reda på det."

När jag la på luren kändes det som om allt blod hade runnit ur min kropp. Jag hade inga krafter kvar. Jag hade en känsla av att detta gick långt bortom och var något värre än ett byråkratiskt problem med våra pass.

Jag drog Moody med mig tillbaka till vårt sovrum.

"Vad är det egentligen som pågår?" krävde jag att få veta.

"Inget. Det är inget som pågår. Vi tar första bästa plan vi kan."

"Varför ordnade du inte med passen?"

"Det var ett misstag. Ingen tänkte på det."

Jag var nu nära paniken. Jag ville inte tappa självbehärskningen, men jag kände att jag började darra i hela kroppen. Min röst steg i styrka och tonhöjd och jag kunde inte hindra att den också darrade. "Jag tror dig inte", skrek jag. "Du ljuger för mig. Hämta passen. Packa dina saker. Vi ska åka till flygplatsen. Vi ska tala om för dem att vi inte kände till att passen ska lämnas in tre dagar i förväg. Då kanske de låter oss komma med planet. Om de inte gör det stannar vi där tills vi kan komma med ett plan."

Moody satt tyst ett ögonblick. Sedan suckade hans djupt. Vi hade ofta under vårt sjuåriga äktenskap gjort vårt bästa för att undvika konfrontationer. Men vi var båda specialister på att skjuta svårigheter framför oss, framför allt när det gällde de växande problemen i vårt samliv.

Nu visste Moody att det inte gick att dröja längre, och jag visste, innan han började tala, vad han skulle säga mig.

Han satte sig på sängen bredvid mig och försökte lägga armen om min midja, men jag drog mig undan. Han talade lugnt och bestämt medan hans röst hela tiden fick en allt mer auktoritativ ton. "Jag vet faktiskt inte hur jag ska berätta det här för dig", sa han. "Vi ska inte åka hem. Vi ska stanna här."

Trots att jag i flera minuter hade väntat mig att få höra just detta kunde jag inte hålla inne min vrede när jag till sist hörde honom säga det.

Jag reste mig snabbt från sängen. "Lögnare! Lögnare! Lögnare!" skrek jag. "Hur kan du göra så mot mig? Du känner mycket väl till den enda anledningen till att jag kom hit. Du måste låta mig åka hem!"

Moody visste det mycket väl, men han brydde sig av allt att döma inte om det.

Medan Mahtob, som inte kunde förstå varför hennes pappa uppförde sig så konstigt, såg på fortsatte Moody: "Jag måste inte alls låta dig åka hem. Det är du som måste göra vad jag säger, och du stannar *här*." Han la händerna på mina axlar och tryckte ner mig på sängen. Hans ton ändrades och fick en anstrykning av fräckhet och nästan munterhet, som om han njöt av en seger i ett utdraget, aldrig officiellt förklarat krig. "Du är här för resten av livet. Begriper du det? Du kommer inte att lämna Iran. Du ska stanna här tills du dör."

Jag låg stum på sängen. Jag kunde inte få fram ett ord medan tårarna strömmade utför mina kinder och jag hörde Moodys ord som om de kom till mig genom en lång tunnel.

Mahtob snyftade och klängde sig fast vid sin kanin. Den kalla och hemska sanningen gick upp för oss. Var det verkligen sant? Var Mahtob och jag fångar? Gisslan? Fasthållna av denne onde främling som en gång varit en kärleksfull make och far?

Det måste helt enkelt finnas en väg ut ur denna galenskap. Med en känsla av egenrättfärdig indignation insåg jag att Allah, ironiskt nog, var på min sida.

Tårar av vrede och besvikelse rann ur mina ögon när jag sprang ut ur sovrummet och vände mig till Ameh Bozorg och några andra medlemmar av hushållet som var hemma.

"Ni är alla ett pack av lögnare!" skrek jag.

Ingen tycktes förstå eller bry sig om vad det var som bekymrade Moodys amerikanska hustru. Jag stod inför deras fientliga ansikten och kände mig löjlig och maktlös.

Min näsa rann och tårarna strömmade utför kinderna. Jag hade ingen näsduk och inga ansiktsservietter, och därför gjor-

51

de jag som alla andra i Moodys familj: jag snöt mig i scarfen. Sedan skrek jag till dem att jag krävde att genast få tala med hela familjen.

På något sätt förstod de vad jag ville, och man skickade bud efter släktingarna att de skulle komma.

Jag tillbringade flera timmar i sovrummet med Mahtob. Jag grät, kämpade mot illamående och kastades mellan vrede och en känsla av förlamning och apati. När Moody krävde att få mitt checkhäfte räckte jag undergivet fram det till honom.

"Var är de andra?" frågade han. Vi hade tre konton.

"Jag tog bara med mig ett", sa jag. Han lät sig nöja med den förklaringen, och han brydde sig inte om att leta igenom min väska.

Sedan lämnade han mig ensam, och jag lyckades på något sätt intala mig mod nog att planera mitt försvar.

Sent på kvällen, efter det att Baba Hajji hade kommit hem från arbetet och efter det att han ätit sin middag och efter det att familjen samlats som svar på min begäran, gick jag ut i hallen. Jag såg till att jag var klädd på föreskrivet sätt och att jag uppträdde respektfullt. Jag hade gjort upp en plan. Jag tänkte vädja till den religiösa moralism som Baba Hajji var företrädare för. Han kunde skilja mellan rätt och orätt.

"Reza", sa jag och försökte hålla rösten lugn, "var snäll och översätt det jag säger för Baba Hajji."

När den äldre mannen fick höra sitt namn nämnas såg han upp ett ögonblick, men sedan sänkte han blicken på nytt som han brukade och undvek fromt att se på mig.

Jag hoppades att mina ord skulle bli korrekt översatta till farsi och jag fortsatte med mitt desperata försvarstal. Jag förklarade för Baba Hajji att jag inte hade velat komma till Iran för att jag var medveten om att när jag väl befann mig där gällde inte längre mina medborgerliga rättigheter som amerikansk kvinna. Jag hade fruktat just detta, eftersom jag visste att Moody bestämde över mig så länge vi befann oss inom Irans gränser.

Och varför hade jag då gått med på att resa till Iran? frågade jag retoriskt.

Jag hade kommit för att träffa Moodys familj och för att de

skulle få se Mahtob. Det fanns en annan orsak också, en som låg djupare och som var mer skrämmande, men jag kunde inte – och vågade inte förklara den och låta Moodys familj få veta den. I stället berättade jag för dem om Moodys blasfemi.

Hemma i Detroit hade jag talat med Moody om min rädsla för att han skulle försöka hålla mig kvar i Iran, men han hade svarat med den enda handling som han visste skulle övertyga mig om att han inte hade några sådana avsikter.

"Moody svor vid Koranen att han inte skulle försöka hålla mig kvar här mot min vilja", sa jag och undrade hur mycket Baba Hajji hörde och förstod. "Ni är en troende man. Hur kan ni låta honom göra så här med mig efter den ed han svor vid Koranen?"

Moody talade bara helt kort. Han medgav att det var sant att han svurit vid Koranen. "Men det är förlåtet", sa han. "Gud kommer att förlåta mig, för om jag inte hade gjort det skulle hon inte ha kommit med mig hit."

Baba Hajjis beslut kom snabbt och gav inte utrymme för överklagande. Rezas översättning löd: "Vad det än är *daheejon* önskar är vi överens med honom och stöder hans beslut."

Jag upplevde en ondska som var så stark att man nästan kunde röra vid den, och jag slog tillbaka, trots att jag visste att det var förgäves.

"Ni är allesammans en hop lögnare!" skrek jag. "Ni kände allihop till det på förhand. Det var ett trick. Ni har planerat det i flera månader och jag hatar er alla!" Jag grät öppet nu och skrek ut orden. "Jag kommer att hämnas på er en dag. Ni har gjort det här med hjälp av islams makt för att ni visste att jag skulle respektera den. En vacker dag kommer ni att få betala för det här. Gud kommer att straffa er en dag!"

Hela familjen tycktes oberörd av mitt hot. De utväxlade konspiratoriska blickar och var av allt att döma nöjda med att se att Moody hade makt över denna amerikanska kvinna.

3

Mahtob och jag grät i timmar innan hon till sist somnade av ren utmattning. Jag låg vaken hela natten. Mitt hjärta bultade. Jag avskydde den man som sov i samma säng som jag och jag var rädd för honom.

Mellan oss snyftade Mahtob i sömnen och det gjorde mig ännu ledsnare. Hur kunde Moody sova så lugnt intill sin lilla olyckliga dotter? Hur kunde han göra henne så illa?

Jag hade i alla fall gjort mitt val. Mahtob hade inget att säga till om i den här frågan. Hon var en oskyldig fyraåring som hamnat mitt i ett egendomligt äktenskap som på något sätt – som jag än i dag inte förstår hur – hade förvandlats till ett melodrama, ett sidodrama i världshändelsernas ofattbara förlopp.

Hela natten förebrådde jag mig. Hur kunde jag ta med henne hit?

Men jag visste samtidigt svaret. Hur kunde jag ha låtit bli? Hur skulle jag ha kunnat lämna henne kvar?

Hur egendomligt det än tycktes, var det enda sättet att hålla Mahtob borta från Iran permanent att ta dit henne för en tid. Nu hade också den desperata åtgärden misslyckats.

Jag hade aldrig varit intresserad av politik eller internationella förvecklingar. Allt jag hade strävat efter var att skapa lycka och harmoni för min familj. Men den kvällen spelades tusentals minnesbilder upp i mitt inre, och det tycktes som om de få lyckliga ögonblick vi upplevt alltid varit blandade med smärta.

Det var faktiskt smärta som fört samman mig och Moody ett drygt decennium tidigare. Den gången var det en smärta som började i vänstra halvan av huvudet och som sedan snabbt spred sig genom kroppen. Jag var illa ansatt av migränattacker i februari 1974, och de gjorde mig svag och illamående och tog kraften ur mig så att jag var utmattad efter dem. Bara att öppna ögonen gjorde fruktansvärt ont. Det minsta ljud sände spasmer av smärta ner längs nacken och ryggraden. Jag kunde bara sova med hjälp av starka sömnmedel.

Det var speciellt besvärligt eftersom jag trodde att jag då, vid tjugoåtta års ålder, till sist var redo att börja ett vuxenliv på egen hand. Jag hade gift mig förhastat direkt efter high school, och upptäckte snart att jag levde i en kärlekslös förening som slutade i en utdragen och svår skilsmässa. Sedan började en stabilare och lyckligare period i mitt liv. Det var ett direkt resultat av mina egna ansträngningar. Mitt arbete på ITT Hancock, i den lilla staden Elsie mitt inne i Michigan, var en anställning med möjlighet till befordran. Jag började arbeta på faktureringsavdelningen på kvällarna, och så småningom arbetade jag mig upp till en plats där jag blev chef för hela kontorspersonalen och direkt underställd verkställande direktören. Min lön var tillräcklig för att jag skulle kunna skaffa ett bra om än inte lyxigt hem åt mig och mina båda söner, Joe och John.

En del av min fritid ägnade jag åt lokalavdelningen av Föreningen för de muskelatrofidrabbade, och jag hjälpte till att organisera de aktiviteter som kulminerade i den tevegala Jerry Lewis höll till förmån för de sjuka och deras förening. På Labour Day i september året innan hade jag medverkat i ett teveprogram i Lansing. Jag tyckte att jag hade lyckats bra och jag njöt av min nyupptäckta förmåga att stå på egna ben.

Allt tycktes peka mot en ljus framtid och allt tydde på att jag med tiden skulle kunna nå de mål jag satt upp för mig som tonåring. Jag kom från ett arbetarsamhälle av män och kvinnor som tycktes nöjda med vad jag ansåg vara mycket blygsamma ambitioner. Jag ville ha ut något mer av livet, kanske en collegeexamen, kanske en karriär som kriminalreporter. Eller kanske var det en egen affärsrörelse jag drömde om — vem vet? Jag ville i alla fall ha något *mer* än de enformiga liv jag dagligen såg runt omkring mig.

Det var då huvudvärksanfallen började. I dagar blev mitt enda mål att bli av med den svåra smärtan.

Jag var i desperat behov av hjälp när jag vände mig till dr Roger Morris, som sedan länge var vår husläkare, och han la redan samma dag in mig på Carson City Hospital, en osteopatisk klinik en halvtimmes körning från Elsie.

Jag låg i eget rum med draperierna fördragna runt sängen och ljuset släckt. Jag hade krupit ihop i fosterställning och hörde när läkarna sa att det var möjligt att jag hade en hjärntumör.

Min föräldrar kom körande från Bannister för att hälsa på mig. De hade med sig Joe och lille John när de kom in i sjukrummet, trots att barnen egentligen var för små för att få komma på besök. Jag blev glad över att se dem, men brottet mot besöksreglerna skrämde mig. När vår församlingspastor kom och hälsade på dagen därpå sa jag till honom att jag ville skriva mitt testamente.

Mitt fall var en svår nöt för läkarna att knäcka. De föreskrev daglig sjukgymnastik följd av manipulationsbehandling. Efter den skickades jag tillbaka till det tysta och mörka rummet. Manipulationsterapi är en av de större skillnaderna mellan osteopati och den mer välkända allopatibehandling som ges av vanliga läkare. En osteopat har samma grundutbildning som en vanlig läkare, men dessutom har han en speciell skolning som följer en något annorlunda behandlingsfilosofi. De läkare som har osteopatisk examen har rätt att praktisera i alla delstater i USA. De använder samma utrustning och metoder som allopater – anestesister, kirurger, obstetriker, pediatriker och neurologer, för att nämna några. Men en läkare som är osteopat utgår från ett mer holistiskt medicinskt synsätt och behandlar hela kroppen.

Manipulationsterapi syftar till att lindra smärta genom en naturlig stimulering av de smärtande nervpunkterna och genom att få spända muskler att slappna av. Det var en behandling som hade haft goda resultat i mitt fall tidigare och lindrat olika åkommor, och jag hoppades att den skulle vara verksam nu, för jag var i desperat behov av smärtlindring.

Jag hade så ont att jag inte ens brydde mig om att se på den läkare som kom om för att ge mig den första manipulationsbe-handlingen. Jag låg på magen på ett madrasserat men hårt behandlingsbord och kände hur han tryckte på olika muskler i min rygg. Hans beröring var mild och han var artig.

Han hjälpte mig att vända mig på rygg så att han skulle kunna upprepa behandlingen på de främre hals- och skulder-musklerna. Den sista delen av behandlingen var en snabb men försiktig vridning av halsen. Det lättade trycket på ryggraden och gav mig en omedelbar smärtlindring.

När jag låg på rygg passade jag på att se på den läkare som behandlade mig. Han tycktes vara ett dussin år äldre än jag – och det innebar att han var äldre än de flesta läkarna på sjuk-huset. Han hade redan börjat bli tunnhårig. Hans mognad var en tillgång och gav ett intryck av auktoritet. Han såg inte särskilt bra ut, men hans starka kroppsbyggnad var attraktiv. Han hade glasögon, vilket gav honom ett visst intellektuellt utseende, och han hade arabiska drag. Hans hud var en nyans mörkare än min. Man kunde märka en svag brytning, men hans sätt och personlighet var amerikanska.

Han var dr Sayyed Bozorg Mahmoody, men de andra läkar-na använde bara hans smeknamn, Moody.

Dr Mahmoodys behandlingar var ljuspunkter under min sjukhusvistelse. De lättade smärtan för stunden, och hans blot-ta närvaro hade en terapeutisk inverkan. Han var den mest omtänksamme läkare jag hade träffat. Jag fick behandling av honom dagligen, men han hälsade dessutom ofta på under dagen för att fråga hur jag mådde, och han kom in på kvällen för att önska mig god natt.

Ett stort antal tester visade att det inte kunde röra sig om någon hjärntumör, och läkarna drog slutsatsen att jag led av en allvarlig form av migrän som så småningom skulle upphöra av sig själv. Diagnosen var svävande men av allt att döma korrekt, för efter några veckor började smärtorna upphöra. Det som hänt gav inga fysiska men, däremot kom det ändå att få en avgörande inverkan på mitt liv.

Under min sista dag på sjukhuset och mitt i den sista mani-pulationsbehandlingen sa dr Mahmoody: "Jag tycker om er parfym. Den där angenäma doften får mig att tänka på er." Han syftade på Charlie, som var den eau-de-cologne som jag alltid använde. "När jag går hem på kvällen kan jag fortfarande känna den doften på händerna."

Han frågade och han fick ringa mig när jag kommit hem för att fråga hur jag mådde. "Visst får ni det", svarade jag. Han antecknade noga min adress och mitt telefonnummer.

Och sedan, när behandlingen var avslutad, böjde han sig lugnt och försiktigt ner över mig och kysste mig på munnen. Jag hade ingen aning om vart den kyssen skulle föra.

Moody sa att han inte tyckte om att tala om Iran. "Ja vill *aldrig* resa tillbaka dit", sa han. "Jag har förändrats. Min familj förstår mig inte längre. Jag passar inte ihop med dem."

Moody tyckte visserligen om den amerikanska livsstilen, men han avskydde shahen för att han hade amerikaniserat Iran. Ett av hans favoritklagomål var att man inte längre kunde köpa *chelokebab*, en iransk specialitet som består av lammkött som serveras liggande på en hög ris – i varje gathörn. I stället växte det upp McDonaldbarer och andra västerländska snabbmatsinrättningar som svampar ur jorden. Det var inte längre samma land som han vuxit upp i.

Moody var född i Shushtar i sydvästra Iran, men när hans föräldrar dött flyttade han till sin systers hem i Khoramshar i samma provins. Iran är ett typiskt tredjevärldenland på så sätt att det finns en markerad gräns mellan högre och lägre samhällsklasser. Om Moody fötts i en lägre klass skulle han ha tillbringat sitt liv på samma sätt som de oräkneliga fattiga i Teheran. Han skulle ha bott i ett skjul som byggts av hopsamlat och stulet byggmaterial och tvingats leva på tillfälliga arbeten som han kunnat tigga sig till. Men hans familj hade pengar och inflytande. Därför kunde han få en bra skolgång och sedan ekonomiskt stöd så att han kunde skaffa sig den vidareutbildning han önskade. Också han drömde om att komma längre och bli något annat.

På den tiden reste mängder av iranska studenter utomlands. Shahens regering uppmuntrade till studier utomlands, för man hoppades att det skulle bidra till att göra landet mer västerländskt. I det långa loppet kom den politiken att få motsatt effekt. Iranierna vägrade envist att assimilera den västerländska kulturen. Till och med de som levde i Amerika i decennier förblev ofta isolerade och umgicks huvudsakligen med andra iranier. De behöll sin islamiska tro och sina persiska seder. Jag träffade en gång en iransk kvinna som bott i Amerika i fyrtio år men som fortfarande inte visste vad en kökshandduk var. När jag visade henne en tyckte hon att det var en underbar uppfinning.

Men en sak som de iranska studenterna lärde sig utomlands var att folket kunde bestämma vilket slags styre de ville ha, och det var det ökade politiska medvetandet som så småningom ledde till att shahen störtades.

Moodys erfarenhet var inte särskilt typisk. Under tjugo år la han sig till med många västerländska vanor, och han intresserade sig inte, till skillnad mot så många andra utlandsiranier, för politik. Han fann en värld som var så annorlunda jämförd med den han upplevt som barn. En värld som erbjöd välstånd, kultur och en grundläggande mänsklig värdighet som inte hade någon motsvarighet i det iranska samhället. Moody ville verkligen bli en västerlänning.

Han reste först till London. Där studerade han engelska i två år. När han kom till USA på ett studentvisum den 11 juli 1961 fortsatte han sina studier vid Northeast Missouri State University och arbetade sedan som matematiklärare under några år. Han var begåvad och intelligent, och han hade lätt för att lära, vilket ämne det än gällde. Det ledde till att han utvecklade en mängd olika intressen, och han insåg att han ville gå längre. Han satsade på teknik och återvände till studierna. Han arbetade sedan i ett företag som leddes av en turkisk affärsman. Firman var underleverantör till NASA, den amerikanska rymdflygorganisationen, och man arbetade med Apolloprojektet och månflygningarna. "Jag hjälpte till att skicka den första människan till månen", sa Moody ofta stolt.

När Moody var i trettiårsåldern blev han rastlös på nytt. Nu drogs hans intresse till det yrke som hans landsmän aktade högre än något annat och som båda hans föräldrar varit verksamma i. Han beslöt sig för att bli läkare. Trots hans snabba akademiska karriär vägrade flera medicinska högskolor att ta emot honom på grund av hans ålder. Till sist blev han accepterad av Kansas City College of Osteopathic Medicine.

När vi började träffas höll han på att avsluta praktikdelen av

59

utbildningen och skulle snart börja arbeta vid Detroit Osteopathic Hospital, där han tänkte bli anestesiolog.

"Du borde satsa på att bli allmänpraktiker i stället", sa jag. "Du har så god hand med patienter."

"Det är mer pengar i anestesiologi", svarade han, och bevisade med det att han verkligen tänkte som en amerikan. Han fick den legitimation som gav honom rätt att utöva läkaryrket över hela USA och som banade väg för ett amerikanskt medborgarskap.

Det verkade som om han nu ville skära av banden med sin familj i Iran. Han skrev sällan till sina släktingar och hörde inte ens av sig till sin syster, Ameh Bozorg, särskilt ofta. Hon hade nu flyttat från Khoramshar till Teheran. Det gjorde mig ledsen att han hade så lite kontakt med sin familj. Jag hade visserligen problem med mina egna familjekontakter, men jag var ändå övertygad om att det var viktigt att inte tappa kontakten med sina släktingar och sitt ursprung.

"Du borde i alla fall ringa dem", sa jag. "Du är läkare, och du har råd att ringa ett samtal till Iran en gång i månaden."

Det var jag som uppmuntrade honom att besöka sitt hemland. När han var klar med sin utbildning i juli gav han sig motvilligt av och gjorde ett tvåveckorsbesök hos sin syster, Ameh Bozorg. Medan han var där skrev han till mig var dag och talade om hur mycket han saknade mig. Och jag märkte till min överraskning att jag saknade honom intensivt. Det var då jag förstod att jag höll på att bli förälskad.

Vi träffades regelbundet under de tre år Moody arbetade på sjukhuset, och han uppvaktade mig storstilat. Han kom alltid med godsaker till Joe och John och med blommor, smycken eller parfym till mig.

Hans presenter bar alltid en personlig prägel. Min förste make brydde sig aldrig om bemärkelsedagar, men Moody uppmärksammade dem alltid och skickade ofta kort som han ritat själv. På min födelsedag fick jag en speldosa i form av en skulptur av en kvinna med ett litet barn i famnen. "Till dig för att du är en så god mor", stod det på kortet. Jag brukade vagga John till sömns på kvällarna till tonerna av Brahms "Vaggvisa". Mitt liv var fyllt av rosor.

60

Men jag gjorde klart för Moody att jag inte ville gifta om mig. "Jag vill vara fri", sa jag till honom. "Jag vill inte vara bunden till någon." Han kände det på samma sätt på den tiden.

Moody kombinerade sitt arbete vid Detroit Osteopathic Clinic med att extraknäcka som allmänläkare vid Fourteenth Street Clinic. Hemma i Elsie ägnade jag mig med större iver än någonsin åt mina egna arbetsuppgifter. Jag började också förverkliga en gammal dröm och studerade vid Lansing Community Colleges filial i Ossowo. Jag valde ämnet industriell administration och fick hela tiden högsta betyg.

När Moody kunde få ledigt över en helg körde han den tre och en halv timme långa vägen för att träffa mig och pojkarna, och han kom alltid lastad med presenter. När han arbetade under veckosluten körde jag till Detroit och bodde över i hans lägenhet.

Moodys kyssar fick mig att glömma allt annat. Han var en underbar och omtänksam älskare och tänkte lika mycket på min njutning som på sin egen. Jag hade aldrig upplevt en så stark fysisk attraktion tidigare. Det var som om vi aldrig kunde komma tillräckligt nära varandra. Vi sov i varandras armar hela natten.

Våra liv var fyllda av aktivitet och vi var lyckliga. Han var en fin deltidspappa för mina barn. Vi gick tillsammans med dem till zoo eller gjorde utflykter med matsäck. Han tog oss med till iranska fester i Detroit, och där fick vi lära känna den österländska kulturen.

Moody lärde mig islamisk matlagning med lammkött och ris, exotiska kryddor och massor av färska grönsaker och frukt. Mina söner, våra vänner och jag själv fick snart smak för den sortens mat.

Utan att vara medveten om det började jag göra mer och mer för honom. Jag njöt av att städa hans lägenhet, handla åt honom och laga mat åt honom. Det märktes tydligt att hans ungkarlslägenhet behövde en kvinnas hjälpande hand av och till.

Moody hade vid olika tillfällen gett mig små inblickar i den islamiska religionen, och jag imponerades av att den hade så mycket gemensamt med de judiska och kristna traditionerna.

Islamiternas Allah är samma höga väsen som medlemmarna i min frimetodistkyrka tillber som Gud. Islamiterna anser att Moses var en profet som sänts av Gud och att toran, den judiska heliga skriften, var Guds lag som getts till judarna. De anser också att Jesus var Guds profet och att det Nya testamentet är en helig skrift. Enligt deras åsikt var Muhammed den siste och den störste av profeterna som valts ut direkt av Gud. Hans Koran är den senaste heliga skriften och har därför företräde framför bibelns Gamla och Nya testamente.

Moody förklarade att islam är uppdelad i många olika sekter. På samma sätt som en kristen kan vara baptist, katolik eller lutheran kan olika läror inom islam skilja sig mycket från varandra. Moodys familj var shiamuslimer. Det är en gren av islam som är föga känd i väst. De var fanatiska fundamentalister, förklarade han. Trots att de var en dominerande sekt i Iran hade de ingen makt i shahens västinspirerade regering. Moody praktiserade inte längre denna extrema form av islam som han hade uppfostrats med.

Han åt inte griskött, men han njöt av att ta sig ett glas då och då. Det var bara vid vissa tillfällen han tog fram sin bönematta och uppfyllde sin religiösa plikt.

Strax efter det att jag kommit in i Moodys lägenhet ringde telefonen. Jag hade kört upp till Detroit för att tillbringa helgen där. Han talade en kort stund med den som ringt upp. Sedan vände han sig till mig och sa: "Det är ett akutfall. Jag kommer tillbaka så snart jag kan."

Så snart han gått sprang jag ut till bilen och bar in lådor med tallrikar och bestick, hopfällbara stolar, flaskor och vinglas samt fat med persisk mat som jag lagat hemma i Elsie.

Efter en stund kom dr Gerald White och han hustru. De hade med sig ännu fler rätter som jag lämnat av hemma hos dem och den tårta som jag beställt. Den var garnerad med en iransk flagga i rött, vitt och grönt och en födelsedagsgratulation skriven på farsi.

Nu kom fler gäster som såg till att infinna sig precis då vi sett till att Moody skulle bli bortkallad. De var redan på festhumör då han anlände.

"Har den äran!" ropade alla i kör. Moody log brett, och

leendet blev om möjligt ännu bredare när vi sjöng "Ja, må han leva ...".

Han fyllde trettionio, men han reagerade med en skolpojkes enstusiasm. "Hur har ni lyckats ordna allt det här?" frågade han. "Jag kan inte fatta hur det har gått till."

Jag var lycklig, för jag kände att jag gjort honom verkligt glad.

Det hade mer och mer blivit mitt mål i livet. Sedan vi haft sällskap i två år hade han blivit centrum för nästan alla mina tankar. Vardagen och arbetet var inte lika fascinerande längre. Det var bara veckosluten som betydde något.

Mitt arbete hade blivit en rutin. Jag hade nått en position där jag hade en tjänst som tidigare innehafts av en man, men jag fick inte samma lön som min manlige företrädare haft. Och jag blev allt mer trött på att avvisa alla de inviter som en av mina arbetskamrater kom med. Han trodde att det faktum att jag var ogift innebar att jag var tillgänglig. Till sist hade han gjort klart för mig att jag inte skulle bli befordrad om jag inte ville ligga med honom.

Situationen började bli outhärdlig, och jag behövde veckosluten tillsammans med Moody för att koppla av och minska spänningen. Den här helgen var speciellt rolig, för jag överraskade inte bara Moody utan också mig själv. Jag var stolt över att jag hade kunnat organisera alltsammans på avstånd. Jag var en förekommande värdinna i ett sällskap som bestod av läkare och läkarfruar. Det var ett annat slags sällskap än vad jag var van vid i min småstadsmiljö.

Festen varade till efter midnatt. När de sista gästerna gått ut genom dörren la Moody armen om mig och sa: "Du har gjort något verkligt underbart för mig. Jag älskar dig."

Han friade i januari 1977.

Tre år tidigare skulle jag ha slagit bakut om Moody friat — eller om någon annan gjort det. Men nu insåg jag att jag hade förändrats. Jag hade upplevt min frihet och bevisat att jag var kapabel att ta hand om mig själv och min familj. Nu njöt jag inte längre av att vara ensam. Jag avskydde skilsmässostigmat.

Jag älskade Moody och jag visste att han älskade mig. Under de tre år vi känt varandra hade vi inte grälat en enda gång. Nu

63

hade jag en valmöjlighet, en chans till ett nytt liv som maka och mor på heltid. Jag såg fram mot att bli den perfekta värdinnan alla de gånger vi skulle ta emot våra gäster som doktor och fru Mahmoody. Jag kanske skulle avsluta mina collegestudier. Vi kanske skulle skaffa oss ett barn tillsammans.

När jag sju år senare låg sömnlös en hel fruktansvärd natt och vred mig i sängen bredvid min dotter och den man jag en gång älskat fick jag ett annat perspektiv på det som hänt. När jag såg tillbaka förstod jag det hela på ett annat sätt. Det hade förekommit så många signaler som jag inte brytt mig om.

Men vi lever inte våra liv med tillgång till den kunskap en tillbakablick ger. Jag visste att det inte skulle hjälpa mig nu om jag bara funderade på det förflutna. Vi var här – Mahtob och jag – och vi var gisslan i ett främmande land. För stunden var orsaken till vår belägenhet mindre viktig än vad som skulle hända under de dagar vi hade framför oss.

Dagar?

Veckor?

Månader?

Hur länge måste vi stanna här? Jag kunde inte förmå mig att tro att det skulle röra sig om år. Moody skulle inte – kunde inte – handla så mot oss. Han skulle se smutsen omkring sig och den skulle få honom att må illa. Han skulle inse att hans framtid som läkare fanns i USA och inte i ett underutvecklat land som ännu inte lärt sig grundläggande hygien och social rättvisa. Han skulle ändra sig. Han skulle åka hem med oss, även om han måste räkna med möjligheten att jag, så snart jag satt fötterna på amerikansk mark, skulle ta Mahtob i handen och springa raka vägen till förste bäste skilsmässoadvokat.

Men vad skulle hända om han inte ändrade sig? Det måste finnas någon som kunde hjälpa oss i så fall. Mina föräldrar? Mina vänner hemma i Michigan? Polisen? Den amerikanska staten? Mahtob och jag var amerikanska medborgare, trots att Moody inte var det. Vi hade rättigheter. Vi måste bara hitta ett sätt att kunna hävda de rättigheterna.

Men hur skulle vi bära oss åt?

Och hur lång tid skulle det ta?

4

Efter Moodys deklaration att vi skulle stanna i Iran följde flera dagar som i en dimmig mardröm.

På något sätt hade jag redan den första natten sinnesnärvaro nog att inventera mina tillgångar. Moody hade begärt att få mitt checkhäfte, men han hade inte tänkt på att jag skulle kunna ha kontanter. När jag tömde min väska fann jag en hel del pengar som vi båda glömt i vår inköpsiver. Jag hade nära två hundra tusen rial och hundra dollar i amerikansk valuta. Jag hade alltså iransk valuta till ett värde av två tusen dollar, och de dollar jag hade skulle kunna sexdubbla sitt värde om jag kunde växla dem på svarta börsen. Jag gömde alltsamman under den tunna madrassen i min säng. Varje morgon, medan Moody och den övriga familjen mässade sina böner, tog jag fram mina pengar och gömde dem under mina kläder för att ha dem till hands om någon möjlighet att använda dem till flykt skulle dyka upp under dagen. Pengarna var all makt jag hade. De bestämde över mitt liv. Jag hade ingen aning om vad jag skulle kunna göra med dem, men de kanske skulle kunna köpa mig friheten på ett eller annat sätt. En vacker dag, intalade jag mig, skulle Mahtob och jag ta oss ut ur det här fängelset.

Det var verkligen ett fängelse. Moody hade våra amerikanska och iranska pass och våra personbevis. Utan de viktiga dokumenten kunde vi inte färdas utanför Teheran, inte ens om vi lyckades fly ur huset.

Under flera dagar lämnade jag och Mahtob knappast sovrummet. Jag plågade av olika fysiska åkommor och jag kunde bara äta små portioner kokt ris utan något till. Trots att jag inte hade några krafter kunde jag inte sova på nätterna. Moody gav mig tabletter.

För det mesta lämnade han oss ensamma. Han ville ge oss tid att acceptera vårt öde, ge upp och vänja oss vid tanken att tillbringa resten av våra liv i Iran. Nu var han mer fångvaktare än make, och han behandlade mig med förakt. Men samtidigt visade han tecken till en irrationell tro att Mahtob, som nu snart skulle fylla fem år, skulle anpassa sig lätt och smärtfritt till denna omstörtning i hennes liv. Han försökte locka henne att visa tillgivenhet, men hon var tillbakadragen och på sin vakt. När han sträckte fram handen mot henne och ville ta hennes hand i sin drog hon undan den och grep i stället efter min hand. Hennes bruna ögon försökte klara upp den förvirrande föreställningen att hennes pappa plötsligt var vår fiende.

Mahtob grät i sömnen varje natt. Hon vågade fortfarande inte gå till badrummet ensam. Vi led båda av magsmärtor och diarré, och vi tillbringade därför en stor del av varje dag och natt i det av kackerlackor hemsökta badrummet. Det blev en tillflyktsort för oss. Där kunde vi känna oss säkra och det var där vi mumlade en rituell bön tillsammans: "Gode Gud, hjälp oss att komma igenom det här. Hjälp oss att hitta ett sätt att komma hem till Amerika tillsammans och återförenas med vår familj." Jag sa gång på gång till henne att vi måste hålla ihop. Jag var rädd för att Moody skulle försöka ta henne från mig.

Det enda jag hade att läsa för att skingra mina tankar var Koranen i en engelsk översättning av Rashad Khalifa, fil dr och imam vid moskén i Tucson i Arizona. Jag hade fått den för att den skulle utgöra uppbygglig läsning för mig. Jag längtade så desperat efter något att sysselsätta mig med att jag ivrigt väntade på att de första gryningsljuden skulle tränga in genom fönstret så att jag skulle kunna läsa. Baba Hajjis mässande i hallen gav en passande bakgrund till mina studier i Koranen, och jag läste den omsorgsfullt medan jag hela tiden sökte efter ställen som behandlade förhållandet mellan man och hustru.

När jag hittade någon passus som tycktes kunna hjälpa mig i min situation och som talade om kvinnors och barns rättigheter visade jag den för Moody och för andra medlemmar av familjen.

I *sura* (kapitel) 4, vers 38 fann jag följande föga uppmunt-

66

rande passus:

Männen vare kvinnornas föreståndare på grund av det företrä-
de, Gud givit somliga framför andra, och de utgifter av sina
ägodelar, som de hava; därför skola ock de rättskaffens kvin-
norna vara undergivna och aktsamma om vad som är fördolt,
därför att Gud aktar dem. Och vad dem beträffar, av vilka I
frukten uppstudsighet, så varnen dem, skiljen dem från bädden
och agen dem, men om de då lyda eder, så söken ej sak med
dem! Gud är förvisso hög och stor.

Men i nästa vers fann jag en viss anledning till hopp:

Om I befaren oenighet mellan dem båda, så skicken åstad en
skiljedomare av hans och en skiljedomare av hennes släkt! Vilja
dessa ställa till rätta, så åstadkommer ock Gud sämja mellan
dem; Gud är förvisso den Vetande, den Insiktsfulle.
Koranen, i K V Zetterstéens översättning

"Båda våra familjer borde hjälpa oss att lösa de här problem-
en", sa jag till Moody och visade honom versen.
"Din familj är inte islamitisk", svarade Moody. "Den räknas
inte." Han tillade: "Och det är *ditt* problem och inte vårt."

De var muslimer och dessutom shiiter. De var fortfarande upp-
fyllda av revolutionens framgångar och svepta i sin fanatisms
självrättfärdiga klädnad. Hur skulle jag – en kristen, en ameri-
kan och en kvinna – kunna erbjuda min tolkning av Koranen
och begära att den skulle gälla framför den tolkning som gjor-
des av Imam Reza, ayatollah Khomeini, Baba Hajji och, i syn-
nerhet, av min make? I alla andras ögon var jag Moodys hustru
och hans egendom. Han kunde göra vad han ville med mig.
Den tredje dagen av min fångenskap, den dag då vi skulle ha
kommit hem till Michigan, tvingade Moody mig att ringa mina
föräldrar. Han talade om för mig vad jag skulle säga och lyss-
nade noga på vårt samtal. Han uppträdde så hotfullt att jag
inte kunde göra annat än att lyda.
"Moody har bestämt att vi ska stanna lite längre", sa jag till
mina föräldrar. "Vi kommer inte hem just nu."
Mamma och pappa blev oroliga.

"Bekymra er inte", sa jag och försökte låta munter. "Vi kommer snart hem. Det kanske dröjer lite, men vi kommer i alla fall snart."

Det lugnade dem. Jag tyckte det var avskyvärt att ljuga för dem, men Moody stod över mig och jag kunde inte göra något annat än det han sa. Jag längtade efter att vara hos dem och efter att få krama Joe och John. Skulle jag någonsin få se dem mer?

Moody blev nyckfull. För det mesta var han surmulen och hotfull, och nu behandlade han Mahtob och mig på samma sätt. Ibland försökte han vara vänlig och snäll. Möjligen var han lika förvirrad och desorienterad som jag. Han gjorde sporadiska försök att hjälpa mig att anpassa mig. "Betty ska laga mat åt oss alla i kväll", förkunnade han en dag för Ameh Bozorg.

Han tog med mig till marknaden. Trots att det var skönt att komma ut i solljuset och känna värmen, höra röster och känna dofter tyckte jag att staden var mer motbjudande än någonsin. Vi gick flera kvarter till en slakteributik bara för att få höra att de sålt slut på köttet och att vi kunde försöka på nytt efter klockan fyra. Flera andra butiker gav oss samma svar. När vi upprepade expeditionen på eftermiddagen fann vi till sist en liten stek i en affär som låg tre kilometer från Ameh Bozorgs hus.

När jag sedan arbetade i min svägerskas kök gjorde jag mitt bästa. Jag skurade alla kärl och redskap och försökte laga en vanlig amerikansk måltid utan att bry mig om min svägerskas hånfulla tillmälen.

Efter middagen utövade Ameh Bozorg sin moderliga makt över sin yngre bror. "Våra magar tål inte oxkött", meddelande hon Moody. "Vi äter inte oxkött här i huset hädanefter."

I Iran anses oxkött vara mat för de lägre klasserna. Vad Ameh Bozorg egentligen ville säga var att den måltid jag hade lagat var under hennes värdighet.

Moody förmådde inte säga emot sin syster. Han kommenterade inte hennes anmärkning. Det rådde inget tvivel om att Ameh Bozorg inte ville att jag skulle lägga mig i hennes sätt att sköta hushållet. Hela hennes familj låtsades för övrigt som om

68

jag inte existerade. När jag kom in i ett rummet vände de ryggen åt mig eller stirrade hånfullt på mig. Det faktum att jag var amerikan tycktes väga tyngre än att jag trots allt var Moodys hustru.

Under den första veckan då jag var inspärrad talade Essey vänligt till mig. En dag när hon och Reza kom på besök lyckades Essey få mig avsides ett ögonblick. "Jag beklagar verkligen", sa hon. "Jag tycker om dig, men de har sagt att vi ska hålla oss borta från dig. Vi får inte sitta och prata med dig. Jag tycker det är svårt att veta vad du går igenom, men jag kan inte ta risken att komma på kant med hela familjen."

Jag frågade mig om Ameh Bozorg väntade sig att jag skulle leva isolerad i oändlighet och utsatt för allas förakt på det här viset. Vad var det egentligen som pågick i detta galna hushåll?

Moody tycktes vara nöjd med att leva på sin familjs bekostnad. Han mumlade ibland något om att han borde söka arbete, men han kom inte längre än att skicka ut någon yngre släkting att fråga om hans läkarlegitimation var giltig i Iran. Han var säker på att hans amerikanska läkarutbildning skulle ge honom en plats i den inhemska läkarkåren. Han tänkte utöva sitt yrke här i landet.

Tiden tycktes inte ha någon betydelse för genomsnittsiraniern, och Moody intog så småningom samma attityd. Han tillbringade dagarna med att lyssna på radio, läsa tidningen och sitta i timmar och samtala med Ameh Bozorg. Några gånger tog han med Mahtob och mig ut på korta promenader, men han höll hela tiden ett vakande öga på oss. På eftermiddagen eller kvällen, när han var säker på att hans familj skulle vaka över oss, gick han ut tillsammans med några av syskonbarnen för att hälsa på andra släktingar. En gång deltog han i en antiamerikanska demonstration, och när han kom hem höll han långa tirader av struntprat mot USA.

Dagarna gick – obeskrivligt olyckliga, heta, uttråkande, skrämmande och nedslående. Jag sjönk allt djupare i min melankoli. Det kändes som om jag skulle dö. Jag åt lite och sov bara korta stunder, trots att Moody hela tiden gav mig lugnande tabletter. Varför kom ingen och hjälpte mig?

Av en händelse råkade jag en kväll under den andra veckan av min fångenskap stå bredvid telefonen när den ringde. Jag lyfte av ren instinkt luren och fick plötsligt höra min mors röst. Hon ringde från Amerika. Hon sa att hon hade försökt komma fram många gånger tidigare, men sedan slösade hon ingen tid på tomt prat. Hon hasplade snabbt ur sig ett telefonnummer och adressen till den avdelning på den schweiziska ambassaden som bevaka USA:s intressen i Iran. Mitt hjärta började banka. Jag ansträngde mig för att pränta in siffrorna i minnet. Det dröjde inte många sekunder förrän Moody ilsket ryckte ifrån mig luren och avbröt samtalet.

"Du får inte tala med dem om inte jag är med", förklarade han.

På kvällen , när jag var ensam i sovrummet, arbetade jag ut en kod för att dölja ambassadens telefonnummer och adress, och jag skrev sedan in alla uppgifterna i min adressbok, som jag sedan la under madrassen tillsammans med pengarna. Som en extra säkerhetsåtgärd upprepade jag sedan telefonnumret och adressen för mig själv hela natten för att jag inte skulle glömma den. Jag hade i alla fall till sist fått hänvisning till ett ställe där man skulle kunna hjälpa mig. Jag var amerikansk medborgare. Ambassaden skulle säkert kunna ordna så att Mahtob och jag kom härifrån – bara jag kunde hitta på ett sätt att komma i kontakt med en positivt inställd ambassadtjänsteman.

Den möjligheten skulle dyka upp redan på eftermiddagen följande dag. Moody gav sig av och brydde sig inte ens om att säga vart han skulle ta vägen. Ameh Bozorg och den övriga familjen tog sin siesta. Mitt hjärta bultade av oro när jag smög ut i köket, lyfte telefonluren och slog det nummer jag lärt mig utantill. Sekunderna verkade långa som timmar medan jag vänta att samtalet skulle kopplas. Jag hörde att signalerna gick fram – en, två och tre gånger – och jag bad att någon skulle svara snabbt. Då, i samma ögonblick som någon lyfte på luren kom Ameh Bozorgs dotter Fereshteh in i rummet. Jag försökte verka lugn. Hon hade aldrig sagt ett ord på engelska till mig och jag var säker på att hon inte skulle förstå konversationen.

"Hallå! sa jag med en dämpad viskning.

"Ni måste tala högre", sa en kvinnlig röst i andra ändan av linjen.

"Det kan jag inte göra. Var snäll och hjälp mig. Jag är in-

70

spärrad. Jag är fånge. Gisslan!"

"Var snäll och tala högre. Jag kan inte höra er."

Jag kämpade mot tårar av besvikelse och höjde rösten en smula. "Hjälp mig! Jag är fånge!" sa jag.

"Ni måste tala högre", sa kvinnan. Sedan la hon på luren.

Tio minuter senare, när Moody kommit hem, kom han rusande in i rummet, ryckte upp mig från sängen, skakade mig häftigt medan han höll mig i axlarna. "Vem pratade du med?" frågade han.

Jag hade inte hunnit tänka ut något försvar. Jag visste att familjemedlemmarna var fientligt inställda till mig, men jag hade inte räknat med att Fereshteh skulle skvallra för honom i samma ögonblick han kom hem. Jag försökte hitta på en lögn omgående.

"Ingen", sa jag med svag röst. Det var en halv sanning.

"Jo, du talade visst med någon i telefon i dag."

"Nej. Jag försökte ringa Essey, men jag kom inte fram. Jag slog fel nummer."

Moodys fingrar grävde sig djupt in i mina skuldror. Mahtob, som satt bredvid och såg på, skrek högt.

"Du ljuger för mig!" skrek Moody. Han slängde mig tillbaka på sängen och fortsatte att skrika och rasa i flera minuter innan han klampade ut ur rummet. Innan han stängde dörren skrek han över axeln: "Våga inte röra den telefonen en gång till!"

Moody gav mig inte tillfälle att återvinna balansen. Och eftersom det inte gick att förutsäga hans humör från den ena dagen till den andra var det svårt att arbeta ut en handlingsplan. När han uppträdde hotfullt blev jag fast besluten att på något sätt komma i kontakt med ambassaden. När han var orolig och ledsen växte mitt hopp att han skulle ändra sig och åka hem till Amerika med oss. Han spelade ett spel med mig och det gjorde det omöjligt för mig att vidta några definitiva åtgärder. Var kväll sökte jag lindring i de lugnande tabletter han gav mig. Varje morgon kände jag mig lika osäker inför honom.

En morgon i slutet av augusti – när vi hade varit i Iran i nästan en månad – frågade han: "Vill du att vi ska ordna ett födelsedagskalas för Mahtob på fredag?"

Det var egendomligt. Mahtob skulle fylla fem år tisdagen den 4 september och inte på fredagen. "Gärna ett kalas, men jag vill ha det på hennes födelsedag", sa jag.

Moody blev irriterad. Han förklarade för mig att ett födelsedagskalas är en social begivenhet i Iran och att alla födelsedagar firas på en fredag när folk inte arbetar.

Jag fortsatte med invändningar. Om jag inte kunde hävda mig själv mot Moody ville jag i alla fall slåss för min dotters rättigheter. Jag brydde mig inte om iranska seder. Till min förvåning och till familjen missnöje gick Moody med på att hålla festen på tisdagseftermiddagen.

"Jag skulle vilja köpa henne en docka", sa jag för att utnyttja medvinden.

Moody gick med på det också. Han ordnade så att Majid skulle ta med oss ut och handla. Vi besökte flera affärer och tittade på iranska dockor som inte föll mig i smaken för att de var för fula och illa gjorda. Till sist fann vi en japansk docka klädd i röd och vit pyjamas. Hon hade en napp i munnen, och när man tog ut den skrattade hon eller grät. Den kostade motsvarande trettio dollar i iranskt mynt.

"Den är på tok för dyr", sa Moody. "Vi kan inte lägga ut så mycket pengar på en docka."

"Men det ska vi i alla fall göra", förklarade jag trotsigt. "Hon har ingen docka här och vi ska köpa den."

Och det gjorde vi.

Jag hoppades att kalaset skulle bli lyckat för Mahtob – hennes första glada stund på en månad. Hon såg fram mot den med växande entusiasm. Det var skönt att se henne le och skratta.

Två dagar före den stora händelsen inträffade något som dämpade hennes glädje och förväntan. När hon lekte i köket ramlade hon ner från en stol. Den gick sönder under henne och en skarp kant på ett av stolsbenen skar djupt in i hennes arm. Jag sprang dit när jag hörde hennes skrik, och jag blev chockad när jag såg blodet spruta ur såret. Hon hade skurit av en åder i armen.

Moody la snabbt ett tryckförband och Majid körde fram bilen för att skjutsa oss till ett sjukhus. Jag höll min snyftande dotter i famnen och hörde Moody säga att jag inte skulle oroa mig. Det låg ett sjukhus bara några kvarter bort.

Men vi blev avvisade. "Vi tar inte emot olycksfall", fick vi veta av en tjänsteman som inte brydde sig om att Mahtob var illa däran.

Majid körde som en galning genom den täta trafiken till ett annat sjukhus där man behandlade olycksfall. Vi sprang in med Mahtob och möttes av motbjudande smuts och röra. Men det fanns inget annat ställe dit vi kunde bege oss. Väntrummet på olycksfallsavdelningen var fyllt av väntande patienter.

Moody hejdade en läkare och förklarade på farsi att han var läkare och på tillfälligt besök från Amerika samt att hans dotter behövde sys. Den iranske läkaren tog oss omgående med till behandlingsrummet och erbjöd sig av kollegial artighet att göra arbetet gratis. Moody höll ett vaksamt grepp om mig medan läkaren undersökte såret och gjorde i ordning sina instrument.

"Har de inga bedövningsmedel?" frågade jag häpet.

"Nej", svarade Moody.

Det vände sig i magen på mig. "Nu måste du vara duktig, Mahtob", sa jag.

Hon skrek när hon såg suturnålen. Moody röt åt henne att hålla tyst. Hans muskulösa arm höll henne i ett fast grepp på behandlingsbordet. Hennes lilla näve kramade min hand. Mahtob kunde inte komma ur pappans grepp, men hon kämpade i alla fall emot. Jag vände bort blicken när nålen trängde in i hennes hud. Varje skrik som ekade i det lilla behandlingsrummet trängde direkt in i min själ. Jag kände hur jag fylldes av hat. Det var Moodys fel. Det var han som fört oss till det här helvetet.

Det tog flera minuter att sy ihop såret. Tårarna rann utför mina kinder. Det finns ingen värre plåga för en mor än att stå som ett hjälplöst vittne när hennes barn lider. Jag ville ta på mig det lidande hon genomgick, men jag kunde inte göra det. Det vände sig i magen på mig och jag var våt av kallsvett, men det var Mahtob som upplevde den fysiska smärtan. Det fanns inget jag kunde göra utom att hålla hennes hand och försöka hjälpa henne att stå ut.

När den iranske läkaren sytt färdigt skrev han ut ett recept på en stelkrampsinjektion och gav det till Moody medan han gav instruktioner.

73

Vi gav oss av i bilen medan Mahtob snyftade mot mitt bröst och Moody förklarade de instruktioner vi nu måste följa. Först måste vi leta rätt på ett apotek som kunde ge oss preparatet och sedan måste vi söka rätt på en klinik som hade tillstånd att ge injektionen.

Jag kunde inte förstå hur Moody kunde välja att utöva sitt yrke i det här landet i stället för i Amerika. Han kritiserade den iranske läkarens arbete. Han hade egen utrustning, och han sa att han kunde ha sytt henne mycket bättre själv.

Mahtob var utmattad av det hon gått igenom, och när vi kom tillbaka till Ameh Bozorgs hus somnade hon snabbt men sov oroligt. Jag tyckte verkligen synd om henne. Jag beslöt att försöka verka gladare än jag var under de kommande två dagarna för att göra hennes födelsedag till en lycklig tilldragelse.

Två dagar senare, tidigt på morgonen den dag Mahtob fyllde fem år, gick Moody och jag till ett finbageri för att beställa en stor tårta. Den skulle föreställa en gitarr och vara över en meter lång. Till konsistens och färg liknade innehållet amerikansk sockerkaka, men det smakade inte mycket.

"Varför garnerar du den inte själv?" föreslog Moody. Det var en av mina verkliga talanger.

"Nej, jag har inga ingredienser till det här."

Moody lät sig inte nedslås utan skröt inför konditorn och sa att jag var duktig på att garnera tårtor.

Konditorn vände sig till mig och frågade på engelska: "Skulle ni vilja arbeta här?"

"Nej", svarade jag kort. Jag ville inte veta av något som liknade arbete i Iran.

Vi gick hem för att förbereda födelsedagskalaset. Det skulle komma mer än hundra släktingar, trots att de måste ta ledigt från arbetet eftersom vi inte sköt upp festen till fredagen. Ameh Bozorg höll till i köket och lagade något som föreställde kycklingsallad med majonnäs. Överst på den skrev hon Mahtobs namn på farsi med gröna ärter i den gula majonnäsen. Hennes döttrar la upp kebab på stora fat. De skar kallt lammkött i skivor och dekorerade med vit ost och grönsaker i olika färger som dekoration.

Morteza, Baba Hajjis och Ameh Bozorgs andre son, kom över till oss för att hjälpa till, och han hade med sin hustru,

Nastaran, och deras ettåriga dotter, Nelufar, en söt liten baby som vann allas hjärtan. Mahtob lekte med henne medan Morteza och Nastaran hängde upp ballonger i hallen och prydde den med serpentiner och färgat stanniolpapper. Mahtob glömde allt ledsamt som inträffat och pratade utan uppehåll om hur roligt det skulle bli att få öppna presenterna.

Huset fylldes av gäster som alla hade paket i vackert presentpapper med sig. Mahtob gjorde stora ögon när hon såg högen växa.

Morteza, Nastaran och Nelufar gick ut och kom sedan tillbaka med en överraskning – en tårta som var exakt likadan som den jag beställt. Majid var just då på väg från konditoriet med vår tårta. Det visade sig att det var en lyckosam dubblering, för när Majid kom in med vår tårta ryckte Nelufar tag i den och drog den ur hans händer. Den ramlade i golvet och gick sönder, till både Majids och Nelufars stora sorg.

Vi hade i alla fall en tårta kvar.

Mammal inledde festen med att klappa händerna i takt medan han sjöng några barnsånger och fick de andra att sjunga med. De lät egendomliga i våra öron. Vid det här laget hade jag dragit slutsatsen att det var ett brott mot lagen att le i Iran. Ingen tycktes någonsin vara lycklig och glad. Men i dag var det annorlunda. Hela familjen verkade glädja sig åt vår dotters födelsedag.

Sångerna fortsatte i tre kvart. Mammal och Reza var på gott humör och lekte med barnen. Plötsligt, som på en signal, kastade de sig över högen med paket och började slita papperet av presenterna.

Mahtob kunde inte tro sina ögon. Stora tårar började rulla utför hennes kinder. "Mamma, de öppnar mina presenter!" skrek hon.

Moody talade med Mammal och Reza. De lät motvilligt Mahtob öppna några presenter. Men, förklarade Moody när de fortsatte att öppna paket, i Iran är det sed att männen packar upp barnens presenter.

Mahtobs missnöje mildrades av den ström av presenter som så småningom letade sig fram till henne. Hon fick många iranska leksaker, bland annat en rosa och vit ängel som satt i en gunga, en boll, en simdyna och en lekring av plast till poolen,

75

en lustig lampa med ballonger, kläder och åter kläder – och dockan som Moody och jag köpt.

Det var alldeles för många leksaker för att hon skulle kunna leka med dem alla på en gång. Mahtob tog ett stadigt grepp om dockan, men de andra barnen kastade sig över de övriga presenterna, slogs om dem och kastade runt dem i rummet. Mahtob brast i gråt på nytt, men det gick inte att kontrollera de andra barnen. De vuxna tycktes inte ens lägga märke till vad de gjorde.

Mahtob såg till att hon hade sin docka i knät under middagen, och hon var ledsen ända till hon fick syn på tårtan. Jag led när jag såg henne äta den, för jag visste att jag inte hade kunnat ge henne den gåva hon helst av allt ville ha.

* * *

Efter Mahtobs födelsedag blev vi båda dystrare. Nu hade vi kommit in i september. Vi skulle ha varit hemma för tre veckor sedan.

Snart följde ännu en födelsedag, och den gjorde mig ännu mer deprimerad. Det var Imam Reza, shiitsektens grundare, vars födelsedag man firade. Under en så helig dag väntas det att en god shiit besöker imamens grav, men eftersom han ligger begravd i fiendelandet Irak måste de nöja sig med hans systers grav i Rey, Irans gamla huvudstad, som ligger ungefär en timmes körning söder om Teheran.

Den aktuella dagen bjöd på en tryckande hetta redan på morgonen. Jag var säker på att det var minst trettioåtta grader. När jag tänkte på alla kläder jag måste ha på mig blev jag utom mig inför den långa resan i en bil packad med människor i den intensiva hettan. Varför skulle jag besöka en grav som inte betydde något alls för mig?

"Jag vill inte åka med", sa jag till Moody.

"Du måste göra det", sa han. Och därvid blev det.

Jag räknade dem som samlats utanför Ameh Bozorgs hem. Det var tjugo personer som skulle klämma in sig i två bilar.

Mahtob var lika irriterad och olycklig som jag. Innan vi gav oss av läste vi vår badrumsbön på nytt: "Gode Gud, låt oss hitta ett sätt att komma hem tryggt tillsammans."

76

Moody tvingade mig att ta på mig en tung och tjock svart *chador* vid detta högtidliga tillfälle. I den överfulla bilen måste jag sitta i hans knä och ha Mahtob i mitt. Efter en bedrövlig åktur anlände vi till Rey där det blåste full sandstorm. Vi steg ur bilen och hamnade i en tät skara svartklädda skrikande pilgrimer som armbågade sig fram mot vallfartsmålet. Mahtob och jag började mekaniskt följa kvinnorna mot ingången.

"Mahtob kan komma med mig", sa Moody. "Jag bär henne."

"Nej!" skrek hon.

Han försökte ta hennes hand men hon slet sig loss. Folk vände sig om för att se var det var som hände. "Ne-e-j!" skrek Mahtob.

Moody blev arg av hennes trots och ryckte henne från mig med våld. Samtidigt gav han henne en hård spark i baken.

"Nej!" skrek jag åt honom. Jag rusade efter min dotter, men hindrades av min tunga *chador*.

Nu vändes Moodys vrede mot mig. Han skrek så högt han förmådde och öste ur sig varje engelsk förbannelse och obscenitet han kunde komma ihåg. Jag började gråta och förmådde plötsligt inte mer mot hans vrede.

Nu var det Mahtob som försökte komma till min undsättning och hon trängde sig mellan oss. Moody såg ner på henne som om hon vore något han aldrig sett tidigare. I blint raseri gav han henne ett slag i ansiktet med handryggen. Blodet började rinna från ett jack i överläppen och droppade ner i dammet på marken.

"*Najess*", mumlade folk omkring oss. "Smutsigt." Blod anses var ett smittoämne i Iran och det måste torkas upp omedelbart. Men ingen ingrep, eftersom det av allt att döma var ett familjegräl. Varken Ameh Bozorg eller någon annan i familjen försökte hejda Moodys vrede. De stirrade i marken framför sig eller rakt ut i luften.

Mahtob skrek av rädsla och smärta. Jag lyfte upp henne och försökte hejda blodflödet med fållen på min *chador* medan Moody fortsatte att skrika fula ord åt mig. Jag hade aldrig tidigare hört honom använda ett sådant språk. Genom tårarna såg jag hans ansikte förvridas i en hatfylld och skrämmande grimas.

77

"Vi måste skaffa is som hon kan lägga mot läppen", skrek jag.

Moody lugnade sig när han såg sin dotters blodiga ansikte, men han visade inga tecken till ånger. När han lugnat sig en smula började vi leta efter en gatuförsäljare som var villig att hacka loss lite is från ett stort block och sälja den till oss.

Mahtob snyftade och Moody surade, men bad inte om ursäkt. Och jag försökte svälja den nyvunna insikten att jag var gift med en galning och fånge i ett land där lagen slog fast att han var min herre och att jag måste lyda honom i allt.

Det hade gått nästan en månad sedan Moody gjort oss till gisslan, och ju längre vi stannade kvar i Iran desto mer gav han efter för sitt gamla hemlands kulturella inflytande. Det var något som gått på sned i Moodys personlighet. Jag *måste* se till att min dotter och jag kom ur den här mardrömmen innan han dödade oss båda.

* * *

Några dagar senare, under de lugna eftermiddagstimmarna när Moody var borta, beslöt jag att göra ett desperat försök att fly till friheten. Jag tog fram en bunt rialsedlar ut mitt gömställe, tog Mahtob i handen och gick lugnt och tyst ut ur huset. Om jag inte kunde kontakta ambassaden per telefon skulle jag ta mig dit personligen på ett eller annat sätt. Jag var insvept i min *montoe* och min *roosarie* och hoppades att det inte skulle synas att jag var utlänning. Jag ville inte förklara för någon vad jag var ute i för ärende. Jag såg till att min *roosarie* täckte ansiktet ordentligt så att jag inte skulle bli stoppad av *pasdar*, den skrämmande och allestädes närvarande hemliga polisen.

"Vart ska vi gå, mamma?" frågade Mahtob.

"Det ska jag snart tala om för dig. Skynda på nu." Jag ville inte inge henne för stort hopp innan vi var i säkerhet.

Vi gick snabbt, men det var svårt att orientera sig i vimlet och jag visste inte i vilken riktning vi borde bege oss. Mitt hjärta bultade av skräck. Vi hade gett oss in på något absolut förbjudet. Jag kunde inte beräkna hur rasande Moody skulle bli när han upptäckte att vi flytt, men jag tänkte inte återvända och ta reda på hur våldsam hans reaktion blev. Jag unnade mig en svag suck av lättnad inför tanken på att vi aldrig mer skulle se honom.

Till sist fann vi en skylt där det med västerländska bokstäver och på engelska stod TAXI. Vi gick in och beställde en taxi, och inom fem minuter var vi på väg till friheten.

Jag försökte be chauffören att köra oss till den amerikanska avdelning vid den schweiziska ambassaden, men han förstod inte. Jag upprepade den adress min mor gett mig i telefonen: "Park Avenue and Seventeenth Street." Han ljusnade när han hörde orden "Park Avenue" och körde vidare genom den kaotiska trafiken.

"Vart är vi på väg, mamma?" upprepade Mahtob.

"Vi ska åka till ambassaden", sa jag. Det var lättare att andas nu när vi verkligen var på väg. "Vi kommer att vara trygga där. Vi kan stanna där tills vi åker hem."

Mahtob gav till ett rop av förtjusning.

Sedan vi studsat fram längs Teherans gator i över en halvtimme stannade chauffören framför den australiska ambassaden på Park Avenue. Han talade med en vakt och blev hänvisad runt hörnet. Några ögonblick senare stannade vi framför vår tillflyktsort. Det var en stor och modern byggnad av betong med en skylt som talade om att det amerikanska intressekontoret på den schweiziska ambassaden fanns där. Entrén skyddades av en stålgallerport, vaktad av iranska poliser.

Jag betalade taxichauffören och tryckte på knappen till porttelefonen vid grinden. Grinden elektriska lås öppnades med ett surrande och jag och Mahtob rusade in. Nu var vi på schweizisk mark inte iransk.

En engelsktalande iransk man kom och mötte oss. Han frågade efter våra pass. "Vi har inga pass", svarade jag. Han betraktade oss forskande en stund och beslöt sig sedan för att tro att vi var amerikaner. Han lät oss passera. Vi blev kroppsvisiterade. För varje ögonblick blev jag allt mer upprymd av tanken på att vi var fria.

Till sist fick vi komma in i den administrativa avdelningen av ambassaden, och där blev vi mottagna av en allvarlig men vänlig armenisk-iransk kvinna som hette Helen Balassanian. Hon lyssnade utan att säga ett ord medan jag snabbt berättade om vår månadslånga fångenskap. Helen var en lång och mager

79

kvinna, antagligen i fyrtioårsåldern, och klädd i en väster-
ländsk dräkt med knälång kjol. Hennes huvud var syndigt
blottat och hon såg på oss med en blick som visade att hon var
vänligt inställd.

"Ge oss skydd här", bad jag. "Och ordna sedan så att vi kan
komma hem på något sätt."

"Men vad menar ni?" frågade Helen. "Ni kan inte stanna
här!"

"Vi kan inte åka tillbaka till hans hus."

"Ni är iransk medborgare", sa Helen med låg röst.

"Nej, jag är *amerikansk* medborgare."

"Ni är iranier", upprepade hon, "och ni måste lyda iransk
lag."

Inte ovänligt men bestämt förklarade hon att från det ögon-
blick jag gifte mig med en iranier blev jag automatiskt iransk
medborgare och skyldig att lyda iransk lag. Juridiskt sett var
både Mahtob och jag iranier.

Jag kände hur jag blev kall i hela kroppen. "Jag vill inte vara
iranier", sa jag. "Jag är född amerikan och jag vill vara ameri-
kansk medborgare."

Helen skakade på huvudet. "Nej", sa hon med låg röst. "Ni
måste gå tillbaka till honom."

"Han kommer att slå mig", grät jag. Jag pekade på Mahtob.
"Han kommer att slå *oss*!" Helen visade sin medkänsla, men
hon hade inte befogenheter att hjälpa oss. "Vi är fångar i det
där huset", sa jag och försökte på nytt medan stora tårar rulla-
de utför mina kinder. "Vi lyckades ta oss ut den här gången
bara för att alla sov. Vi kan inte gå tillbaka dit. Han kommer
att låsa in oss. Jag blir rädd när jag tänker på vad som kan
hända med oss."

"Jag kan inte förstå varför amerikanska kvinnor gör så här",
muttrade Helen. "Jag kan skaffa dig kläder. Jag kan skicka
några brev åt dig. Jag kan kontakta din familj och tala om för
dem att du mår bra. Jag kan göra sådana saker för dig, men
något annat kan jag inte göra."

Den enkla och hemska sanningen var att Mahtob och jag var
helt och hållet underkastade detta fanatiska patriarkats lagar.

Jag tillbringade den följande timmen på ambassaden, svårt
chockad. Vi uträttade vad vi kunde. Jag ringde Amerika. "Jag

80

försöker komma på ett sätt att ta mig hem", grät jag inför min mor långt borta i USA. "Ta reda på vad du kan göra därifrån", bad jag.

"Jag har redan kontaktat utrikesdepartementet", sa mamma med en röst som darrade. "Vi gör vad vi kan, det ska du veta."

Helen hjälpte mig att skriva ett brev till det amerikanska utrikesdepartementet och lovade att det skulle skickas vidare från Schweiz. I brevet konstaterades att jag hölls i Iran mot min vilja och att jag inte ville att min make skulle få tillstånd att föra ut våra tillgångar från USA.

Helen fyllde i formulär och bad mig om detaljerade uppgifter beträffande Moody. Hon var speciellt intresserad av uppgifter om hans medborgarskap. Moody hade aldrig försökt söka amerikanskt medborgarskap efter det att han blev engagerad i den iranska revolutionen. Helen frågade också om hans gröna kort – hans officiella tillstånd att bo och arbeta i USA. Som situationen nu var kunde hade återvända till USA och fortsätta att arbeta där. Men om han väntade för länge skulle hans gröna kort bli ogiltigt och han skulle inte längre få praktisera sitt yrke i Amerika.

"Jag är rädd för att han tänker söka sig ett arbete här", sa jag. "Om han får tillstånd att praktisera här kommer vi verkligen att sitta fast. Om han inte kan få arbete här kanske han beslutar sig för att återvända till USA."

När Helen gjort vad hon kunnat gav hon mig det fruktade ultimatumet. "Nu åker ni tillbaka", sa hon lugnt. "Vi ska göra allt vi kan för er. Ha tålamod."

Hon ringde på en taxi, och när den kom gick hon med ut på gatan och talade med chauffören. Hon gav honom en adress ett kort stycke från Ameh Bozorgs hus. Vi kunde gå de sista kvarteren så att Moody inte skulle få se att vi kommit i taxi.

Det värkte i magen när vi på nytt var ensamma och på nytt ute på Teherans gator. Vi hade ingenstans att ta vägen utom hem till en make och far som hade förvandlats till vår allsmäktige fångvaktare.

Jag försökte tänka rationellt trots att det bultade av ångest i mitt huvud. Jag vände mig till Mahtob och sa: "Vi får inte tala om för pappa eller någon annan var vi har varit. Jag tänker säga honom att vi har varit ute och tagit en promenad och att

81

vi gick vilse. Om han frågar dig så säg inget."

Mahtob nickade. Hon tvingades snabbt bli vuxen under de här omständigheterna.

Moody väntade på oss när vi till sist kom hem. "Var har du varit?" röt han.

"Vi gick ut och tog en promenad", ljög jag. "Vi gick vilse. Vi gick längre än jag räknat med. Det finns så mycket att titta på."

Moody funderade en stund på min förklaring och förkastade den sedan. Han visste att jag hade ett gott lokalsinne. Han stirrade på mig med den hotande blick en islamitisk man använder när han inser att han lurats av en kvinna. Han tog ett hårt tag i min arm med ena handen och grep mig i håret med den andra. På det sättet släpade han med mig in och ställde mig inför det tiotal familjemedlemmar som höll till i hallen. "Hon får inte lämna det här huset hädanefter!" kommenderade han.

Och till mig sa han: "Om du försöker lämna huset en gång till kommer jag att *slå ihjäl* dig!"

Jag var tillbaka i det ensamma sovrummet, tillbaka till de sysslolösa dagarna, tillbaka till illamåendet och kräkningarna och tillbaka i depressionen. När jag lämnade rummet övervakades varje steg jag tog av Ameh Bozorg eller en av hennes döttrar. Jag kände hur min viljestyrka höll på att brytas ner. Jag insåg att jag snart skulle acceptera mitt öde och därmed försvinna från min egen familj och mitt hemland för alltid.

Medan jag var avskuren från världen fann jag att vissa ironiska detaljer bekymrade mig. Det var sista månaden av baseballsäsongen och jag visste inget om hur det gick för Tigers. De ledde i sin division när vi reste till Iran. Jag hade tänkt ta med pappa på en match när vi kom hem, för jag visste att det skulle vara hans sista chans att se en baseballmatch.

En kväll när jag var särskilt ansatt av hemlängtan försökte jag skriva ett brev till mamma och pappa, trots att jag inte visste hur jag skulle bära mig åt för att skicka det. Till min förtvivlan upptäckte jag att min hand inte ville lyda. Jag var så svag att jag inte ens förmådde skriva mitt eget namn.

Jag satt i timmar och grubblade på vad detta innebar för min situation. Jag var sjuk, nervös och deprimerad, och jag höll på att tappa greppet om verkligheten. Moody tycktes vara nöjd med att jag var orolig och han verkade övertygad om att jag inte skulle kunna resa mig och slåss för min frihet. Jag såg på mitt barn. Mahtobs känsliga hud var täckt av myggbett. Sommaren gick mot sitt slut. Snart skulle vintern vara över oss. Innan jag insåg vad som hände skulle årstiderna – och själva tiden – smälta samma till ett intet. Ju längre vi stannade här desto lättare skulle det bli att ge vika och lyda.

Jag mindes pappas favoritordspråk: "Finns bara viljan så hittar man alltid en lösning." Men vem skulle kunna hjälpa oss hur mycket jag än ville? undrade jag. Fanns det någon som skulle kunna få mig och mitt barn ut ur den här mardrömmen? Gradvis, tvärs genom det töcken som min sjukdom och Moodys droger höljde mig i, insåg jag vad svaret på frågan var.

Ingen kunde hjälpa mig.

Det var bara jag själv som kunde klara oss ut ur vår belägenhet.

5

En kväll när jag satt i hallen i Ameh Bozorgs hus strax
efter skymningen hörde jag plötsligt det hotfulla dånet
av jetplan som kom flygande på låg höjd. Det lät som om
planen var på väg mot den del av staden där vi bodde. Plötsligt
lystes himlen upp av luftvärnets spårljusammunition och brise-
rande granater. Några ögonblick senare hördes det starka då-
net av bombexplosioner.

Herregud! tänkte jag. Nu har kriget kommit till Teheran.

Jag vände mig om för att leta rätt på Mahtob och springa
med henne till ett mer skyddat ställe, men Majid såg mitt
skräckslagna ansikte och försökte lugna mig. "Det är bara en
demonstration", sa han. "Det är Krigsveckan man firar."

Moody förklarade för mig att Krigsveckan är ett årligen
återkommande evenemang då man firar det islamiska krigets
triumfer i striderna med Irak och, i förlängningen, med USA,
eftersom all propaganda upplyste iranierna om att Irak bara är
en marionett som beväpnas och styrs av USA.

"Vi kommer att gå i krig mot Amerika", sa Moody med illa
dold glädje. "Det är bara rättvist. Din far dödade min far."

"Vad menar du?"

Moody förklarade, att medan min far under andra världskri-
get tjänstgjorde i den amerikanska armén i Abadan i södra
Iran, hade hans far, som vid samma tid var militärläkare, be-
handlat många amerikanska soldater mot malaria och sedan
själv fått sjukdomen och dött. "Nu ska du få betala för det", sa
Moody. "Din son Joe kommer att dö i kriget i Mellanöstern.
Det kan du vara säker på."

84

Jag visste att Moody sa det för att reta mig och göra mig upprörd, men jag kunde inte skilja på verkligheten och hans sadistiska fantasier. Det här var helt enkelt inte den man jag gift mig med. Hur skulle jag då kunna veta vad som var verklighet och vad som var fantasi?

"Kom", sa han, "vi går upp på taket."

"Varför det?"

"Det är en demonstration."

Det kunde bara innebära en antiamerikansk demonstration. "Nej", sa jag. "Jag kommer inte med."

Utan ett ord ryckte Moody med sig Mahtob och bar henne med sig ut ur rummet. Hon skrek av skräck och kämpade för att komma ur hans grepp, men han höll henne fast och gick med de andra familjemedlemmarna upp på taket.

Efter en stund hörde jag ett hemskt ljud som trängde in genom de öppna fönstren.

"Maag barg Amrika!" skreks det från taken runt omkring oss. Slagordet hade blivit välbekant för mig eftersom det upprepades ständigt i nyhetssändningarna. Det betyder "död åt Amerika!"

"*Maag barg Amrika!*" Ljudet växte i styrka och rösterna färgades allt mer av vrede. Jag satte händerna för öronen, men jag förmådde inte stänga ut de fanatiska skriken.

"*Maag barg Amrika!*"

Jag grät när jag tänkte på Mahtob, som befann sig där uppe på taket tillsammans med resten av familjen, fasthållen av en galen far som krävde att hon skulle vända sig mot sitt eget land.

"*Maag barg Amrika!*" Den natten höjdes fjorton miljoner röster unisont. Ropen rullade från hustak till hustak och växte till ett crescendo som omslöt och hypnotiserade massan. Slagordet skrämde mig och skar djupt i själen.

"*Maag barg Amrika! Maag barg Amrika! Maag barg Amrika!*"

"I morgon ska vi resa till Qum", förkunnade Moody.

"Vad är det?"

"Qum är Irans religiösa centrum. Det är en helig stad. I morgon är det den första fredagen i *Moharram*, sorgemånaden. Det finns en helig mans grav där. Du ska ha svart *chador* på dig."

Jag tänkte tillbaka på vår resa till Rey. Den hade varit en mardröm och det var då Moody hade slagit sin dotter. Varför måste familjen släpa med Mahtob och mig på sina löjliga pilgrimsfärder?

"Jag vill inte åka", sa jag.

"Vi ska åka."

Jag visste tillräckligt om islamisk lag för att komma med en giltig invändning. "Jag kan inte besöka en grav", sa jag. "Jag har mens."

Moody mulnade. Var gång jag hade mens var det en påminnelse om att jag, trots att det gått fem år sedan Mahtob föddes, inte hade förmått ge honom ett barn till, en son.

"Vi ska åka", sa han.

Mahtob och jag var båda dystra när vi vaknade följande morgon. Vi kunde inte glädja oss åt vad dagen hade att bjuda. Mahtob hade diarré, och det var ett symptom på att hon led av den spänning som jag nu höll på att vänja mig vid.

"Hon är sjuk", sa jag till Moody. "Hon borde få stanna hemma."

"Vi *ska åka*", upprepade han orubbligt.

Djupt nedstämd tog jag på min uniform med svarta byxor, långa svarta sockor, svart långärmad *montoe* och svart *roosarie*, som jag svepte om huvudet. Ovanpå allt detta följde min förhatliga svarta *chador*.

Vi skulle åka i Mortezas bil. Han var ännu ett av Moodys syskonbarn. I samma bil åkte också Ameh Bozorg, hennes dotter Fereshteh, Mortezas hustru, Nastaran och deras dotter, den glada lilla Nelufar. Det tog timmar att komma fram till stora vägen och sedan åkte vi ytterligare två timmar i en lång bilkö, inklämda mellan andra bilar, fulla av trogna muslimer, genom ett landskap som var lika trist som min själ.

Qum var en stad täckt av rödbrunt damm. Det fanns ingen beläggning på gatorna och bilarna med trogna som samlats rev upp stora moln av kvävande damm. När vi stigit ur bilen täcktes våra svettdränkta kläder snart av ett smutsigt dammlager.

I mitten av ett torg fanns en bassäng av olympiska mått. Runt den stod skrikande pilgrimer som alla försökte tränga sig fram till kanten av bassängen för att göra den rituella tvagningen före bönen. Ingen i hopen visade några tecken på kärlek till nästan. Armbågar högg på måfå och välplacerade sparkar hjälpte några troende att säkra en plats vid bassängkanten. Här och där hördes ett ljudligt plask följt av arga skrik från någon som fått ett oväntat dopp.

Eftersom varken Mahtob eller jag tänkte delta i bönen brydde vi oss inte om att tvätta oss i det smutsiga vattnet. Vi väntade på de andra.

Senare skildes vi åt efter kön. Mahtob och jag följde Ameh Bozorg, Fereshteh, Nastaran och Nelufar in i kvinnornas del av templet. Det fanns inte så mycket rörelseutrymme att man kunde böja sig ner och ta av sig skorna, så vi sparkade bara av dem och sköt in dem med foten i ett växande berg av fotbeklädnader utanför ingången till moskén.

Mitt barn, som knuffades hit och dit från alla sidor, höll min hand i ett krampaktigt grepp i rädsla för att bli skild från mig. Vi steg in i en stor sal vars väggar var prydda med speglar. Islamisk musik dånade ur högtalare, men inte ens den förmådde dränka rösterna från de tusentals svartklädda kvinnorna som satt på golvet och mässade böner medan de slog ena handen mot bröstet i bönens rytm. Sorgetårarna strömmade utför deras kinder.

De jättelika speglarna satt i ramar som lyste av guld och silver, och glansen från de ädla metallerna reflekterades mellan speglarna och kontrasterade bjärt mot de svarta slöjorna. Bilden och ljudet hade en hypnotisk effekt.

"Bishen", sa Ameh Bozorg. "Sitt ner."

Mahtob och jag satte oss och Nastaran och Nelufar hukade intill oss.

"Bishen", upprepade Ameh Bozorg. Med hjälp av gester och några ord på farsi uppmanade hon mig att titta i speglarna. Hon och Fereshteh gick bort till en stor utsmyckad kista som stod i ett angränsande rum.

Jag tittade i speglarna. Efter en kort stund kände jag att jag föll i ett slags trance. Speglar som speglade andra speglar skapade en oändlighetskänsla. Den islamiska musiken, kvinnornas rytmiska slag mot bröstet och det sorgesamma mässandet grep mig mot min egen vilja. För den troende måste det vara en

87

otroligt överväldigande upplevelse.

Jag vet inte hur länge jag satt på det viset. Så småningom blev jag medveten om att Ameh Bozorg och Fereshteh återvände till det rum där Mahtob och jag satt och väntade tillsammans med Nastaran och Nelufar. Den gamla häxan kom fram till mig och skrek något till mig på farsi medan hon pekade med ett benigt finger rakt i ansiktet på mig.

Jag undrade vad det var jag skulle göra nu.

Jag förstod ingenting av det Ameh Bozorg sa med undantag av ordet ”*Amrika*”.

Tårar av vrede flöt från hennes ögon. Hon stack in en hand under sin *chador* för att slita sitt hår. Den andra handen bultade mot bröstet och huvudet.

Hon visade med en förargad gest att hon ville att vi skulle ge oss av, och vi följde henne ut ur moskén och ut på gården, där vi stannade för att hämta våra skor.

Moody och Morteza hade redan avslutat sina böner och väntade på oss. Ameh Bozorg sprang fram till Moody medan hon skrek och fortsatte att bulta med handen mot bröstet.

”Vad är det fatt?” frågade jag.

Han vände sig mot mig med vrede i blicken. ”Varför ville du inte gå till *haram*?” frågade han.

”Jag har inte vägrat att göra något”, sa jag. ”Vad är *haram* för något?”

”Graven. *Haram* är graven. Du besökte den inte.”

”Hon sa att jag skulle sitta och se i speglarna.”

Det tycktes bli en upprepning av det som hänt i Rey. Moody blev så rasande att jag blev rädd att han skulle slå mig. Jag sköt undan Mahtob så att hon kom i säkerhet bakom mig. Den elaka gamla kvinnan hade lurat mig, det visste jag. Hon ville ställa till misshälligheter mellan Moody och mig.

Jag väntade tills Moody gjorde ett uppehåll i sin tirad. Så lugnt jag kunde, men samtidigt bestämt, sa jag: ”Det är bäst att du tänker på vad du säger. Hon sa att jag skulle sitta och se i speglarna.”

Moody vände sig till sin syster, som fortsatte med samma dramatiska raseri. De diskuterade med varandra en stund. Sedan vände sig Moody på nytt till mig och sa: ”Hon sa att du skulle sitta där och se i speglarna, men hon menade inte att du

88

skulle stanna där hela tiden."

Jag hatade den där elaka kvinnan! "Nastaran gick inte heller dit", påpekade jag. "Varför är hon inte arg på Nastaran?"

Moody ställde frågan till Ameh Bozorg. Han var så arg att han började översätta sin systers svar innan han tänkte på vad det innebar. "Nastaran har sin menstruation", sa han. "Hon kan inte ...." Så kom han plötsligt ihåg. Jag hade också mens.

För en gångs skulle trängde logiken igenom hans galenskap. Hans uppträdande mot mig mildrades omedelbart och han lät i stället sin vrede gå ut över systern. De grälade i flera minuter och fortsatte diskussionen efter det att vi trängt in oss i bilen för att åka till broderns hem.

"Jag sa till henne att hon inte är rättvis", sa Moody till mig. Nu var hans röst full av ömhet och medkänsla. "Du förstår inte språket. Jag sa till henne att hon måste visa mer tålamod."

Han överraskade mig. Jag var inte på min vakt. I dag var han förstående. Men hur skulle han vara i morgon?

Skolåret började. Den första skoldagen tog lärarna i hela landet med sig barnen ut på gatorna i en massdemonstration. Hundratals elever från en skola i närheten marscherade förbi Ameh Bozorgs hem och skanderade samma fula slogan, *"Maag barg Amrika!"*. De la till ytterligare en fiende: *"Maag barg Israeel!"*

Mahtob höll för öronen där hon satt i vårt sovrum, men ljudet trängde igenom allt.

Det värsta var att detta exempel på skolans roll i ett iranskt barns liv inspirerade Moody. Han var fast besluten att förvandla Mahtob till en lydig iransk dotter. Några dagar senare meddelade han: "I morgon ska Mahtob gå i skolan."

"Nej, det får du inte göra!" skrek jag. Mahtob grep mig hårt i armen. Jag visste att hon var rädd för att bli skild från mig. Och vi visste båda att ordet "skola" innebar något som skulle göra vår tillvaro här permanent.

Men Moody envisades. Mahtob och jag bad och bönade en lång stund, men det var lönlöst.

Till sist sa jag: "Jag vill i alla fall se skolan först", och Moody gick med på det.

Tidigt på eftermiddagen gick vi till skolan för att se hur den

89

såg ut. Jag blev överraskad över att finna en ren och modern byggnad med en vacker trädgård, en simbassäng och badrum i amerikansk stil. Moody förklarade att det var en privat förskola. När ett barn är gammalt nog att börja i första klass måste han eller hon gå i en statlig skola. Mahtob skulle kunna gå i en privat skola ett år innan hon måste börja i den obligatoriska, och han ville att hon skulle börja här innan hon hamnade i den strängare statliga skolan.

Jag ville att Mahtob skulle börja i första klass i en amerikansk skola, men jag sa ingenting medan Moody talade med rektorn och översatte mina frågor.

"Finns det någon som talar engelska här?" frågade jag. "Mahtob är inte särskilt bra på farsi."

"Ja", löd svaret. "Men hon är inte här just nu."

Moody förklarade att han ville att Mahtob skulle börja redan nästa dag, men rektorn sa att man hade en sex månader lång väntelista.

Mahtob suckade av lättnad när hon hörde det. Det löste den överhängande krisen. Men när vi gick tillbaka till Ameh Bozorgs hem snurrade tankarna i huvudet på mig. Om Moody lyckats genomföra sin plan omedelbart skulle jag ha känt mig besegrad. Han skulle i så fall ha tagit ett konkret steg mot att inrätta oss för ett liv i Iran. Men det kanske skulle visa sig vara ett steg på vägen mot friheten. Det kanske var en klok idé att bygga upp en normal fasad och låtsas att allt var bra. Moody vakade hela tiden över mig och vaktade varje steg jag tog. Det fanns ingen möjlighet, under dåvarande omständigheter, att få mig och Mahtob ut ur Iran. Jag började inse att det enda sättet att få Moody att minska sin vaksamhet var att få honom att tro att jag var beredd att acceptera att leva här.

Hela eftermiddagen och kvällen satt jag i sovrummet, som nu hade blivit min fängelsecell, och försökte göra upp ett handlingsprogram. Jag var trött och förvirrad, men jag tvingade mig att resonera förnuftigt. Jag visste att jag först av allt måste tänka på min hälsa. Jag var illa ansatt av sjukdom och depression, och jag åt och sov för lite. Jag hade tagit min tillflykt till Moodys mediciner. Det var någonting jag måste sluta med.

Jag måste på något sätt övertala Moody att låta oss flytta från Ameh Bozorgs hem. Hela familjen där fungerade som mina fångvaktare. Under de sex veckor vi hade bott där hade både Ameh Bozorg och Baba Hajji blivit allt hånfullare mot mig. Nu krävde Baba Hajji att jag skulle delta i de dagliga bönestunderna. Det var något som han och Moody inte kunde komma överens om. Moody förklarade att jag höll på att studera Koranen och lära mig den islamiska religionen i min egen takt. Han ville inte tvinga bönestunderna på mig. När jag tänkte på det insåg jag att Moody verkligen hoppades att jag skulle acklimatisera mig i Iran.

Han ville givetvis inte att hans familj skulle leva på det här sättet i all evighet. Vi hade inte legat med varandra på sex veckor. Mahtob kunde inte dölja sin avsmak för honom. Någonstans i sitt störda inre måste han fantisera om att han en dag skulle kunna leva ett normalt liv här i Iran. Enda sättet att minska hans vaksamhet var att övertyga honom om att jag tyckte detsamma och att jag också ville leva i Iran.

När jag funderade på vad jag måste göra började jag tvivla på att jag skulle klara av det. Om jag skulle kunna nå friheten måste jag vara en perfekt skådespelerska. Jag måste få Moody att tro att jag fortfarande älskade honom, trots att jag egentligen helst ville se honom död.

Min kampanj började nästa morgon. För första gången på flera veckor skötte jag om mitt hår och sminkade mig. Jag valde ut en vacker klänning, en blå pakistansk dress med långa ärmar och volang nertill. Moody la omedelbart märke till förändringen, och när jag sa att jag ville tala med honom gick han med på det. Vi gick ut på den bakre gården, intill poolen, där vi skulle kunna vara i fred.

"Jag har inte mått så bra på sista tiden", började jag. "Jag har blivit så svag. Jag orkar inte en skriva mitt eget namn."

Han nickade med en min som visade att han verkligen hyste medkänsla.

"Jag vill inte ta tabletter mer."

Moody gick med på det. Som osteopat var han i princip mot ett överdrivet bruk av mediciner. Han hade försökt hjälpa mig genom den svåra tiden, förklarade han. Men nu var det kanske dags att sluta med tabletterna.

Jag kände mig uppmuntrad av hans svar och fortsatte: "Jag har vant mig vid tanken att vi ska bo i Teheran, och jag vill att vi ska börja ett eget liv. Jag vill bygga upp en egen tillvaro för oss här."

Moody såg avvaktande och en smula tvivlande ut, men jag fortsatte.

"Jag vill att vi ska ha ett eget liv här, och jag behöver din hjälp för att kunna åstadkomma det. Jag kan inte klara det på egen hand, och jag kan inte göra det i det här huset."

"Det måste du", sa han och höjde rösten en smula. "Ameh Bozorg är min syster. Jag måste visa henne respekt."

"Men jag tål henne inte", sa jag. Tårarna rullade utför min kinder och mina ord blev giftiga. "Jag hatar henne. Hon är smutsig. Var gång jag kommer in i köket står någon vid spisen och äter ur grytan och det rinner mat ur munnen på dem tillbaka ner i kitteln. De serverar te i koppar som inte blivit diskade, det är mjölbaggar och skalbaggar i riset och hela huset stinker. Vill du att vi ska leva på det sättet?"

Trots att jag planlagt det hela noga hade jag nu gått för långt och väckt hans vrede. "Vi måste bo här", mumlade han missnöjt.

Vi grälade bittert under nästan hela förmiddagen. Jag försökte få honom att erkänna bristerna i Ameh Bozorgs hem, men han försvarade envist sin syster.

Till sist, när jag såg att min plan höll på att misslyckas, försökte jag samla mig och ta initiativ genom att spela den undergivna hustrun. Jag lyfte upp klänningsfållen och torkade mina tårar med den. "Snälla du", sa jag, "jag vill så gärna göra dig lycklig. Jag vill göra Mahtob lycklig. Hjälp mig, är du snäll. Du måste ordna så att vi kommer ut ur det här huset om vi ska kunna börja om på nytt och bygga upp ett eget liv i Teheran."

Moody reagerade på de mildare orden. Han visste att jag hade rätt, men han visste inte hur han skulle låta både sin hustru och sin syster få sin vilja fram. "Vi har ingenstans att ta vägen", sa han.

Jag var beredd på det problemet. "Fråga Reza om vi kan få bo i hans hus."

"Du tycker inte om Reza."

"Jo, det gör jag visst. Han har varit så vänlig mot mig medan jag varit här i Iran. Essey har också varit snäll mot mig."

"Jag är inte så säker på att det skulle fungera", sa Moody.

"Men han har redan bett oss hälsa på. Han har bett oss komma över flera gånger", påpekade jag.

"Det är bara *taraf*. Han menar inget med det." *Taraf* är benämningen på den gängse iranska seden att göra artiga erbjudanden utan att verkligen ha för avsikt att omsätta dem i handling.

"Men", sa jag, "du kan ju ta honom på orden den här gången."

Jag stötte på Moody gång på gång under flera dagar. Han märkte att jag försökte vara vänligare mot familjen. Jag blev bättre till mods när jag slutade med Moodys mediciner och stålsatte mig inför den svåra uppgift som låg framför mig. Till sist talade Moody om att Reza skulle komma och hälsa på samma kväll, och han gav mig lov att tala med honom om att flytta till deras hus.

"Visst får ni det", sa Reza. "Men inte i kväll. Vi ska bort i kväll." *Taraf.*

"I morgon då?" pressade jag på.

"Visst. I morgon lånar jag en bil och kommer och hämtar er." *Taraf.*

Moody gav mig bara lov att packa några få plagg ur vårt magra förråd av kläder. Trots att Ameh Bozorg hatade mig hade hon blivit djupt förolämpad när hon fått veta att vi tänkte ge oss av. Genom att lämna kvar de flesta av våra tillhörigheter i huset ville Moody ge en antydan om att det bara rörde sig om ett kort besök. Men han höll sig borta från sin syster hela dagen för att slippa höra henne gräla.

Klockan tio på kvällen hade Reza ännu inte kommit för att köra oss till sitt hem, och jag krävde att Moody skulle låta mig ringa. Han stod med huvudet över min axel när jag slog numret. "Vi väntar på dig", sa jag till Reza. "Du kom inte och hämtade oss."

"Åh, jo, jag fick så mycket att göra", sa Reza. "Vi kommer över i morgon." *Taraf.*

"Nej, vi kan inte vänta till i morgon. Kan vi inte få komma över i kväll?"

Reza insåg att han måste uppfylla sitt löfte. "Visst", sa han, "jag kommer."

Jag var beredd att ge mig av i samma ögonblick han kom in

93

genom dörren, men Reza envisades med att dröja. Han bytte om till innepyjamas, drack te, åt frukt och förde ett långt samtal med sin mor, Ameh Bozorg. Hans avskedsritual med kyssar och kramar och mer prat tog en hel timme.

Inte förrän efter midnatt gav vi oss av. Det tog bara ett par minuter att köra till det tvåvåninghus vid en smal gränd som Reza ägde tillsammans med sin bror Mammal. På första våningen bodde Reza och Essey med sin treåriga dotter, Maryam, och sin fyra månader gamle son, Mehdi. Mammal och hans hustru Nasserine bodde på andra våningen med sin son Amir.

När vi kom var Essey frenetiskt sysselsatt med att städa huset. Nu förstod jag varför Reza dröjt sig kvar så länge hos Ameh Bozorg. De hade inte alls räknat med några besökare utan förutsatt att deras löfte inte skulle tas för något annat än *taraf*. Men Essey gav oss i alla fall en hjärtlig välkomsthälsning.

Det var så sent att jag genast gick till vårt sovrum och bytte om till nattlinne. Jag gömde mina pengar och min adressbok under madrassen. När jag lagt Mahtob och stoppat om henne genomförde jag nästa steg i min plan.

Jag bad Moody komma till sovrummet och smekte honom lätt över armen. ”Tack för att du tog oss hit”, sa jag.

Han tog mig ömt i famn och sökte ytterligare uppmuntran. Det var sex veckor sedan sist. Jag tryckte mig mot honom, lyfte upp ansiktet för att ta emot hans kyss.

Under de minuter som följde måste jag anstränga mig för att inte kräkas, men jag lyckades till och med låtsas att jag njöt. Jag hatar honom! Jag hatar honom! Jag hatar honom! upprepade jag för mig själv under hela den avskyvärda akten.

Men när det var över viskade jag: ”Jag älskar dig.”

Taraf!!!

6

Moody steg upp tidigt nästa morgon för att duscha. Han följde den islamiska lagen som föreskriver att man måste tvätta av sig all sexuell befläckelse innan man går till bön. Ljudet av den högljutt brusande duschen var en signal till Reza och Essey, och till Mammal och Nasserine en trappa upp, att vi levde lyckliga tillsammans.

Det var givetvis långt ifrån sant. Att ligga med Moody var bara en av de obehagliga upplevelser jag visste att jag måste uthärda i kampen för att nå friheten.

Nästa morgon lekte Mahtob med Maryam och den mängd leksaker som hon fått av sina farbröder som bodde i England. Maryam hade till och med en gunga på bakgården.

Gården var en liten privat ö mitt i den överbefolkade och larmande staden. Den var omgiven av en tre meter hög mur, och där fanns inte bara gungan utan dessutom ett cederträ, ett granatäppleträd och flera rosenbuskar. Vinrankor klättrade uppför murens insida.

Själva huset låg mitt i ett kvarter med likadana trista hus som alla låg vägg i vägg. Varje hus hade en gård i samma storlek som vår. Bakom gårdarna låg en likadan rad med hus.

Essey var på många sätt en bättre husmor än Ameh Bozorg, men det var en relativ jämförelse. Trots att hon hade ägnat den föregående kvällen åt att städa var huset fortfarande smutsigt sett med amerikanska ögon. Kackerlackorna sprang överallt. När vi skulle ta på oss skorna för att gå ut måste vi först vända dem uppochner och skaka dem för att se till att det inte fanns några insekter i dem. Den allmänna oordningen komplettera-

95

des av en stank av urin, eftersom Essey lät Mehdi, det yngsta barnet, ligga på mattorna utan blöjor. Han uträttade sina behov när han önskade, och Essey plockade upp högarna med avföring medan urinen helt enkelt rann ner i de persiska mattorna.

Kanske var det för att han tyckte att det luktade illa – fast han inte erkände det – som Moody tog med Maryam, Mahtob och mig på en promenad den första morgonen vi bodde där. Vi gick till en park i närheten. Han var nervös och på sin vakt när vi gick ut på den smala trottoaren som löpte mellan husväggen och den smala gränden. Han såg sig om för att kontrollera att ingen skuggade oss.

Jag försökte låta bli att bry mig om honom och ägnade mig i stället åt att utforska den nya omgivningen. Byggnadsmönstret i kvarteret – två rader av hus med platta tak med öppna gårdar framför upprepades om och om igen så långt jag kunde se. Hundratals, kanske tusentals, människor bodde i de här kvarteren, och fyllde de trånga gatorna när de kom eller gick.

De ljusa och soliga dagarna i slutet av september gav en föraning av höst. När vi kom fram till parken kändes den som en skön omväxling till de monotona raderna av likadana hus. Parken var ungefär lika stor som tre bostadskvarter, och där fanns gräsmatta, blomrabatter och välskötta träd. Man hade också anlagt flera fontäner, men de var torra. Det var ont om ström och myndigheterna hade inte råd att slösa med den på vattenpumpar i parkfontäner.

Mahtob och Maryam lekte i gungorna och åkte i rutschbanan, men det dröjde inte länge förrän Moody otåligt förkunnade att det var dags att återvända hem.

”Varför?” frågade jag. ”Det är så mycket trevligare här i parken.”

”Vi måste gå hem nu”, svarade han bryskt.

Jag höll mig till den plan jag gjort upp och sa inte emot. Jag ville till varje pris undvika spänningar och meningsutbyten.

Allt eftersom dagarna gick vande jag mig vid lukten i våningen och människomyllret på gatan. Hela dagen trängde gatuförsäljarnas rop in genom de öppna fönstren.

”*Ashkhalee! Ashkhalee! Ashkhalee!*” ropade sophämtaren när han kom med sin gnisslande kärra och banade sig väg genom myllret på slitna, glappande skosulor. Husmödrarna skyndade sig att ställa ut sina sopor på trottoaren. Ibland kom han tillbaka efter att ha hämtat soporna, och då hade han med sig en hemmagjord kvast av stora kvistar som han bundit fast vid ett skaft. Med den sopade han undan de rester som katter och råttor hade släpat fram ur soporna. Men i stället för att samla upp det stinkande avskrädet sopade han bara ner det i rännstenen, som ingen någonsin tycktes rensa upp i.

"*Namakieh!*" ropade saltförsäljaren när han kom med sin kärra med en hög vått och klumpigt salt. När kvinnorna hörde hans rop kom de ut för att byta gamla torra brödstycken mot salt. Saltförsäljaren sålde i sin tur brödet som djurfoder.

"*Sabzi!*" ropade den man som långsamt körde längs gatorna i en liten lastbil med spenat, persilja, basilika och andra grönsaker och kryddväxter som hörde årstiden till. Ibland använde han en megafon för att kungöra sin ankomst. Om han kom oväntat måste Essey snabbt få på sig sin *chador* innan hon sprang ut och handlade. Grönsaksförsäljaren vägde upp varorna på en våg som stod på bilflaket.

Fårförsäljarens ankomst förkunnades av skrämda bräkanden från en hjord på ett dussin djur som kom längs gatan, vart och ett med sin *dombeh* guppande som ett kojuver. Fåren var ofta märkta med fluorescerande sprayfärg som angav vem ägaren var. Mannen som drev dem längs gatan var bara försäljningsagent.

Då och då kom en man i trasiga kläder cyklande. Han var skärslipare och vässade hushållens knivar.

Essey berättade för mig att alla försäljarna var mycket fattiga och att de bodde i provisoriska skjul i staden utkanter.

Deras kvinnliga motsvarigheter var de stackars tiggare som ringde på dörren och bad om mat eller tiggde en *rial*. De dolde ansiktet bakom en trasig och sliten *chador* så att bara ett öga syntes, och de tiggde och bad om hjälp. Essey gav dem alltid något, men Mammals hustru, Nasserine, vägrade också de mest utsatta hjälp av något slag.

Den totala effekten blev en egendomlig symfoni av samhällets olycksbarn där män och kvinnor kämpade för att överleva.

Essey och jag tyckte om varandra så mycket som två människor kan när de möts under så egendomliga omständigheter.

97

Här kunde vi i alla fall tala med varandra. Det var en lättnad att bo i ett hus där alla kunde tala och förstå engelska. Till skillnad mot Ameh Bozorg uppskattade Essey min hjälp i hushållet.

Hon skötte hemmet ganska slarvigt, men hon var mycket duktig på att laga mat. Var gång jag hjälpte henne att laga middag blev jag imponerad av den ordning hon hade i sitt kylskåp. Jag hade aldrig sett något liknande. Kött och grönsaker låg rengjorda och förberedda var för sig i praktiska plastbehållare. Hon planerade sin matsedel en månad i förväg och satte upp den på väggen i köket. Måltiderna var väl sammansatta och tillagade med hänsyn till grundläggande krav på hygien. Vi ägnade många timmar åt att tillsammans rensa ut alla insekter ur riset innan vi lagade till det.

Det kändes verkligen egendomligt att bli nästan extatiskt lycklig bara över möjligheten att få bort insekter ur den mat jag skulle äta. På två månader hade prioriteringarna i mitt liv ändrats på ett dramatiskt sätt. Jag insåg nu hur den amerikanska livsstilen hade skämt bort mig så att jag gnällde över småsaker. Här var allt annorlunda. Jag hade fått lära mig att jag inte fick låta vardagens smådetaljer påverka de större målen i livet. Om det fanns mjölbaggar i riset rensade man helt enkelt bort dem. Om barnet uträttade sina behov på den persiska mattan torkade man bara upp det. Om ens make ville gå hem från parken tidigare än man själv ville gjorde man bara som han sa.

Zohreh körde Ameh Bozorg till oss på besök. Hon gav oss en kudde i present, och det gjorde Moody upprörd. Han förklarade för mig att det var den gängse gåvan till en gäst när han flyttade ur huset. Det gick inte att missta sig på budskapet. Ameh Bozorg ansåg inte att vårt besök hos Reza och Essey var av tillfällig art. Hon var förolämpad över att vi hade förkastat hennes gästfrihet.

Det gavs ingen tid att diskutera saken. Zoreh tackade nej till Esseys inbjudan att dricka te. "Vi har bråttom och måste ge oss av med en gång", löd förklaringen. "Jag ska köra mamma till *hamoom*."

"Det är verkligen på tiden", muttrade Moody. "Vi har varit här i åtta veckor och hon har inte badat på hela tiden."

Samma kväll ringde Zohreh: "Snälla *daheejon*, kom", sa hon. "Mamma är sjuk."

Reza gick till sin syster Ferrees hem några kvarter längre bort och lånade hennes bil. Sedan körde han Moody hem till Ameh Bozorg. Han kände sig stolt över att få göra ett hembesök som läkare.

Men när han kom tillbaka sent på kvällen klagade han på sin syster. Ameh Bozorg hade kommit hem uttröttad av badritualen och gått och lagt sig. Hon klagade över att alla ben i kroppen värkte. Hon bad Zohreh blanda henna med vatten till en salva som hon strök på pannan och händerna.

Moody fann henne ligga klädd och dessutom inlindad i filtar för att hon skulle svettas ut demonerna som ansatte henne. Han gav henne en spruta mot smärtan.

"Hon är inte alls sjuk i själva verket", muttrade han. "Hon ville bara göra en stor affär av att hon badat."

Rezas vänlighet mot mig var överraskande. När jag sparkat ut honom från vårt hem i Corpus Christi hade han mumlat fula saker åt mig då han gav sig av. Men han tycktes ha glömt allt gammalt groll, och han hade – trots sitt stöd för den iranska revolutionen – många angenäma minnen från Amerika.

En kväll försökte Reza ge en amerikansk anstrykning åt vår tillvaro genom att bjuda ut oss på pizza. Mahtob och jag gladde oss och vi var hungriga, men aptiten svek när pizzan ställdes fram på bordet. Pizzan var gjord av *lavash*, det tunna torra bröd som var så vanligt i Iran. På brödet hade man lagt några skedar tomat och tunna skivor av lammkött. Ost saknades helt. Den smakade hemskt, men vi åt så mycket vi förmådde, och jag var verkligen tacksam mot Reza för gesten.

Moodys systerson var själv nöjd med sin generositet, och han var stolt över att visa att han var hemmastadd i den västerländska kulturen. Efter middagen kom han med ett förslag som innebar ett stöd för mina hemliga planer. "Jag vill att du ska lära Essey att laga amerikansk mat", sa han.

Om jag skulle lära Essey att laga stek och göra potatismos skulle vi behöva gå ut och handla tillsammans för att söka rätt på olika ingredienser som var svåra att få tag i. Jag sa ivrigt ja innan Moody hann protestera. Under de följande dagarna fick

Moody följa Essey och mig på långa turer genom de olika marknaderna i Iran. Jag höll ögon och öron öppna hela tiden för att orientera mig i staden. Jag lärde mig också att använda de orangefärgade taxibilarna i stället för de dyrare telefondroskorna, som också var svårare att hitta. Vem som helst som äger en bil kan måla den orange och köra taxi, om han vill tjäna en slant extra på att köra längs de stora vägarna med upp till ett dussin personer inklämda i bilen. De orangefärgade taxibilarna följde mer eller mindre fasta rutter, ungefär som bussar.

Moodys närvaro under våra shoppingrundor var besvärande. Jag hade hoppats att han skulle lätta på sin bevakning och låta Essey och mig ge oss av på egen hand. Jag hade till och med drömt om att han skulle låta mig och Mahtob ge oss av på egen hand. Det skulle ha gett oss möjlighet att kontakta ambassaden fler gånger och ta reda på om Helen hade någon post åt oss eller om det amerikanska utrikesdepartementet hade kunnat göra något för att hjälpa oss.

Moody var lat av naturen. Jag visste att om jag gradvis kunde övertyga honom att jag höll på att vänja mig vid livet i Iran skulle han så småningom tröttna på att följa med oss när vi var ute i "kvinnoärenden".

I slutet av andra veckan sedan vi flyttat till Essey och Reza började jag få ont om tid. För var dag märktes det att vårt värdfolk började tröttna på oss. Maryam var ett själviskt barn och hon ville inte låta Mahtob leka med hennes leksaker. Essey försökte vara gästvänlig och hjärtlig, men jag kunde märka att vi var en belastning för dem i den ganska trånga lägenheten. Också Reza försökte uppehålla skenet, men när han kom hem från sina långa arbetsdagar som bokhållare i Baba Hajjis import-exportfirma kunde jag se att han tyckte att Moody var lat som inget gjorde på hela dagen. Nu var det omvända roller. I Amerika hade han varit nöjd med att leva på Moodys generositet. Men här var han inte glad över att behöva försörja sin *daheejon*. Hans inbjudan hade, när allt kom omkring, bara varit *taraf*.

Moody tyckte att Reza hade dåligt minne, men han ville heller inte dra alltför stora växlar på sin prestige i familjen, och han beslöt att slå till reträtt. "Vi kan inte stanna här", sa han till mig. "Vi flyttade bara hit för en tid för att du skulle känna dig bättre till mods. Vi måste flytta tillbaka. Vi kan inte såra min systers känslor."

Jag kände hur paniken kom smygande. Jag bad att få slippa flytta tillbaka till Ameh Bozorgs hemska och avskyvärda hus, men han var helt bestämd på den punkten. Mahtob var lika upprörd när hon fick höra vad som skulle hända. Hon och Maryam var ständigt i luven på varandra, men hon föredrog i alla fall det här huset. När vi var tillsammans i badrummet den kvällen bad vi att Gud skulle ingripa.

Och det gjorde han. Jag vet inte om det berodde på att Moody såg hur ledsna vi var och talade med dem först, men i alla fall kom Mammal och Nasserine ner med ett nytt förslag till oss. Jag blev förvånad när jag hörde att Nasserine talade flytande engelska – det hade hon dittills hemlighållit för mig.

"Mammal måste arbeta hela dagen och jag är på universitetet hela eftermiddagarna", sa hon. "Vi behöver någon som tar hand om vår lille pojke."

Mahtob tjöt av glädje. Nasserines minste, Amir, var ett intelligent och vaket barn, och Mahtob älskade att leka med honom. Dessutom använde han blöjor.

I Amerika hade jag hatat Mammal ännu mer än Reza. Nasserine hade varit dryg mot mig under hela den tid vi varit i Iran. Men möjligheten att få flytta till våningen en trappa upp var betydligt angenämare än att behöva flytta tillbaka till Ameh Bozorg – och deras erbjudande var inte *taraf*. De ville att vi skulle bo hos dem och de behövde våra tjänster. Moody tackade ja, men han varnade mig att det bara skulle gälla för en tid. En vacker dag måste vi återvända till hans systers hem.

Vi hade bara tagit en del av våra tillhörigheter med oss, och det var en enkel sak att packa och flytta upp omgående.

Vi bar upp våra saker och fann Nasserine stå med en behållare full med svarta frön som hon brände så att den illaluktande röken omvärvde hennes lille sons huvud. Avsikten var att hon skulle avvärja det onda ögat innan han gick till sängs. Jag ansåg att en godnattsaga och ett glas varm mjölk skulle ha varit lämpligare, men höll inne med min åsikt.

Mammal och Nasserine erbjöd oss sitt sovrum. De sa att de sov lika bra på golvet i ett av de andra rummen som i sin dubbelsäng. De visade en fullständig likgiltighet för möbler. I matsalen fanns ett stort bord och ett dussin stolar. Vardagsrummet var möblerat med en modern möbel klädd med grön sammet. Men de brydde sig inte om dessa reliker från shahens tidigare epok av västligt inflytande. De höll de rummen stängda och föredrog att sitta och äta på golvet i hallen. Den enda möbleringen där var de persiska mattorna på golvet, en telefon, en tysk färg-TV och inget mer.

Nasserine höll sitt hem mer välstädat än Essey, men jag upptäckte snart att hon var usel på att laga mat och inte visste ett dyft om hygien, näringslära eller om hur man lagar aptitliga rätter. När hon köpte ett stycke lammkött eller hade tur nog att få tag i en kyckling, la hon den bara – med fjädrar och inälvor – i ett stycke tidningspapper och slängde den i frysen. Samma kött tinades och frystes på nytt fyra eller fem gånger tills allt var uppätet. Hennes risförråd var det värsta jag sett. Det innehöll inte bara svarta skalbaggar utan dessutom ringlande vita maskar. Hon brydde sig inte om att tvätta riset innan hon kokade det.

Som tur var blev det min uppgift att laga maten. Mammal krävde att få iransk mat, men jag kunde i alla fall se till att den var ren.

Till sist hade jag i alla fall fått något att sysselsätta mig med på dagarna. Medan Nasserine var på sina föreläsningar skötte jag hemarbetet. Jag sopade, dammade, skrubbade och skurade. Mammal var medlem i styrelsen i ett iranskt läkemedelsföretag, och det gav honom, vilket jag snart upptäckte, tillgång till sällsynta varor. Nasserines förråd var fullt av sådana sällsyntheter som gummihandskar, ett antal flaskor med vattnigt hårschampo och över hundra paket tvättmedel. Det sistnämnda var något som var nästan omöjligt att uppbringa ute på den öppna marknaden.

Nasserine blev förvånad över att man kunde tvätta väggar, och hon häpnade över ett hennes egna var vita under det lager av smuts som med tiden färgat dem gråa. Hon var glad över att ha ett hembiträde. Det gav henne inte bara mer tid till studier utan också till fler bönetimmar och mer koranläsning. Hon var betydligt strängare i sin religionsutövning än Essey, och hon bar sin *chador* hela tiden, också när hon var hemma.

Under de första dagarna lekte Mahtob med Amir medan jag

lagade mat och städade. Moody tillbringade tiden med att göra ingenting. Vi var på sätt och vis nöjda med vår tillvaro. Moody talade inte längre om att vi måste flytta tillbaka till Ameh Bozorg.

Iranierna kan hitta på de mest otroliga sätt att göra livet mer komplicerat. Moody tog mig exempelvis med en dag för att köpa socker, och detta till synes enkla ärende förvandlades till en uppgift som tog hela dagen i anspråk. Iranierna är uppdelade i två läger när det gäller vilket socker som är bäst att ha i teet. Ameh Bozorg föredrog strösocker, som hon spillde i rikliga mängder på golvet. Mammal tyckte bättre om att lägga en sockerbit på tungan, direkt bakom framtänderna, och sedan dricka sitt te på bit genom den.

Mammal försåg Moody med ransoneringskuponger så att vi skulle kunna köpa flera månaders ranson av båda sorterna. Butiksägaren kontrollerade kupongerna och slevade sedan upp några kilo från ett berg av socker som låg på butiksgolvet som en öppen inbjudan till alla slags ohyra. Sedan tog han en hammare och knackade av ett stycke från en stor sockerklump.

Hemma måste jag sedan göra "bitsocker" av den stora klumpen genom att först knacka den till bitar och sedan klippa till bitar med ett slags tång som gav mig blåsor i händerna.

Det var uppgifter av det slaget som fyllde mina trista dagar i oktober 1984, men jag gjorde i alla fall vissa framsteg. Moody lättade lite i taget på sin övervakning. Vad honom beträffade lagade jag bättre iransk mat är någon infödd, och han visste att jag måste handla bra råvaror varje dag på marknaderna i vår stadsdel för att finna det bästa köttet, de färskaste grönsakerna och det godaste brödet. Varje morgon byltade vi på Mahtob och Amir mot den kalla höstluften och gav oss ut på vår dagliga inköpsexpedition till de olika affärerna.

Jag hittade en butik som var en kombination av pizzeria och hamburgerbar där man gick med på att sälja två kilo sällsynt iransk ost, som liknade mozzarella, till mig för att jag var amerikanska. Med hjälp av den kunde jag göra en ganska bra imitation av pizza i amerikansk stil. Ägaren till Pol Pizza Shop, som inrättningen hette, lovade att han skulle sälja ost till mig när jag ville – men bara till mig. Det var första gången min nationalitet hade varit mig till nytta i Iran.

103

Under de första expeditionerna gick Moody hela tiden vid min sida och bevakade mig noga, men jag märkte till min glädje att han visade tecken på att tröttna på den rutinen.

En gång lät han Nasserine ta med mig ut och handla garn. Jag ville sticka en tröja åt Mahtob. Vi letade hela förmiddagen för att hitta stickor, men det lyckades inte. "Man måste ha tur om man ska hitta några", sa Nasserine. "Du kan använda mina."

Jag förde lugnt men säkert Moody allt närmare beslutet att det var för besvärligt att hela tiden följa med på kvinnoärenden. Jag såg till att en eller annan viktig ingrediens hela tiden tog slut eller att jag behövde något redskap just när jag skulle laga mat. "Jag måste ha de där bönorna nu", kunde jag säga. Eller ost eller bröd eller till och med ketchup, som iranierna älskar.

Allt eftersom dagarna gick blev Moody av en eller annan anledning allt surmulnare och dystrare än vanligt. Men han måste ha ansett att han hade mig effektivt påpassad. En dag, när han var upptagen av egna angelägenheter, klagade han och sa att han inte hade tid att följa mig till marknaden. "Gå och handla själv", sa han. Men det väckte en annan fråga. Han ville inte att jag skulle ha några egna pengar, för pengar gav en viss, om än begränsad, frihet (han visste fortfarande ingenting om de pengar jag hade gömt). Han sa att jag först skulle gå och ta reda på vad varan kostade och sedan komma hem och hämta pengarna. Efter det skulle jag gå tillbaka och köpa det jag behövde.

Det var en svår uppgift, men jag var fast besluten att lära mig att klara av den. Alla varor såldes per kilo, och sådana mått var lika främmande för mig som farsi. Först tog jag papper och penna med mig och bad en anställd skriva upp priset. Men så småningom lärde jag mig att läsa de persiska siffrorna.

Det omständliga arrangemanget visade sig vara en fördel, för det gav mig möjlighet att lämna Moody två gånger för samma ärende, även om jag bara kunde vara borta en kort stund.

Under de första köpturerna på egen hand följde jag Moodys instruktioner till punkt och pricka. Jag ville inte väcka hans vrede eller misstankar. Jag var också orolig för att han skulle följa efter mig för att ta reda på om jag hade några andra avsikter. Men när det väl hade blivit en vana för mig att gå ut och handla på egen hand drog jag ut på tiden mer och klagade över att det var långa köer i affärerna och över att jag fick vänta länge på varorna. Det var naturliga ursäkter i en så folktät stad som Teheran. Till sist, under den fjärde eller femte shoppingrundan, beslöt jag att ta risken att ringa den schweiziska ambassaden. Jag gömde några rial under kläderna och sprang ut med Mahtob och lille Amir i släptåg för att leta rätt på en offentlig telefon. Jag hoppades att jag också skulle kunna hantera den när jag väl hittat en.

Det dröjde inte länge förrän jag hittade en telefonkiosk, men jag insåg snabbt att mina rialsedlar var oanvändbara. Telefonautomaten fungerade bara med en *dozari*, ett tvårialmynt. Det var ganska ont om mynt i just den valören. Jag gick in i flera affärer och höll fram en sedel medan jag stammade *"dozari"*. Butiksägarna var upptagna eller brydde sig inte om mig. Till sist gick jag in i en affär som sålde herrkläder.

"Dozari?" frågade jag.

En lång mörkhårig man bakom disken granskade mig en stund och frågade sedan om jag talade engelska.

"Ja", svarade jag och tillade: "Jag behöver växel för att kunna ringa ett samtal. Kan ni möjligen hjälpa mig?"

"Ni kan använda min telefon", sa han.

Han hette Hamid och berättade stolt att han varit i Amerika flera gånger. Medan Hamid arbetade ringde jag ambassaden och lyckades få tala med Helen.

"Ni fick alltså meddelandet?" frågade hon glatt.

"Vilket meddelande?"

"Har inte er man sagt att ni skall ringa?"

"Nej."

"Åh" – Helen lät överraskad – "vi har i alla fall försökt att få tag i er. Era föräldrar har kontaktat utrikesdepartementet och vi har blivit ombedda att kontrollera er adress och att ta reda på om ni och er dotter befinner er väl. Jag har ringt er svägerska flera gånger, men hon sa att ni hade åkt till Kaspiska havet."

"Jag har aldrig varit vid Kaspiska havet", svarade jag.

"Er svägerska sa det i alla fall, och hon sa också att hon inte

105

visste när ni skulle komma tillbaka. Jag sa att hon skulle be er ringa så snart som möjligt." Helen förklarade att en av de få saker den iranska regeringen lät den amerikanska representationen på den schweiziska ambassaden göra för mig var att tvinga min make att hålla min familj i USA underrättad om var Mahtob och jag befann oss och att ta reda på hur vi mådde. Helen sa att hon skickat Moody två rekommenderade brev där han uppmanades att ta med oss till ambassaden. Han hade struntat i det första brevet, men i dag hade han ringt på förmiddagen som svar på det andra. "Han var inte särskilt samarbetsvillig", sa Helen.

Jag blev plötsligt rädd. Nu visste Moody att mina föräldrar arbetade via officiella kanaler och att de gjorde vad de kunde för att hjälpa mig. Kunde det vara orsaken till att han varit på så dåligt humör de senaste dagarna?

Jag vågade inte dröja mycket längre, och jag hade ännu inte köpt bröd. Men när jag lagt på luren ville Hamid att vi skulle prata några minuter.

"Har ni problem?" frågade han.

Dittills hade jag inte berättat om min belägenhet för någon utanför ambassaden. Mina enda kontakter med iranier var med medlemmar av Moodys familj. Min enda möjlighet att bedöma iraniernas attityd mot amerikaner var genom hans familjs sätt att reagera mot mig, och det var öppet fientligt och hånfullt. Var alla iranier sådana? Ägaren till Pol Pizza Shop var det inte. Men hur mycket skulle jag kunna lita på en iranier?

Jag svalde min fruktan, för jag visste att jag förr eller senare måste hitta någon utanför familjen som skulle kunna hjälpa mig, och jag berättade snabbt för denne främling vad som hade hänt mig.

"Jag ska hjälpa er med allt jag kan", lovade Hamid. "Alla iranier är inte som er make. Ni är välkommen hit när ni behöver använda telefonen." Sedan tillade han: "Låt mig kontrollera några saker. Jag har vänner som arbetar på passmyndigheten."

Jag tackade Gud för Hamid och sprang sedan till *nanni*, brödbutiken, med Mahtob och lille Amir. Vi måste köpa *lavash* till middag. Det var mitt officiella ärende. Som vanligt blev vi stående i en lång kö medan vi tittade på de fyra män

106

som bakade. Processen började i ena änden av rummet där det fanns ett stort tråg av rostfritt stål. Det var två meter i diameter och över en meter högt, och i det tråget fanns en väldig mängd deg.

En man arbetade rytmiskt medan han svettades ymnigt i värmen från den öppna ugnen i andra änden av rummet. Han tog en handfull deg ur tråget med vänster hand och slängde den på en våg. Sedan skar han av bitar med en skarp kniv så att han fick ungefärligen rätt mängd. När det var klart kastade han degklumpen på cementgolvet, där två män arbetade barfota på den mjölade betongen.

Näste man satt på golvet med korslagda ben och mässade utantill ur Koranen medan han tog upp degklumparna och rullade dem i mjöl innan han knådade dem till runda bollar. Bollarna radades sedan upp i mer eller mindre räta linjer på golvet.

En tredje arbetare tog sedan en degboll och kastade den på ett bräde. Med hjälp av en lång och smal kavel formade han den sedan till en platt rund skiva som han kastade upp i luften några gånger och fångade upp på kaveln. Med en snabb hand-rörelse kastade han den sedan på en duktäckt träram som hölls av en fjärde man.

Denne stod i en grop i cementgolvet så att man bara kunde se hans huvud, armar och axlar. Det låg trasor på golvet och ugnens framkant för att skydda honom mot den intensiva hettan från den öppna ugnen. Med samma smidiga rörelse som han använde för att lägga in den nya kakan i ugnen tog han ut en färdigbakad *lavash*.

Vi fick vänta ovanligt länge på vårt bröd den här dagen, och jag var orolig för Moodys reaktion.

När det till sist blev vår tur la vi fram pengarna och tog en färsk *lavash* från golvet för att bära hem den oinslagen.

Medan vi skyndade hem förklarade jag för Mahtob att hon inte fick berätta för pappa om Hamid och telefonsamtalet. Men jag hade inte behövt säga det. Min lilla femåring visste redan vilka som var hennes vänner och vilka som var fiender.

Moody var misstänksam. Det enkla ärendet hade tagit alldeles för lång tid. Jag ljög mig ur situationen och sa att vi hade stått länge i kö i bageriet men att brödet hade tagit slut innan

107

det blev vår tur. Sedan hade vi varit tvungna att leta rätt på ett annat bageri.

Jag vet inte om det var för att han inte trodde på min berättelse eller om det berodde på att breven från ambassaden fått honom att vara extra mycket på sin vakt, men hur som helst uppträdde Moody hotfullt och var på dåligt humör i flera dagar.

Det kom ytterligare bekymmer i form av ett brev som min mor skrivit i sin förtvivlan. Hittills hade Moody tagit alla brev som min familj och mina vänner skrivit till mig. Men nu kom han av någon anledning med ett oöppnat kuvert som jag kände igen mammas handstil på. Det var första gången jag sett den välbekanta stilen sedan jag kom till Iran. Moody satt på golvet bredvid mig och kikade över min axel medan jag läste. Så här löd brevet:

Kära Betty och Mahtob,

Vi har varit så oroliga för er. Innan ni gav er av hade jag en mardröm om att det här skulle hända och att han skulle ta med er dit och inte låta er komma tillbaka. Jag berättade inte för dig om den drömmen för jag ville inte lägga mig i era angelägenheter.

Men nu har jag haft en mardröm till. Jag drömde att Mahtob förlorade ena benet i en bombexplosion. Om något händer någon av er är det han som bär skulden. Alltsammans är hans fel ...

Moody ryckte brevet ur min hand. "Vilken massa smörja!" skrek han. "Jag tänker inte låta dig få fler brev från dem eller tillåta att du pratar med dem i telefon fler gånger."

Under de dagar som följde gick han med när vi gjorde våra ärenden, och jag ryste av skräck var gång vi gick förbi Hamids ekiperingsaffär.

Hittills tycktes Moody ha glömt att det fanns en värld utanför Iran, men nu började hans ansvarslöshet ställa till besvär för honom, också på andra sidan jordklotet.

Innan vi lämnat Amerika hade Moody lagt ut stora summor på att köpa presenter till sina släktingar. Utan att jag visste om

108

det då hade han handlat för över fyra tusen dollar på våra kreditkort. Vi hade hyrt ett hus i Detroit, men nu fanns det ingen som betalade månadshyran på sex hundra dollar till ägaren. Ingen tog hand om våra löpande fasta utgifter. Nu låg vi också efter med skatten.

Vi hade fortfarande tillgångar, medel som vi samlat in under de år Moody tjänat bra i sitt yrke. Han hade upprepade gånger tagit ut stora summor från våra konton innan vi reste till Iran, men han hade inte velat realisera alla våra tillgångar. Det skulle ha fått mig att inse vilka planer han hade. Vi hade ett hus fullt av dyrbara möbler och två bilar. Vi ägde också ett hus i Corpus Christi som vi hyrde ut. Vi hade tiotusentals dollar låsta i fast egendom, och Moody var fast besluten att realisera tillgångarna och föra över pengarna till Iran.

Han hade ingen aning om att jag skickat handlingar till det amerikanska utrikesdepartementet där jag förbjöd att våra gemensamma tillgångar realiserades. Han hade inte heller någon tanke på att betala sina skulder i Amerika. Han ville framför allt inte veta av att en enda cent av *hans* pengar gick till den amerikanska staten. "Jag tänker aldrig mer betala någon skatt i Amerika", sa han. "Det är slut med det nu. De kommer inte att få en dollar till av mig."

Men Moody visste att om vi inte betalade våra skulder skulle våra fordringsägare så småningom stämma oss på pengarna och se till att de fick ut sina fordringar med ränta och restavgifter. För var dag som gick minskade våra tillgångar i värde.

"Dina föräldrar borde sälja allt och skicka oss pengarna!" röt Moody, som om det vore mitt fel att vi hade ekonomiska problem och mina föräldrar hade ansvar för att lösa dem.

Moody var typiskt handlingsförlamad, och för var dag som gick blev det allt omöjligare för oss att tänka oss att återvända till Amerika. Han hade trasslat till sitt liv – våra liv – så att det nu inte fanns någon möjlighet att ställa allt till rätta.

I Amerika skulle vi genast bli ansatta av fordringsägare, och det måste han ha insett – jag skulle omedelbart begärt skilsmässa.

Här i Iran hade hans medicinska utbildning hittills visat sig värdelös. Trycket på honom ökade från alla håll och han stod inte ut med det längre. Hans irritation mot omgivningen ökade hela tiden. Mahtob och jag drog oss allt mer bort från honom i den mån vi kunde, och vi undvek så långt möjligt att ha något med honom att göra. Jag såg en stor fara lura i Moodys bekymrade blick.

Man började reparera vattenledningarna i området. I två dagar var vi helt utan vatten. Smutsig disk måste lagras på hög. Ännu värre var det att jag inte kunde skölja våra matvaror ordentligt. Mammal hörde mig klaga och lovade att bjuda ut oss på restaurang följande kväll. Moodys släkt åt nästan aldrig ute, och vi väntade oss en festlig kväll. I stället för att laga mat ägnade jag mig åt att göra Mahtob och mig så presentabla som möjligt.

Vi var redo när Mammal kom hem från arbetet, men han var trött och sur. "Nej, vi går inte ut och äter", muttrade han. *Taraf* än en gång.

Mahtob och jag var besvikna. Vi hade inte så många glädjeämnen i vår dagliga tillvaro. "Kan vi inte ta en taxi och åka ut själva", föreslog jag Moody när han, Mahtob och jag satt i hallen.

"Nej, vi går inte ut i kväll", svarade han.

"Snälla du, kan vi inte göra det?"

"Nej. Vi bor i deras hus. Vi kan inte gå ut utan dem. De vill inte gå ut i kväll, och därför måste du laga till något."

Jag var så besviken att jag glömde att vara försiktig. Jag tänkte inte på hur ömtålig min situation var, och jag var så arg och besviken att jag gav ett skarpt svar: "I går bestämde vi att vi skulle äta ute i dag. Nu sitter vi här bara för att Mammal ändrat sig och inte vill gå ut."

Mammal framstod just då för mig som orsaken till alla mina bekymmer. Det var han som i första hand hade bjudit oss till Iran. Jag mindes hans tillgjorda leende hemma i Detroit när han försäkrade mig att hans familj aldrig skulle tillåta att Moody höll mig kvar i Iran mot min vilja.

Jag reste mig och såg ner på Moody medan jag skrek: "Han är en lögnare. Han är bara en simpel lögnare!"

Moody reste sig med ansiktsdragen förvridna av raseri. "Kallar du Mammal en lögnare?" skrek han.

"Ja, jag kallar honom en lögnare", vrålade jag tillbaka.

"Och dig med. Ni säger alltid så mycket – "

Mitt utbrott hejdades av det hårda knytnävsslag Moody gav mig rakt mot huvudet. Det träffade mig på höger sida och jag vacklade mot vänster, alltför chockad för att känna någon smärta till en början. Jag märkte att Mammal och Nasserine kom in i rummet för att se vad som stod på, och jag hörde Mahtobs skrik av skräck och Moodys förbannelser. Hela hallen snurrade framför mig.

Jag lyckades stappla in i sovrummet, där jag brukade vara i säkerhet, och jag hoppade att jag skulle kunna låsa in mig tills Moodys vrede mattades av. Mahtob följde skrikande efter mig.

Jag tog mig fram till sovrumsdörren med Mahtob i hälarna, men Moody kom efter mig. Mahtob försökte tränga sig emellan oss, men Moody svepte undan hennes med en brysk gest. Hennes lilla kropp slog i väggen och hon skrek till av smärta. När jag vände mig om för att skydda henne slängde Moody ner mig på sängen.

"Hjälp!" skrek jag. "Mammal, hjälp mig."

Moody grep mig i håret med vänster hand medan han gång på gång slog mig med den högra.

Mahtob kom rusande för att hjälpa mig, men han svepte henne bara åt sidan.

Jag kämpade emot och försökte komma ur hans grepp, men han var för stark för mig. Han slog mig på kinden med handflatan. "Jag ska slå ihjäl dig!" skrek han gång på gång.

Jag sparkade honom och lyckades delvis komma ut hans grepp och slingra mig undan, men han gav mig en spark i ryggslutet som var så hård att smärtan rusade upp längd ryggraden och förlamade mig.

Mahtob snyftade i ett hörn och jag förmådde inte längre göra motstånd. Nu blev han mer metodisk och slog mig på armen, drog mig i håret och fortsatte att slå mig med handflatan i ansiktet medan han skrek och svor åt mig hela tiden. Gång på gång upprepade han sitt hot: "Jag ska slå ihjäl dig! Jag ska slå ihjäl dig!"

"Hjälp mig!" skrek jag flera gånger. "Kan ingen hjälpa mig?"

Men varken Mammal eller Nasserine försökte gå emellan. Inte heller Reza eller Essey gjorde något, trots att de måste ha

111

hört alltsammans.

Jag vet inte hur många minuter han höll på. Jag väntade hela tiden att jag skulle förlora medvetandet och kanske dö den död han lovat mig.

Så småningom minskade styrkan i de slag han utdelade. Han gjorde en paus för att hämta andan, men han höll mig fortfarande tryckt mot sängen. Mahtob snyftade hysteriskt bredvid oss.

"*Daheejon*" sa en låg röst i dörren. "*Daheejon.*" Det var Mammal. Till sist.

Moody lyfte på huvudet och tycktes återfå förnuftet när han hörde rösten lågt upprepa samma ord: "*Daheejon.*" Mammal gick fram till Moody och drog upp honom från mig. Sedan ledde han honom försiktigt ut i hallen.

Mahtob sprang fram till mig och gömde ansiktet i knät på mig. Vi delade vår smärta, inte bara den fysiska utan också den djupare smärta som inte syntes på ytan. Vi grät och flämtade efter andan, och det dröjde flera minuter innan någon av oss förmådde tala.

Min kropp kändes som ett enda stort blåmärke. Moodys slag hade fått så stora bulor att svälla upp på mitt huvud att jag var rädd för att jag fått allvarliga skador. Mina armar och ryggen värkte. Jag hade så ont i ett ben att jag visste att jag skulle halta i flera dagar. Jag undrade hur mitt ansikte såg ut efter misshandeln.

Några minuter senare kom Nasserine smygande in i rummet på tå. Hon var en levande illustration till den undergivna iranska kvinnan som med ena handen såg till att hennes *chador* täckte huvudet ordentligt. Mahtob och jag snyftade fortfarande. Nasserine satte sig på sängen och la armen om mina axlar. "Oroa dig inte", sa hon. "Det är bra nu."

"Är det bra?" frågade jag tvivlande. "Är det bra av honom att slå mig på det här sättet? Och är det bra att han säger att han ska slå ihjäl mig?"

"Han kommer inte att slå ihjäl dig", sa Nasserine.

"Han säger att han tänker göra det. Varför kom du inte och hjälpte mig? Varför gjorde du inget?"

Nasserine försökte trösta mig så gott hon kunde, och lära mig att följa de regler som gäller i detta hemska land. "Vi kan inte ingripa", förklarade hon. "Vi kan inte gå emot *daheejon*."

Mahtob lyssnade på allt och jag såg i hennes tårdränkta ögon att hon försökte förstå. Plötsligt greps jag av en hemsk tanke. Vad skulle hända om Moody verkligen slog ihjäl mig? Vad skulle det bli av Mahtob då? Skulle han döda henne också? Eller var hon så ung och foglig att hon skulle kunna växa upp här och acceptera galenskapen som norm? Skulle hon bli en sådan kvinna som Nasserine eller Essey och tvingas dölja sin skönhet, sin ande, sin själ under en *chador*? Skulle Moody gifta henne med en kusin som skulle slå henne och göra henne havande med barn som skulle födas med missbildningar och tom blick?

"Vi kan inte gå emot *daheejon*", upprepade Nasserine. "Men det är inte så farligt. Alla män är sådana."

"Nej", svarade jag i skarp ton. "Alla män är inte sådana."

"Jo", försäkrade hon högtidligt. "Mammal gör samma sak med mig. Reza gör det med Essey. Alla män gör det."

Herregud! tänkte jag. Hur kommer det att gå nästa gång?

7

I flera dagar besvärades jag av smärtan i benet och haltade när jag gick. Jag orkade inte ens gå den kortan sträckan till marknaden för att handla. Jag ville heller inte att någon skulle se mig. Till och med när jag hade min *roosarie* på mig syntes det att mitt ansikte var misshandlat.

Mahtob drog sig ännu mer undan från sin far. Hon grät sig till sömns varje kväll nu.

Dagarna gick men spänningen låg kvar i luften. Moody var sur och hotfull. Mahtob och jag var hela tiden rädda. Nu kände vi att vi var helt hjälplösa och det blev ännu mer påfrestande att härda ut än tidigare. Den svåra misshandel jag utsatts för visade vilken risk jag löpte. Mina skador var bevis för att Moody var så galen att han skulle vara i stånd att döda mig – döda oss – om något utlöste hans vrede. Om jag skulle fortsätta med min plan att befria oss innebar det att jag måste sätta vår säkerhet på spel. Våra liv var beroende av Moodys godtycke.

När jag måste tala med honom eller ha något att göra med honom på något annat sätt, se på honom eller ens tänka på honom märkte jag att jag stod fast vid mitt beslut. Jag kände honom alltför väl. Under flera år hade jag sett galenskapens skugga sänka sig över honom. Jag hade försökt leva utan att se på saker och ting i efterklokhetens ljus. Det perspektivet inbjöd bara till självömkan. Men det var ofrånkomligt att ibland tänka tillbaka på det som hänt. Om jag bara lytt mina instinkter tidigare, innan vi gått ombord på planet till Teheran. När jag tänkte på det – och det gjorde jag ofta – kände jag mig mer

114

fångad i en fälla än någonsin tidigare.

Jag kunde räkna upp många skäl till att vi gjort resan: ekonomiska, juridiska, sentimentala och till och med medicinska. Men det var summan av dem alla som räknades. Jag hade tagit med mig Mahtob till Iran i ett sista desperat försök att garantera henne frihet, men nu framstod det bara som högst ironiskt.

Skulle jag kunna underkasta mig och rätta mig efter reglerna för ett liv i Iran för att kunna rädda Mahtob ur faran? Knappast. Jag brydde mig inte om att Moody kunde bli artig och vänlig vissa dagar. Jag visste att vansinnet inom honom förr eller senare skulle komma upp till ytan på nytt. För att rädda Mahtobs liv skulle jag tvingas utsätta henne för stora risker — hur stora de var hade jag nyligen fått demonstrerat för mig.

Men Moodys misshandel fick mig inte till underkastelse. Den stärkte i stället min vilja att stå emot. Hela tiden medan jag var sysselsatt med de dagliga göromålen strävade jag i varje tanke och handling mot det mål jag ställt upp.

Mahtob stärkte mig i mina föresatser.

När vi var tillsammans i badrummet snyftade hon lågt och bad mig ta henne bort från pappa och hem till Amerika. "Jag vet hur vi kan åka till Amerika", sa hon en dag. "När pappa somnat smyger vi bara ut. Sedan åker vi till flygplatsen och går ombord på en flygmaskin."

Livet kan vara så enkelt för en femåring. Och på samma gång så invecklat.

Våra böner blev allt intensivare. Jag hade inte gått i kyrkan på många år, men jag hade aldrig tappat min starka tro på Gud. Jag kunde inte förstå varför han hade lagt denna tunga börda på oss, men jag visste att vi inte kunde lyfta den från våra skuldror utan hans hjälp.

Jag fick en del hjälp genom Hamid, köpmannen med herrekiperingen. Första gången jag vågade mig in i hans affär efter misshandeln frågade han vad som hänt mig.

Jag berättade vad jag varit med om.

"Han måste vara galen." Han talade långsamt och tydligt. "Var bor ni? Jag borde skicka någon att ta hand om honom."

Det var ett alternativ som var värt att tänka över, men vi insåg båda att det skulle avslöja för Moody att jag hade vänner som stödde mig i hemlighet.

När jag blivit mer återställd och gick ut oftare hälsade jag på Hamid så ofta jag kunde för att ringa Helen på ambassaden och för att diskutera min belägenhet med min nyfunne vän.

Hamid hade tidigare varit officer i shahens armé. Nu hade han bytt identitet och levde ett nytt liv. "Irans folk ville ha en revolution", medgav han inför mig. "Men det här" – han pekade mot mängden av dystra ansikten utanför butiken, tusentals människor som ilade fram längs gatorna i ayatollahns islamiska republik – "är inte vad vi ville ha."

Hamid försökte också själv hitta ett sätt att komma ut ur Iran med sin familj. Men det var många detaljer han måste klara av först. Han måste sälja sin affär, realisera sina tillgångar och vidta alla nödvändiga försiktighetsåtgärder. Men han var fast besluten att fly innan hans förflutna avslöjades.

"Jag har många inflytelserika vänner i USA", berättade han. "De gör vad de kan för att hjälpa mig."

Min familj och mina vänner i Amerika gjorde också vad de kunde för mig, berättade jag för honom. Men av allt att döma var det inte mycket som kunde uträttas via officiella kanaler.

Det var en stor hjälp att ha tillgång till Hamids telefon. Även om den information jag fick från ambassaden – eller snarare bristen på information – var nedslående, var det i alla fall min enda kontaktmöjlighet med mitt hem. Hamid gjorde mig också andra tjänster. Han var den förste som visade mig att det finns många iranier som uppskattar den västerländska livsstilen och som inte delar den nuvarande regeringens officiella syn på Amerika.

Med tiden insåg jag att Moody inte alls var den allsmäktige potentat han själv fantiserat om. Han gjorde inga större framsteg i sina försök att få tillstånd att utöva sitt yrke i Iran. I de flesta fall gav amerikansk utbildning prestige, men han mötte ändå motstånd och fördomar i ayatollahns regeringskorridorer.

Moody befann sig inte heller överst i den invecklade familjehierarkin. Han var underställd sina äldre släktingar på samma vis som de yngre var underställda honom. Han kunde inte dra sig undan sina familjeplikter, och det började nu verka till min fördel. Hans släktingar undrade vad det hade blivit av Mahtob

116

och mig. Under de två första veckorna av vår vistelse hade han visat upp sin familj för alla och envar. Nu ville olika släktingar se mer av oss, och Moody visste att han inte kunde hålla oss gömda och inspärrade i evighet.

Motvilligt tvingades Moody acceptera en inbjudan till middag hemma hos *Aga* ("herr") Hakim, som var en person som han hyste stor respekt för. De var kusiner och delade ett synnerligen invecklat familjeträd. Så var exempelvis *Aga* Hakims systerson gift med Esseys syster, och hans systerdotter var gift med Esseys bror. Zia Hakim, som vi hade träffat vid flygplatsen, var *Aga* Hakims syskonbarn på inte mindre än tre sätt. Och *Khanum* ("fru") Hakim, hans hustru, var också Moodys kusin. Kedjan fortsatte i all oändlighet.

Alla dessa släktskapsförhållanden krävde respekt, men det som höjde *Aga* Hakim allra mest över Moody var det faktum att han var en turbanman och ledare för moskén i Niavaran, strax intill shahens palats. Han undervisade också vid det teologiska universitetet i Teheran och hade skrivit många böcker om islam. Dessutom hade han översatt många av Tagatie Hakims, hans och Moodys farfars, läroskrifter från arabiska till farsi. Under revolutionen hade han lett den framgångsrika ockupationen av shahens palats, en bedrift som hade lett till att ett foto av honom förekommit i den amerikanska tidskriften *Newsweek*. Vidare bar *Khanum* Hakim stolt tillnamnet Bebe Hajji, som betyder "kvinna som vallfärdat till Mecka".

Moody kunde inte säga nej till Hakims inbjudan. "Du måste ha svart *chador* på dig", sa han till mig. "Du kan inte besöka deras hem utan den."

Hakims bodde i Niavaran, en fin stadsdel i norra Teheran, och deras hus var modernt och stort, men saknade nästan helt och hållet möbler. Jag var glad över tillfället att komma hemifrån, men jag led av att behöva klä mig så strängt formellt. Jag väntade mig heller inget annat än en tråkig kväll i sällskap med ännu en turbanman.

Aga Hakim var smärt och några centimeter längre än Moody. Hans skägg var tjockt och brungrått och han log hela tiden. Han var klädd helt i svart och till och med turbanen var svart. Det var en viktig detalj. De flesta turbanmän var vitklädda. *Aga* Hakims svarta turban var ett tecken på att han var

117

ättling till Muhammed i rakt nedstigande led.

Till min överraskning var han inte så helig att han inte kunde se mig i ögonen när han talade med mig.

"Varför bär ni *chador*?" frågade han via Moodys tolkning.

"Jag trodde att jag måste göra det."

Moody blev antagligen generad av *Aga* Hakims kommentarer, men han översatte dem i alla fall. "Ni kan inte ha det särskilt bekvämt i *chador*. *Chador* är inte ett islamiskt påbud. Det är ett persiskt plagg. Ni behöver inte bära *chador* i mitt hus."

Jag tyckte om honom.

Aga Hakim ställde frågor om min familj hemma i Amerika. Det var första gången någon iranier gjort det. Jag förklarade att min far var döende i cancer och att jag var mycket orolig för honom, liksom för min mor och mina söner.

Han nickade av medkänsla. Han förstod hur starka familjeband kunde vara.

Moody hade en överraskning till Mahtob, och han presenterade den på samma burdusa sätt som vanligt. Utan några inledningar eller förberedelser sa han bara en vacker dag: "Nu är det dags, Mahtob. I dag ska du börja skolan."

Mahtob och jag brast båda i gråt. Vi fruktade varje händelse som skilde oss åt ens för ett ögonblick. "Låt henne slippa!" tiggde jag.

Men Moody gav inte vika. Han hävdade att Mahtob måste lära sig att anpassa sig till tillvaron runt omkring sig och att skolan var ett första nödvändigt steg. Nu hade hon lärt sig tillräckligt med farsi för att kunna prata med andra barn. Det var dags att börja skolan.

Moody var trött på att vänta på plats vid den privata förskola vi besökt tidigare. Hans systerdotter, Ferree, som var lärare, hade skrivit in Mahtob på förskolestadiet i en statlig skola. Det var svårt att få plats i förskolan, sa Moody, men han hade lyckats tack vare Ferrees inflytande.

"Låt mig komma med till skolan", bad jag, och det gick han med på.

Vi klädde oss ordentligt mot den kalla höstvinden som kom blåsande ner från bergen och gick några kvarter från Mammals

118

hus till Shariatigatan, den stora genomfartsleden i stadsdelen, och hejdade en orange taxi. Vi trängde in oss bland det halvdussin iranier som redan satt i bilen och kom fram till skolan ungefär tio minuter senare.

Madrasay ("skolan") Zainab var en lång byggnad av betongblock, målad i trist mörkgrön färg. Utifrån såg den ut som en bunker. Inne i skolan sprang flickor i olika åldrar runt. De var alla klädda i svart och mörkgrått, och de hade alla huvud och ansikte täckta av en *roosarie*. Mahtob och jag följde tveksamt Moody in i en svagt upplyst hall. En kvinnlig vakt kom fram när Moody kom in i hallen. Det var en skola för enbart flickor. Vakten bultade snabbt på dörren till skolans expedition, öppnade en springa och meddelade att en man skulle komma in.

Inne på kontoret stod Mahtob och jag avvaktande medan Moody talade med rektorn, en kvinna klädd i *chador*, som hon drog tätt kring ansiktet med båda händerna. Medan Moody talade höll hon blicken riktad mot golvet. Då och då såg hon upp mot mig, men aldrig på mannen som stod framför henne. Efter några minuter vände sig Moody mot mig och sa ilsket: "Hon säger att min hustru inte ser särskilt glad ut." Hans ögon befallde mig att samarbeta, men än en gång – nu när Mahtobs bästa var det viktigaste – fann jag styrka nog för att sätta mig upp mot honom.

"Jag tycker inte om den här skolan", sa jag. "Jag skulle vilja se det klassrum där hon kommer att vara."

Moody översatte för rektorn. "*Khanum* Shaheen – det är hon som är rektor här – kommer att visa dig klassrummet", sa han till mig. "Det här är en flickskola. Män får inte besöka klassrummen."

Khanum Shaheen var en ung kvinna i tjugofemårsåldern. Hon såg bra ut under sin *chador* och hennes blick var vänlig när den mötte mitt mer fientliga stirrande. Hon var en av de få iranska kvinnor jag mött som bar glasögon. Vi kommunicerade så gott vi kunde med hjälp av gester och några enkla ord på farsi.

Jag var djupt missbelåten med skolans resurser och de aktiviteter som pågick där. Vi gick genom sjabbiga hallar förbi ett stort porträtt av den bistre ayatollahn och oräkneliga affischer

119

förhärligande kriget. Ett favoritmotiv tycktes vara den tappre unge soldaten med sitt gevär och ett blodigt bandage runt pannan.

Eleverna satt tätt tillsammans på långa låga bänkar, och trots att jag inte förstod särskilt mycket farsi var undervisningstekniken så enkel att jag begrep hur det hela fungerade. Man lärde sig helt enkelt utantill genom att härma läraren. Hon mässade en fras och eleverna upprepade den i kör.

Jag trodde jag sett det värsta Iran kunde erbjuda av dålig hygien, men när jag såg skolans toalett förstod jag att det fanns ännu värre förhållanden. Det var en liten skrubb som skulle räcka till för fem hundra elever. Högt uppe på väggen fanns ett fönster som stod öppet och släppte in vind, regn, snö, flugor och myggor. Själva toaletten var bara ett hål i golvet som de flesta använde utan att tänka alltför mycket på att träffa rätt i. I stället för toalettpapper fanns det en slang med iskallt vatten.

När vi kom tillbaka till kontoret vände jag mig till Moody och sa: "Jag går inte härifrån förrän du sett närmare på den här skolan. Jag kan inte tänka mig att du vill att din dotter ska gå här."

Moody frågade om han kunde få se skolan.

"Nej", svarade *Khanum* Shaheen på farsi. "Inga män är tillåtna."

Min röst steg och blev pockande. Det var rösten hos en mor som krävde sitt barns rätt. "Vi tänker *inte* gå härifrån förrän du sett skolan!" upprepade jag.

Till sist gav rektorn med sig. Hon skickade en vakt i förväg för att varna eleverna att det skulle komma en man in på det förbjudna området. Sedan tog hon med Moody på en inspektionstur medan Mahtob och jag väntade på expeditionen.

"Jo, du har rätt", medgav Moody när han kom tillbaka. "Jag tycker heller inte om den. Den är hemsk. Men det är den skola som finns här och det är här hon måste gå. Den är i alla fall bättre än den skolan jag gick i."

Mahtob lyssnade med bekymrad min men utan ett ord. Tårarna började redan rulla utför kinderna. Hon suckade av lättnad när Moody sa: "De kan inte ta emot henne i dag. Hon får börja i morgon."

Under taxiresan hem bönföll Mahtob sin far att hon skulle

slippa gå i den skolan, men han gav inte efter. Hela eftermiddagen grät hon mot min axel. "Gode Gud", bad hon i när vi ensamma i badrummet, "låt något hända så att jag inte behöver gå i den där skolan."

Medan jag lyssnade på mitt barns bön kom jag att tänka på något. Kanske berodde det på en ren slump eller också var det en plötslig inspiration. Jag mindes en av de grundläggande lektionerna när det gäller bön, och jag berättade den för Mahtob och underströk hur viktig den var. Jag sa: "Jag vet att Gud kommer att besvara våra böner, men det är inte alltid Han svarar på det sätt vi tänkt oss. Du kanske måste gå till den här skolan och det kanske är vad Gud vill. Det kanske kommer att föra något gott med sig att du går i just den skolan."

Mahtob förblev otröstlig, men jag kände hur ett nytt lugn sänkte sig över mig. Kanske var det verkligen så att det skulle komma något gott ur allt detta. Både Mahtob och jag avskydde det hot om en permanent tillvaro i Iran som skolan utgjorde. Men jag insåg att Mahtobs förskoleschema skulle hålla henne sysselsatt från åtta till tolv sex dagar i veckan. Alla dagar utom fredag skulle vi ha en anledning att lämna huset, och vem kunde veta vilka möjligheter det skulle kunna ge?

Nästa morgon steg vi upp tidigt alla tre, och bara det var en sak som gav mig ytterligare anledning till optimism på lång sikt. Nu hade Moody förvandlat sin ställning som *daheejon* till rollen som andlig ledare i huset. Han steg upp före gryningen för att se till att alla (utom Mahtob och jag) deltog i bönen. Det var ganska onödigt, för Nasserine och Mammal var också hängivet religiösa. Men Moody utsträckte sin auktoritet också till våningen under, där Reza och Essey bodde, och de var inte lika hängivna i sin religionsutövning. Det var en särskilt öm punkt för Reza, som måste ge sig av till en lång arbetsdag medan Moody kröp tillbaka i sin sköna säng efter förrättat värv.

Moody blev trött efter andakten, och han hade lagt sig till med den lättjefulla vanan att sova till tio eller elva på förmiddagen. Jag insåg att han snart skulle tröttna på Mahtobs nya schema. Det kanske inte skulle dröja länge innan han lät mig ensam följa henne till skolan. Det skulle utvidga min frihet avsevärt.

121

Men det låg spänning i luften den första morgonen. Mahtob var tyst medan jag klädde henne i samma slags *roosarie* som de andra skolbarnen hade. Hon höll tyst ända tills vi kom in på skolans expedition och en lärarmedhjälpare räckte fram handen för att ta med henne till klassrummet. Då brast hon i gråt och de länge tillbakahållna tårarna börja flöda fritt ur hennes ögon. Hon klängde sig fast vid min kappa och ville inte släppa taget.

Min blick mötte Moodys, men jag fann ingen medkänsla utan bara hot.

"Mahtob, du måste gå med", sa jag och kämpade för att behålla mitt lugn. "Det är en bra skola. Vi kommer och hämtar dig när du slutar. Var inte orolig."

Lärarmedhjälparen ledde försiktigt bort Mahtob. Hon försökte vara modig, men när Moody och jag vände oss om för att gå hörde vi hur vår dotter började gråta högt. Jag led, men jag visste att det inte var rätta ögonblicket att trotsa den galning som nu höll mig i ett fast grepp om armen och förde mig ut på gatan.

Vi åkte hem under tystnad i en orange taxi. Nasserine väntade på oss med ett meddelande. "De ringde från skolan", sa hon. "Mahtob är för högljudd. Ni måste åka och hämta henne."

"Det är ditt fel alltsammans!" skrek Moody till mig. "Det är du som fått henne att uppträda så här. Hon är inget normalt barn längre. Du är alldeles för dominerande."

Jag sa inte emot. Jag ville inte ta större risker än jag måste. Mitt fel? Jag hade lust att skrika och säga att det var han som ställt hela hennes tillvaro på ända. Men jag höll tyst, för jag visste att det fanns en viss sanning i det han sagt. Jag hade varit överbeskyddande mot Mahtob. Jag hade varit rädd för att lämna henne ur sikte, av fruktan för att Moody och hans familj skulle hitta på något sätt att skilja henne från mig. Var det mitt fel? Om det någon gång funnits anledning för en mor att vara överbeskyddande så var det just i det här fallet.

Moody stormade ut ur huset och kom tillbaka efter en kort stund med en dämpad Mahtob i släptåg. "I morgon ska du tillbaka till skolan!" befallde han henne. "Och du ska stanna där ensam. Och det är bäst för dig att du inte gråter."

Under eftermiddagen och kvällen talade jag med Mahtob ensam så ofta jag hade tillfälle. "Du måste klara det", sa jag till henne. "Visa att du är stark och uppför dig som en stor flicka. Du vet att Gud är med dig."

"Jag bad att Gud skulle göra så att jag slapp gå till den där skolan", grät Mahtob. "Men han bönhörde mig inte."

"Det kanske han gjorde i alla fall, påminde jag henne. "Det kanske finns en orsak till att du ska gå i den där skolan. Tro aldrig att du är ensam, Mahtob. Gud är alltid med dig. Han kommer att ta hand om dig. Glöm inte det när du är rädd och inte vet vad som håller på att hända. Du behöver inte bry dig om vad andra gör. Be du bara i stället. Allt kommer att ordna sig."

Trots mina ord vaknade Mahtob full av rädsla nästa morgon och grät. Det gjorde ont i mig när Moody tog på henne ytterkläderna och bar iväg henne till skolan. Han förbjöd mig att komma med. Ljudet av hennes skrik av rädsla ekade i mina öron länge efter det att de gått. Jag gick nervöst fram och tillbaka och svalde för att få ner klumpen i halsen medan jag väntade att Moody skulle komma tillbaka och berätta hur det gått.

I samma ögonblick han återvände kom Essey och hejdade honom i trappan för att tala om att skolan ringt och bett honom hämta Mahtob. Hon ville inte samarbeta. Hennes skrik och gråt störde hela skolan.

"Jag ska hämta henne", sa han ilsket till mig. "Jag ska ge henne stryk så att hon stannar och håller tyst nästa gång."

"Gör henne inte illa, snälla du", ropade jag efter honom när han rusade ut ur huset. "Jag ska tala med henne, det lovar jag."

Han slog henne inte. När Moody kom tillbaka var hans vrede i högre grad riktad mot mig än mot Mahtob, eftersom rektorn hade begärt något som han inte ville ge tillstånd till.

"De vill att du ska gå till skolan med henne", sa han, "och stanna där och sitta på expeditionen medan hon är i klassrummet. I alla fall under några dagar. Det är deras villkor för att de ska ta emot henne som elev."

Något *håller* i alla fall på att hända! sa jag tyst för mig själv. Jag var upprörd och ledsen över att han tvingade Mahtob att gå i skolan i Iran, men plötsligt hade det gett mig en möjlighet att lämna huset regelbundet.

Moody var medveten om vad arrangemanget skulle innebära, men han kunde inte finna något alternativ. Han ställde upp stränga regler. "Du ska stanna på skolans expedition och får inte lämna den förrän jag kommer och hämtar dig och Mahtob", bestämde han. "Du får heller inte använda telefonen."

"Visst", lovade jag, med *taraf* i hjärtat.

Följande morgon tog vi alla tre en taxi till skolan. Mahtob var orolig, men hon var synbart lugnare än under de båda föregående morgnarna. "Mamma kommer att stanna här", sa Moody till henne och pekade på en stol i entréhallen utanför expeditionen. "Hon kommer att vara här hela tiden du går i skolan."

Mahtob nickade och lät sig föras till klassrummet av en lärarmedhjälpare. När de kommit halvvägs genom hallen kastade hon en blick bakåt. När hon såg att jag satt i stolen fortsatte hon. "Du stannar här tills jag kommer och hämtar dig", upprepade Moody. Sedan gick han.

Förmiddagen släpade sig fram. Jag hade inte tagit med mig något att fördriva tiden med. Det blev tommare i hallen när eleverna gick till sina klassrum. Snart kunde jag inte undgå att märka vad det var de började dagen med: *"Maag barg Amrika!"* ekade det från varje klassrum. *"Maag barg Amrika! Maag barg Amrika!"* upprepade man gång på gång för de lättpåverkade eleverna, och min oskyldiga dotter fick samma budskap intrummat. Det var den islamiska republiken Irans officiella politik: "Död åt Amerika!"

När den politiska manifestationen var över och eleverna började med sin lågmäldare utantillinlärning blev det tystare i hallen. I varje klassrum, också bland de äldre eleverna, gick undervisningen till så att läraren mässade en fråga och eleverna svarade i kör, alla med samma ord. Det fanns inget andrum, ingen plats för individuellt tänkande, för frågor eller ens för ett annat sätt att uttrycka sig. Det var en sådan skola Moody gått i som barn. När jag funderade över det förstod jag varför så många iranier har så lätt att rätta sig efter auktoriteter av olika slag. De verkade också genomgående ha svårt att fatta egna beslut.

Om man uppfostrades på det sättet var det naturligt att man infogade sig i en hierarki där man gav order åt de underlydande och höll dem i strama tyglar, samtidigt som man blint löd dem som stod högre i rang. Det var just detta undervisningssystem som alstrat en Moody som kunde kräva och vänta sig total lydnad och underkastelse från den egna familjen, en Nasserine som utan knot underkastade sig mannens överhöghet. Ett skolsystem av det här slaget kunde till och med skapa en hel nation som åtlydde befallningar utan att ifrågasätta, även om det innebar döden att följa befallningarna, om de kom från en ayatollah som fungerade som hela nationens hjärna och samvete. Om ett skolsystem kunde åstadkomma ett sådant resultat med en hel nation, vad skulle det då inte kunna göra med en liten femårig flicka?

Efter en stund kom *Khanum* Shaheen ut i hallen och tecknade att jag skulle komma in på expeditionen. Jag svarade med den iranska gesten för att man vägrar och som består i att man lyfter huvudet en smula och gör ett klickande ljud med tungan. Just då ville jag inte se några iranier, framför allt inte undergivna kvinnor i *chador*. Men rektorn övertalade mig med mjuka och vänliga ord och insisterade på att jag skulle komma.

Jag reste mig och gick in på expeditionen. Med hjälp av ytterligare gester erbjöd mig *Khanum* Shaheen en bekvämare stol och frågade om jag ville ha te. Jag tackade ja och satt sedan och läppjade på mitt te medan jag såg på de andra kvinnorna som sysslade med sitt. Trots de hatiska anti-amerikanska slagord som de måste lära sina elever tycktes de alla vänligt inställda mot mig. Vi gjorde några försök att kommunicera, men det lyckades inte särskilt bra.

Jag längtade efter att få ta telefonen, som stod inom räckhåll för mig, och ringa ambassaden. Men jag vågade inte ta mig alltför stora friheter den första dagen.

Det fanns tre skrivbord för de fem anställda som arbetade i det lilla kontoret. Rektorn satt i ett hörn av rummet och tycktes inte göra något alls. Vid de andra skrivborden satt kontorspersonalen och flyttade papper med ena handen medan de höll sin *chador* på plats med den andra. Vid ett tillfälle steg en av dem upp och ringde i en klocka. De tog också hand om några telefonsamtal. Men det mesta av tiden gick åt till prat, som jag, trots att jag inte förstod vad som sas, var säker på var personliga samtal och skvaller.

Vid ett tillfälle under förmiddagen hördes det att något höll på att utspelas i hallen. En lärare kom instormande på kontoret med en elev. Flickan stod med huvudet sänkt, och det var tydligt att hon gjort sig skyldig till något otillåtet. Läraren hasplade ur sig en lång rad anklagelser och upprepade ofta ordet "baad", som betyder dålig och elak på farsi. *Khanum* Shaheen och de andra som arbetade på expeditionen föll in i kören. Men en mun började de gräla på flickan som nu började gråta. Medan de andra fortsatte lyfte en av de anställda telefonluren och ringde ett samtal. Efter några minuter kom en upprörd kvinna, som av allt att döma var flickans mor, in i rummet. Hon skrek till sin dotter och pekade ett anklagande finger mot henne medan hon öste sin vrede över det försvarslösa barnet.

"*Baad, baad!*" skrek modern. Flickan svarade med några ömkliga snyftningar.

Scenen fortsatte i flera minuter tills modern tog sin dotter i armen och ryckte henne med sig ut ur rummet.

Khanum Shaheen och de andra kvinnorna i rummet la genast bort sina upprörda miner. De log och gratulerade varandra till att de lyckats så väl i sitt syfte, som av allt att döma var att få flickan att känna sig så usel som möjligt. Jag hade ingen aning om vad hon gjort sig skyldig till, men jag tyckte i alla fall synd om det stackars barnet. Jag bad till Gud att Mahtob aldrig skulle bli utsatt för något liknande.

Mahtob klarade sig genom förmiddagen i vetskap om att jag fanns i närheten. Klockan tolv, när förskoleklassen slutade, kom Moody för att eskortera oss hem i taxin.

Dagen därpå, medan jag satt på expeditionen, kom *Khanum* Shaheen med en av lärarna som ville träffa mig. Hon presenterade sig som fru Azahr, och hon talade engelska. Hon sade att hon gärna ville prata med mig. Hon satte sig bredvid mig men märkte att min attityd var avvaktande. "Vi vet att ni inte tycker om oss", sa hon. "Men vi vill inte att ni ska tycka att vi är *baad*. Tycker ni inte om skolan?"

"Den är smutsig", svarade jag. "Jag tycker inte om att ha

Mahtob här."

"Det var tråkigt", sa fru Azahr. "Vi vet att det inte är lätt att vara i ett främmande land. Vi skulle gärna vilja göra något för er."

Khanum Shaheen släppte oss inte med blicken. Jag undrade hur mycket hon förstod av vårt samtal. Hon sa något på farsi och fru Azahr översatte. "Rektorn säger att alla gärna skulle vilja lära sig engelska. Hon frågar om ni skulle vilja komma var dag och undervisa dem i engelska medan ni väntar på Mahtob. De kan lära er farsi på samma gång."

Det här måste vara svaret på mina böner, tänkte jag. Vi kan lära känna varandra. "Ja", svarade jag. "Visst kan jag göra det."

Vi började med ett fast schema. Kvinnorna på kontoret hade inte mycket att sysselsätta sig med, med undantag av de återkommande bestraffningarna och vi ägnade förmiddagarna åt att lära varandra våra olika språk. Och medan vi höll på med det lärde jag mig att i alla fall delvis förstå de här kvinnorna. De var så helt olika mig i fråga om seder och mål i livet, men de var i alla fall kvinnor som brydde sig om barn och som ville göra sitt bästa för dem, låt vara på det enda sätt de kände till. De tvingades hålla sig inom ramarna för ett undervisningssystem som bestämde exakt vad de skulle göra och hur de skulle göra det, men en och annan gnista av individualitet lyste i alla fall igenom. Det var svårt att kommunicera, men jag fick i alla fall intryck av att jag också här träffade iranier som inte var förtjusta i det tillstånd deras land befann sig i.

På ett personligt plan tycktes mina nya vänner verkligen bry sig om Mahtob och mig. Varje morgon skojade de med Mahtob, och de tog henne i famn och kysste henne. *Khanum* Shaheen sa alltid till Mahtob att hon tyckte om hennes "lukt". Hon syftade på den otillåtna droppe parfym hon unnade sig varje morgon. Privat visade de här kvinnorna förakt för Moody, som fortsatte att lämna av oss på morgonen och hämta oss vid tolvtiden och som var vår fångvaktare. Men de var noga med att dölja sina känslor, trots att de inte gillade hans sätt att behandla sin hustru och dotter.

Fru Azahr hade många lektioner, och hon kunde inte vara tillsammans med oss så ofta. Men när hon hade en stund ledig tittade hon in på expeditionen.

Jag fick till min förvåning en dag höra att hon tidigare själv varit rektor för en skola. Det var före revolutionen. Under den nya regimens styre förpassades kompetenta yrkesutövare som hon, trots att de hade höga examina och många års yrkeserfarenhet, till poster där de var underställda yngre och mindre välutbildade men desto mer politiskt hängivna administratörer. De som nu styrde var personer som visat det rätta religiösa nitet. Det var det viktigaste för den nya regeringen.

"*Khanum* Shaheen fick platsen just av det skälet", berättade fru Azahr för mig. Hon och hennes familj är mycket religiösa. Man måste komma från en fanatisk familj om man ska få en bra post i dag. De kontrollerar allas bakgrund. Man kan inte bara låtsas att man är av den rätta ullen."

Khanum Shaheen var klart anti-amerikansk i sina känslor. Men allt eftersom vår påtvingade samvaro fortsatte började hon tycka mer och mer om mig, trots min nationalitet.

En dag efter en stunds samtal med *Khanum* Shaheen vände sig fru Azahr till mig och sa: "Vi skulle verkligen vilja göra något för er."

"Tack så mycket", svarade jag och tog chansen, "jag skulle vara tacksam om jag fick lov att använda telefonen."

Fru Azahr talade med *Khanum* Shaheen. Rektorn lyfte på huvudet och klickade med tungan. Nej. Hon muttrade några ord som fru Azahr översatte: "Vi lovade er man att vi aldrig skulle låta er lämna byggnaden eller använda telefonen."

Nu insåg jag på nytt att de här kvinnorna var fångade i en fälla, lika effektivt som jag själv. De var underkastade alla de regler som männen ställt upp. De var inte alltid nöjda, men de löd. Jag lät blicken vandra runt rummet och såg var och en av de närvarande kvinnorna i ögonen. Jag såg inget annat än djup medkänsla i ögonen hos var och en av dem.

8

En för årstiden ovanligt varm och solig eftermiddag i mitten av hösten gick Moody motvilligt med på Mahtobs begäran att vi skulle gå till parken. Det var bara några kvarter att gå, men Moody klagade över att det var långt. "Vi kan bara stanna några minuter", sa han. Han hade mycket att göra, det visste jag. Tidningar att läsa. Struntprat i radio att lyssna till. Tupplurar att ta.

När vi närmade oss gungorna och rutschkanan längst bort i parken pep Mahtob till när hon fick syn på en liten blond flicka, kanske fyra år gammal, klädd i shorts och topp och med samma gymnastikskor som de Mahtob själv haft med sig från Amerika.

På ena sidan lekplatsen stod ett par och såg på när flickan lekte. Mamman var en vacker ung kvinna vars blonda lockar tittade fram under hennes *roosarie*. Hon bar en ljusbrun kappa med bälte som inte liknade de vanliga iranska modellerna.

"Hon är amerikanska", sa jag till Moody.

"Nej" svarade han surt, "hon talar tyska."

Mahtob sprang fram till kanan för att leka med flickan och jag gick fram till kvinnan trots Moodys protester. Hon samtalade med en iransk man, men hon talade faktiskt engelska!

Jag presenterade mig medan Moody vaksamt stod bredvid.

Hon hette Judy. Hennes iranskfödde make hade en entreprenadfirma i New York och han hade stannat kvar där medan Judy reste med sina båda barn till Iran för att besöka sina svärföräldrar. De var mitt i en tvåveckorssemester. Jag avundades henne verkligen flygbiljetten, passet och utresevisumet!

Men jag kunde inte berätta något om min situation eftersom Moody stod vid min sida.

Judy presenterade oss för den iranske mannen, som var hennes svåger Ali. Så snart Ali fick höra att Moody var läkare talade han om att han hade ansökt om visum till USA av medicinska skäl för att få behandling för en hjärtåkomma. Judy tillade att hon skulle flyga till Frankfurt veckan därpå och att hon skulle ta kontakt med den amerikanska ambassaden där för att försöka skaffa ett visum åt Ali. De ville gärna ha råd av en iransk-amerikansk läkare. Moody njöt av sin status och glömde för en stund bort att vaka över Mahtob och mig.

Flickorna hoppade av rutschkanan och bestämde att de skulle gunga i stället, och Judy och jag följde med dem till gungorna. När vi väl kommit utom hörhåll för Moody skyndade jag mig att utnyttja tillfället. "Jag är gisslan här", viskade jag. "Du måste hjälpa mig. Var så snäll och gå till den amerikanska ambassaden i Frankfurt och berätta för dem att jag finns här. De måste göra något för att hjälpa mig."

Moody och Ali började gå långsamt i riktning mot oss, men de pratade fortfarande med varandra. Judy fångade min blick och vi började också gå i samma riktning som männen för att hålla avståndet. "Han låter mig inte tala med min familj", sa jag. "Jag har blivit inspärrad här och jag har ingen kontakt med de mina."

"Vad kan jag göra för att hjälpa dig?" frågade Judy.

Jag tänkte efter ett ögonblick. "Låt oss fortsätta att tala om 'läkarärenden'", föreslog jag. "Han känner sig betydande om han får prata om medicinska frågor."

"Det låter bra", sa Judy. "Vi måste ju i alla fall skaffa Ali ett visum på medicinsk grund. Vi kan ju se om vi kan få din man inblandad i det ärendet."

Vi vände om och promenerade tillbaka mot de båda männen. "Kan du hjälpa honom?" frågade jag Moody.

"Ja, jag vill gärna försöka." Jag kunde se att Moody kände sig mer som läkare än han gjort på flera månader. "Jag ska skriva ett brev", föreslog han. "Jag vet vem jag ska kontakta. Jag har till och med papper med mitt amerikanska brevhuvud på här." Han funderade ett ögonblick. "Men vi behöver en skrivmaskin", tillade han.

"Det kan jag skaffa", sa Judy.

Vi växlade telefonnummer och planerade att träffas i parken på nytt inom några dagar. Den korta promenaden hem var uppiggande. Moody var på sitt bästa humör. Hans självförtroende hade stärkts till den grad att han bortsåg från det faktum att jag hade talat med en amerikansk kvinna.

Judy arbetade snabbt. Två dagar senare ringde hon och bad att Mahtob och jag skulle komma och göra henne sällskap i parken. Jag hade ett svagt hopp om att Moody skulle låta oss gå dit ensamma, men han hade etablerat ett mönster som han följde. Han tycktes inte misstänka att vi konspirerade, men han ville ha oss under uppsikt hela tiden.

Den här gången hade Judy sällskap med en kortvuxen skäggprydd man i trettioårsåldern. Hon presenterade honom för oss som Rashid och sa att han var direktör på ett stort sjukhus. Moody blev glad över möjligheten att få diskutera medicinska frågor än en gång, och han började överösa mannen med frågor om hur det gick till att skaffa sig läkarlegitimation i Iran. Under tiden kunde Judy och jag åter dra oss undan och samtala utom hörhåll för de andra.

"Var inte orolig", sa hon. "Rashid vet allt om din situation. Han kommer att vara försiktig med vad han säger till din man. Vi hade hoppats få tala med dig ensam, men nu kan han i alla fall hålla honom sysselsatt så att vi kan få prata i fred." Hon smög till mig några frimärken. "Om du kan ta dig till en brevlåda kan du i alla fall skicka några brev med hjälp av de här", sa hon.

Sedan förklarade hon nästa steg i planen för mig. Några dagar senare skulle hennes svärmor hålla en avskedsfest för Judy och barnen, och Judy hade ordnat så att vi skulle bli inbjudna. Hon hade lånat en skrivmaskin så att jag skulle kunna skriva Moodys brev till förmån för Ali. Hon räknade med att middagen och festen skulle ge mig tillfälle att tala med Rashid mellan fyra ögon. "Han känner personer som för ut människor ur Iran via Turkiet", sa hon.

De följande två dagarna gick enerverande långsamt medan jag väntade på festen och på möjligheten att få höra mer om hur man bar sig åt för att ta sig ut ur Iran. Flög de ut folk? Körde de dem i bil? Vilka motiv låg bakom verksamheten?

131

Varför tog de risken att drabbas av de stränga straff som den islamiska lagen i ayatollahns republik utdömde för brott av det slaget? Hur mycket skulle det kosta. Skulle Mahtob och jag vara tvungna att ha pass för att komma ut?

Gode Gud, bad jag, var snäll och ordna så att jag kan få prata ensam med Rashid under Judys avskedsfest.

Jag beslöt att jag skulle använda Judy som postkurir under den tid hon var kvar. Jag skrev brev till mamma och pappa och till Joe och John, och jag berättade för dem hur mycket jag älskade dem och saknade dem. Jag förklarade också mer i detalj hur min tillvaro tedde sig just nu. När jag läste breven insåg jag att de var nedslående och fulla av förtvivlan. Jag var nära att riva sönder dem, men jag beslöt att jag i alla fall skulle skicka dem. De återspeglade min verkliga sinnesstämning vid den här tiden.

Jag skrev också ett brev till min bror Jim och hans hustru, Robin, och föreslog en plan. Jag förklarade att Moody hade penningbekymmer. Vi hade spenderat stora summor här och han hade fortfarande inget arbete. Alla våra tillgångar fanns i Amerika. Kanske var det bara så att Moody behövde en ursäkt för att återvända. Jag föreslog att Jim skulle ringa oss och säga att pappas tillstånd hade förvärrats och att vi borde komma hem på ett "besök". Jim skulle säga att familjen slagit samman sina resurser och skulle köpa oss biljetter. Det skulle ge Moody en ekonomisk utväg – en fri resa hem.

Festen hemma hos Judys svärmor var en ljuspunkt. I samma ögonblick vi steg in i huset hörde vi amerikansk musik som spelades på hög volym, och vi fick uppleva det otroliga fenomenet att se muslimska shiiter som dansade rock-and-roll. Kvinnorna var klädda i västerländska kläder och ingen av dem bryddde sig om att bära *chador* eller *roosarie*. Gästerna blev mina medkonspiratörer utan att veta om det. De kände sig så hedrade av att ha en amerikansk doktor med på festen att Moody från första stund blev omringad av uppmärksamma lyssnare. Han njöt av deras beundran medan Judy, med Moodys vetskap och tillåtelse, tog mig med till ett av sovrummen så att jag skulle kunna skriva det brev som kanske skulle kunna hjälpa Ali. Rashid väntade på mig.

"En av mina vänner för folk till Turkiet", sa han. "Det

kostar trettio tusen dollar."

"Jag bryr mig inte om vad det kostar", svarade jag. "Jag vill bara komma ut härifrån med min dotter." Jag visste att min familj och mina vänner på något sätt skulle skaffa fram de medel som måste till. "När kan vi åka?" frågade jag ivrigt.

"Just nu är han i Turkiet, och vädret kommer snart att bli sämre. Jag vet inte om ni kan ge er av under vintern innan snön smälter. Ring mig om två veckor. Jag ska undersöka saken."

Jag skrev upp Rashids telefonnummer i min adressbok efter att vederbörligen ha kodat det.

Han lämnade rummet, men Judy och jag stannade kvar länge efter det att jag skrivit ut Moodys brev. Jag såg mig hela tiden om, rädd för att Moody skulle komma in i rummet och vara på jakt efter mig, men det gjorde han inte.

Jag gav Judy de brev jag hade skrivit, och hon lovade mig att posta dem i Frankfurt. Vi talade länge om Amerika medan jag hjälpte henne med den bitterljuva uppgiften att packa för hennes resa ut ur Iran följande dag. Varken Judy eller jag visste vad hon kunde eller inte kunde göra för mig, och vi visste heller inte om Rashids vän skulle kunna föra Mahtob och mig till Turkiet. Men hon var besluten att göra sitt bästa. "Jag har andra vänner som jag också ska kontakta", sa hon.

När kvällen närmade sig sitt slut var Moody nästan i extas. "Rashid har erbjudit mig en anställning på sjukhuset", strålade han. "Nu måste jag ordna med min legitimation."

Det var sent när vi till sist tog farväl. Judy och jag skildes åt med tårar i ögonen. Vi visste inte om vi någonsin mer skulle se varandra.

Ameh Bozorg var van vid att hela familjen samlades i hennes hem på fredagen för att fira sabbaten, men Moody var inte lika förtjust i sin syster längre, och en vecka meddelade han henne att han hade andra planer för fredagen.

Nu blev det så att Ameh Bozorg blev allvarligt sjuk på fredagskvällen. "Mamma är döende", berättade Zohreh för Moody i telefon. "Du måste komma och vara hos henne under hennes sista stund."

Moody kände väl till sin systers metoder, men nu blev han i alla fall orolig. Vi skyndade oss att ta en taxi och åkte dit.

133

Zohreh och Fereshteh tog oss snabbt med till sin mors rum. Där låg Ameh Bozorg mitt på golvet under ett tjugo centimeter tjockt lager av filtar och hela huvudet insvept i dukar som om hon haft en turban på sig. Svetten rann från hennes panna och hon torkade hela tiden bort den med handen. Hon stönade av smärta och mumlade hela tiden på farsi: "Jag kommer att dö. Jag kommer att dö."

Majid och Reza var redan där och andra släktingar var på väg.

Moody undersökte omsorgsfullt sin syster, men han kunde inte hitta något fel på henne. Han viskade till mig att han ansåg att hon svettades för att hon hade alla filtarna över sig och inte till följd av feber. Men hon klagade över att hon hade ont. Hon sa att hela hennes kropp värkte. "Jag kommer att dö", mässade hon.

Zohreh och Fereshteh lagade till kycklingbuljong. De kom med en skål till den döende, och var och en av släktingarna vädjade till Ameh Bozorg att hon skulle försöka svälja några skedar. Hennes yngste son, Majid, lyckades föra en sked buljong till hennes läppar, men hon vägrade att öppna munnen och ville inte svälja ner något.

Till sist lyckades Moody få sin syster att ta emot en sked. När hon svalde tjöt de kringstående av lycka.

Vakan fortsatte under hela natten och följande dag. Då och då tittade Baba Hajji in i rummet, men han ägnade det mesta av sin tid åt bön och koranläsning.

Moody, Mahtob och jag blev allt mer trötta på Ameh Bozorgs teater. Mahtob och jag ville åka hem, men Moody var än en gång kluven mellan respekt för sin familj och sunt förnuft. Ameh Bozorg låg kvar på sin dödsbädd under hela fredagskvällen – då vi hade planerat att vara på ett helt annat ställe.

Men så plötsligt förmådde hon stiga upp enligt egen uppgift tack vare Allahs ingripande. Hon reste sig från sin bädd och förkunnade att hon genast skulle göra en pilgrimsfärd till den heliga staden Meshed i nordöstra Iran. Där fanns det en särskilt vördad *masjed* som var känd för sin helbrägdagörande kraft. På lördagen beledsagade klanen en märkvärdigt pigg Ameh Bozorg till flygplatsen och placerade henne på rätt plan. Kvinnorna grät av sorg och männen fingrade på sina radband och bad om ett mirakel.

Moody spelade med i det hela och gjorde sin plikt som medlem av familjen, men så snart vi var utom hörhåll muttrade han till mig: "Det är bara ett påhitt från hennes sida."

Oktober gick över i november. Kyliga morgnar i den otillräckligt uppvärmda lägenheten var en förvarning om att vintern i Teheran kunde bli lika kall som sommaren var brännande het. Vi hade kommit till det här landet utrustade för en kort sommarsemester. Nu behövde framför allt Mahtob en tjock vinterkappa. Till min förvåning hävdade Moody att det inte alls var något nödvändigt inköp. Jag insåg att den ekonomiska situationen blivit kritisk.

Den plan där min bror Jim skulle spela huvudrollen misslyckades. Han ringde ett par veckor efter det att jag gett mina brev till Judy och följde mina instruktioner. Han förklarade för Moody att pappa var mycket sjuk och att familjen samlat ihop pengar för att vi skulle kunna flyga hem. "Vill du att vi ska skicka biljetterna?" frågade han. "Vilken avresedag vill du att vi ska sätta?"

"Det är ett trick!" skrek Moody i telefonen. "Hon kommer inte att resa hem. Jag tänker inte låta henne åka."

Han slängde på luren och lät sin vrede gå ut över mig.

Vi grälade bittert om pengar. Rashids erbjudande om en anställning på sjukhuset blev aldrig verklighet. Jag misstänkte att det aldrig varit något annat än *taraf*.

Hur som helst så hade Moody inte fått ut någon läkarlegitimation. Han hävdade att det var mitt fel att han inte kunde arbeta.

"Jag måste stanna hemma och bevaka dig", sa han och lämnade därmed den förnuftsmässiga argumenteringen. "Jag behöver någon som bevakar dig. Jag kan inte röra mig fritt för din skull. CIA är ute efter mig för att du har ordnat så att din familj letar efter dig och Mahtob."

"Vad är det som får dig att tro att min familj letar efter mig?" frågade jag.

Han svarade med en blick som sa mer än tusen ord. Hur mycket visste han? undrade jag. Jag visste att ambassaden kontaktat honom om mig, men han visste inte att jag visste om

135

det? Eller visste han det?

Jag visste i alla fall att han hade sin egen lista med svåra frågor.

Han undrade i hur hög grad han kunde lita på mig. Kunde han verkligen tro att jag inte skulle försöka fly? Trodde han att det skulle gå att misshandla mig till underkastelse?

Moody hade hotat mig och lurat mig för att jag skulle följa med till Iran. Nu visste han inte vad han skulle göra med mig.

”Jag vill att du ska skriva ett brev till Amerika”, sa han. ”Till dina föräldrar. Be dem skicka alla våra tillhörigheter hit.”

Det var ett svårt brev att skriva, i synnerhet som Moody stod bakom mig hela tiden och läste varje ord. Men jag löd hans order, för jag var säker på att mina föräldrar inte skulle följa Moodys instruktioner.

När det var klart gick Moody äntligen med på att vi skulle köpa en vinterkappa till Mahtob. Nasserine och Amir skulle följa med oss och handla.

Moody visste att Nasserine var en effektiv spion och fångvaktare, och han beslöt att stanna hemma och låta oss gå ut på egen hand. Han gick till sovrummet för att ta sin eftermiddagslur. Vi klädde på oss för att gå, men strax innan vi skulle ge oss av ringde telefonen.

Det är till dig”, sa Nasserine misstänksamt. ”Det är en kvinna som talar engelska.” Hon gav mig luren men stod och lyssnade alldeles intill medan jag talade.

”Hallå?”

”Det är Helen”, sa en röst. Jag var överraskad och chockerad över att någon från ambassaden kunde komma sig för att ringa hit, men jag ansträngde mig för att inte avslöja några sådana känslor för Nasserine.

”Jag måste få tala med er”, sa Helen.

”Ni måste ha fått fel nummer”, svarade jag.

Helen brydde sig inte om min kommentar. Hon förstod situationen. ”Jag ville inte ringa hem till er”, ursäktade hon sig, ”men en person har kontaktat oss beträffande er, och jag måste få tala med er. Ring eller kom hit så snart ni kan.”

”Jag förstår inte vad ni säger”, ljög jag. ”Ni måste ha fått fel nummer.”

I samma ögonblick jag la på luren vände Nasserine på klacken och gick in och väckte Moody. Jag blev rasande på henne, men jag hade inte tid att diskutera med henne just då, för Moody kom ut och började gräla på mig.

"Vem var det som ringde?" röt han.

"Jag vet inte", stammade jag. "Det var en kvinna. Jag vet inte vem det var."

Moody var mycket upprörd. "Du vet visst vem det var!" skrek han. "Och nu vill jag veta det."

"Jag vet *inte*", svarade jag medan jag försökte hålla mig så lugn som möjligt. Jag ställde mig mellan honom och Mahtob för att skydda henne om han skulle ta till våld igen. Nasserine, den lydiga islamiska spionen, drog med sig Amir till ena hörnet av rummet.

"Jag vill veta allt", röt Moody.

"Det var en dam som frågade om det var Betty", sa jag. Sedan frågade hon om jag och Mahtob mådde bra, och jag sa att vi gjorde det. Sedan var det slut på samtalet. Det bröts."

"Du vet vem det var", sa Moody anklagande.

"Nej, det vet jag inte."

Han var nyvaken och hade svårt att samla tankarna. Urskillningsförmåga var inte hans starka sida, men han försökte i alla fall se rationellt på problemet. Han visste att ambassaden försökte få kontakt med mig, men han visste inte att jag också visste det. Han beslöt att tro på min oskuld den här gången, men han var av allt att döma upprörd över att någon – troligast någon på ambassaden – hade lyckats spåra mig till Mammals hem.

"Se upp noga", uppmanade han Nasserine och upprepade den varningen till Mammal samma kväll. "Någon letar efter henne. De kommer att röva bort henne mitt på gatan."

Telefonsamtalet gjorde mig verkligt nyfiken under de dagar som följde. Jag undrade vad det var som var så viktigt att Helen tog risken att ringa hem till mig. Hon visste hur farligt det var med tanke på Moodys dåliga humör, men hon hade i alla fall beslutat att ta risken. Det måste betyda att det var något verkligt viktigt. Jag kunde inte stilla min nyfikenhet på en vecka, eftersom samtalet väckt Moodys misstänksamhet. Han såg till att han eller Nasserine följde med mig var gång jag gick ut för att handla. Det var plågsamt att vänta på besked.

Det kanske var så att något höll på att hända som skulle kunna föra mig närmare friheten, men jag hade ingen möjlighet att få reda på det.

Till sist, en vacker dag när Nasserine var på universitetet och inte kunde följa med beslöt Moody att det var för besvärligt att följa med Mahtob och mig till marknaden. Vi fick lov att gå ensamma.

Jag skyndade mig till Hamids butik och ringde Helen. "Var försiktig", varnade Helen mig. "Jag har haft besök av två kvinnor som letade efter er. De har talat med er familj och de vill få er ut ur landet. Men var försiktig, för de vet inte vad det innebär." Sedan tillade hon: "Försök att komma hit så snart ni kan. Det är mycket vi måste tala om."

Samtalet gjorde mig bekymrad. Jag tyckte att allt blev ännu mer förvirrat. Vilka kunde de mystiska kvinnorna vara? Hade Judy lyckats organisera något slag hemlig komplott för att få Mahtob och mig ut ur landet? Kunde jag lita på de där människorna? Hade de verkligen tillräckliga kunskaper och/eller inflytande för att kunna hjälpa mig? Helen trodde inte det, för hon hade tagit risken att utlösa Moodys vrede för att varna mig för dem. Men jag var osäker. Det tycktes vara något så otroligt. Vad skulle jag ta mig till om jag nu redan var inblandad i denna hemliga intrig?

Några dagar efter det att jag talat med Helen, en decembermorgon som kom med sträng vinterkyla, ringde det på dörren. Essey öppnade och släppte in en lång och slank kvinna som bad att få träffa dr Mahmoody. Essey skickade upp henne, och Moody och jag tog emot henne vid dörren till Mammals lägenhet. Trots hennes *chador* kunde jag se att hon inte var iranier, men jag kunde inte gissa mig till hennes nationalitet.

"Jag vill tala med doktor Mahmoody", sa hon.

Moody tvingade mig åt sidan och tillbaka in i lägenheten. Han drog med mig uppför trappan och in i hallen i vår lägenhet och låste in mig. Jag la örat mot dörren för att tjuvlyssna.

"Jag är amerikanska", sa kvinnan på perfekt engelska. "Jag mår inte bra. Jag är diabetiker. Skulle ni vilja vara snäll och ta ett blodsockerprov på mig?"

Hon förklarade att hon var gift med en iransk man från Meshed, den stad dit Ameh Bozorg nu åkt på pilgrimsfärd.

138

Hennes man hade låtit värva sig i kriget mot Irak, och hon bodde tillfälligt hos hans familj i Teheran.

"Jag mår verkligen dåligt", sa hon. "Familjen förstår inte vad diabetes är. Ni måste hjälpa mig."

"Jag kan inte ta ett blodprov på er just nu", svarade Moody. På tonen i hans röst kunde jag förstå att han befann sig i ett dilemma. Han hade ännu inte fått tillstånd att praktisera som läkare i Iran, men han hade blivit uppsökt av en sjuk människa som behövde vård. Han hade inget arbete, och till och med en enda patients betalning skulle vara välkommen. En okänd kvinna hade försökt kontakta mig veckan innan, och nu hade en främmande kvinna ringt på hans dörr. "Ni kan komma i morgon klockan nio", sa han till sist. "Ni ska inte äta innan dess."

"Jag kan inte komma då. Jag har min lektion i koranstudier då", svarade hon.

Jag tyckte att det lät egendomligt. Om hon bara uppehöll sig tillfälligt i Teheran – en månad hade hon sagt – varför hade hon då börjat en kurs i koranstudier här? Om hon verkligen led av diabetes, varför följde hon då inte bara sin läkares instruktioner?

"Ni kan väl ge mig ert telefonnummer", föreslog Moody. "Jag ringer er och så kommer vi överens om en tid."

"Jag kan inte ge er det", svarade kvinnan. "Min mans familj vet inte att jag vänt mig till en amerikansk läkare. Jag skulle råka illa ut om de visste det."

"Hur tog ni er hit?" frågade Moody en smula burdust.

"Med telefontaxi. Den väntar på mig utanför."

Jag svalde hårt. Jag ville inte att Moody skulle inse att en amerikansk kvinna kunde lära sig att hitta i Teheran.

När hon gått grubblade Moody hela eftermiddagen. Han ringde Ameh Bozorg på hennes hotell i Meshed för att fråga om hon berättat för någon att hennes bror var amerikansk läkare. Det hade hon inte gjort.

Samma kväll berättade Moody den egendomliga historien för Mammal och Nasserine. Han brydde sig inte om att jag var närvarande och lyssnade. Han berättade att han blivit misstänksam. "Jag vet att hon hade en mikrofon dold under kläderna", sa Moody. "Jag vet att hon är CIA-agent."

Var det möjligt? Kunde kvinnan ha varit CIA-agent?

Jag hade bara en sak i tankarna, och det var att föra min dotter och mig själv till friheten. Jag grubblade hela tiden och funderade i oändlighet på vad varje händelse och varje samtal innerst inne kunde betyda. Efter att ha funderat länge på saken drog jag slutsatsen att Moody hade fel. Kvinnans beteende hade verkat amatörmässigt, och vad skulle CIA ha för intresse av att föra ut Mahtob och mig från Iran? Var CIA verkligen så mäktigt och allestädes närvarande som myten hävdade? Jag kunde inte tro att amerikanska agenter kunde uträtta särskilt mycket i Iran. Ayatollahns egna spioner, soldater, polis och *pasdar* fanns överallt. I likhet med de flesta amerikaner hemma i USA hade jag överskattat mitt lands förmåga när det gällde att hävda sin vilja över en fanatisk främmande makt.

Jag ansåg det troligare att den här kvinnan blivit informerad om min belägenhet, kanske av Judy eller av butiksägaren Hamid. Jag hade ingen möjlighet att ta reda på hur det förhöll sig. Jag kunde bara vänta och se vad som skulle hända härnäst.

Ovissheten gjorde mig spänd, men det var samtidigt en positiv upphetsning. För första gången kunde jag se att min breda strategi började ge resultat. Jag skulle göra vad jag kunde, tala med dem jag kunde lita på, och då skulle jag förr eller senare hitta människor som kunde hjälpa mig. Men jag visste att jag hela tiden måste väga mina åtgärder mot Moodys övervakning och inte utmana honom för att inte förlora alla kommunikationsmöjligheter med omvärlden.

När jag var ute och handlade en dag smet jag in i Hamids affär och ringde Judys vän Rashid. Han hade lovat att kontakta den man som smugglade människor till Turkiet.

"Han kan inte åta sig att ta med barn", sa Rashid.

"Låt mig tala med honom är ni snäll!" bad jag. "Jag kan bära Mahtob. Det är inget problem."

"Nej. Han sa att han inte ens kunde ta er som ensam kvinna. Det är svårt till och med för män. Den väg han använder innebär fyra dagars marsch över bergen. Det kan ni inte klara med ett barn."

"Jag är stark", sa jag och trodde nästan på min egen lögn. "Jag är i god form. Jag kan bära henne hela vägen, det är inget problem. Låt mig i alla fall tala med den där mannen."

"Det skulle inte tjäna något till nu. Det är snö uppe i bergen. Man kan inte ta sig över och in i Turkiet på vintern."

I mitten av december sa Moody att jag inte skulle bry mig om den stundande julen. Han tänkte inte låta mig köpa några presenter till Mahtob eller fira högtiden på något annat sätt. Ingen av våra bekanta i Iran firade den kristna julhelgen.

Vinter svepte nu ner över Teheran från de kringliggande bergen. Kalla vindar blåste samman snön i drivor. Ishalkan på gatorna ökade antalet trafikolyckor som gång på gång hejdade den ständiga trafiken, men förarna vägrade att minska hastigheten.

Moody blev förkyld. När han steg upp en morgon för att ta med oss till skolan stönade han av ansträngning när han steg ur sängen.

"Du har feber", sa jag efter att ha känt honom på pannan.

"Det är den här kylan ...", muttrade han. "Vi borde ha våra vinterkläder. Dina föräldrar borde visa lite förnuft och skicka dem till oss."

Jag brydde mig inte om detta löjliga och själviska klagomål, för jag ville inte ha något gräl en morgon när jag såg en möjlighet att förbättra min situation. Medan jag borstade Mahtobs hår sa jag i så saklig ton jag förmådde: "Det gör inget. Vi kan åka till skolan själva i dag."

Moody mådde så dåligt att han inte brydde sig om att bli misstänksam, men trodde inte att jag skulle klara av det. "Du vet inte hur man skaffar en taxi", sa han.

"Jodå, det klarar jag visst. Jag har sett hur du har gjort varenda dag." Jag förklarade för honom att jag skulle gå ut på Shariatigatan och ropa *seda Zafar*, vilket betydde att vi ville ha en taxi som gick i riktning mor Zafargatan.

"Du måste vara påstridig", sa Moody.

"Jag kan vara påstridig."

"Då gör vi så", sa Moody och la sig tillrätta för att somna om.

Morgonluften var iskall, men det bekom mig inte. Det dröjde en bra stund innan jag fick en taxi att stanna och ta upp oss. Jag måste till sist riskera livet genom att stiga rakt ut framför en bil, men jag kände mig nöjd och tyckte att jag åstadkommit

141

något väsentligt. Ja, jag kunde hitta och klara mig i Teheran. Det var ett steg närmare mitt mål att ta mig ut ur staden och ur landet.

Taxin, som var full av iranier, slingrade fram genom trafiken genom att föraren omväxlande tryckte gasen i botten och bromsade så att hjulen skrek mot asfalten medan han oupphörligt signalerade och kallade sina islamiska bröder för "saag", ett mycket grovt skällsord som ordagrant betyder "hund".

Vi kom till skolan i tid och utan att råka ut för något missöde. Men fyra timmar senare, när vi gav oss av hem och jag stod utanför skolan för att hejda en orange taxi kom en vit Pakon (en vanlig iransktillverkad bil) långsamt körande och stannade bakom mig i högerfilen. Till min förvåning rullade kvinnan i den främre passagerarsätet ner rutan och började skrika till mig på farsi.

Jag undrade om hon frågade efter någon adress.

Bilen körde in till trottoaren strax framför mig. De fyra kvinnorna som satt i den steg ut och sprang fram till oss. De höll sin *chador* tryckt mot hakan medan de skrek åt mig i kör.

Jag kunde inte förstå vad jag kunde ha gjort som upprört de här kvinnorna så, i alla fall inte förrän Mahtob gav mig svaret.

"Se till att din *roosarie* sitter ordentligt", sa hon.

Jag förde handen till scarfen och kände att några förbjudna hårtestar stack fram, så jag drog ner plagget i pannan.

Lika plötsligt som de kommit hoppade nu de fyra kvinnorna upp i sin Pakon och gav sig av. Jag hejdade en orange taxi och Mahtob och jag åkte hem. Moody var stolt över mig för att jag klarat uppgiften, men vi frågade oss båda vad de fyra kvinnorna i Pakonbilen var för några.

Fru Azahr löste gåtan nästa dag. "Jag såg att du råkade illa ut i går", sa hon. "Jag fick syn på de fyra kvinnorna som kom efter dig när du försökte få en taxi. Jag tänkte komma och hjälpa dig, men de gav sig av innan jag hann ut."

"Vad var det för människor?" frågade jag.

"*Pasdar*. De var kvinnliga *pasdar*."

Här fanns det i alla fall jämlikhet inom ett område. Den kvinnliga polisen hade lika stor auktoritet som den manliga, i alla fall när det gällde att se till att kvinnorna följde bestäm-

142

melserna i fråga om klädedräkt.

Den 25 december 1984 var den svåraste dagen i mitt liv. Det inträffade inget särskilt, men det var just det som var orsaken till att jag led. Jag kunde inte ge Mahtob någon julglädje, och under de omständigheter som rådde ville jag heller inte göra något försök. Det skulle bara göra hennes hemlängtan värre. Jag tänkte hela dagen på mina söner och föräldrar hemma i Michigan. Moody tillät mig inte att ringa dem och önska god jul. Det hade gått flera veckor utan att jag kunnat tala med Helen på ambassaden. Jag hade inte kunnat kontakta henne sedan hon varnade mig för de mystiska kvinnorna som letade efter mig. Jag visste inte hur det stod till med pappa och jag visste inget om mina söner.

Teheran brydde sig inte om att det var kristen jul, och det betydde att det var en vanlig skoldag för Mahtob. Moody var fortfarande förkyld, och han sa att jag var en dålig hustru som stannade med Mahtob i skolan. "Du borde vara hemma hos mig och laga hönsbuljong åt mig", sa han.

"Hon stannar inte i skolan om inte jag är där", svarade jag. "Det vet du. Nasserine kan laga buljong åt dig."

Moody gjorde en ful grimas. Vi visste båda att Nasserine var en usel matlagerska.

Jag hoppas att henne hönsbuljong tar död på honom, tänkte jag. Eller att febern gör det. Jag bad till och med Gud att det skulle hända honom något. Jag ville att han skulle slitas sönder av en bomb eller få en hjärtattack. Jag visste att det var hemskt och syndigt att tänka så. men jag gjorde det i alla fall.

I skolan försökte lärarna och de kontorsanställda liva upp mig. "God jul", sa fru Azahr och gav mig ett litet paket. Jag öppnade det och fann ett vackert illustrerat exemplar av en numrerad upplaga av *Rubaiat* av Omar Khayyam. Texten var tryckt på engelska, franska och farsi.

Khanum Shaheen var en så hängiven muslim att hon inte ansåg att julen var något att bry sig om. Men hon gav mig i alla fall en uppsättning instruktionsböcker om islam som beskrev alla regler och förordningar som gällde helgdagar, böner och andra ritualer. Den bok som intresserade mig mest var en översättning till engelska av den iranska författningen. Jag läste den

143

noga redan samma förmiddag och i flera dagar efteråt, och letade speciellt efter avsnitt som behandlade kvinnors rättigheter.

I ett avsnitt tog man upp problem i äktenskapet. Det tycks vara så att en iransk kvinna som är i konflikt med sin make kan lägga fram sitt fall och framföra sina klagomål i en viss avdelning inom ett visst departement. Man utreder då förhållandena i hemmet och frågar ut både man och hustru. Båda parter måste rätta sig efter förlikningsmannens beslut. Han är givetvis en iransk man. Jag förkastade den möjligheten.

I avsnittet som gällde pengar och egendom var texten klar och enkel. Mannen äger allt och hustrun inget. Och till egendomen räknas dessutom barnen. Om makarna skils får fadern vårdnaden om barnen och de bor hos honom.

Författningen försöker ställa upp regler för alla kritiska situationer i en individs liv och går också in på de mest intima förhållanden i en kvinnas liv. Det är exempelvis ett brott om en kvinna, utan sin mans vetskap och tillåtelse, vidtar några åtgärder för att förhindra befruktning. Jag kände redan till den bestämmelsen. Moody hade sagt att det var ett brott som kunde leda till dödsstraff. När jag läste om det här blev jag orolig. Jag visste att jag antagligen redan brutit mot många iranska lagar och att jag säkert skulle fortsätta att göra det. Men det var oroväckande att veta att jag utan Moodys vetskap gick och bar på en spiral som skulle kunna kosta mig livet. Skulle de verkligen avrätta en kvinna för att hon bedrivit födelsekontroll? Jag visste svaret på den frågan. I det här landet kunde männen göra vad de ville med kvinnorna, och de gjorde det också.

Ett annat avsnitt i författningen skrämde mig ännu mer. Där förklarades det att när en man dör är det inte hans efterlevande hustru som bestämmer över barnen, utan i stället mannens familj. Om Moody dog skulle Mahtob inte tillhöra mig. Den som skulle få vårdnaden om henne var den närmaste släkting på faderns sida som var i livet. Ameh Bozorg! Jag bad aldrig mer att Moody skulle dö.

Inte på något ställe i den iranska konstitutionen fanns det den minsta antydan i någon lag, någon plan eller något program som gav mig det minsta hopp. Boken bekräftade bara det jag redan visste och intuitivt anade. Utan Moodys tillstånd fanns det inget lagligt sätt för Mahtob och mig att lämna landet tillsammans. Det fanns vissa saker, exempelvis om jag skilde mig från Moody eller om han dog, som skulle kunna leda till att jag utvisades ur landet, men då skulle Mahtob vara förlorad för mig för all framtid.

Jag ville hellre dö än uppleva något sådant. Jag hade kommit till Iran för att undvika just den skrämmande möjligheten. Tyst för mig själv upprepade jag min föresats. Jag skulle få oss ut ur landet. Båda två. På något sätt. Någon gång.

Jag kände mig en smula lättare om hjärtat när det nya året började. Nu var jag inte fast i Mammals lägenhet hela dagen. Jag hade fått vänner på skolan. De var tacksamma för att jag lärde dem engelska och de var läraktiga och villiga. Jag insåg att varje ord farsi jag lärde mig skulle kunna hjälpa mig att klara mig i – och ut ur – Iran. Jag fick en föraning om att 1985 skulle bli det år då Mahtob och jag återvände hem. Jag kunde heller inte föreställa mig ännu ett årsskifte i Iran.

Moody var lika lynnig och oförutsägbar som alltid. Ibland var han varm och tillgiven men lika ofta otrevlig och hotfull. Men han var på det hela taget nöjd med de praktiska aspekterna av vår tillvaro och talade inte längre om att flytta tillbaka till Ameh Bozorg. Som jag hoppats blev han allt latare. Det dröjde inte länge förrän han regelbundet lät oss gå till skolan på egen hand, och så småningom brydde han sig inte ens om att komma och hämta oss klockan tolv. Så länge vi kom i tid var han nöjd. Jag tyckte att min ökade rörelsefrihet var en källa till nytt hopp.

Khanum Shaheen la också märke till förändringarna. Hon såg att Moody inte längre kom till skolan och hämtade oss. En dag inledde hon ett diskret samtal med mig via fru Azahr som tolk.

"Vi lovade din man att vi inte skulle låta dig använda telefonen och inte låta dig lämna byggnaden", sa hon. "Och de löftena måste vi hålla."

"Men", fortsatte hon. "Vi lovade inte att tala om för honom om du skulle råka komma för sent någon dag. Vi tänker inte tala om det för honom om det skulle hända. Men säg inte till

145

oss vart du tar vägen, för om han frågar måste vi berätta det för honom. Men om vi inte vet det behöver vi inte säga något."

9

Moody, som fortfarande var förkyld, blev latare för var dag, och han var inte längre lika mycket på sin vakt. Han var av allt att döma så övertygad om att de iranska lärarna skulle vaka över mig enligt hans önskan att han inte misstänkte något.

En dag kom jag några minuter för sent till skolan. Jag valde att bara komma några minuter efter rätt klockslag för att se hur de reagerade. Ingenting hände. *Khanum* Shaheen höll sitt ord. Jag använde den tid jag vann till att ringa Helen på ambassaden. Hon varnade mig än en gång för de två mystiska kvinnorna som tycktes ha beslutat sig för att hjälpa mig. Hon sa att hon måste träffa mig personligen, men jag tvekade inför den långa och riskabla resan. Om jag hamnade i en trafikstockning skulle det kunna bli en ödesdiger försening.

Men det var tydligt att jag snart måste gå till handling. En sak som störde mig var Mahtobs lek med Maryam. De båda små flickorna tyckte om att leka mamma och barn med sina dockor och deras köksutrustning. De hade roligt tillsammans och imiterade de hushållssysslor de sett sina mödrar utföra. Men så kunde Maryam plötsliga säga på farsi: "Det kommer en man!" Då skyndade sig båda flickorna att dölja sig under varsin *chador*.

En morgon tog jag steget. Mahtob och jag gick den vanliga skolvägen, mot Shariatigatan, där vi brukade hejda en orange-färgad taxi. Jag såg mig om flera gånger för att kontrollera att varken Moody eller någon annan följde efter mig.

"Mahtob", sa jag, "vi ska åka till ambassaden i dag. Det får du inte tala om för pappa."

"*Chash*", svarade Mahtob, och använde utan att tänka närmare på det ett ord på farsi för ja, som dessutom underströk behovet av handling. Mahtob var lika ivrig nu som tidigare att vi skulle lämna landet, men hon tog för var dag till sig mer av den iranska kulturen och talade allt bättre farsi.

Jag visste att Mahtob skulle anpassa sig med tiden, antingen hon ville det eller inte.

Vi hittade ett kontor där man kunde beställa en telefontaxi, och jag gav chauffören adressen till den schweiziska ambassaden. Mahtob hjälpte mig att översätta. Efter en plågsamt lång färd tvärs genom staden och den långa identifieringsprocessen kom vi till sist in på Helens kontor.

Jag slukade snabbt brev från Joe och John och från mamma och pappa. Johns brev var speciellt rörande. "Ta hand om Mahtob och ha henne vid din sida hela tiden", skrev han.

"Det händer ett och annat", sa Helen. "Utrikesdepartementet vet att ni är här och de gör vad de kan."

Vilket inte är särskilt mycket, tänkte jag

"En amerikansk kvinna har också kontaktat den amerikanska ambassaden i Frankfurt beträffande er", fortsatte Helen.

Judy!

"De gör vad de kan."

Varför är Mahtob och jag fortfarande här? hade jag lust att skrika.

"En sak vi kan göra är att skaffa er nya amerikanska pass", sa Helen. "De kommer att ställas ut av den amerikanska ambassaden i Schweiz. De kommer givetvis inte att ha de rätta viseringarna, men de kanske ändå kan bli till nytta. Vi kommer att förvara dem här åt er."

Vi ägnade en halvtimme åt att fylla i de nödvändiga blanketterna för de nya passen.

"Nu måste jag tala med er om de två kvinnorna som kom hit och frågade efter er", sa Helen. "De har talat med er familj i Amerika. Men ni måste vara försiktig. De vet inte vad de talar om. Gör inte vad de vill att ni ska göra, för det kan leda till att ni råkar i stora svårigheter." De båda kvinnorna var amerikanskor som var gifta med iranier. En av dem hette Trish och var gift med en flygplanspilot. Den andra, Suzanne, var gift med en högt uppsatt regeringstjänsteman. Båda kunde röra sig fritt i landet och de kunde lämna Iran när de så önskade, men de hade gripits av medkänsla när de fick höra om min situation och ville hjälpa mig.

"Hur kan jag komma i kontakt med dèm?" frågade jag.

Helen rynkade pannan. Hon var inte glad över att jag ville pröva den möjligheten, men jag höll på att bli mer och mer frustrerad av att inte se några resultat av de officiella åtgärderna, och hon kunde se att jag var orolig och nästan desperat.

"Var snäll och kom med mig", sa hon.

Hon visade in Mahtob och mig till sin chefs kontor. Där satt ambassadens vicekonsul, mr Vincop.

"Jag råder er att undvika att ha något med de här kvinnorna att göra", sa han. "De är tokiga. De vet inte vad de håller på med. De berättade att en av deras planer är att kidnappa er på gatan och föra er ut ur landet, men de vet inte hur de ska bära sig åt rent praktiskt. De får det att låta som intrigen i en äventyrsfilm. Men det går inte att göra på det viset."

Jag upplevde mitt liv som mycket mer komplicerat än handlingen i någon äventyrsfilm. Vad som helst skulle kunna hända. Varför skulle jag inte i alla fall prata med de här kvinnorna? Jag funderade en kort stund och frågade sedan: "Går det inte att ta sig över till Turkiet?" Jag kom att tänka på Rashids vän som smugglade människor över bergen.

"Nej!" svarade mr Vincop med skärpa i rösten. "Det är mycket farligt. Det finns personer som säger att de kan smuggla er över gränsen. De tar era pengar, för er till gränsen, våldtar er och mördar er eller överlämnar er till myndigheterna. Ni kan inte välja den möjligheten. Det skulle vara att riskera er dotters liv. Det är alldeles för farligt."

Mahtobs ögon vidgades av skräck och jag kände att mitt eget hjärta bultade hårt i bröstet. Hittills hade Mahtob inte insett att det skulle kunna innebära fysisk fara att ta sig tillbaka till Amerika. Hon tryckte sig tätare intill mig där hon satt i mitt knä.

Helen kompletterade med en berättelse. För ganska kort tid sedan hade en iransk kvinna försökt sig på den flyktvägen tillsammans med sin dotter. Hon hade betalat för att smugglare skulle föra dem över gränsen. De fördes nästan ända fram

149

till den turkiska gränsen av smugglarna, men där blev de sedan övergivna uppe i bergen. Dottern dog av svält och umbäranden. Kvinnan lyckades till sist hitta en by. Hon hade helt och hållet förlorat orienteringen och var så utmattad att hon var nära döden. Alla hennes tänder saknades.

"Av alla vägar ut ur landet", sa Helen, "är den genom Turkiet den farligaste." Hon vände sig mot mig och förklarade en annan idé: "Ni kan få skilsmässa. Jag kan ta er till FN, och där kan ni beviljas skilsmässa och få tillstånd att lämna landet av humanitära skäl. Sedan kan ni återvända till Amerika."

"Inte utan min dotter!" sa jag med skärpa i rösten.

"Ni är galen", sa Helen. Sedan tillade hon, trots att Mahtob satt och hörde varje ord: "Varför ger ni er inte av och lämnar henne här? Ta er ut ur landet och tänk bara inte mer på henne."

Jag kunde inte förstå hur Helen kunde vara så grym att hon sa det rakt ut medan Mahtob hörde på. Hon förstod av allt att döma inte hur starka banden mellan en mor och en dotter är.

"Mamma, du kan inte åka till Amerika utan mig!" grät Mahtob.

Jag kramade henne och försäkrade att jag aldrig, aldrig skulle lämna henne kvar. Det ögonblicket stärkte min föresats att gå till handling – genast!

"Jag vill komma i kontakt med de där kvinnorna", sa jag bestämt.

Helen gjorde en grimas och mr Vincop hostade nervöst. Jag kunde knappt tro mina egna ord eller tro att jag verkligen var inblandad i en sådan intrig.

Det blev helt tyst en stund. När mr Vincop märkte att jag verkligen menade allvar och inte ville ge efter sa han med en suck: "Det är vår plikt att ge er den informationen, men jag råder er på det bestämdaste att inte kontakta dem."

"Jag tänker ta varje chans jag får", sa jag. "Jag kan inte lämna någon möjlighet oprövad."

Han gav mig telefonnumret till Trish och jag ringde henne direkt från ambassaden.

"Jag ringer från vicekonsuls kontor på ambassaden", sa jag.

Trish blev utom sig av glädje över att höra från mig. "Jag

talade med din mor i går kväll!" sa hon. "Vi har talat med henne var dag. Hon gråter hela tiden och är mycket upprörd. Hon vill att vi ska göra något, och vi har sagt till henne att vi gör allt vi kan. Vi har väntat på att få höra av er och försökt kontakta er. Hur kan vi träffas?"

Vi kom överens om en plan. Följande dag skulle jag säga till Moody att jag måste handla på vägen hem från skolan och att jag därför skulle komma lite senare än vanligt. Om han inte blev misstänksam skulle jag ringa Trish och bekräfta att vi kunde träffas som överenskommet. Mahtob och jag skulle då bege oss till den bakre entrén till Karoschparken och vara där kvart över tolv. Trish och Suzanne skulle komma körande i en vit Pakon.

"Bra!" sa Trish. "Vi ses alltså där."

Jag var upprymd men på samma gång en smula på min vakt. Hon verkade så oerhört angelägen. Vad hade hon själv att vinna på det här? Ville hon ha pengar eller tyckte hon bara att det var spännande? Men samtidigt uppskattade jag hennes optimism, och just nu behövde jag träffa någon som var optimist. Jag gladde mig åt att få träffa henne och undrade vad det skulle leda till.

När jag la på luren såg jag att Helen satt och vred sina händer.

"Vad skulle ni tycka om att få pizza i morgon?" frågade jag.

"Underbart!" sa Moody, Mammal och Nasserine med en mun. Ingen av dem misstänkte att jag just med största omsorg gillrat en fälla.

Jag sov dåligt på natten. Frågorna ekade i mitt huvud och jag fick ingen vila. Handlade jag verkligen förnuftigt? Borde jag inte i stället lyssna på ambassadtjänstemännens råd? Eller var det rätt att ta första bästa tillfälle att bli fri? Skulle det innebära att jag satte Mahtob i fara? Hade jag rätt att göra det? Vad skulle hända om vi blev fast? Skulle de skicka mig tillbaka till Moody eller – vilket vore ännu värre – deportera mig och ge Mahtob till den de ansåg vara hennes rättmätige ägare, hennes far? Det var den värsta mardrömmen av alla. Jag ville på inga villkor återvända till Amerika ensam.

Jag fann att det var nästan omöjligt att väga riskerna mot

151

chansen bara genom att tänka på de olika möjligheterna. **Strax**
före gryningen, när Moody steg upp för att förrätta sin andakt,
låg jag fortfarande vaken och kunde inte bestämma mig. När
han kom tillbaka kröp han tätt intill mig för att bli varm efter
att ha varit uppe i vinterkylan. Jag låtsades somna och fattade
snabbt ett beslut. Jag måste till varje pris komma bort från
denne avskyvärde man!

Två timmar senare steg Mahtob och jag upp för att åka till
skolan, medan Moody låg kvar i sängen. ”Jag kanske kommer
lite senare i dag”, sa jag som i förbigående. ”Jag måste gå till
Pol Pizza och köpa ost.”

”Mmmm”, mumlade Moody. Jag tolkade det som ett god-
kännande.

När förskoleklasserna slutade klockan tolv var Mahtob re-
do. Hon var lika spänd som jag, men hon dolde det bättre. Vi
tog en taxi till Karoschparken. Där sökte vi rätt på en telefon-
automat och ringde.

”Vi är här nu”, sa jag till Trish.

”Vi är på plats om fem minuter.”

Den vita Pakonbilen kom lika snabbt som Trish lovat. I bilen
fanns två kvinnor och flera barn som tjöt och skrek. En kvinna
hoppade ur bilen. Hon sprang fram till mig och drog mig med
mot bilen. ”Skynda dig”, sa hon, ”nu ska du komma med oss.”

Jag drog armen ur hennes grepp. ”Vi måste prata”, sa jag.
”Vad är det egentligen ni tänker göra?”

”Vi har letat efter dig i veckor”, sa kvinnan. ”Och nu tänker
vi ta dig med oss.” Hon tog tag i min arm på nytt medan hon
sträckte den andra handen efter Mahtob.

Mahtob hoppade undan och skrek till.

”Ni måste komma med nu genast!” sa kvinnan. ”Vi tänker
inte ge er något val. Antingen kommer ni med nu eller också
hjälper vi er inte.”

”Vänta lite nu”, sa jag. ”Jag känner er inte ens. Tala om
vilka ni är och hur ni fick reda på vem jag är. Vad har ni för
planer?”

Kvinnan pratade snabbt och försökte lugna Mahtob, som
blivit rädd. Hon såg sig nervöst om hela tiden och hoppades att
ingen patrull från polisen eller *pasdar* skulle dyka upp. ”Jag är
Trish. Det var Judy som berättade om er. Vi talar med henne

152

var dag. Vi talar också med dina föräldrar. Och vi vet hur vi ska få er båda ut ur landet."

"Hur?" frågade jag.

"Vi ska ta er till en lägenhet. Där kanske ni måste gömma er en månad eller kanske bara några dagar. Vi vet inte själva hur länge. Men sedan kommer vi att se till att ni kommer ut ur landet."

Kvinnan som körde bilen steg nu ut för att ta reda på orsaken till dröjsmålet. Jag kände igen henne som den "diabetiker" som hade besökt Moody. Trish presenterade henne och sa att det var hon som var Suzanne.

"Berätta nu om er plan", sa jag. "Jag vill gärna genomföra den."

"Vi har alltsammans planerat i detalj", försäkrade Trish, "men vi vill inte avslöja planen för dig."

Många frågor avlöste varandra i mitt huvud. Jag beslöt att inte gå in i de här kvinnornas bil innan jag fått svar på de viktigaste. "Åk hem och arbeta på er plan", sa jag. "Jag vill träffa er på nytt när den är klar och kan sättas i verket. Då är jag redo att ställa upp."

"Vi har inte gjort något annat än åkt runt på gatorna och letat efter er dag och natt, och vi har arbetat för att ni ska kunna bli fria. Nu har ni chansen. Hoppa in i bilen nu eller strunta i alltsammans."

"Men snälla ni, ge mig i alla fall tjugofyra timmars varsel. Arbeta vidare på er plan under tiden."

"Nej. Det är nu eller aldrig det ska ske."

Vi stod kvar och diskuterade en stund på gatan, men jag kunde inte förmå mig att bara hoppa in i bilen och följa dem. Hur skulle det gå om Mahtob och jag blev undangömda i en lägenhet och de båda kvinnorna inte kunde komma på något sätt att få mig ut ur landet? Hur länge skulle en amerikansk kvinna och hennes dotter kunna undgå att bli upptäckta i ett land där man hatade amerikaner?

Till sist sa jag: "Nej, det går inte. Adjö och tack för besväret."

Trish vände sig om och öppnade bildörren. Hon var rasande. "Du vill inte lämna honom", sa hon. "Du kommer aldrig att lämna honom. Det är bara något du säger för att få folk att

153

tro att du vill ge dig av. Vi tror dig inte. Egentligen vill du stanna här."

Bilen försvann ut i Teherans trafikvimmel.

Mahtob och jag var ensamma på nytt, motsägelsefullt isolerade mitt bland hundratals iranska fotgängare. De ord Trish yttrat ringde i mina öron. Varför hade jag inte tagit chansen att bli fri? Kunde det vara så att det fanns en smula sanning i hennes anklagelser? Höll jag på att bedra mig själv? Höll jag på att lura mig själv att tro att jag aldrig skulle kunna fly med Mahtob?

Det var svåra och skrämmande frågor. Mahtob och jag kunde ha varit på väg längs Teherans gator i en vit Pakon till en okänd destination nu, för att senare fortsätta mot en osäker och kanske farofylld framtid. Nu skyndade vi oss i stället till Pol Pizza Shop så att vi skulle kunna köpa ost och laga en av min mans favoriträtter.

10

V i började umgås mer regelbundet med *Aga* och *Khanum*
Hakim. Jag tyckte om den här turbanmannen eftersom
han hade perspektiv på sin religion. Moody tyckte också om
honom. *Aga* Hakim försökte via sitt kontaktnät hjälpa Moody
att få en anställning där han kunde praktisera som läkare eller i
alla fall undervisa. Han uppmuntrade också Moody att arbeta
hemma med att översätta deras farfars arbeten till engelska
efter den förlaga som han själv översatt från arabiskan.

Moody köpte en skrivmaskin och meddelade mig att jag
skulle vara hans sekreterare. Sedan började han arbetet med att
översätta *Fadern och barnet*, som framlägger Tagatie Hakims
synpunkter i det ämnet.

Det dröjde inte länge förrän Mammals och Nasserines sällan
använda matsalsbord var täckt av högar med manuskriptblad.
Moody satt vid ena änden av bordet och skrev ner sin översätt-
ning för hand. Jag renskrev sedan texten på maskin.

Under arbetets gång fick jag en bättre insikt i Moodys in-
ställning i många frågor. I Tagatie Hakims ögon hade fadern
det totala ansvaret för att fostra barnet så att det uppträdde
respektfullt, tänkte på "rätt" sätt och levde i enlighet med
islams bud. Modern spelade ingen som helst roll i den process-
en.

Vi höll på i flera veckor med det omfattande arbetet.
Moodys farfar skrev en utbroderad och ålderdomlig prosa av
det slag man ofta finner i äldre uppbyggliga skrifter. Varje
eftermiddag när jag kom tillbaka från skolan med Mahtob låg
det en ny hög med manusblad och väntade på mig. Moody

väntade sig att jag skulle sätta i gång omedelbart, eftersom han ansåg att projektet var av yttersta vikt.

Vid ett tillfälle gick mig Tagatie Hakims ord djupt till hjärtat. När han förklarade vad ett barns plikt mot fadern innebar berättade han om en döende far som längtade efter att få se sin son en sista gång. Tårarna rullade utför mina kinder när jag skrev rent den texten och bokstäverna flöt samman till en dimma. Min egen far var döende och jag borde vara vid hans sida.

Moody såg att jag grät. "Hur är det fatt?" frågade han.

"Det är den här berättelsen om den döende fadern..." snyftade jag. "Hur kan du hålla mig borta från min far när han ska dö? Du lever inte efter din egen farfars bud.

"Är din far muslim?" frågade han sarkastiskt.

"Nej, givetvis inte."

"Då spelar det ingen roll", sa Moody. "Han räknas inte."

Jag sprang till sovrummet för att få gråta i fred. Ensamhetskänslan la sig så tung över mig att jag knappt förmådde dra andan. Jag såg pappas ansikte framför mig bakom mina slutna ögonlock, och jag hörde honom än en gång säga: "Om bara viljan finns hittar man alltid ett sätt."

Det måste finnas ett sätt, sa jag för mig själv. Det *måste* helt enkelt finnas ett sätt.

Under ett av sina besök föreslog *Aga* och *Khanum* Hakim att Mahtob och jag skulle gå en korankurs som hölls för engelsktalande kvinnor varje torsdageftermiddag i Hossaini Ershadmoskén. Han väckte förslaget av omtanke om mig. Visst var det sant att de ville omvända mig, men den viljan var grundad på ett intresse för min lycka och mitt välbefinnande. Enligt deras tro kunde man bara finna dem genom islam. I det förslaget fanns också en vink till Moody att han måste tillåta mig att träffa andra som talade samma språk som jag. Hakims skulle bli glada om jag blev en plikttrogen islamisk hustru, men de ville att det i så fall skulle vara ett resultat av min egen fria vilja.

Jag blev glad över förslaget. Jag hade ingen längtan efter att fördjupa mig närmare i Koranen, men möjligheten att regelbundet få träffa en grupp engelsktalande kvinnor var en ljuspunkt.

Moody var tveksam. Han såg det som en möjlighet för mig att undvika hans ständiga kontroll. Men jag visste att han måste ge med sig och låta mig gå. Varje "förslag" från *Aga* Hakim till Moody hade samma tyngd som en direkt order.

När vi kommit hem från skolan följande torsdag tog han oss motvilligt med till moskén i en taxi. Han försökte hävda sin dominans genom att vilja gå in i klassrummet och inspektera det innan han släppte in oss, men en bestämd engelsk dam hindrade honom.

"Jag vill bara gå in och se vad det är ni håller på med här", sa han till henne. "Jag vill se vad det egentligen rör sig om."

"Nej", svarade hon. "Det här är bara för kvinnor. Vi tillåter inga män här inne."

Jag var rädd för att Moody skulle bli rasande och för en gångs skulle trotsa *Aga* Hakims vilja. Hans ögon smalnade när han skärskådade de kvinnor som kom för att delta i kursen. Alla var klädda enligt reglerna och de flesta bar *chador*. De såg ut som väluppfostrade muslimska kvinnor, och det enda som skilde dem från deras medsystrar var att de talade engelska. Ingen av dem såg ut som en CIA-agent.

Efter några ögonblicks tvekan måste Moody ha insett att *Aga* Hakim hade rätt och att kursen skulle hjälpa mig att acklimatisera mig i Teheran. Med en lätt axelryckning vände han på klacken och gick. Nu var det den engelska kvinnan som hade ansvaret för mig.

Hon underströk vilka regler som gällde: "Det får inte förekomma något skvaller. Vi är här för att studera Koranen och inget annat."

Och vi studerade verkligen. Vi läste högt ur Koranen i kör och deltog sedan i en frågestund där islam prisades och kristendomen svärtades ner. Sedan mässade vi kvällsbönerna tillsammans. Det var inte någon direkt nöjsam sammankomst i sig, men jag studerade nyfiket de andra kvinnornas ansikten. Jag ville veta mer om dem. Varför befann de sig här? Levde de alla här av egen fri vilja? Eller var några av dem slavar på samma sätt som jag?

Jag hade väntat mig att Moody skulle stå och vänta utanför moskén när kursen var slut, men jag kunde inte se hans ansikte bland alla de iranier som skyndade fram längs trottoaren utan-

157

för. Jag vågade inte väcka hans misstankar den första kursdagen, och jag stoppade därför en orange taxi och åkte direkt hem med Mahtob. Moody kastade en blick på sin klocka när vi steg in genom dörren och var nöjd med att vi inte missbrukat privilegiet.

"Kursen gjorde verkligen djupt intryck på mig", sa jag till honom. "Man måste verkligen studera för att kunna följa med i den. Man får inte gå på kursen om man inte studerar. Jag tror att jag kommer att lära mig mycket där."

"Bra", sa Moody. Han var på sin vakt, men i alla fall nöjd med att hans hustru tagit ett första steg på vägen mot att anta sin rätta roll i den islamiska republiken Iran.

Jag var också nöjd, men av ett helt annat skäl. Jag hade just tagit ännu ett litet steg mot mitt mål, som var att fly ut ur den islamiska republiken Iran. Koranlektionerna började strax efter det att skolan slutat. Även om Moody ansåg det nödvändigt att följa oss till moskén de första gångerna visste jag att det inte skulle dröja förrän han skulle låta oss gå ensamma, och det skulle ge oss nästan hela torsdagen fri.

Trots reglerna mot skvaller förekom det givetvis en del småprat före och efter lektionerna. Efter den andra lektionen frågade en av kvinnorna varifrån jag kom. När jag svarade "Michigan" sa hon: "Åh, då måste du träffa Ellen. Hon är också från Michigan."

Vi blev presenterade. Ellen Rafaie var en lång och kraftigt byggd kvinna. Hon var bara omkring de trettio, men hennes hy var redan åldrad och torr. Hon hade svept sin *roosarie* så tätt kring ansiktet att jag inte kunde se färgen på hennes hår.

"Var i Michigan bodde du?" frågade jag.

"Ett stycke utanför Lansing."

"Var då?"

"Det är ett litet ställe som ingen hört talas om", svarade Ellen.

"Det har nog jag, för jag bodde i närheten av Lansing."

"Owosso."

"Det menar du inte!" sa jag. "Mina föräldrar bor i Owosso!"

Vi blev upphetsade som skolflickor av denna otroliga slump, och vi visste att vi hade mycket att tala om.

158

"Ta med dig familjen och kom hem och hälsa på oss på fredag eftermiddag" bad Ellen.

"Jag skulle gärna vilja göra det, men jag vet inte om det går. Min man låter mig inte tala med folk eller gå och hälsa på andra. Jag tror inte han säger ja, men jag ska i alla fall fråga."

Den här gången fanns Moody på plats utanför moskén för att hämta Mahtob och mig efter kursen. Jag överraskade honom med ett äkta och hjärtligt leende. "Kan du tänka dig?" sa jag. "Jag har träffat en kvinna från Owosso!"

Moody var glad för min skull. Det var första gången han sett mig le på flera månader. Jag presenterade honom för Ellen och lät dem sedan bekanta sig med varandra några minuter innan jag sa: "Ellen har bjudit hem oss på fredag eftermiddag." Jag var säker på att Moody skulle tacka nej.

Men han sa: "Så trevligt. Vi kommer gärna."

Ellen lämnade skolan under sitt sista läsår för att gifta sig med Hormuz Rafaie, och i och med det blev hon hemmafru och beroende av sin man. Hormuz var elingenjör och utbildad i USA. Det gav honom högre status än Ellen, och det var naturligt att han antog – och njöt av rollen som familjeförsörjare. På samma sätt som Moody hade Hormuz en gång varit amerikaniserad. I Iran hade han hamnat på listan över personer som var shahregimens fiender. Om han återvänt till sitt fosterland under de åren skulle han ha blivit fängslad och antagligen torterad av den hemliga polisen – *savak*. Men i likhet med Moody fann Hormuz att politiska händelser som utspelades halvvägs runt jorden kunde få en anmärkningsvärt djupgående effekt för hans eget privatliv.

Hormuz tog anställning i Minnesota, och han och Ellen bodde där som en mer eller mindre typisk amerikansk familj. De fick en dotter som de döpte till Jessica. När Ellen skulle föda sitt andra barn reste hon tillbaka till Owosso. Den 28 februari 1979 födde Ellen en son. Senare samma dag ringde hon Hormuz för att tala om den glada nyheten för honom. "Jag hinner inte prata med dig nu", sa Hormuz. "Jag hör på nyheterna."

Det var den dagen shahen lämnade Iran.

Hur många fler män fanns det som var som Hormuz och Moody? undrade jag. Hur många var det som upplevde störtandet av shahen som en kallelse att återvända till hemlandet?

När Hormuz fick tid att tänka på sin nyfödde son gav han honom ett iranskt namn. Han fick heta Ali. Hela familjens liv förändrades i ett slag de dagarna.

Moody hade stått emot i fem år, men Hormuz beslöt nästan omedelbart att återvända för att leva under ayatollah Khomeinis styre.

Ellen var en lojal amerikansk medborgare och tyckte inte om idén. Men hon var också hustru och mor. Hormuz hade förklarat att han tänkte återvända till Iran, med eller utan sin familj. Det satte sådan press på Ellen att hon gick med på att flytta till Iran under förutsättning att det var ett temporärt arrangemang. Hon och barnen skulle kunna återvända till Amerika när de så önskade.

Men när hon väl kommit till Teheran fann Ellen att hon blev fånge på samma sätt som jag. Hormuz förklarade att de aldrig skulle återvända till Amerika. Hon var iransk medborgare och måste lyda landets lagar och därmed sin makes vilja. Han stängde in henne i början och slog henne.

Det var verkligen egendomligt för mig att lyssna till hennes berättelse. Hormuz och Ellen berättade den tillsammans medan vi satt i hallen i deras inte alltför välstädade lägenhet på fredagseftermiddagen. Till en början undrade jag om Moody blev illa till mods när han hörde vad de berättade, men jag insåg senare att han snarare blev belåten. Han visste hur historien slutade, för nu, sex år senare, var Ellen kvar i Teheran och av allt att döma helt anpassad till ett liv i sin makes hemland. Det var just vad Moody ville att jag skulle höra!

"Det första året var hemskt", berättade Hormuz. "Men det blev bättre så småningom."

Ett år efter det att Ellen kommit till Iran sa Hormuz till henne att hon kunde åka hem: "Jag ville att du skulle stanna här i ett år för att se om du skulle besluta dig för att bo och leva här. Nu kan du resa hem."

Det var just vad jag ville att Moody skulle få höra! Jag bad innerligt till Gud att han skulle lyssna noga och att han skulle inse hur klokt det vore att ge mig samma val!

Men när berättelsen fortsatte blev jag allt oroligare. Ellen återvände till Amerika med Jessica och Ali, men sex veckor

senare ringde hon Hormuz och sa: "Kom och hämta mig."
Otroligt nog upprepades samma sak två gånger. Vid båda till-
fällena hade Ellen lämnat Iran med Hormuz tillåtelse och båda
gångerna återvände hon av egen fri vilja. Det verkade otroligt –
men nu satt hon i alla fall här som en plikttrogen muslimsk
hustru. Hon arbetade som redaktör på *Majubeh*, en engelsk-
språkig tidskrift för islamiska kvinnor som hade läsare över
hela världen. Allt som Ellen skrev måste godkännas av Islamic
Guidance Council innan det publicerades, och det var ett ar-
rangemang som hon var helt nöjd med.

Jag hade en nästan desperat önskan att få tala med Ellen i
enrum och lära känna motiven till hennes handlande, men jag
fick inte tillfälle till det den dagen.

Ellens historia fyllde mig med svartsjuka och häpnad. Hur
kunde en amerikansk kvinna – eller någon människa över hu-
vud taget – välja Iran framför Amerika? Jag hade lust att ta tag
om Ellens axlar, skaka henne och skrika: "Varför?!!!"

Samtalet tog ännu en obehaglig vändning. Hormuz berätta-
de att han nyligen ärvt pengar efter sin avlidne far och att de
höll på att bygga ett eget hus, som snart skulle stå färdigt.

"Vi skulle också vilja bygga ett eget hem", sa Moody entusi-
astiskt. "Vi tänkte göra det i Detroit, men nu gör vi det här i
stället, så snart vi kan få våra tillgångar överförda till Iran."

Tanken fick mig att rysa.

Moody och jag blev snabbt mycket goda vänner med Hormuz
och Ellen, och vi umgicks regelbundet med dem. För mig var
det en bitterljuv erfarenhet. Det var skönt att ha en engelskta-
lande väninna, i synnerhet som hon kom från samma trakter
som jag själv. Det var något helt annat än att prata med en
engelsktalande iranier som man aldrig kunde vara helt säker på
att man förstod. Med Ellen kunde jag prata fritt och veta att
hon verkligen förstod vad jag menade. Men det var samtidigt
svårt för mig att se Ellen och Hormuz tillsammans. Det var
som att se en skräckbild av min egen framtid. Jag ville till varje
pris få tala med Ellen i enrum, men Moody var på sin vakt.
Han ville av allt att döma lära känna henne bättre innan han
lät oss umgås alltför nära.

Ellen och Hormuz hade ingen telefon. Den bekvämligheten

krävde ett speciellt tillstånd som det ofta tog flera år att få. I likhet med många andra ringde de från en affär i närheten när de behövde använda telefon.

En dag ringde Ellen från den telefonen och sa till Moody att hon ville bjuda Mahtob och mig på te på eftermiddagen. Moody gick motvilligt med på att låta henne tala med mig. Han ville inte att Ellen skulle få veta att jag var inspärrad och avskuren från alla kontakter. "Jag har gjort munkar med chokladglasyr", berättade hon.

Jag la handen över luren och bad Moody om lov att få acceptera Ellens inbjudan.

"Och jag då?" frågade han misstänksamt. "Är jag också inbjuden?"

"Jag tror inte att Hormuz kommer att vara hemma vid den tiden", sa jag.

"Nej, du får inte åka dit." Mitt ansikte måste ha röjt min besvikelse. I det ögonblicket tänkte jag inte så mycket på att komma bort från Moody som på munkar med chokladglasyr. Hur som helst så råkade Moody vara på gott humör den dagen, och han måste ha vägt fördelarna med min vänskap med Ellen mot risken att släppa mig fri en eftermiddag. Efter en kort stunds tvekan sa han: "Jo förresten, åk du."

Munkarna var delikata och det var underbart att få prata fritt med Ellen. Mahtob lekte glatt med den nioåriga Maryam (Jessicas muslimska namn) och den sexårige Ali. Det allra bästa var att Maryam och Ali hade amerikanska leksaker. De hade böcker och pussel, och till och med en äkta Barbiedocka.

Medan barnen lekte hade Ellen och jag ett allvarligt samtal.

Jag ställde den fråga som förföljde mig mer än någon annan. "Varför?"

"Om jag varit i din situation kanske jag skulle ha stannat i Amerika", sa hon efter en stunds eftertanke. "Men för mig är det så att allt jag har finns här. Mina föräldrar är pensionärer och har inga pengar att hjälpa mig med. Själv har jag heller inga pengar, ingen utbildning och inga yrkeskunskaper. Och jag har två barn."

Men trots den förklaringen var det svårt för mig att förstå. Ännu värre blev det av att Ellen talade om Hormuz med avsky i rösten. "Han slår mig", grät hon. "Han slår barnen. Och han

162

tycker inte att det är något fel med det." (Jag kom att tänka på Nasserines ord: "Alla män är likadana.")

Det var rädsla och inte kärlek som styrt Ellens beslut. Det var grundat på ekonomiskt tvång snarare än på känslor. Ellen kunde inte klara av den otrygghet som är frigörelsens pris. Hon hade i stället valt ett liv vars vardag och detaljer var obehagliga men som i alla fall erbjöd något som liknade det vi kallar trygghet.

Hon besvarade till sist mitt "Varför?" mellan sina snyftningar: "Därför att jag inte tror att jag skulle klara mig om jag reste tillbaka till Amerika."

Jag grät med henne.

Det gick flera minuter innan Ellen samlat sig och jag fick mod att ta upp nästa fråga på min lista. "Det är en sak som jag gärna skulle vilja tala med dig om", sa jag. "Men jag vet inte vad du tycker om att hålla det hemligt för din man. Om du känner att du klarar det och lovar att hålla det för dig själv och inte berätta det för honom ska jag tala om vad det är. I annat fall vill jag inte belasta dig med det."

Ellen tänkte efter en stund. Hon förklarade för mig att efter det att hon återvänt till Iran den andra gången hade hon försökt göra det bästa av sin situation och bli en lojal muslimsk hustru. Hon konverterade till shiasektens muslimska lära, antog den muslimska klädedräkten, som hon nu till och med använde i hemmet (hon bar slöja nu), bad sina böner vid de föreskrivna tidpunkterna, vördade alla heliga män, studerade Koranen och accepterade sin lott i tillvaron som ett uttryck för Allahs vilja.

Hon var en plikttrogen islamisk hustru, men hon var också en nyfiken amerikansk kvinna. "Nej, jag tänker inte berätta det för honom", lovade hon till sist.

"Jag menar verkligen allvar. Du får inte berätta det för någon över huvud taget."

"Det lovar jag att inte göra."

Jag tog ett djupt andetag och började. "Jag berättar det här för dig för att du är amerikan och för att jag behöver hjälp. Jag vill ta mig härifrån."

"Men det kan du inte. Om han inte låter dig resa finns det inget sätt."

163

"Jo, det finns ett sätt", svarade jag. "Jag tänker fly."

"Du är tokig. Det kan du bara inte göra."

"Jag ber inte att du ska låta dig bli inblandad på något sätt", sa jag. "Jag vill bara att du ska hjälpa mig så att jag kan komma hemifrån då och då, på samma sätt som i dag, så att jag kan besöka den schweiziska ambassaden." Jag berättade för henne om mina kontakter på ambassaden, att de skickade och tog emot brev för min räkning och att de gjorde vad de kunde för att hjälpa mig.

"Försöker de hjälpa dig att ta dig ur landet?" frågade Ellen.

"Nej. Jag kan bara använda ambassaden som informationskanal. Det är allt. Om någon behöver kontakta mig kan det ske genom dem."

"Jag vill inte gå till ambassaden", sa Ellen. "Jag har aldrig varit där. När vi kom hit sa min man att jag inte fick gå till ambassaden, och jag har aldrig ens sett den."

"Det behöver du inte heller", försäkrade jag henne. "Det kan ta sin tid innan Moody låter oss träffas särskilt ofta på tu man hand, men jag tror att han så småningom kommer att låta mig gå ut med dig, för han tycker om dig. Jag vill bara att du ska ordna så att jag kan komma hemifrån. Säg att vi ska gå och handla tillsammans eller något i den vägen, och ge mig sedan alibi för den tid vi kommer överens om."

Ellen funderade en lång stund på det jag sagt innan hon till sist nickade sitt ja. Vi ägnade resten av eftermiddagen åt att göra upp planer, trots att vi inte visste när vi skulle kunna sätta dem i verket.

Mahtob hade så roligt tillsammans med Maryam och Ali att hon inte ville gå, men Ellens barn gjorde avskedet mindre smärtsamt genom att låna henne några böcker. Hon tog med sig *Guldlock och de tre björnarna*, en annan sagobok och en Kalle Anka-tidning. Ellen hade också Nya testamentet på engelska, och hon lovade att hon skulle låna mig det senare.

Moody var fortfarande lika ombytlig. Ibland försökte han kuva mig med fysiskt våld och andra gånger gjorde han sitt bästa för att vinna min gunst genom att vara vänlig och omtänksam.

"Vad säger du om att gå ut och äta i morgon?" frågade han den 13 februari. "Det är alla hjärtans dag i morgon."

"Visst", svarade jag. "Varför inte?"

Han planerade att ta med oss till restaurangen på Khayan Hotel. Hotellet skröt i reklamen om att man hade engelsktalande betjäning. Mahtob och jag tyckte båda att det skulle bli spännande. Vi ägnade flera timmar av eftermiddagen på alla hjärtans dag åt att göra oss i ordning. Jag tog på mig en tvådelad dräkt i rött siden. Den passade bra för just den här dagen, men den var ett brott mot klädsederna i Iran. Jag måste givetvis bära *montoe* och *roosarie* över den på vägen till hotellet, men jag hoppades att man skulle vara tillräckligt tolerant och västinfluerad där för att tillåta mig att visa upp den i restaurangen. Jag gjorde mitt bästa med håret och tog på mig kontaktlinser i stället för glasögon. Mahtob hade en vit klänning med broderade röda rosenknoppar och vita blankskinnsskor.

Vi gick alla tre tillsammans till Shariatigatan för att ta den första av de fyra orange taxibilar som körde oss i östlig riktning mot vårt mål längs den stora genomfartsled som många människor fortfarande kallar Pahlevi Avenue, eftersom den tidigare bar shahens namn.

När vi steg ur den sista bilen stannade Moody en kort stund för att betala föraren. Trafiken rusade förbi i båda riktningarna. Mahtob och jag vände oss om och stod framför en extra bred rännsten, full av vatten och avskräde, som skilde oss från trottoaren. Det var för brett att hoppa över, och jag tog Mahtob i handen och gick mot närmaste refug där vi skulle kunna ta oss över till trottoaren torrskodda.

När vi steg upp på refugen kastade jag en blick ner på marken och fick se en råtta som satt på Mahtobs vita sko. Den var stor som en liten katt.

Jag ryckte till mig en överrumplad Mahtob med en snabb rörelse så att hon hamnade ute på gatan på nytt. Råttan slank undan.

"Vad gör du egentligen?" skrek Moody bakom mig.

"Jag var rädd att den där bilen skulle köra på henne", ljög jag. Jag ville inte skrämma Mahtob genom att berätta om råttan.

Vi gick uppför en kulle mot Khayan Hotel. Jag viskade till Moody vad som hänt, men han tycktes inte bry sig om det. Råttor hör till vardagens realiteter i Teheran.

165

Jag lugnade mig och försökte njuta av kvällen. Ingen på Khayan Hotel talade engelska, trots vad man hävdade i reklamen, och jag måste ha både min *montoe* och min *roosarie* på mig under middagen. Men jag tog risken att väcka Allahs vrede genom att knäppa upp min *montoe* en smula, och vi åt en ovanlig middag med räkor och pommes frites.

Moody var generös och beställde kaffe efter middagen, trots att priset motsvarade fyra dollar per kopp. Det serverades i små espressokoppar och smakade som starkt snabbkaffe. Det var inte särskilt gott, men Moodys gest var vänligt menad. Han försökte göra mig glad. Jag försökte i gengäld övertyga honom att jag var glad.

Men jag var framför allt förvirrad. Jag visste att Moody på ett ögonblick kunde förvandlas från en omtänksam make till en demon. Jag var hela tiden på min vakt.

En tanke gnagde hela tiden i mitt sinne. Borde Mahtob och jag ha gett oss av med Trish och Suzanne? Jag visste inte svaret på den frågan. Jag kunde inte veta vad som skulle ha hänt. När jag vägde de olika möjligheterna mot varandra ansåg jag i alla fall att jag handlat förnuftigt. De båda amatörerna hade inte gjort upp någon detaljerad eller realistisk plan. Jag skulle kanske kunnat ta risken och gått med dem om jag varit ensam, men jag kunde inte ta risken att utsätta Mahtob för den fara en illa planerad flykt innebar.

Var gång Moody blev otrevlig ansattes jag av samma tvivel. Då tyckte jag att jag utsatte Mahtob för den allra största faran genom att låta hennes leva tillsammans med sin far.

Ljudet av en dånande explosion väckte mig ut min oroliga sömn. Genom fönstret kunde jag se att natthimlen var upplyst som om det brann. Fler kraftiga explosioner följde i snabb följd och ljudet kom från olika håll runt omkring oss.

Huset skakade.

"Bomber!" skrek jag. "De bombar oss!"

Vi hörde tjutet av jetmotorer ovanför oss. Blixtar av ett spöklikt gulvitt ljus lyste upp fönstren, och de följdes som ett åskväders blixt följs av åskmullret, av dånande detonationer.

Mahtob vaknade och skrek högt av rädsla. Moody lyfte upp henne och la henne mellan oss i sängen. Vi kröp ihop intill varandra, hjälplöst ensamma inför ödet.

Moody rabblade frenetiskt böner på farsi. Paniken avspeglades i hans röst. Hans omfamning, som var avsedd att lugna oss, skrämde oss ännu mer eftersom han darrade i hela kroppen. Mahtob och jag bad på engelska. Vi var säkra på att vi skulle dö. Jag hade aldrig i hela mitt liv varit så rädd. Mitt hjärta bultade och det fruktansvärda dånet av förstörelse gjorde ont i öronen.

Planen kom i vågor som gav oss en minut att hämta andan mellan varje anfall, innan de på nytt kom över oss med motorer som vrålade ut sitt hat mot människorna nere på marken. Vi kunde se de vita och orangefärgade spårljusen efter luftvärnskanonernas projektiler. Var gång ett plan passerade väntade vi i hjälplös fruktan på de blixtar och dånande explosioner som följde. Ibland var ljusblixtarna svagare och mullret dovare. Andra gånger lyste blixtarna upp hela rummet och explosionerna skakade hela huset så att fönsterrutorna skallrade och skriken slets från våra munnar. I ljuset från bombdetonationerna, luftvärnselden och den mattare glansen från de brinnande byggnaderna kunde jag se att Moody var lika rädd som jag.

Han höll oss ännu hårdare, och mitt hat växte till en mördande intensitet. Jag mindes plötsligt min mors brev och hennes dröm om att Mahtob förlorade ett ben i en bombexplosion.

Gode Gud, käre gode Gud! Hjälp oss! Gode Gud hjälp oss och skydda oss. Skydda och bevara Mahtob, bad jag.

Ännu en våg av bombplan passerade över oss och försvann. Vi väntade och höll andan. När sedan minuterna gick slappnade vi så småningom av och lät de spända greppen om varandra slappna i hopp om att prövningen var över för den här gången. Det gick många minuter innan vi tillät oss att sucka hörbart. Räden hade kanske varat femton minuter enligt klockan, men för oss tycktes de minuterna som timmar.

Rädslan gav vika för vrede. "Titta vad du har gjort med vårt liv!" skrek jag till Moody. "är det så här du vill att vi ska leva?"

Moody fann att anfall var det bästa försvaret. "Nej", skrek han tillbaka. "Jag har inte åstadkommit det här. Det är ditt land som gör det här mot mitt folk. Ditt eget land kommer att döda dig."

Innan grälet hann fortsätta stack Mammal in huvudet genom sovrumsdörren och sa: "Oroa dig inte, *daheejon*, det var bara luftvärnseld."

"Vi hörde flygplan", sa jag.

"Nej." Mammal ville av något ofattbar anledning att jag skulle tro att det bara var ännu en övning i stil med Krigsveckan.

Ute i hallen ringde telefonen och Mammal gick för att svara. Vi steg upp och följde efter honom ut ur sovrummet. Att kunna fortsätta sova var otänkbart det natten. Det fanns ingen elektricitet och staden låg nu försänkt i ett kusligt mörker. De enda ljuskällorna som syntes var de bränder anfallet gett upphov till.

Det var Ameh Bozorg som ringde. Både Mammal och Moody försäkrade henne att vi mådde bra och var oskadda.

Nasserine tände stearinljus och försökte lugna oss. "Det är inget att vara rädd för", sa hon med äkta självsäkerhet. "Vi kommer inte att bli träffade." Hennes tro på Allah var fast, och den stärktes ytterligare av tanken på att om också Allah skulle låta henne bli sprängd i stycken av det irakiska flygvapnet så fanns det ingen ärofullare död än martyrdöden i det heliga kriget.

"Det var inga bomber", försäkrade Mammal.

"Varför var några av ljuden så höga?" frågade jag. "Explosionerna fick ju allt att skaka."

Mammal ryckte på axlarna.

Nästa morgon var hela staden på fötter och man var redan i färd med att laga skadorna, samtidigt som man ropade på hämnd. Av allt att döma var det det irakiska flygvapnet som anfallit, men radion var som vanligt fylld av retorik. Irakierna var understödda av amerikanerna. Deras piloter var utbildade av amerikanerna. Vad genomsnittsiraniers vetskap beträffade kunde det lika gärna ha varit president Reagan som satt vid spakarna i det främsta planet. Det var inte roligt att vara amerikan i Teheran den dagen.

Moody kände av det som låg i luften och blev plötsligt beskyddande. Mahtob och jag åkte inte till skolan den dagen. Några av de värsta skadorna hade drabbat kvarter i närheten av skolan. Många hade fått sätta livet till.

Senare samma dag körde Ellen och Hormuz oss till de bom-bade områdena. Hela kvarter hade utplånats eller härjats av eld. Röken steg fortfarande från ruinhögarna på många ställen.

Vi var överens om att kriget var fruktansvärt, men vi hade skilda meningar om orsaken till förstörelsen. Jag såg den som en naturlig konsekvens av att landet styrdes av en fanatisk galning. Moody och Hormuz förbannade amerikanerna och la skulden för det inträffade på dem.

Ellen var av samma åsikt som männen.

Moody drog in Hormuz i en diskussion kring ett av sina favoritämnen – den amerikanska regeringens dubbelspel. För att upprätthålla maktbalansen i Persiska viken stödde, enligt Moody, amerikanerna både Iran och Irak i kriget. Han var övertygad om att USA inte bara tillhandahöll de bomber som fälldes av de irakiska planen utan dessutom försåg iranierna med det luftvärnsartilleri som användes av försvaret. Men eftersom det sedan länge rått ett vapenembargo försåg USA Iran med vapen via hemliga vägar. "Iran måste lägga ut alla sina pengar på kriget", klagade han. "På grund av embargot måste vi köpa vapnen via tredje land och betala ett högre pris för dem."

Vi hoppades alla att luftanfallet skulle vara en engångsföre-teelse. Radion försäkrade att så var fallet, och tillade att den heliga shiitiska armén snart skulle hämnas på de amerikanska marionetterna.

Genom ögonvittnen visste alla i Teheran att dussintals män-niskor kanske hundratals – hade omkommit i lufträden. Men de officiella siffrorna sa att endast sex personer dött, och man tillade att den irakiska lufträden hade visat att Allah stod på Irans sida i kriget. Det bevisades, enligt myndigheterna, av att en irakisk bomb, som utan tvekan styrts av Allah, hade råkat förstöra en förrådsbyggnad som tillhörde *munafaquin*, den iranska motståndsrörelse som var för shahen och mot Khomei-ni. När man undersökte ruinerna fann man inte bara ett stort förråd av vapen och ammunition utan dessutom destillations-apparater som skulle användas för tillverkning av olaglig sprit.

Det var, enligt regeringskällor, ett ovedersägligt vittnesbörd om att Allah snart skulle se till att Iran vann kriget och att man

169

samtidigt skulle kunna oskadliggöra den djävulska *munafaquin*.

Hela staden befann sig i krigstillstånd. Kraftstationerna hade blivit skadade, och alla invånare fick order att använda så lite elektricitet som möjligt. Följande natt – och alla nätter därefter tills nya bestämmelser gavs – skulle staden vara mörklagd, både för att man skulle spara energi och för att den skulle bli ett svårare mål att hitta för fienden. Gatubelysningen släcktes i hela staden. I hemmen var bara den svagaste möjliga belysning tillåten, och alla fönster måste skärmas av innan något ljus fick tändas. Moody såg till att han alltid hade en liten ficklampa med sig.

Dagarnas diskussion och retorik avlöstes av nätter fyllda av fruktan och spänning. Under flera veckor upprepades bombräderna varannan eller var tredje natt. Sedan kom planen var natt under en tid. Varje kväll när det blev mörkt klagade Mahtob över att hon hade ont i magen. Vi tillbringade mycket tid i badrummet. Vi bad tillsammans där, och vi grät och darrade av skräck tillsammans. Vi lämnade sängen och sov i stället under det solida matsalsbordet, och vi hängde filtar från bordet för att de skulle skydda mot glassplitter vid en träff. Ingen av oss fick tillräckligt med sömn. Bombräderna var det mest avskyvärda och skräckfyllda vi kunde uppleva.

En dag, efter det att skolan slutat och en orange taxi hade släppt av oss på Shariatigatan, gick Mahtob och jag för att köpa bröd. Vi ville ha *babari* för omväxlings skull. Det är ett jäst bröd som bakas i ovala levar som är ungefär sextio centimeter långa. När man äter det färskt och varmt smakar det underbart, mycket bättre än det vanliga brödet, *lavash*.

Vi väntade i kön i brödbutiken i mer än en halvtimme medan vi stod sysslolösa och såg på när bagarna arbetade enligt sin vanliga löpande band-princip. Arbetslaget höll ett högt tempo när man vägde upp degen, kavlade ut den och ställde de färdiga bröden att jäsa en stund före gräddningen. När det var klart fick degklumparna sin slutgiltiga, avlånga form, och bagaren drog upp de typiska rännorna i brödet med sina fingrar. En annan bagare satte in brödet i ugnen med en långskaftad brödspade och tog ut de färdigstekta.

Medan vi väntade såg vi att degen tog slut. Förste man i processhanteringen satt genast en ny deg. Han la en slang i det stora tråget och öppnade vattenkranen. Eftersom han visste att det skulle ta flera minuter att fylla karet tog han en rast. Han gick till toalettrummet, som låg mitt i bageriet. Stanken som vällde ut när han öppnade dörren var ohygglig, och när han kom ut några minuter senare kom en ny våg över oss.

Jag undrade om han skulle tvätta händerna innan han återgick till arbetet. Jag såg inte något tvättställ i närheten.

Bagaren gick tillbaka till det stora tråget och tvättade händerna i samma vatten som han skulle använda till nästa degsats.

Jag fick inte tid att tänka närmare på saken, för i samma ögonblick hördes en flyglarmssiren. Några sekunder senare hördes motorljudet från de första planen.

Tankarna rusade genom huvudet och logiken försökte ta befäl över paniken. Borde vi ta skydd här eller skulle vi försöka springa hem? Det var viktigt att jag visade Moody att vi kunde ta vara på oss själva, också i en sådan här situation, så att han fortsatte att låta oss gå ut ensamma.

"Spring, Mahtob!" skrek jag. "Vi måste hem. Fort!"

"Mamma, jag är rädd!" skrek Mahtob tillbaka.

Jag lyfte upp mitt barn i famnen. Det var något som sa mig att vi måste komma bort från Shariatigatan och in på någon mindre sidogata. Jag skyndade in i labyrinten av smågator som ledde i riktning hem och mina ben arbetade så snabbt jag kunde tvinga dem. Jetmotorernas hemska stridsskri blandades med luftvärnseldens hackande och det dova ljudet då bomberna fann sina mål. Ibland trängde de döendes rop och gråt igenom stridslarmet.

Metallskrot från luftvärnsgranaterna föll ner runt omkring oss på gatorna. Somliga metallstycken var stora nog för att döda. Vi fortsatte ändå att springa.

Mahtob gömde ansiktet mot mitt bröst. Hennes fingrar grävde sig djupt in i min sida. "Jag är rädd! Mamma, jag är rädd!" snyftade hon.

"Det är bra nu. Det är inte farligt", skrek jag genom stridslarmet. "Be, Mahtob, be till Gud!"

Till sist nådde vi fram till vår gata och snubblade fram mot dörren. Moody stod och kikade ut. Han var orolig för oss. När vi dök upp slängde han upp dörren och drog in oss. Vi satte oss tätt tillsammans i entrén innanför dörren med ryggarna mot cementväggen tills anfallet upphörde.

Jag tog Mahtob och Amir med mig till parken en dag. Mahtob gick vid min sida och den lille satt i sin kärra. För att komma till lekplatsen måste vi gå förbi en volleybollplan. Den här dagen pågick en match. Ett tjugotal pojkar i tonåren spelade och njöt av solskenet. Det var tidigt på våren och fortfarande kyligt i luften.

Mahtob satt och gungade när jag en stund senare hörde upphetsade röster från volleybollplanen. Jag vände blicken dit och såg fyra eller fem vita Nissanpickuper som blockerade ingången till den inhägnade parken. *Pasdar!* De har kommit för att visitera alla i parken, tänkte jag.

Jag kontrollerade snabbt min klädedräkt. Min *montoe* var knäppt och min *roosarie* satt som den skulle och skylde mig. Men jag ville inte träffa någon från *pasdar*, och jag beslöt att gå hem så snabbt som möjligt. Jag ropade på Mahtob.

Amir sa att i barnkärran och Mahtob gick vid min sida när vi närmade oss grinden. När vi gick förbi volleybollplanen märkte jag att det var de spelande pojkarna som *pasdar* var ute efter i dag. Polisen tvingade med höjda vapen upp dem på bilarna. Pojkarna löd under tystnad.

Vi stod och såg på tills alla pojkarna gripits och körts bort.

Vad kommer att hända med dem? undrade jag. Jag skyndade mig hem, upprörd och skrämd.

Essey öppnade och släppte in mig. Jag berättade för henne och Reza vad jag bevittnat och Reza kom med en tänkbar förklaring. "Det berodde antagligen på att de var tillsammans i en grupp", sa han. "Det är förbjudet att samlas i grupp utan tillstånd."

"Vad kommer att hända med dem nu?" frågade jag.

Reza ryckte på axlarna. "Jag vet inte", sa han utan att hans röst röjde någon oro.

Moody tog lika lätt på händelsen. "Om *pasdar* grep dem måste det bero på att de gjort sig skyldiga till något olagligt", sa han.

172

Fru Azahr reagerade på ett helt annat sätt när jag berättade om händelse i skolan följande dag. "När de ser en grupp pojkar tar de dem och skickar ut dem i kriget", sa hon dystert. "Det förekommer till och med i skolorna. Ibland kommer de till en pojkskola med sina bilar och hämtar pojkar för att göra dem till soldater. Pojkarnas familjer får aldrig se dem mer."

Jag hatade krig! Det var en vansinnesakt. Jag kunde inte förstå hur det kunde finnas ett land så fullt av människor som var så ivriga att döda och så redo att dö. Det är en av de största och – för amerikaner – mest svårförståeliga skillnaderna mellan bortskämda och välmående västerlänningar och människor i fattiga länder i tredje världen. För Mammal och Nasserine var livet – också deras eget liv inte något lika dyrbart som det är för oss. Döden är en mer vardaglig företeelse här och därmed inte samma mystiska fenomen som hos oss. Vad kunde man göra mer än att förlita sig på Allah? Om det värsta skulle hända var det oundvikligt, vad man än tog sig till. Man kunde inte undfly sitt öde. Bristen på rädsla under bombningarna och vid fronten var ingen pose. Det var ett uttryck för den filosofi vars mest extrema yttring är terroristmartyrerna.

Vi fick det tydligt illustrerat för oss en fredagseftermiddag när vi som vanligt var hemma hos Ameh Bozorg för att fira sabbaten med ändlösa böner och läsningar. TV:n var påslagen för att vi skulle höra den predikan som hölls vid fredagsandakten inne i centrum, men jag brydde mig inte om den förrän jag hörde Moody och Mammal höja rösterna. De såg oroliga ut och Ameh Bozorg snyftade ängsligt.

"De bombar mitt under fredagsbönen!" sa Moody.

Direktsändningen visade en stor skara trogna som trängts på torget, men som nu flydde i panik. Kamerorna panorerade upp mot himlen och man kunde se de irakiska planen som anföll. Bombexplosionerna lämnade gapande hål av döda och döende mitt i trängseln.

"Baba Hajji är där", påminde Moody. "Han deltar alltid i fredagsbönen i centrum."

Läget var förvirrat. Rapporterna om antalet döda var svävande, men den välberäknade räden var en klar materiell och emotionell seger för Irak.

Familjen väntade oroligt på att Baba Hajji skulle komma

173

hem. Klockan blev två och hon blev halv tre. Baba Hajji brukade aldrig komma senare än så från fredagsbönen.

Ameh Bozorg satte sig redan i sorgeställning och började gråta och slita sitt hår. Hon bytte till en vit *chador* och satte sig på golvet. Där läste hon ur Koranen med mässande röst som då och då bröts av gråtanfall och klagorop.

"Hon håller på att bli galen", sa Moody om sin syster. "Vi kan inte göra något annat än att vänta. Hon borde vänta tills vi får besked om att han är död."

Familjemedlemmar gick i tur och ordning ut på gatorna och sökte efter den försvunne familjepatriarken. Timmarna gick i spänd väntan och tystnad som endast bröts av Ameh Bozorgs rituella klagorop. Hon tycktes njuta av sin nya ställning som änka efter en martyr.

Klockan närmade sig fem när Fereshteh kom springande med nyheten. "Han kommer!" skrek hon. "Han kommer gående på gatan."

Klanen samlades vid dörren och omslöt Baba Hajji när han kom in. Han steg in utan att säga ett ord och med blicken fäst vid marken. De kringstående steg åt sidan för att låta den helige mannen passera. Det var fläckar av blod – och köttslamsor från människor – överallt på hans kläder. Till allas överraskning gick han omedelbart in i det västerländskt inredda badrummet för att duscha.

Moody pratade med honom senare och berättade för mig vad som stod på. "Han är upprörd över att han inte blev dödad. Han vill bli martyr som sin bror."

Moody hade inte samma blinda mod som sin familj. Han var vettskrämd. När Teheran vant sig vid krigets verklighet kom det nya instruktioner från försvarsmyndigheterna. Under en räd skulle alla söka skydd i bottenvåningen på en byggnad. Vi gick till sängs och väntade på den skrämmande signal som skulle få oss att springa ner i entréhallen innanför porten.

Inte ens där, inför Reza och Mammal, förmådde Moody dölja sin rädsla. Han skrek av skräck och darrade av vanmäktig rädsla. Efteråt försökte han maskera sin feghet genom att göra rasande utfall mot amerikanerna, men för varje räd som kom och gick verkade hans tirader allt ihåligare.

Det hände att våra blickar möttes i ett kort ögonblick av

förståelse. Moody visste att han var ansvarig för den situation vi hamnat i, men han visste inte längre vad han skulle göra åt saken.

11

En gång om året tar alla i Iran ett bad.
Det sker vid den persiska nyårshögtiden, *no-ruz*, en lång helg som varar i två veckor. Under den tiden städar och skrubbar alla kvinnor sina hem så att de blir mer eller mindre rena. No-ruz är också en stor händelse för alla skobutiker, för alla köper nya skor under nyårshelgen. Det blir inte mycket arbete uträttat under den långa helgen, eftersom familjerna ägnar dagarna åt att äta middag, dricka te och umgås i släktingars hem. Man träffas i strikt familjehierarkisk ordning, och släktingarna öppnar i tur och ordning sina hem för dagens festligheter.

No-ruz-dagen var den 21 mars, vårens första dag. Den kvällen samlades vi tillsammans med Reza, Mammal och deras familjer runt *haft sin* ("sju ess"), en *sofray* som smyckats med symboliska maträtter vars namn alla började med bokstaven s. Den viktigaste av dem var några ägg som låg på en spegel. Enligt en persisk legend vilar jorden på en tjurs horn, och varje årsskifte flyttar han sin börda från det ena hornet till det andra. Man kan avgöra det exakta ögonblick då det persiska nyåret inträffar genom att skärskåda äggen på spegeln, eftersom äggen rullar en smula när tjuren flyttar världen från sitt ena horn till det andra.

Man börjar nedräkningen mot det nya året den 31 december, då man firar nyår i västvärlden. Men i Iran väntar man sedan på det ögonblick då solen når tecknet Väduren i zodiaken. Alla står den dagen och den stunden med blicken fäst vid äggen.

176

Plötsligt blev det svart i rummet och flyglarmssirenerna började tjuta och varna för att fientliga plan höll på att närma sig. Vi skyndade oss till den säkrare entréhallen och väntade i fruktan än en gång. Jag är säker på att äggen rörde sig den här noruz-dagen.

Hur hemska flygräderna än var kunde de ändå inte hindra livet från att fortsätta, och hotet från det irakiska flygvapnet kunde inte hindra Iran från att fira sitt nyår. Kedjan av fester började som planerat följande dag, och den sociala odyssén började, givetvis, hemma hos klanens patriark och matriark. Reza, Essey, Maryam, Mehdi, Mammal, Nasserine, Amir, Moody, Mahtob och jag klämde in oss i Mammals bil och körde hem till Ameh Bozorg för den stora händelsen. Jag var inte på humör för någon fest.

I samma ögonblick vi steg in i huset kom Moodys höknästa syster springande. Hon skrek av glädje, slog armarna om honom och överöste honom med kyssar. Sedan vände hon uppmärksamheten mot Mahtob och kramade henne kärleksfullt. Strax innan hon därefter gav mig en hastig kyss på kinden drog jag instinktivt upp min *roosarie* lite högre för att skydda mig mot beröringen av hennes läppar.

Ameh Bozorg hade presenter att dela ut med anledning av högtiden. Hon gav Moody ett elegant skrivbord och en bokhyllemöbel med skjutdörrar av glas. Mahtob fick en måttsydd klänning av helsiden som importerats från Mecka. Ameh Bozorg sprang lyckligt runt och delade ut gåvor en lång stund. Alla fick något utom jag. Moody la inte märke till att jag blev utan, och jag brydde mig inte om det.

Jag tillbringade en dyster eftermiddag, ensam i mitt tidigare fängelse. Ingen brydde sig om att tala engelska med mig, eller också var det ingen som vågade. Mahtob höll sig vid min sida. Hon var rädd för att bli ensam i närheten av Ameh Bozorg.

Varje dag upprepades sedan samma trista mönster. En förmiddag, när vi gjorde oss i ordning för att besöka flera släktingars hem, klädde jag mig i en brun ylledräkt med trekvartslång jacka som nästan tjänstgjorde som kappa. Jag bar tjocka sockor under den och en *roosarie* på huvudet. "Måste jag ha *montoe* på mig om jag har den här dräkten?" frågade jag Moody.

177

"Nej då, givetvis inte", svarade han. "Man måste titta väldigt noga för att se att det inte är en *montoe* du har på dig."

Majid körde oss till de olika hem där vi måste visa oss. Men han hade annat att göra sent på eftermiddagen, och därför tog Moody, Mahtob och jag en taxi hem till *Aga* och *Khanum* Hakim.

Det var nästan mörkt när vi lämnade deras hus för att återvända hem. Vi måste gå flera kvarter för att komma till huvudgatan och sedan vänta där för att få en taxi. Trafiken strömmade förbi, men vi såg inte skymten av en taxi med ledig plats.

Plötsligt stannade en vit Nissanpickup med skrikande bromsar vid trottoarkanten. Sekunden efter parkerade en vit Pakon bakom den. Fyra män med skägg, iklädda *pasdars* gröngrå uniform, hoppade ut ur Nissanbilen. En av dem tog tag i Moody medan de andra lyfte sina vapen mot honom. Samtidigt blev jag ansatt av fyra kvinnliga *pasdar*, uniformerade i svart *chador*, som skrek strömmar av ord rakt i ansiktet på mig.

Jag visste att det var min bruna dräkt som var orsaken till intermezzot. Jag borde ha tagit en *montoe* i stället.

Poliserna släpade med sig Moody mot bilen, men han kämpade instinktivt emot och skrek till dem på farsi.

Sätt honom i fängelse bara! Jag hejade på dem i mina tankar. Ta med honom och spärra in honom!

Moody och poliserna diskuterade i flera minuter, och under tiden fortsatte de kvinnliga poliserna att skrika persiska epitet till mig. Sedan hoppade de plötsligt upp i sina bilar och försvann lika snabbt som de kommit.

"Vad sa du till dem?" frågade jag.

"Jag sa att du var en utländsk besökare och att du inte kände till reglerna", svarade Moody.

"Det var du som sa att jag kunde gå klädd så här", sa jag.

Moody medgav att han begått ett misstag: "Jag visste inte att det var så strängt. Men nu vet du att du hädanefter måste ha antingen *montoe* eller *chador* på dig när du går ut." Sedan försökte han rädda sin värdighet. "Nu vet du vilka regler som gäller", fräste han. "Det är bäst att du ser till så att du inte blir stoppad på nytt."

Till sist, i slutet av veckan, var det Mammal och Nasserine

som skulle vara värdar. Nasserine och jag städade i hela huset. Moody och Mammal körde till marknaden och kom hem med stora lass av frukt, sötsaker och nötter. Vi bryggde hinkvis med te. Vi räknade med att det skulle komma hundratals gäster under dagen.

Ellen och Hormuz råkade vara där när högtalarna kallade till bön. Tre gånger om dagen alla dagar i veckan styr böneutropen samtliga invånares liv i Teheran. Det spelar ingen roll vem man är eller vad man är sysselsatt med. Man blir alltid påmind när det är tid för bön. Man har teoretiskt sett lov att be sina böner inom två timmar efter utropet, men Allah ger en större belöning åt dem som omedelbart hörsammar kallelsen.

"Jag behöver en *chador*", sa Ellen och reste sig omedelbart. Andra trogna, inklusive Ameh Bozorg, började också förbereda sig för andakten, och snart ljöd deras monotona mässande från ett angränsande rum.

Efteråt talade Ameh Bozorg om hur mycket hon tyckte om Ellen. *"Mash Allah"*, sa hon till Moody. "Gud vare lovad. Hon är verkligen duktig och läser sina böner. Allah kommer att belöna henne."

Vid ett tillfälle, mitt i det utdragna firandet den dagen, satt Moody och samtalade med en av Nasserines kusiner, som också var läkare. "Varför arbetar du inte?" frågade dr Marashi.

"Jag har inte fått mina papper i ordning än", svarade Moody.

"Jag ska höra mig för på sjukhuset. Vi behöver verkligen en anestesist där."

"Skulle du verkligen kunna hjälpa mig?" frågade Moody med växande optimism i rösten.

"Jag är god vän med sjukhusdirektören", svarade dr Marashi. "Jag ska prata med honom och se vad jag kan göra."

Moody var överlycklig. Han visste hur viktigt det var att ha en etablerad ställning i samhället och inflytande hos myndigheterna. Nu tycktes det som om det skulle kunna finnas en möjlighet till arbete. Moody *var* lat, men han var också en välutbildad läkare. Han ville gärna ha både de inkomster och den status en läkare normalt hade i Iran.

Jag funderade på vad den förändringen skulle kunna innebära för mig, och kom fram till att det skulle kunna bli en positiv

179

förändring. Jag hade redan nu ett visst mått av frihet, även om den var starkt begränsad. Moody hade så småningom insett att det var för svårt och tidskrävande att bevaka mig hela tiden. Han hade tvingats ge mig en smula frihet för att kunna klara upp sina egna problem.

Om Moody nu började arbeta skulle det säkert leda till att min rörelsefrihet ökade ytterligare. Det kanske också skulle stärka hans illa tilltygade självkänsla.

* * *

No-*ruz* gick in på sin andra vecka. Den långa helgen firades med vad man kallade en "semester" vid Kaspiska havets stränder. Kaspiska havet ligger norr om Teheran och utgör en del av gränsen mellan Iran och Sovjetunionen. Esseys bror arbetade i det islamiska planeringsdepartementet. Det var den myndighet som konfiskerat all den egendom som tillhört shahen. Han berättade om den tidigare härskarens rikedomar och erbjöd oss att få utnyttja ett av shahens tidigare residens.

Om jag varit nykomling i Iran skulle det ha låtit verkligt exotiskt. Tänk att få bo i en villa som tillhört shahen av Iran! Men nu hade jag sett för mycket för att tro att jag skulle få uppleva någon lyx i ayatollahns republik.

Om min fantasi finge bestämma skulle en vecka i shahens villa inte börja med att jag var en av de tjugosex personer som skulle pressa in sig i tre bilar. Det som verkligen gladde mig var att jag skulle få en chans att se mer av den iranska landsbygden. Jag visste att Iran var ett stort land, och jag visste inte hur mycket av det Mahtob och jag måste ta oss igenom om vi skulle ta oss ut ur landet. Därför såg jag till att lära mig så mycket jag kunde om landet vi åkte genom. De kunskaperna kanske skulle komma till nytta en dag.

Men ju längre vi körde desto missmodigare blev jag. Landskapet var vackert, det var sant, men det var en skönhet som bestod av väldiga bergskedjor som var högre och skarpare i profilen än Klippiga bergen hemma i USA. De höga bergen omgav Teheran på alla sidor och gjorde staden till en fälla. Att döma av det lilla jag förmådde se från det ställe där jag satt inklämd i bilen blev bergen bara högre och vildare ju längre vi

180

åkte. Jag blev nedstämd och sjönk in i en melankolisk dialog med mig själv.

Under den här veckan kanske det skulle inträffa något som skulle göra det möjligt för Mahtob och mig att ta ett språng mot friheten. Vi kanske skulle kunna gömma oss ombord på ett fartyg och åka över Kaspiska havet som fripassagerare till...

Sovjetunionen.

Det struntar jag i! Hävdade jag inför mig själv. Jag vill bort härifrån. Det spelar ingen roll var jag hamnar.

Den slutsats jag kom fram till i mitt resonerande var en skrämmande slutsats. Jag insåg att jag höll på att bli mer pessimistisk, bittrare och samtidigt allt desperatare för var dag som gick. Moody var också irriterad, och jag undrade om det var en undermedveten reaktion på min allt dystrare sinnesstämning. Jag rös vid tanken. Trycket blev allt starkare och både Moody och jag kände av det. Den utvecklingen hotade min plan att invagga honom i lugn och göra honom mindre på sin vakt.

Om det inte snart hände något positivt var jag rädd att det i stället skulle inträffa något verkligt negativt.

När vi anlände till shahens villa fann vi, precis som jag väntat, att den tömts på allt som kunde påminna om västerländsk kultur och inredning. På sin tid måste det ha varit ett praktfullt hus, men nu var det bara ett tomt skal. Efter middagen la vi oss helt enkelt, alla tjugosex, sida vid sida på golvet i samma rum för att sova. Eftersom det fanns män i rummet tillsammans med oss – *Aga* Hakim sov förresten bredvid mig – måste jag ha på mig hela uniformen. Det var inte lätt att hitta en bekväm sovställning med *montoe* och *roosarie* på plats och huvudet väl insvept.

Det var tidigt på våren och iskall luft strömmade in från havet genom de öppna fönstren. Mahtob och jag darrade av köld och låg och vred oss hela natten medan våra iranska släktingar sov som nöjda barn.

På morgonen upptäckte vi att området drabbats av torka. För att spara vatten var det allmänna ledningsnätet avstängt nästan hela dagen. Det innebar i sin tur att jag fick tillbringa första morgonen av min "semester" ute på gården tillsammans med de andra kvinnorna och tvätta *sabzi*, sallad, i en enda hink

181

med iskallt vatten medan männen låg och sov till långt fram på förmiddagen eller satt på gården och såg på medan vi arbetade.

Senare gav sig männen ut på en ridtur. Kvinnor fick inte lov att delta.

Vi gick en lång promenad längs en strand som en gång måste ha varit mycket vacker, men som nu var täckt av skräp och avskräde.

Veckan släpade sig fram. Bristen på bekvämligheter ledde till irritationer. Mahtob och jag härdade ut eftersom vi visste att vi måste göra det. Vi var vana vid det nu.

Vårens ankomst väckte optimism men gav på samma gång upphov till en depression. Snart skulle snön smälta upp i bergen. Skulle Rashids vän kunna smuggla oss till Turkiet? Mildare väder skulle göra förutsättningarna bättre.

Men så samma gång var den nya årstiden en påminnelse om att jag hade varit fånge länge nu. Mahtob och jag hade suttit fast i Iran i mer än sju månader.

När vi kom tillbaka till Teheran fick Moody reda på att han hade fått anställning på sjukhuset. Han var extatiskt lycklig och sprang runt i huset hela dagen. Han till och med log mot Mahtob och mig och skämtade. Jag kände igen fragment av den vänlighet och den kärlek som en gång för så länge sedan hade attraherat mig och väckt min tillgivenhet.

"De har inte klarat upp alla papper", anförtrodde han mig. "Men sjukhuset bryr sig helt enkelt inte om det. De låter mig arbeta i alla fall. De behöver en anestesist. Så snart alla papper är klara kommer de att betala mig för alla timmar jag gör."

Men under dagens lopp började hans entusiasm svalna. Han blev tankfull och jag kunde ana vad det var som bekymrade honom. Hur skulle han kunna arbeta och samtidigt bevaka mig? Jag drog mig undan, för jag ville inte att han skulle tro att jag ville förhandla mig till ytterligare frihet. Han skulle säkert i alla fall komma på en lösning. Hans arbetsschema på sjukhuset var inte särskilt krävande. Han skulle inte ens vara där varje dag, och när han måste tjänstgöra hade han i alla fall någon som höll ett öga på mig. Nasserine skulle rapportera när jag kom och gick. Jag måste komma nästan raka vägen från Mahtobs skola så att jag kunde ta hand om Amir medan hon gick på sina kurser och föreläsningar på universitetet. Det enda undantaget från det schemat var min korankurs på torsdagarna. Nasserine ordnade barntillsynen på annat sätt då.

Jag kunde nästan läsa Moodys tankar. Skulle han kunna lita på mig? Han måste göra det. I annat fall kunde han inte ta anställningen.

"På torsdagarna måste du komma direkt hem från kursen", sa han. "Jag tänker kontrollera att du gör det."

"Visst", lovade jag.

"Då så", sa Moody. Nu ljusnade hans min på nytt när han insåg att han skulle börja arbeta.

Jag utnyttjade ytterst sällan min frihet. Det vara bara när jag ansåg att det var värt risken som jag tog en chans. Moody var tillräckligt misstänksam för att be hur många som helst av sina släktingar att spionera på mig. Han kunde mycket väl be dem hålla ett öga på mig. Han gjorde det själv ibland. När han var ledig en dag eller gick tidigt till arbetet kom han ibland till skolan för att hämta oss. Han överraskade mig gång på gång där jag inte väntade att han skulle dyka upp.

Jag höll mig därför strikt till mitt schema och avvek endast från det när det var nödvändigt.

En dag, under en rast i skolan, kom en lärare in på expeditionen och satte sig vid min sida. Jag kände henne bara till utseendet, men hon hade alltid lett vänligt mot mig. Vi nickade en hälsning till varandra.

Hon såg sig omkring för att försäkra sig om att ingen såg oss. Sedan lutade hon sig mot mig och viskade ur ena mungipan: "*Nagu*", "tala inte". "*Nagu*, fru Azhar."

Jag nickade.

"Jag talar, min make, du", sa hon och ansträngde sig för att hitta rätt ord. "Hon vill hjälpa du." Det finns inga olika pronomen för könen på farsi. Det ställer ofta till förvirring, också för iranierna själva. Läraren sänkte blicken mot knät. Nästan omärkligt gled en hand ut ur det veckrika plagget och sträcktes mot min. Hon såg sig ännu en gång omkring för att kontrollera att vi var ensamma. Sedan rörde hennes hand flyktigt vid min och lämnade ett stycke papper i min handflata. På lappen fanns ett telefonnummer antecknat.

"Du ringa", viskade lärarinnan. "Dam."

När jag följde Mahtob hem från skolan tog jag risken att smita in i Hamids butik ett kort ögonblick för att pröva denna mystiska ledtråd. När jag slagit numret på lappen svarade en kvinna på engelska. Hon presenterade sig som miss Alavi, och hon blev glad när hon hörde vem jag var. Hon förklarade att hon var anställd hon lärarinnans make, och att han hade berättat för henne och hennes mor om min situation.

"Han frågade mig, eftersom jag talar engelska och har studerat i England, om det fanns något jag kunde göra för att hjälpa er", berättade miss Alavi. "Jag sa att jag skulle försöka."

Här var ännu ett bevis på att man inte kunde kalla alla iranier för fanatiker som hatade amerikaner. Miss Alavi var öppen och ärlig mot mig, trots att hon riskerade sin frihet bara genom att tala med mig.

"Hur kan vi träffas?" frågade hon.

"Jag måste vänta tills jag får en möjlighet."

"När ni får ett tillfälle meddelar ni mig. Jag tar lunch då, och jag kör till det ställe där ni befinner er, och så träffas vi där."

"Det passar mig fint", svarade jag.

Hennes kontor låg långt från Mammals lägenhet, långt från Mahtobs skola och till och med långt från den moské där vi hade vår korankurs. Det skulle inte bli lätt att ordna ett möte som gav oss tillräckligt med tid för att vi skulle kunna lära känna varandra. Jag undrade vad det var för motiv som fick miss Alavi att ta den kontakten, men jag kände att jag kunde lita på henne. Hon uttryckte sig på ett sätt som fyllde mig med förtroende.

Dagarna gick långsamt och blev till veckor medan jag försökte ordna ett sammanträffande utan att ta alltför stor risk. Jag märkte att jag var mer bevakad nu när Moody arbetade. Nasserine var till och med mer alert än min make. Var gång jag gick eller kom in genom dörren kastade hon genast en blick på sin klocka.

Men med tiden förlorade Moodys övervakningssystem sin effektivitet. I en stad med fjorton miljoner invånare skulle han inte ständigt kunna bevaka varje steg jag tog. En dag när jag kom hem från skolan med Mahtob väntade Nasserine otåligt på mig. Hon hade blivit kallad till ett speciellt sammanträde

184

vid universitetet och måste lämna Amir i min vård. Hon skyndade sig iväg. Moody var på arbetet. Reza och Essey hade rest bort för att hälsa på släktingar.

Jag ringde omedelbart miss Alavi. "Vi skulle kunna träffas nu i eftermiddag", sa jag.

"Jag kommer genast", svarade hon.

Jag stämde möte med henne i parken som låg några kvarter från vårt hus. "Hur känner jag igen er?" frågade jag.

"Jag kommer att vara klädd i svart kappa, byxor och scarf. Det är sorgdräkt. Min mor dog för en kort tid sedan."

"Jag beklagar."

"Tack", svarade hon.

Jag skrev en lapp till Moody. Han arbetade efter ett ganska oregelbundet schema på sjukhuset. Hans tider var beroende av vilka operationer man planerade på förmiddagen, och han kunde aldrig vara säker på när han skulle bli klar med sitt arbete. Han kunde dröja till nio, men han kunde också komma hem när som helst på eftermiddagen.

"Barnen är retliga", skrev jag. "Jag går till parken med dem en stund."

Mahtob och Amir var alltid lika förtjusta i att gå till parken. Jag visste att jag kunde lita på Mahtob, och Amir var bara en baby. Jag behövde inte vara rädd för att de skulle röja mig. Det enda som bekymrade mig var hur Moody skulle reagera på att jag gett mig av till parken utan eskort och utan att be om lov först. Jag hoppades att vi skulle kunna avsluta vårt möte och att jag skulle kunna återvända hem innan han kom.

Mahtob och Amir lekte glatt i gungorna tillsammans med andra barn när kvinnan i svart närmade sig. Den iranska klädedräkten gör det alltid svårt att bedöma en främmande persons utseende, men jag drog slutsatsen att hon var kring de femtio, kanske något yngre. Hon satte sig bredvid mig på en bänk i parken.

"Jag lämnade en lapp till min man", sa jag snabbt. "Det kan hända att han dyker upp här."

"Det är ingen fara", svarade miss Alavi. "Kommer han så låtsas jag att några av de här barnen är mina." Hon reste sig och gick fram till en annan kvinna som satt på en bänk mitt emot och pratade med henne en kort stund på farsi. "Jag sa till den där damen att om er make kommer tänker jag låtsas att jag är här i parken i sällskap med henne och hennes barn, och inte med er. Hon sa att det var helt i sin ordning."

Den främmande kvinnan accepterade sin eventuella roll utan någon invändning. Jag började inse att iranier njuter av att intrigera. De är vana att handskas med hemligheter, kanske sedan shahens tid, och framför allt nu i ayatollahns Iran. Det är gott om komplotter och kontrakomplotter, och de förekommer inte bara mellan enskilda personer och myndigheter utan också inom många familjer. Miss Alavis begäran tycktes inte förvåna den främmande kvinnan det minsta. I stället kanske den blev ett spännande inslag i hennes vardag.

"Berätta nu vad det är som hänt", sa miss Alavi. "Varför är ni här i Iran?"

Jag berättade min historia så kortfattat som möjligt men tog med alla väsentliga detaljer.

"Jag förstår att ni har problem", sa hon när jag slutat. "När jag studerade i England var jag en utlänning. Jag behandlades som en utlänning hela tiden, trots att jag inte ville vara det. Jag ville stanna kvar i England, men jag behövde andras hjälp för att få göra det. De ville inte hjälpa mig, och jag måste återvända till Iran. Det gjorde min mor och mig mycket ledsna. Vi beslöt att vi skulle hjälpa utlänningar i vårt land när vi kunde. Jag ska hjälpa er. Jag vet att jag kan göra det."

Hon gjorde en paus och tänkte efter innan hon fortsatte.

"Min mor dog för två veckor sedan", berättade hon. "Innan hon dog talade vi om er. Hon fick mig att lova att göra något för er. 'Ingen hjälpte dig när du var utlänning i England', sa hon." Hon fick mig att lova att jag skulle hjälpa utlänningar när jag kan. Jag måste uppfylla det löftet. Och jag vill gärna göra det." Miss Alavi torkade tårar ur ögonvrårna med fållen på sin slöja.

"Hur ska det gå till?" frågade jag. "Vad kan ni göra för mig?"

"Jag har en bror som bor i Zahidan, på gränsen till Pakistan. Jag ska – "

"Mamma! Mamma! Mamma!" avbröt Mahtob, som kom springande mot mig. "Pappa är här!"

Han stod utanför gjutjärnsstaketet vid sidan om porten och

stirrade på mig. Jag såg på hans min att han var mycket misstänksam. Han tecknade att jag skulle komma fram till honom.

"Ta det lugnt bara", mumlade jag till miss Alavi och Mahtob. "Uppför er precis som vanligt. Gå tillbaka till gungorna, Mahtob."

Jag reste mig och gick fram till Moody. Jag var glad att vi hade stängslet mellan oss.

"Vad har du här att göra?" frågade han misslynt.

"Det är en så vacker dag", sa jag. "Våren är på väg. Jag ville ta med barnen till parken."

"Vad är det för en kvinna som sitter bredvid dig?"

"Jag vet inte vem hon är. Hennes barn leker här."

"Du pratade med henne. Talar hon engelska?"

Jag visste att Moody varit för långt bort för att kunna höra något, och jag ljög friskt: "Nej. Jag övar mig i farsi genom att prata med henne."

Moody lät misstänksamt blicken vandra runt parken, men allt han såg var barn som lekte och stojade medan deras mödrar vakade över dem. Miss Alavi och den andra kvinnan hade gått bort till gungorna och lekte båda med barnen. Det fanns inget som verkade det minsta onormalt. Han hade kontrollerat mina uppgifter och jag fanns där jag sagt att jag skulle vara. Utan ett ord vände han på klacken och gick tillbaka hem.

Jag gick långsamt tillbaka till lekplatsen. Där stannade jag och gungade Mahtob och Amir en stund. Jag hade lust att vrida på huvudet och se bakåt, men jag spelade min roll utan kompromisser. Efter några minuter återvände jag långsamt till bänken. Miss Alavi väntade ytterligare några minuter innan hon på nytt satte sig vid min sida.

"Han har gått nu", sa hon.

Miss Alavi lyfte blicken mot den andra kvinnan och nickade ett tack. Kvinnan nickade till svar. Hon visste inget om orsaken till vår komplott, men hon deltog villigt i den. Vad måste inte dessa kvinnor lära sig att uthärda i sitt dagliga liv, tänkte jag.

Men mina tankar återvände snabbt till mina egna problem. "Er bror?" frågade jag för att inte slösa bort någon tid.

"Han bor i Zahidan. Vid gränsen till Pakistan. Jag tänkte tala med honom och fråga om han kan föra er ut ur landet om jag tar er med till Zahidan."

"Kan han det?"

Miss Alavi sänkte rösten till en viskning. "Han gör det hela tiden. Han för folk över gränsen."

Mitt intresse ökade och jag kände mig plötsligt bättre till mods. När jag tänkte tillbaka på hur det här sammanträffandet kommit till stånd insåg jag att det inte alls hade varit någon slump. Lärarinnan på skolan och hennes man måste ha känt till att miss Alavi inte bara var en person som talade engelska och som därför skulle kunna vara till hjälp för mig.

De kände till vad hennes bror höll på med! Jag var givetvis inte den enda person som var i Iran mot sin egen vilja. Om livet här var outhärdligt för mig fanns det givetvis miljoner andra människor runt omkring mig som kände på samma sätt. Det här landet hade redan tidigare varit präglat av förtryck, och det var logiskt att anta att det redan tidigare funnits personer som ägnade sig åt att hjälpa andra människor att komma härifrån. Till sist hade jag kommit i kontakt med en professionell person i den branschen.

"Hur mycket skulle det kosta?" frågade jag.

"Bekymra er inte om pengar. Jag ska betala vad det kostar. Det har jag lovat min mor. Om ni vill betala tillbaka senare så kan ni göra det. Kan ni inte så gör det inget.

"När kan vi åka?" frågade jag upphetsat. "Hur tar vi oss till Zahidan?"

"Vi kan resa snart", svarade hon. "Jag måste skaffa papper så att ni och er dotter kan flyga till Zahidan." Hon förklarade planen mer i detalj och underströk framför allt en punkt. Det var viktigt att handla snabbt. När alla förberedelser var klara måste vi ordna så att jag kunde vara borta hemifrån under flera timmar innan Moody började misstänka något. Vi måste hinna till flygplatsen och ta oss ombord på planet, flyga till Zahidan och ta kontakt med miss Alavis bror alltsammans innan Moody blev så misstänksam att han larmade polisen.

Det var tydligt att en torsdag skulle vara lämpligast. Mahtob och jag skulle ha skola på förmiddagen och koranstudier på eftermiddagen. Vi *skulle kunna* klara oss till Zahidan innan Moody förstod att vi hade flytt.

Det var en mycket förnuftigare och mer professionell plan än den som Trish och Suzanne föreslagit. Helen och mr Vincop på

188

ambassaden hade understrukit att risken med den första planen var att jag måste hålla mig gömd för Moody och kanske också polisen, trots att jag fortfarande befann mig i Teheran. Miss Alavi höll med om att det inte var någon bra idé att gå under jorden. De första som skulle bli alarmerade var flygplatspersonalen, och de skulle inte ha svårt att hitta en amerikansk kvinna som var på flykt med sin dotter. Det var viktigt att vi klarade oss genom flygplatserna i både Teheran och Zahidan och nådde fram till smugglarna innan några officiella meddelanden gick ut om att vi hade rymt.

"Hur snart kan det ske?" frågade jag upphetsat.

"Om två veckor", svarade hon. "Jag ska tala med min bror. Ring på söndag om ni kan. Hoppas att vi kan träffas här igen för att gå igenom detaljerna."

Det var svårt att dölja den glädje och upphetsning jag kände, men det var viktigt att dölja alla sådana yttringar, inte bara för Moody, Mammal, Nasserine och mina andra fiender, utan också för min egen dotter. Mahtob hade utvecklats till en perfekt skådespelerska när situationen krävde det, men jag ville inte tynga henne med denna ömtåliga hemlighet. När det var dags att fly skulle jag tala om det för henne, men inte innan allt var klart.

Moody hade annat att tänka på när vi kom tillbaka från parken. Han lämnade mig ensam med mina tankar, som kokade häftigare än de bönor jag lagade i ordning till middag.

Mitt i mina funderingar hejdade jag mig plötsligt. Jag kom att tänka på Helens och mr Vincops varningar när det gällde människosmugglare.

Men de talade om personer som smugglade människor till Turkiet, hävdade jag tyst inför mig själv. Den här gången var det fråga om att ta sig över gränsen till Pakistan.

Men de är i alla fall smugglare. De kommer att våldta dig. De stjäl dina pengar. De slår ihjäl dig eller överlämnar dig till *pasdar*.

Var det skräckskildringar som myndigheterna spritt ut för att avskräcka folk från att försöka fly? Eller var det den hemska sanningen?

Miss Alavi vann omedelbart mitt förtroende. Men jag kände

189

inte hennes bror eller de hårdföra män som riskerade livet i äventyr av det här slaget. Jag ville så gärna träffa Helen på ambassaden för att gå igenom den här planen med henne och väga hennes råd mot mitt omedelbara positiva intryck av miss Alavi.

När vi var på väg till skolan nästa morgon stannade vi vid Hamids butik och jag ringde Helen. Jag förklarade att jag fått en ny kontakt, men jag ville inte gå in på närmare detaljer i telefon.

"Kom hit så får vi prata", sa Helen. "Det skulle passa oss att träffa er i dag. Det har också kommit fler brev från er familj och era pass är klara. Kom i dag om ni kan."

"Jag ska försöka", svarade jag.

Men hur? Det var en farlig dag. Moody var på sitt arbete och jag visste inte om han skulle komma till skolan eller inte.

Jag ringde ett samtal till via Hamids telefon. Den här gången var det Ellen jag sökte. Jag ringde henne på arbetet och sa att det var dags att sätta vår andra plan i verket. Jag ville att hon skulle hjälpa mig att komma till den schweiziska ambassaden.

Senare på förmiddagen ringde Ellen upp Moody och frågade om Mahtob och jag kunde gå ut med henne och handla på eftermiddagen. Hon skulle hämta oss vid skolan och vi kunde äta lunch hemma hos henne innan vi gick ut för att handla vårkläder.

Moody sa ja!

Nu försökte Ellen genomföra den andra delen av vår plan. Telefonen ringde på skolexpeditionen och en av sekreterarna gav luren till *Khanum* Shaheen. Hon svarade på farsi, men jag hörde att hon nämnde namnet "Bettii" flera gånger, och jag visste att hon talade med Ellen.

Det var ett prov för att se om *Khanum* Shaheen skulle låta mig ta emot ett samtal. Men det gjorde hon inte. Ellen måste ringa Moody och be honom ringa skolan och ge dem lov att låta mig tala i telefon.

Till sist kom vi i alla fall i kontakt med varandra. "Det går bra", sa Ellen med en röst som darrade hörbart av spänningen. "Jag hämtar dig och Mahtob vid skolan."

"Bra", sa jag. "Är det något som gått på tok?"

190

"Nej", svarade Ellen med skärpa.

Det gick en kvart innan Ellen ringde mig på nytt. "Jag har redan ringt Moody och sagt att jag blivit förhindrad. Jag kan inte klara det i eftermiddag", sa hon.

"Vad är det som har hänt?"

"Jag har bara ändrat mig. Jag måste tala med dig om det."

Jag var rasande på Ellen, och jag ville absolut komma till ambassaden. Men jag vågade inte åka dit utan att veta att Ellen skulle ge mig ett alibi.

Vad var det som hade gått på tok? Hur skulle jag nu ta mig till ambassaden?

Dagen därpå fanns det ingen möjlighet. Moody skulle vara ledig, och han var dessutom på dåligt humör. Han följde Mahtob och mig till skolan och röt ut några order innan han gav sig av. Vi skulle inte ge oss av hem ensamma. Han skulle komma och hämta oss klockan tolv. Men klockan blev tolv, skolan slutade och vi såg inte skymten av honom. Mahtob och jag väntade i alla fall plikttroget. Medan minuterna gick växlade vi då och då frågande och nervösa blickar. Var det ett prov? Vi visste inte vad vi skulle göra.

När det gått en timme och Moody ännu inte kommit reste jag mig och sa: "Mahtob, det är bäst att vi går hem."

Vi var oroliga för att det skulle ha hänt något som förvärrade vår redan besvärliga situation, och vi skyndade oss i väg. Jag stoppade en orange taxi. Så snart de lämnat av oss på det vanliga stället på Shariatigatan skyndade vi oss att gå den sista biten hem.

Men när vi kom hem fann vi Moody gråtande på hallgolvet.

"Vad är det som har hänt?" frågade jag.

"Det är Nelufar", sa Moody. "Hon har ramlat från balkongen. Skynda er! Vi måste dit."

12

Nelufar var nitton månader gammal och dotter till Baba Hajjis och Ameh Bozorgs andre son, Morteza, och hans hustru, Nastaran. Hon var den söta lilla baby som råkat få den ena av Mahtobs födelsedagstårtor att ramla i golvet. Hon var alltid glad och full av skratt, och det märktes att hon tyckte om Mahtob och mig.

Min omedelbara reaktion gällde nu hennes tillstånd och det som hänt, men jag kände samtidigt ett slags varningssignal. Var det här en fälla av något slag? Hade Moody hittat på någon intrig för att föra bort oss?

Men vi kunde inte göra något annat än följa med honom ut, gå tillbaka till Shariatigatan och stiga in i en taxi. Jag var spänd och på min vakt. Hade Ellen skvallrat för Moody? Hade ambassaden ringt? Höll han nu på att föra oss till ett annat gömställe innan vi fick tid att meddela någon?

Vi måste byta taxi två gånger, och medan vi åkte bad jag tyst att Mahtob inte skulle avslöja att hon kände igen omgivningarna. Vi åkte den nu ganska välbekanta väg som ledde till den schweiziska ambassaden.

Det sjukhus vi till sist kom fram till låg faktiskt mitt emot ambassaden, tvärs över gatan!

Moody tog snabbt med oss till receptionen och bad att få veta vilket rum Nelufar låg i. Trots att min farsi var högst begränsad kunde jag förstå att det uppstått ett problem av något slag och att Moody satte in hela sin auktoritet som läkare för att komma förbi någon byråkratisk bestämmelse som hindrade honom. Han grälade i flera minuter med receptionisten innan han förklarade vad det hela gällde. "Ni får inte komma med in. Du och Mahtob har inte *chador* på er."

Jag förstod omedelbart hans dilemma. Om han gick och hälsade på Nelufar måste han lämna Mahtob och mig obevakade i en receptionshall som låg mitt emot ambassaden! Det var ingen fälla, det insåg jag nu. Nelufar *var* skadad. För ett ögonblick glömde jag mina egna bekymmer. Det gjorde mig ont om den lilla flickan och hennes föräldrar. Moody hade till sist låtit omtanke om familjen spela en viktigare roll än bevakningen av Mahtob och mig. Och han visste givetvis inte att jag visste var vi befann oss och vad som fanns på andra sidan gatan! "Stanna här!" kommenderade han. Sedan gav han sig av för att ta reda på hur det stod till med Nelufar.

Det kändes egendomligt att sitta så nära ambassaden och ändå inte kunna utnyttja det. Det var inte värt priset att väcka Moodys vrede för att få vara tillsammans med Helen några minuter.

Han kom dessutom tillbaka efter en mycket kort stund. "Det finns ingen där", sa han. "Morteza har fört henne till ett annan sjukhus. Nastaran har gått hem. Vi går dit i stället."

Vi promenerade snabbt till ett hus i närheten och passerade ambassaden på vägen dit. Jag måste tvinga mig att inte kasta en blick mot byggnaden och jag bad tyst att Mahtob inte heller skulle göra det. Jag ville inte att Moody skulle förstå att vi såg och kände igen skylten.

Morteza och Nastaran bodde i ett hus som bara låg ett kvarter bakom ambassaden. Flera kvinnor hade redan kommit för att visa sin medkänsla, bland andra Moodys systerdotter Fereshteh, som höll på att brygga te. Nastaran vandrade oroligt fram och tillbaka och gick då och då ut på balkongen för att se om hennes make var på väg med nyheter om deras dotter.

Det var från samma balkong hennes dotter hade fallit, tre våningar ner och rakt i gatan, efter att ha tumlat över det ynkliga lilla räcket som inte var ens en halv meter högt. Det var en vanlig typ av balkong – och en ofta förekommande tragedi – i Teheran.

Det gick två timmar som endast bröts av korthuggna och nervösa samtal som var avsedda att trösta. Mahtob höll sig hela tiden intill mig och hennes ansiktsuttryck var allvarligt. Vi tänkte båda på det söta och glada lilla barnet och vi bad båda viskande böner om att Gud skulle rädda lilla Nelufar.

Jag försökte trösta Nastaran, och hon visste att min tillgivenhet var äkta. Jag var fylld av en medkänsla som bara den som själv är mor kan känna.

Det råkade bli så att det var jag och Mahtob som följde med Nastaran när hon ännu en gång gick ut på balkongen för att titta efter sin man. Den här gången såg vi Morteza komma. Han gick mellan två av sina bröder. De bar på kartonger med pappersnäsdukar, en svåråtkomlig vara i Iran.

Nastaran gav till ett ohyggligt skri av smärta. Hon hade gissat sig till budskapet. Näsdukarna var avsedda att torka tårar med.

Hon sprang till dörren och mötte männen på trappavsatsen. ”*Mordeh!*” ”Hon är död!” utbrast Morteza genom sina tårar. Nastaran föll ihop på golvet.

Hemmet fylldes nästan omedelbart av sörjande släktingar. De slog sig för bröstet och höjde klagoskrin som ritualen kräver.

Moody, Mahtob och jag grät med dem.

Jag sörjde verkligen med Nastaran och Morteza, men medan den långa natten gick och sorgens tårar föll undrade jag hur tragedin skulle påverka mina egna planer. Det var tisdag, och jag hade stämt möte med miss Alavi i parken följande söndag. Skulle jag kunna ta mig dit, eller skulle den här tragedin också påverka våra liv? Jag måste på något sätt komma åt en telefon och ringa henne, och kanske också Helen på ambassaden. Dessutom ville jag verkligen veta vad som hänt Ellen.

Följande morgon klädde vi oss alla högtidligt i svart och beredde oss att följa familjen och alla de många släktingarna till begravningsplatsen. Lilla Nelufar hade lagts i ett kylrum över natten, och i dag skulle hennes föräldrar göra den rituella tvagning av hennes kropp som seden föreskrev. Under tiden skulle de andra släktingarna mässa böner som var avsedda för det här tillfället. Efter det skulle Nelufar svepas i en enkel vit duk och föras till begravningsplatsen för att jordas.

När vi var i vårt sovrum i Mammals hus och förberedde oss

för den sorgliga dag som skulle följa frågade jag: "Vore det inte bra om jag stannade hemma och passade alla barnen medan ni andra går till begravningsplatsen?"

"Nej", svarade Moody. "Du måste gå med oss."

"Jag vill inte att Mahtob ska vara med. Jag skulle göra mer nytta om jag stannade hemma och tog hand om barnen."

"Nej!"

Men när vi stigit in hemma hos Nastaran och Morteza upprepade jag förslaget inför de andra, och alla tyckte att det var en bra idé. Moody gav med sig utan vidare diskussioner. Han var alltför bekymrad över annat för att vara orolig för mig.

Jag vågade inte lämna huset utan Moodys tillstånd, men så snart jag blivit ensam med barnen sprang jag till telefonen och ringde Helen.

"Ni måste komma hit", sa hon. "Jag behöver tala med er."

"Jag kan inte göra det. Jag befinner mig praktisk taget mitt över gatan från ambassaden, men jag kan inte komma."

Jag trodde att jag kanske skulle kunna ta med mig barnen ut till en park efter det att de vuxna återvänt. Helen och jag gjorde upp en provisorisk plan som gick ut på att vi skulle träffas klockan tre i en park i närheten av ambassaden.

Jag kunde inte komma fram till miss Alavi per telefon, och det var en besvikelse. Men jag ringde Ellen på hennes kontor. Det blev ett skrämmande samtal.

"Jag tänker tala om alltsammans för Moody", sa Ellen. "Jag tänker berätta att du tänkt fly."

"Det kan du bara inte göra!" bönföll jag. "Jag berättade det för dig för att du är amerikan. Jag berättade det för att du lovade att hålla det hemligt. Du lovade att inte berätta det för någon."

"Jag har redan berättat allt för Hormuz", sa Ellen. Hennes röst började skära sig en smula. "Han blev mycket upprörd och arg på mig. Han har sagt att jag aldrig får gå i närheten av ambassaden, och han har sagt att jag måste berätta det här för Moody. Det är min plikt som islamisk kvinna. Om jag inte gör det, och något händer dig och Mahtob, är det mitt fel och min synd. Det skulle vara som om jag själv dödat er. Jag måste berätta det för honom."

Rädslan kramade mig i sitt grepp. Moody skulle kunna slå

195

ihjäl mig! Utan tvivel skulle han låsa in mig och ta Mahtob ifrån mig. Den lilla frihet jag hade tillkämpat mig skulle vara förlorad för alltid. Han skulle aldrig mer lita på mig efter det här.

"Snälla du, gör det inte!" snyftade jag. "Tala inte om det för honom, det ber jag dig."

Jag skrek i telefon och jag bönföll Ellen att hålla tyst. Jag vädjade till vårt gemensamma ursprung, men hon gav inte med sig. Hon upprepade gång på gång att hon måste göra sin islamiska plikt, och hon sa att hon gjorde det av kärlek till mig och av omtanke om min och min dotters välfärd. Hon måste berätta alltsammans för Moody.

"Låt mig berätta det", vädjade jag i desperation. "Jag kan klara av det. Jag lovar att jag ska göra det."

"Låt går för det", sa Ellen. "Du får lite tid på dig. Men om du inte gör det måste jag göra det."

Jag la på luren och kände en islamisk repsnara dras åt kring min hals. Vad skulle jag ta mig till nu? Hur länge skulle jag kunna vänta. Hur länge skulle jag kunna hitta på ursäkter som lugnade Ellen? Skulle jag verkligen behöva berätta allt för Moody? Och hur skulle han reagera? Han skulle slå mig – det var jag säker på – men hur långt skulle hans vrede driva honom? Och vad skulle hända sedan?

Jag önskade att jag kunnat hålla tyst och inte röjt min hemlighet för Ellen. Men hur skulle jag kunnat ana att den som skulle få mig på fall inte skulle vara en iranier utan en amerikansk kvinna från min egen hemstad?

Vreden kokade inom mig utan att få något utlopp. Jag var fylld av nervös energi. Jag såg mig omkring och mötte samma gamla vanliga smutsiga hem. Jag visste inte vad jag skulle ta mig till, och jag bestämde att jag skulle städa köket. Golvet i ett iranskt kök sluttar så att man kan tvätta det genom att skura det och sedan bara spola vatten på det så att all smuts rinner ner i en avloppsbrunn i mitten. Jag svabbade och sköljde hink efter hink med vatten över golvet. Jag gjorde till och med rent under plåtskåpen, ett ställe som de flesta iranska husmödrar struntar i. Liken efter enorma kackerlackor flöt fram när jag spolade vatten under skåpen.

Jag höll tillbaka mitt illamående och skrubbade köket rent

medan jag lyssnade till ljudet av minst femton barn som lekte i hallen.

När jag gått igenom livsmedelförrådet bestämde jag mig för att laga mat. Ätande är de här människornas främsta sociala aktivitet, och jag visste att de skulle bli glada om de fann att en måltid väntade på dem när de kom tillbaka. Jag kände att jag helt enkelt måste göra *något*. Jag hittade ett stycke oxkött i kylskåpet och inte bara det vanliga lammköttet, och jag bestämde mig för att göra *taskabob*, en persisk rätt som Moody var speciellt förtjust i. Jag hackade och fräste en rejäl sats lök och la den sedan i en gryta, varvad med tunna skivor kött och kryddor, framför allt curry. Överst la jag sedan potatis, tomater och morötter. Grytan fick sedan stå och puttra över svag eld medan angenäma dofter spred sig i huset.

Hjärtat bultade hela tiden av oro, men jag fann att arbetet med de vanliga hushållsgöromålen hjälpte mig att hålla tankarna under kontroll. Nelufars tragiska död skulle ge mig några dagars tidsfrist. Moody skulle inte ha någon kontakt med Ellen och Hormuz under den första sorgetiden. Jag insåg att det bästa jag kunde göra var att bibehålla status quo så gott jag kunde och hoppas att miss Alavi skulle kunna åstadkomma något slags mirakel innan Ellens bedrägeri utlöste en akut kris.

Se till att du är sysselsatt hela tiden, kommenderade jag mig själv.

Jag höll på med min speciella rätt med favabönor i libanesisk stil när de sörjande återvände. "Så kan du inte göra. Det är inte rätt sätt", sa Fereshteh när hon såg att jag lagade till bönorna med lök.

"Låt mig göra på mitt sätt", svarade jag.

"Visst, men vänta dig inte att någon kommer att äta det."

Fereshteh fick inte rätt. Alla slök allt jag hade lagat och berömde min matlagningskonst. Jag njöt givetvis av berömmet och Moody blev motvilligt stolt över mig. Men jag hade en speciell avsikt med mina ansträngningar. Jag visste att veckan som följde skulle vara fylld av ritualer som tog en stor del av de vuxnas tid, och jag ville befästa min ställning som barnvakt, städerska och matlagerska. Efter den här måltiden var alla överens om att det ett bra val.

När klockan närmade sig tre och jag erbjöd mig att ta med

barnen till en park i närheten blev alla glada. Men till min besvikelse följde Majid, som alltid tyckte om att leka och skoja med barnen, med oss på vår utflykt. Jag såg Helen på avstånd och gav henne en nästan osynlig huvudskakning som signal. Hon stod och såg på oss en stund, men hon vågade inte närma sig.

Veckan släpade sig fram. Jag kunde inte använda telefonen någon mer gång, för någon av de vuxna var alltid hemma hos mig och barnen av en eller annan anledning. Jag blev glad när Moody till sist talade om att sorgetiden skulle upphöra på fredagen och att Mahtob skulle återvända till skolan på lördagen – dagen före mitt planerade sammanträffande med miss Alavi.

Moodys humör växlade hela tiden. När hans sorg över Nelufar gick över blev han i stället allt mer bekymrad över sina egna problem. Jag såg i hans blick att han var på väg bort från varje förnuftsgrundat handlingsmönster. Jag hade sett det hända tidigare, och det skrämde mig. Rädslan gjorde mig disharmonisk och jag var hela tiden på gränsen till panik. Ibland var jag övertygad om att Ellen redan talat med honom, men dessemellan var jag övertygad om att han hade mer än nog med egna orsaker att bli tokig.

På lördagen, när vi gjorde oss i ordning för skolan, var han på ovanligt dåligt humör. Han ville inte släppa oss ur sikte en enda minut, och han följde oss hela vägen till skolan. Han var irriterad och sur medan vi gick längs gatan och knuffade oss sedan brutalt in i en taxi. Mahtob och jag växlade skrämda blickar. Vi visste att det snart skulle komma ett utbrott.

När vi kommit till skolan vände sig Moody till mig och sa, trots att Mahtob stod framför oss och hörde det: "Lämna henne här. Hon måste lära sig att vara i skolan ensam. Ta med henne till klassrummet och lämna henne där. Sedan åker du hem med mig."

Mahtob skrek och klängde sig fast vid min kappfåll. Hon vara bara fem år och kunde inte avgöra vilket som var farligast: att väcka sin fars vrede eller att skiljas från sin mor.

"Nu måste du visa att du är stark och duktig", sa jag snabbt. Jag försökte låta lugn och tröstande, men jag hörde att min röst var ostadig. "Kom med mig till klassrummet nu. Det går fint ska du se. Jag kommer och hämtar dig klockan tolv."

Mahtob följde med när jag drog henne med mig med en lätt rörelse. Men när hon närmade sig klassrummet och kom längre bort från den hotande fadern och närmare det ögonblick då hon skulle skiljas från mig började hon snyfta. När vi nådde fram till klassrummet hade hon börjat storgråta av skräck, precis som hon gjort under de första dagarna i skolan, innan jag stannade kvar på expeditionen under skoltimmarna.

"Snälla Mahtob!", bad jag. "Nu måste du lugna dig. Pappa är väldigt arg."

Mina ord dränktes av Mahtobs skrik. Hon höll fast i mig med ena handen så hårt hon orkade medan hon sköt undan sin lärarinna med den andra.

"Mahtob!" sa jag bestämt, "Nu måste du ..."

Plötsligt började alla flickorna i skolsalen tjuta av häpnad och indignation. Alla tog samtidigt tag i sina slöjor och såg till att de fick huvudet vederbörligen täckt. En man hade plötsligt trängt in i deras klassrum!

Jag tittade upp och fick syn på Moody. Han stod tätt intill oss och den kala fläcken ovanför hans panna var blodröd. Han var utom sig av raseri och hans höjda hand måttade redan ett första slag mot oss. I hans ögon gnistrade tusen pinade demoners uppdämda raseri.

13

Moody grep Mahtob i armen och sparkade henne. Han vred henne runt så att hon stod framför honom ansikte mot ansikte och gav henne sedan ett hårt slag på kinden.

"Nej!" skrek jag. "Slå henne inte!"

Mahtob skrek till av smärta och överraskning, men hon lyckades vrida sig ut hans grepp och på nytt gripa tag i min kappa. Jag försökte tränga mig emellan dem, men han var mycket starkare än vi båda tillsammans. Han måttade fler slag mot den lilla måltavlan, som hela tiden försökte komma undan, och han träffade henne på armen och i ryggen. Mahtobs skrik blev högre för varje slag.

Jag drog Mahtob i armen för att försöka få loss henne från honom. Han svepte Mahtob åt sidan med vänsterarmen så att hon slog i väggen. *Khanum* Shaheen och flera av de andra lärarna gick snabbt fram och formade en skyddande ring kring henne. Hon försökte fly undan och vrida sig ur deras grepp, men de hindrade henne.

Moodys vrede fann genast ett nytt föremål. Han knutna högernäve träffade rakt mot sidan av mitt huvud och jag for bakåt och vacklade.

"Jag ska slå ihjäl dig!" vrålade han på engelska medan han stirrade på mig. Sedan vände han sig trotsigt mot lärarna samtidigt som han grep mig om ena handleden och höll mig som i ett skruvstäd. Han vände sig direkt till *Khanum* Shaheen. "Jag tänker döda henne", upprepade han långsamt och med gift i rösten. Han drog mig i armen. Jag försökte göra motstånd, men jag var för omtumlad av det hårda slaget för att kunna vrida mig ur hans grepp. På något sätt var jag faktiskt glad över att han vände sin vrede mot mig. Jag beslöt att jag skulle gå med honom för att få honom bort från Mahtob. Det ordnar sig, intalade jag mig själv, bara han inte ger sig på henne. Har han mig i stället så ordnar det sig.

Mahtob slet sig plötsligt loss ur lärarnas grepp och kom springande för att försvara mig. Hon drog i min kappa för att få mig bort från Moody.

"Bry dig inte om det, Mahtob", snyftade jag. "Jag kommer tillbaka. Lämna oss nu bara. Lämna oss är du snäll!"

Khanum Shaheen kom fram och tog Mahtob i sin famn. De andra lärarna steg åt sidan så att Moody och jag kunde gå ut ur rummet. Alla dessa kvinnor tillsammans var maktlösa mot en manlig inkräktare. Mahtobs skrik ljöd än mer förfärade när Moody släpade ut mig ur klassrummet, genom hallen och ut på gatan. Jag var yr av smärta och fruktan och rädd för vad Moody skulle kunna ta sig till med mig. Skulle han verkligen döda mig? Vad skulle han göra med Mahtob om jag överlevde? Skulle jag någonsin få se henne igen?

När vi var ute på gatan ropade han *"mustakim!"* till en passerande taxi. "Rakt fram!"

Taxin stannade. Moody öppnade dörren och knuffade in mig i baksätet där det redan satt fyra eller fem iranier. Själv satte han sig i framsätet.

När taxin satte fart ut i trafikvimlet vände sig Moody om och skrek till mig, utan att bry sig om de andra passagerarna: "Du är en så gemen och genomusel människa. Jag har fått nog av dig. Jag ska slå ihjäl dig! Jag ska slå ihjäl dig redan i dag!"

Han fortsatte på samma sätt i flera minuter. Till sist vällde min egen vrede upp och fyllde mig. Den var starkare än mina tårar och min rädsla, och jag lät den komma till uttryck i den relativa säkerheten inne i taxin.

"Jaså?" svarade jag sarkastiskt. "Och hur ska det gå till om jag får fråga?"

"Med en stor kniv. Jag tänker skära dig i stycken. Jag ska skicka näsan och ett öra hem till dina föräldrar. De kommer aldrig att få se dig mer. Sedan ska jag skicka askan efter en bränd amerikansk flagga tillsammans med din kista."

201

Nu återvände skräcken, och den var ännu djupare än tidigare. Varför hade jag retat honom? Han var utom sig av raseri nu, och ingen kunde förutsäga vad han skulle ta sig till. Hans hotelser lät skrämmande realistiska. Jag *visste* att han var i stånd att utföra det han beskrev så detaljerat.

Han fortsatte att skrika, svära och vråla. Jag vågade inte längre svara. Jag kunde bara hoppas att han skulle låta sin vrede få utlopp i ord i stället för i handling.

Taxin fortsatte, inte i riktning mot vårt hem utan mot det sjukhus där han arbetade. Han tystnade och funderade på vad han skulle ta sig till härnäst.

När taxin stannade i en trafikstockning vände sig Moody mot mig och skrek: "Ut med dig!"

"Jag tänker inte stiga ur här", svarade jag snabbt.

"*Ut!!!* sa jag", skrek han. Han sträckte sig över till baksätet och slet i dörrhandtaget så att dörren gick upp. Men den andra armen tryckte han ut mig genom dörröppningen så att jag halvt ramlade och halvt steg ut på gatan. Till min förvåning stannade han själv kvar i bilen. Innan jag visste ordet av smällde dörren igen och taxin fortsatte utan mig med Moody.

Jag var omgiven av människor som alla skyndade fram omkring mig i olika ärenden, men jag kände mig trots det ensammare än jag någonsin gjort tidigare. Min första tanke gällde Mahtob. Skulle han åka tillbaka till skolan, hämta henne, göra henne illa och ta henne från mig? Men så insåg jag att han var på väg till sjukhuset och tänkte fortsätta dit.

Jag visste att Moody skulle komma tillbaka vid tolvtiden och hämta Mahtob från skolan. Men innan dess skulle han inte visa sig där. Jag hade några timmar på mig att planera vad jag skulle ta mig till.

Leta rätt på en telefon! sa jag till mig själv. Ring Helen. Ring polisen. Ring vem som helst som kan se till att det blir ett slut på den här mardrömmen.

Jag kunde inte hitta någon telefonkiosk, och jag vandrade planlöst längs gatan i flera minuter medan tårarna vätte min *roosarie*. Plötsligt kände jag ingen omgivningen. Jag befann mig bara några kvarter från Ellens lägenhet. Jag började springa så fort jag kunde, och jag svor över den långa kappan som hindrade mina rörelser samtidigt som jag bad till Gud att

202

Ellen skulle vara hemma. Hormuz också. Om jag inte kunde kontakta ambassaden måste jag vända mig till Ellen och Hormuz! Jag måste få hjälp av någon!

När jag närmade mig Ellens hus kom jag att tänka på att det fanns en butik i närheten där hon brukade gå in och ringa. Jag kanske när allt kom omkring kunna kontakta ambassaden om jag kunde använda den telefonen. Jag fortsatte förbi Ellens lägenhet. När jag närmade mig butiken försökte jag samla mig så att jag inte skulle väcka misstänksamhet genom mitt uppträdande. Jag steg in i butiken så lugnt jag kunde och förklarade att jag var Ellens väninna och att jag behövde använda telefonen. Butiksinnehavaren sa att jag fick ringa.

Det dröjde inte länge förrän jag hörde Helens röst i luren. Då orkade jag inte hålla mig lugn längre. "Hjälp mig", snyftade jag. "Ni måste hjälpa mig."

"Lugna dig nu", sa Helen. "Berätta vad som har hänt."

Jag talade om vad som hade utspelat sig.

"Han kommer inte att slå ihjäl dig", försäkrade Helen. "Han har sagt samma sak tidigare."

"Men den här gången menar han allvar. Han kommer att göra det i dag. Ni måste komma hit så att vi får träffas. Kom hit, snälla ni."

"Kan du komma till ambassaden?" frågade Helen.

Jag tänkte efter. Jag skulle inte hinna göra den långa resan till ambassaden och sedan hinna tillbaka till Mahtobs skola till klockan tolv. Jag måste vara där, trots den risk det innebar för mig själv, för att rädda mitt barn. "Nej", svarade jag. "Jag kan inte ta mig till ambassaden." Jag visste att Helen var ansatt av oräkneliga utlänningar i Iran och att alla hade ungefär samma dystra historia att berätta som jag och alla var lika desperata. Hennes tid togs i anspråk av så många och det var nästan omöjligt för henne att få tid att lämna sitt kontor. Men nu behövde jag henne. "Ni *måste* komma!" grät jag.

"Då gör vi så. Var ska vi träffas?"

"På Mahtobs skola."

"Då säger vi det."

Jag skyndade mig tillbaka till huvudgatan där jag skulle kunna hejda en orange taxi. Tårarna rann utför mina kinder och jag föste undan fotgängare som hindrade mina snabba steg. Jag rusade förbi Ellens lägenhet i samma ögonblick som Hormuz råkade kasta en blick ut genom ett öppet fönster på andra våningen. "Bettii!" ropade han. "Vart är du på väg?"

"Ingenstans. Låt mig bara vara i fred."

Hormuz hörde paniken i min röst. Han rusade nedför trappan och ut på gatan. Efter ett halvt kvarter hade han kommit i kapp mig. "Vad är det som har hänt?" frågade han.

"Låt mig vara i fred", snyftade jag.

"Nej. Vi tänker inte låta dig vara i fred. Vad är det som har hänt?"

"Inget. Inget alls. Nu måste jag gå."

"Kom in en stund", föreslog Hormuz.

"Jag kan inte just nu. Jag måste till Mahtobs skola."

"Kom in ett ögonblick", upprepade Hormuz vänligt. "Berätta vad som har hänt. Sedan kör vi dig till skolan."

"Nej. Jag har ringt ambassaden och det kommer några personer därifrån som ska träffa mig på skolan."

Hormuz iranska ansikte blev bistert. "Varför ringde du ambassaden? Det är en sak som du måste låta bli. Håll dem utanför det här. De kan inte göra något för att hjälpa dig."

Jag svarade bara med snyftningar.

"Du håller på att begå ett stort misstag", rådde mig Hormuz. "Du kommer verkligen att komma på kant med Moody om du kontaktar ambassaden."

"Nu måste jag gå", sa jag. "Jag ska till Mahtobs skola."

Hormuz förstod att han inte kunde få mig på andra tankar och han insåg att jag måste vara hos min dotter. "Vi kör dig dit. Ellen och jag kör dig."

"Tack", sa jag. "Kan vi åka nu genast?"

Skolan var i fullt uppror. *Khanum* Shaheen sa att Mahtob var i sitt klassrum och att hon var ledsen men att hon inte grät. Hon föreslog att jag inte skulle gå dit just nu, och jag gick med på det. Ellen och Hormuz talade med rektorn i flera minuter och fick bekräftelse på att det jag berättat var sant. Hormuz såg bekymrad ut. Han tyckte inte om att höra om Moodys galenskap och han blev upprörd över mitt lidande. Han sökte efter ett sätt att lösa krisen utan att utsätta mig för ytterligare faror.

Efter en stund kom fru Azhar springande och sa att någon

väntade på mig utanför.

"Vem är det?" frågade *Khanum* Shaheen misstänksamt.

Hormuz sa något till henne på farsi och rektorns ansikte mörknade. Hon ville inte ha tjänstemän från den schweiziska ambassaden inblandade i bråket. Trots att hon avrådde mig gick jag ut ensam för att tala med dem.

Helen och mr Vincop väntade utanför skolan. De förde mig till en bil som inte hade någon diplomatidentifikation och lät mig stiga in i baksätet. Jag berättade för dem vad som hade hänt.

"Nu tar vi er med till polisen", förklarade mr Vincop.

Polisen! Jag hade länge själv funderat på den utvägen, men jag hade förkastat idén var gång. Poliserna var iranier. De hade till uppgift att verkställa den iranska lagen. Enligt den lagen var det Moody som bestämde över sin familj. De kunde hjälpa mig temporärt, men jag var rädd för vad det skulle kunna leda till. De skulle kunna deportera mig, tvinga mig att lämna landet utan min dotter. Mahtob skulle bli fången i det här landet för all framtid tillsammans med sin galne far. Men nu tycktes det som om polisen var den enda utväg som stod till buds. Ju mer jag tänkte på det som utspelats på förmiddagen, desto mer fruktade jag att Moody skulle sätta sina hotelser i verket. Jag var lika rädd för Mahtobs del som för min egen.

"Låt gå för det", sa jag. "Jag är beredd att gå till polisen. Men först måste jag hämta Mahtob."

Jag gick tillbaka in i skolan. Ellen och Hormuz höll fortfarande på att samtala med *Khanum* Shaheen.

"Jag går och hämtar Mahtob nu", sa jag.

Fru Azhar översatte det jag sagt och sedan *Khanum* Shaheens svar. När jag hörde orden förstod jag att rektorn inte bara var förargad utan att hon helt ändrat sin inställning. I flera månader, och framför allt under den här förmiddagen, hade hon klart tagit ställning för mig i min strid med Moody. Men nu hade jag begått den oförlåtliga synden att blanda in tjänstemän från den amerikanska intresseavdelningen i hennes värld. Tekniskt sett var de schweiziska tjänstemän, men de representerade Amerika. *Khanum* Shaheens uppgift var att tänka, tala och lära ut anti-amerikansk propaganda. Hon hade handplockats till sin tjänst som skolledare i denna flickskola till följd av sin starka politiska övertygelse.

Khanum Shaheen sa att de inte kunde ge mig flickan. "Det går inte enligt islamisk lag. Det här är en islamisk skola, och vi måste följa den lag som gäller. Enligt den lagen tillhör barnet sin far. Det finns ingen möjlighet för oss att ge er barnet."

"Det måste ni!" skrek jag. "Han kommer att göra henne illa."

Khanum Shaheen fick ett ännu strängare uttryck och sa: "Nej." Sedan tillade hon: "Ni skulle inte ha tagit hit de där människorna från ambassaden."

"Vill ni i så fall gå med Mahtob och mig till polisen? Kan någon från skolan komma med oss till polisen?"

"Nej", löd svaret. "Vi som är här känner inte till något."

"Men han sa inför er att han tänker döda mig!"

"Vi känner inte till något", svarade rektorn.

Jag fick syn på *Khanum* Matavi, en av de kontorsanställda. Hon var min bästa elev i engelska. "Och ni då?" frågade jag. "Ni hörde honom säga det."

"Ja", svarade hon. "Jag hörde honom säga det."

"Skulle ni kunna gå med mig till polisen?"

Khanum Matavi växlade snabbt en blick med *Khanum* Shaheen. Rektorn lyfte huvudet och klickade med tungan. Nej.

"Jag kan inte göra det på skoltid", svarade *Khanum* Matavi. "Men när skolan är slut kan jag följa med er till polisen och berätta att han sa att han skulle döda er."

Khanum Shaheen rynkade pannan åt hennes olydnad.

Jag var besviken på alla och nästan förlamad av fruktan. Jag var rasande på den islamiska lagen som vägrade mig att bestämma över min egen dotter, och jag gick ut till ambassadbilen på nytt.

"De ger mig inte Mahtob", grät jag. "Och de vill inte gå med mig till polisen."

"Vad tänker ni göra nu?" frågade Helen.

"Jag vet inte", svarade jag. Orden "polis" och "islamisk lag" snurrade genom mitt huvud. Om den islamiska lagen hade ett så starkt grepp om *Khanum* Shaheen skulle jag knappast kunna vänta mig någon större förståelse från polisen. De var dessutom män. Nu var jag säker på att jag skulle förlora Mahtob för alltid om jag gick till polisen. Jag tänkte inte riskera det, inte ens om det skulle kosta mig livet. Skulle jag kunna räkna med att Moody skulle lugna sig och att han inte skulle sätta sina hotelser i verket? Skulle jag få leva en dag till? Hade jag något val?

Helen och mr Vincop försökte hjälpa mig att resonera förnuftigt. De förstod att jag var rädd för att gå till polisen. Det var en risk. De fruktade också för min och min oskyldiga femåriga dotters säkerhet mitt i denna karusell av galenskap.

Jag tänkte högt och berättade för dem om miss Alavi och hennes planer på att få sin bror att smuggla Mahtob och mig in i Pakistan.

"Det är så nära förestående", sa jag. "Jag antar att jag inte kan göra mycket mer än att vänta och se. Vi kanske kan komma ut ur landet på det sättet."

"Ni är inte klok", sa Helen vänligt. "Gå till polisen. Se till att ni kommer ut ur landet på det sättet. Lämna Mahtob här."

"Aldrig i livet", sa jag skarpt. Jag förvånades än en gång av Helens attityd. Hon var en varm och vänlig människa, och det var inte hennes avsikt att såra mig. Jag kom att tänka på att hon själv var iranier, om än av armenisk härkomst. Hon var uppfostrad med en annan filosofi än jag. För henne var det ett faktum att barnen tillhörde sin far. Hon kunde helt enkelt inte känna på samma sätt som jag och inte identifiera sig med min modersinstinkt.

"Ni tänker alltså inte vända er till polisen?" frågade mr Vincop.

"Nej. Om jag gör det kommer jag aldrig mer att få se Mahtob."

Ambassadtjänstemannen suckade djupt. "All right", sa han. "Det är inte så mycket mer vi kan göra för er just nu. Vi kanske borde prata med era vänner."

Jag hämtade Ellen och Hormuz.

"Kan ni hjälpa henne?" frågade mr Vincop.

"Ja", svarade Hormuz. "Vi kommer inte att lämna henne ensam. Vi kommer att stanna hos henne tills Moody kommer. Vi tänker ta med oss Betty och Mahtob till vårt hem och se till att de är i trygghet. Vi låter dem stanna hemma hos oss tills den saken är uppklarad."

Nu hade alla hunnit lugna sig en smula. Ellen och Hormuz

ville hjälpa oss, om än på sitt speciella iranska sätt. Helen och mr Vincop gav mig båda sina privata telefonnummer och bad att jag skulle kontakta dem omedelbart om det skulle uppstå ytterligare problem. Sedan gav de sig av.

Ellen, Hormuz och jag satte oss i deras bil och väntade utanför skolan på att Moody skulle komma. Vid ett tillfälle sa Hormuz: "Vi har beslutat, trots att det är mot vår islamiska plikt, att inte berätta för Moody om de som kom från ambassaden eller om dina planer. Vi kommer inte att säga något nu. Men du måste lova oss att klara upp det här och att inte försöka dig på något sådant."

"Tack ska ni ha", viskade jag. "Jag lovar att stanna i Iran om jag får vara tillsammans med Mahtob. Jag lovar att inte fly."

Jag kunde ha svurit det på Koranen.

* * *

Strax före klockan tolv stannade en taxi framför skolan och Moody steg ur. Han fick genast syn på oss där vi satt i Hormuz bil.

"Varför har du dragit in dem i det här?" skrek han till mig.

"Det har hon inte gjort", sköt Hormuz in. "Hon ville inte att vi skulle komma, men vi följde med i alla fall."

"Det är inte sant", sa Moody anklagande. "Hon åkte och hämtade er. Hon drar in er i våra angelägenheter."

Till skillnad mot Mammal och Reza, som inte vågade stöta sig med sin *daheejon*, sa Hormuz emot Moody. Han var yngre, starkare och mycket muskulösare. Han visste att han skulle kunna hålla Moody stången om det kom till fysiskt våld, och Moody visste det också. Men Hormuz valde en annan väg.

"Nu hämtar vi Mahtob och åker hem till oss så att vi får prata ut om det här", föreslog han.

Moody vägde olika alternativ mot varandra, men eftersom han såg att jag för tillfället beskyddades av Ellen och Hormuz gick han med på förslaget.

Vi tillbringade eftermiddagen hemma hos Ellen och Hormuz. Mahtob satt hela tiden i mitt knä, hopkrupen i fosterställning och med armarna om mig. Hon lyssnade skräckslaget när

Moody började en lång tirad av anklagelser. Han berättade för dem vilken dålig hustru jag var. Han sa att han borde ha skilt sig från mig för flera år sedan. Han sa att jag hatade ayatollah Khomeini, vilket var sant och troligt, och att jag var CIA-agent, vilket var löjligt, men visade hur galen han verkligen var.

Nu kände jag att jag hade en chans att slå tillbaka. "Jag är trött på att stå ut med honom", klagade jag. "Orsaken till att han vill stanna i Iran är att han är en dålig läkare." Jag trodde själv inte på vad jag sa. Moody är en kompetent och till och med skicklig läkare, men jag var inte på humör för en ärlig strid. "Han är en så dålig läkare att de sparkade ut honom från sjukhuset i Alpena", sa jag. "Han fick den ena processen efter den andra på halsen för att han misskött sitt yrke."

Vi fortsatte att ösa anklagelser över varandra ännu en stund. Sedan tog Hormuz med Moody på en promenad. Den genom-skinliga ursäkten var att de skulle köpa cigaretter åt Ellen.

Ellen utnyttjade tillfället och gav mig goda råd. "Säg inget elakt", rådde hon mig. "Sitt bara tyst och låt honom häva ur sig vad han vill. Men säg inte emot. Var bara snäll mot honom. Det spelar ingen roll vad han säger."

"Men han säger så mycket om mig som inte är sant."

"Iranska män blir rasande när man kritiserar dem", varnade Ellen.

Striden fortsatte när Hormuz och Moody kom tillbaka. Jag försökte följa Ellens råd, trots att jag avskydde mig själv för det, och jag bet samman läpparna och lyssnade till Moodys angrepp utan att säga ett ord. Hans ord kunde inte göra mig fysiskt illa, det visste jag, och Ellen och Hormuz hade lovat att jag skulle vara trygg i deras hem. Därför satt jag bara undergi-vet och lät Moody lufta sin maniska vrede.

Det tycktes fungera. Han lugnade sig så småningom, och medan eftermiddagen förflöt arbetade Hormuz diplomatiskt med att lappa ihop vårt förhållande och överbrygga skillnader-na. Han ville att vi skulle återförenas. Han ville att vi skulle bli lyckliga. Han visste av egen erfarenhet att ett äktenskap mellan en amerikansk kvinna och en iransk man kunde fungera. Han var, när allt kom omkring, en lycklig man. Ellen var också lycklig. Han trodde i alla fall att hon var det.

Till sist sa Moody: "Nu är det dags att åka hem."

"Nej", svarade Hormuz. "Ni måste stanna tills alla problem är lösta."

"Nej", svarade Moody ilsket. "Vi åker hem. Vi tänker inte bo hemma hos er."

Till min fasa svarade Hormuz: "Låt gå för det då. Men vi skulle gärna ha velat att ni stannat."

"Ni kan inte låta honom ge sig av med mig", grät jag. "Ni lovade ..." – Jag bet nästan tungan av mig för att hejda orden "ambassadpersonalen" från att tumla fram – "ni lovade att ni skulle skydda oss. Ni kan inte tvinga mig att åka med honom hem."

"Han kommer inte att göra er illa", sa Hormuz till mig medan han såg Moody stint i ögonen. "Det är bara prat", tillade han med ett litet kluckande skratt.

"Nu åker vi", upprepade Moody.

"Åk ni", sa Hormuz och höll med.

Mahtob stelnade till i mitt knä. Skulle vi bli utlämnade åt denna galnings godtycke, den man som svurit att han skulle döda mig i dag?

"Kom nu", morrade Moody.

Medan Moody gjorde sig klar för att gå lyckades jag få tala med Ellen i enrum ett ögonblick. "Ta reda på hur det går med oss", snyftade jag. "Jag vet att något kommer att hända."

* * *

Vi steg ur den orangefärgade taxin på Shariatigatan, mitt framför en fruktjuicebutik. Trots dagens fasor la Mahtob märke till att det fanns en sällsynt delikatess i skyltningen.

"Jordgubbar!" skrek hon.

Jag visste inte att det fanns jordgubbar i Iran. De är mina favoritbär.

"Kan du inte köpa lite jordgubbar, pappa?" bad Mahtob.

Moody blev rasande på nytt. "Du behöver inga jordgubbar", sa han. "De är alldeles för dyra."

Mahtob brast i gråt.

"Gå hem nu!" röt Moody och puffade oss i riktning mot vår sidogata.

210

14

Hur många sömnlösa nätter hade jag inte tillbringat i denna dystra miljö? Nu skulle det komma en till, och den skulle bli den utan jämförelse värsta.

Moody lämnade mig i fred under hela kvällen. Han pratade med Mammal och Nasserine med konspiratoriskt tonfall. När han till sist gick till sängs, långt efter midnatt, låg jag fortfarande vaken av rädsla, men jag låtsades sova.

Han tycktes slumra in snabbt, men jag höll mig vaken och fortsatte att vara på min vakt. Den mörka natten förflöt, minut för minut och timme för timme, men min rädsla bara ökade. Jag kunde inte vänta mig något beskydd av Mammal, Reza eller någon annan här. Från Moodys sida kunde jag inte vänta mig något annat än en tilltagande galenskap. Rädslan höll mig vaken – rädslan för att han skulle stiga upp och sedan kasta sig över mig med en kniv, ett stycke rep eller med sina bara händer. Kanske skulle ha ge mig en snabb och dödande injektion.

Tiden tycktes stå stilla. Varje minut var outhärdligt lång. Jag lyssnade hela tiden efter varje signal till att något skulle hända. Mina armar värkte när jag höll min dotter tätt intill mig och bönerna avlöste hela tiden varandra medan jag väntade på min sista stund, maktlös mot min sinnesrubbade makes vrede.

Efter en evighet hördes så till sist *azan*, kallelsen till bön, från stadens högtalare. Några minuter senare hörde jag Moody i hallen där han mässade sina böner tillsammans med Mammal och Nasserine. Mahtob rörde sig oroligt i sömnen. Det första gryningsljuset började skingra den hemska nattens mörker.

Mahtob vaknade när det var dags att göra sig i ordning till

211

skolan. Hon darrade av rädsla redan när hon steg upp och höll händerna för magen. Hon klagade över smärtor och tvingades gå till badrummet flera gånger under sina förberedelser.

Nu anade jag, eller snarare *visste* vad Moody planerade. Jag kunde se det i hans ögon och höra det i hans röst när han skyndade på Mahtob och mig. Sedan kom det: "Jag tar Mahtob till skolan i dag. Du stannar här hemma." Mahtob och jag hade varit oskiljaktiga under de senaste åtta månaderna och gemensamt stått emot Moodys dröm att förvandla oss till en iransk familj. Tillsammans kunde vi stå emot, men var och en för sig skulle vi inte förmå göra det.

"Om han tar dig med måste du följa honom", sa jag lågt till Mahtob genom tårarna när vi var tillsammans i badrummet den morgonen. "Du måste vara snäll mot pappa, även om han tar dig från mig och inte låter dig komma tillbaka till mig. Tala aldrig om för någon att vi var på ambassaden tillsammans. Tala inte om det ens om de slår dig. Om du gör det kommer vi aldrig härifrån. Behåll det som din hemlighet."

"Jag vill inte att han ska ta dig från mig", snyftade Mahtob.

"Jag vet det. Jag skulle inte stå ut. Men om han gör det ska du inte vara ledsen. Glöm inte att du aldrig är ensam. Kom ihåg att Gud alltid är med dig och att det inte spelar någon roll om du känner dig ensam. När du är rädd så ber du till Gud. Och kom ihåg att jag aldrig kommer att lämna det här landet utan dig. Aldrig. Men en vacker dag kommer vi att ge oss av tillsammans."

När Mahtob till sist var klädd och klar att gå till skolan var hon redan försenad. Moody, som var klädd i mörk kritstrecksrandig kostym, var otålig och ville komma i väg. Han skulle komma för sent till sjukhuset också. Hela hans varelse skvallrade om att han var armerad för ännu en explosion, och det blev Mahtob som utlöste den genom att stöna och springa till badrummet ännu en gång, just som Moody stod beredd att gå med henne ut genom dörren. Moody rusade efter henne och släpade med henne mot dörren.

"Hon mår så illa!" skrek jag. "Du kan inte göra så med henne. Det är inte rätt."

"Jo det kan jag visst", röt han tillbaka.

"Låt mig komma med är du snäll."

212

"Nej." Han gav Mahtob en örfil och hon skrek till.

Ännu en gång glömde jag alla tankar på min egen säkerhet. Jag ville rädda Mahtob från de okända faror som hotade henne, och jag kastade mig över Moody och drog honom i armen. Mina naglar öppnade en reva i hans kavaj.

Han slängde Mahtob åt sidan och tog tag i mig. Sedan kastade han mig i golvet och slog mig. Han tog mitt huvud i händerna och dunkade det mot golvet flera gånger.

Mahtob skrek för full hals och sprang till köket för att hämta Nasserine. Moody vände sig och om följde hennes flykt med blicken, och jag utnyttjade det korta ögonblicket och passade på att ge igen. Mina naglar rev tvärs över hans ansikte. Mina fingrar grep om hans hår. Vi brottades på golvet under några ögonblick innan han övermannade mig och gav mig ett hårt slag i ansiktet.

Mahtob, som inte hittade någon i köket, sprang tvärs över hallen till Mammals och Nasserines sovrum.

"Hjälp! Kom och hjälp!" skrek jag. Mahtob ryckte i sovrumsdörren, men den var låst. Det hördes inget ljud inifrån sovrummet och ingen kom och erbjöd hjälp.

Med den vrede och besvikelse som samlats inom mig under åtta månader lyckades jag överraska Moody med ett värre motstånd än han väntat sig. Jag sparkade, bet och klöste efter hans ögon, och jag försökte komma åt att ge honom en knäspark i skrevet. Jag lyckades i alla fall hålla honom fullt sysselsatt.

"Spring ner till Essey!" skrek jag till Mahtob.

Men Mahtob grät och skrek, och eftersom hon fruktade både för mitt liv och sitt eget ville hon inte lämna mig ensam med galningen som var hennes pappa. Hon anföll honom bakifrån med sina små knytnävar och bultade verkningslöst på honom. Hennes armar ryckte i hans midja och hon försökte dra honom bort från mig. Han slog ilsket efter henne och slängde henne åt sidan.

"Fort, Mahtob!" upprepade jag. "Spring till Essey."

Min dotter försvann till sist ut genom dörren. Hon sprang ner medan Moody och jag fortsatte det som jag var säker på var vår sista strid.

Moody bet mig djupt i armen så att det blödde. Jag skrek,

213

vred mig ur hans grepp och lyckades ge honom en spark i sidan. Men den utlöste mer vrede än smärta. Han lyfte mig med sina kraftiga armar och slängde mig rakt mot det hårda golvet. Jag hamnade på ryggen och en fruktansvärd smärta rusade upp genom ryggraden.

Nu kunde jag nästan inte röra mig. I flera minuter stod han över mig och svor åt mig medan han sparkade mig och böjde sig ner för att slå mig med händerna. Han drog mig tvärs över golvet i håret och stora testar lossnade och blev kvar i hans händer.

Han hejdade sig sedan för att hämta andan. Jag låg snyftande kvar och förmådde inte längre röra mig.

Plötsligt vände han på klacken och sprang ut på trappavsatsen utanför lägenheten. Den tunga trädörren slog igen och jag hörde sedan klicken när han låste efter sig med dubbla slag för säkerhets skull. Sedan hörde jag Mahtob skrika. Det hemska ljudet dämpades av dörren och trappuppgången mellan vår och Esseys lägenhet i våningen under, men det skar mig i alla fall i hjärtat. Sedan blev allt tyst.

Det dröjde flera minuter innan jag förmådde sätta mig upp, och ännu fler innan jag kunde klara av att resa mig. Jag haltade iväg mot badrummet medan jag tänkte mer på Mahtob än på min egen smärta, trots att det kändes som om glödande järnstänger sköts upp längs min ryggrad för varje rörelse jag gjorde. Jag lyckades stiga upp på toalettstolen, och där ställde jag mig sedan på tå och tryckte örat mot den ventilationstrumma som hade förbindelse med badrummet i våningen under. På så sätt kunde jag höra Moody klaga inför Essey. Han svor och förbannade, men Esseys svar var milda och medhållande. Jag hörde inte det minsta ljud från Mahtob.

Så fortsatte det en stund. Jag hade lust att skrika av smärta. Huggen i ryggen blev värre av att jag tvingade mig att stå på tå, men jag kunde inte ge efter för mina egna plågor nu. Samtalet där nere blev så småningom mer lågmält, och till sist förmådde jag inte urskilja ens enstaka ord på farsi. Men så plötsligt hördes Mahtobs skrik på nytt.

Mina öron följde ljudet av hennes tjut när de först hördes från Esseys lägenhet och sedan ut i trappan och ut genom entrédörren. Sedan smällde järndörren igen med samma hems-

214

ka klang som en fängelseport.

Jag steg ner från toaletten och gick till Mammals och Nasserines sovrum. Nyckeln satt i låset och jag öppnade. Rummet var tomt. Jag gick fram till fönstret som vette mot huset framsida. Jag måste trycka näsan mot jalusin och pannan mot järngallret för att kunna se något nere på marken framför huset. Där nere stod Moody med revan i kavajen lagad givetvis av Esseys flinka händer. Han höll Mahtob i ett stadigt grepp under armen så att han kunde styra henne, trots att hon sparkade och försökte vrida sig ur hans grepp. Med sin lediga hand fällde han isär Amirs sittvagn. Sedan satte han Mahtob i den och spände fast hennes armar och ben.

Jag förföljdes av den fasansfulla tanken att jag aldrig mer skulle få se Mahtob. Jag var säker på det. Jag vände på klacken och sprang till vårt sovrum. Där tog jag Moodys småbildskamera från hyllan och skyndade mig sedan tillbaka till fönstret, precis i tid för att ta en bild av dem när de gav sig av i riktning mot Shariatigatan. Mahtob skrek fortfarande, men Moody brydde sig inte om hennes protester.

Jag följde dem med blicken tvärs genom mina tårar och stod kvar en lång stund efter det att de hade försvunnit. Jag kommer aldrig att få se henne mer, upprepade jag för mig själv.

"Är du all right?"

Det var Essey som ropade upp genom ventilationstrumman till badrummet. Hon måste ha hört mig gråta när jag försökte tvätta blodet av mig.

"Ja", ropade jag tillbaka. "Men jag måste få tala med dig, snälla du." Vi kunde inte fortsätta samtalet så här, för vi måste skrika för att höra varandra. "Gå ut på gården, snälla du, så att jag kan få tala med dig", bad jag.

Jag släpade min värkande kropp ut på balkongen som vette mot gården och såg att Essey stod nedanför och väntade på mig.

"Varför släppte du in Moody?" frågade jag mellan snyftningarna som skakade min kropp. "Varför skyddade du inte Mahtob?"

"De kom in på samma gång", förklarade Essey. "Hon hade gömt sig under trappan. Han hittade henne och tog in henne."

215

Stackars Mahtob! tänkte jag tyst för mig själv. Till Essey sa jag: "Du måste hjälpa mig."

"Reza har gått till sitt arbete", sa Essey. Hennes blick var fylld av äkta medkänsla, men jag kunde samtidigt ana att hon var en smula reserverad och på sin vakt som alla iranska kvinnor. Hon skulle göra vad hon kunde för mig, men hon vågade samtidigt inte sätta sig upp mot sin makes eller hans *daheejons* vilja. "Jag är verkligen ledsen för din skull, men vi kan inte göra något."

"Är Mahtob all right? Var är hon nu?"

"Jag vet inte vart han gick med henne."

Vi hörde båda att Mehdi, Esseys lilla barn, började gråta. "Jag måste gå in nu", sa hon.

Jag gick tillbaka in i lägenheten. Ring ambassaden! tänkte jag. Varför hade jag inte gjort det redan? Om jag inte kunde nå Helen eller mr Vincop där hade jag också deras privata nummer. Jag skyndade mig till köket – men det fanns ingen telefon där.

Jag insåg allt klarare att Moody hade planerat morgonens händelser och handlat överlagt. Var fanns Mammal? Och Nasserine? Vart hade telefonen tagit vägen? Jag hade hamnat i en värre situation än jag först trott. Jag ansträngde mig för att kunna tänka rationellt och kunna komma på något sätt att gå till motangrepp.

Jag var vid det här laget van att leva som ett instängt djur och jag började omedelbart kontrollera min omgivning. Jag hade ingen plan att handla efter, men jag visste att jag måste söka efter svaga punkter i Moodys nya fängelse. Jag gick ut på balkongen och tog en titt, men jag måste utesluta möjligheten att hoppa ner till marken. Gjorde jag det skulle jag bara hamna som fånge på Rezas och Esseys gård, som var omgiven av en hög tegelmur.

Vid sidan av balkongen fanns det en smal kornisch som ledde till taket på det angränsande envåningshuset. Jag skulle kunna nå den från sovrumsfönstret och kanske ta mig över till grannhusets tak, trots att hyllan bara var ett par decimeter bred. Men vad skulle jag göra sedan? Skulle grannens balkongdörr vara olåst? Skulle det finnas någon hemma? Skulle grannen hjälpa mig eller skulle han ringa polisen? Och vad skulle hända med Mahtob om jag lyckades rymma?

Tankarna snurrade i mitt huvud medan jag försökte utvärdera mina möjligheter och de faror som hotade mig, samtidigt som det bultade av smärta efter Moodys slag.

Jag började förstå hur totalt isolerad jag nu var. Jag måste upprätta kontakt – kontakt av något slag – med världen utanför. Jag gick till Mammals och Nasserines sovrum och fram till fönstret som vette mot gatan. Utanför fortsatte gatulivet och trafiken som vanligt, opåverkat av min svåra belägenhet. Det kändes plötsligt viktigt att komma närmare de män och kvinnor som skyndade fram där ute på gatan.

Fönstret var försett med järngaller och det var ungefär en decimeter mellan järntenarna. På gallrets insida satt en jalusi som gjorde det svårt att se ut. Trottoaren under fönstret var bara några decimeter bred och löpte alldeles intill husväggen. Det gjorde att jag inte kunde se den från fönstret.

Jag insåg att om jag finge loss jalusin och sedan tryckte pannan mot järngallret så skulle jag kunna kika ner på trottoaren. Jalusin var fäst med flera skruvar, och jag letade igenom huset för att hitta en skruvmejsel. Jag hittade ingen, men jag tog en bordskniv från köket och använde den i stället.

När jag fått loss jalusin ställde jag mig tätt intill fönstret och tittade ner. Nu kunde jag se den dagliga paraden av förbipasserande. Men vad hade jag uppnått med det? Ingen av dem som skyndade förbi där nere skulle kunna hjälpa mig. Jag satte missmodigt tillbaka jalusin så att Moody inte skulle märka något.

När jag kom tillbaka in i hallen förstod jag att Moody skulle kunna spärra in mig ännu effektivare. Alla dörrar inne i lägenheten var försedda med lås. Han skulle kunna låsa in mig i hallen om han ville. Jag letade igenom lägenheten och sökte efter verktyg – eller vapen och valde sedan ut en vass och spetsig styckningskniv från köket. Jag gömde den, tillsammans med den bordskniv som jag använt som skruvmejsel, under kanten på en av de persiska mattorna i hallen. Om Moody stängde in mig där skulle jag kunna peta sprintarna ut dörrgångjärnen med hjälp av de verktygen.

Jag fortsatte mitt sökande och kom att tänka på att det fanns ett inre fönster i väggen mellan matsalen och trappavsatsen på andra våningen. Moody hade glömt den utgången. Fönstret var förhängt med ett draperi och svårt att lägga märke till i första taget.

Fönstret var inte spärrat. Det gled upp vid första försöket att öppna det. Jag stack ut huvudet genom öppningen och funderade på vilka möjligheter den här flyktvägen kunde erbjuda. Jag skulle lätt kunna ta mig igenom fönsteröppningen och ut på trappavsatsen, men jag skulle fortfarande vara instängd av den tunga järnporten ut mot gatan. Den hölls alltid låst. Jag tittade på trappan som ledde uppåt från trappavsatsen, förbi vår dörr och upp till taket. Jag skulle kunna ta mig ut på det platta taket och över det till taken på ett intilliggande hus. Men vad skulle jag göra sedan? Skulle någon granne våga släppa in en amerikansk kvinna på flykt i sitt hem och sedan låta henne fortsätta ut på gatan? Och även om jag lyckades med det skulle jag inte ha Mahtob med mig.

Tårarna strömmade utför mina kinder när jag insåg att mitt liv var slut och att Moody när som helst skulle kunna döda mig. Jag insåg plötsligt att det fanns andra som jag måste skydda. Jag tog fram min adressbok och bläddrade snabbt igenom den. Jag raderade ut telefonnummer. Trots att de var kodade ville jag inte skapa obehag för någon som gjort det minsta försök att hjälpa mig, och jag ville absolut inte sätta någon annans liv på spel.

Flera kodade nummer fanns på lösa lappar som var instuckna i boken. Jag brände papperen och spolade ner askan i toaletten.

Jag var utmattad av allt det som hänt under de senaste dagarna, och jag sjönk till golvet. Jag vet inte hur länge jag blev liggande där. Jag kanske slumrade till.

Jag hörde plötsligt ljudet av en nyckel som sattes i låset till lägenheten. Essey kom in med en bricka med mat.

”Var snäll och ät”, sa hon.

Jag tog brickan och tackade henne för maten. Jag försökte få i gång ett samtal, men Essey var tillbakadragen och fåordig. Hon gick genast tillbaka mot dörren. ”Jag beklagar”, sa hon lågt. Sedan gick hon ut och låste dörren efter sig. Ljudet av nyckeln som vreds om i låset ekade genom mitt huvud. Jag bar brickan till köket med rörde inte maten.

Timme efter timme gick medan min förtvivlan växte. Vid middagstid återvände Moody. Ensam.

"Var är hon?" skrek jag.

"Det behöver du inte veta", svarade han strängt. "Oroa dig inte för henne. Jag kommer att ta hand om henne nu."

Han gick förbi mig och fortsatte in i sovrummet. Jag unnade mig ett ögonblicks pervers njutning när jag såg märken av mina naglar i hans ansikte. Men glädjen försvann snabbt när jag tänkte på att jag var mycket värre tilltygad själv. Och var fanns min dotter?

Moody kom snart tillbaka med lite kläder till Mahtob i handen. Han hade också tagit den docka som vi gett henne till hennes födelsedag.

"Hon vill ha dockan", sa han.

"Var är hon? Låt mig få träffa henne, snälla du."

Utan ett ord svepte Moody mig ur vägen och gav sig av. Han låste med dubbla slag när han gick.

Sent på eftermiddagen låg jag på sängen med benen uppdragna för att lindra den brännande smärtan i ryggen. Då hörde jag plötsligt porttelefonens summer. Någon utanför på gatan hade tryckt på knappen till vår lägenhet. Jag sprang till porttelefonen och svarade. Det var Ellen. "Jag är inlåst", sa jag. "Vänta så ska jag gå till fönstret. Då kan vi tala med varandra."

Jag tog snabbt bort jalusin och lutade huvudet mot gallret. Ellen stod nere på trottoaren med Maryam och Ali. "Jag tänkte att jag skulle ta reda på hur du har det", sa hon. Sedan tillade hon: "Ali är törstig. Han skulle gärna vilja ha något att dricka."

"Jag kan inte ge dig något", sa jag till Ali. "Jag är inlåst."

Essey hörde givetvis alltsammans och kom snart ut med en mugg vatten till Ali.

"Vad kan vi göra?" frågade Ellen. Essey ville också ha svar på den frågan.

"Gå och hämta Hormuz", föreslog jag. "Försök att tala med Moody."

Ellen gick med på det. Hon gav sig av tillsammans med barnen och de försvann snart i trängseln bland alla människorna på gatan. Det sista jag såg av dem var snibbarna på hennes svarta *chador* som flaxade i vårvinden.

Senare samma eftermiddag pratade Reza med mig. Han stod
på gården och jag gick ut på balkongen. Jag visste nu att Essey
hade en nyckel, men Reza ville inte komma in i lägenheten en
trappa upp.

"Reza", sa jag. "Jag är verkligen tacksam för all vänlighet
du visat mig under den tid jag varit i Iran. Du har varit snällare
än någon annan, och det glömmer jag inte, särskilt med tanke
på att vi inte stod på god fot med varandra när du var i USA."

"Tack", sa han. "Är du all right?"

"Hjälp mig snälla du! Jag tror att du är den ende som kan
tala med Moody. Kommer jag någonsin att få se Mahtob
igen?"

"Var inte orolig. Du kommer att få se henne igen. Han
tänker inte hålla henne borta från dig. Han älskar dig. Han
älskar Mahtob. Han ville inte att Mahtob ska växa upp ensam.
Han själv tvingades växa upp utan en mor, och det vill han inte
att Mahtob ska göra."

"Tala med honom är du snäll", bad jag.

"Jag kan inte tala med honom. Vad han än beslutar ... så
måste det vara hans eget beslut. Jag kan inte tala om för ho-
nom vad han ska göra."

"Försök, snälla du. I kväll."

"Nej. Inte i kväll", sa Reza. "Jag måste åka till Resht i
affärer i morgon. När jag kommer tillbaka om ett par dagar
och om jag ser att inget förändrats kanske jag kan tala med
honom."

"Gå inte. Stanna, snälla du. Jag är rädd. Jag vill inte vara
ensam."

"Nej, jag kan inte stanna. Jag måste gå."

Tidigt på kvällen kom Essey och låste upp dörren. "Kom ner",
sa hon.

Ellen och Hormuz var där tillsammans med Reza. Medan
Maryam och Ali lekte med Esseys och Rezas två barn sökte vi
gemensamt efter en lösning på den svåra situation jag hamnat
i. Alla de andra hade tidigare stått på Moodys sida och hjälpt
honom i hans kamp mot mig, men de hade haft vad de ansåg

vara förnuftiga och rimliga motiv. De var plikttrogna muslimer. De måste respektera Moodys rätt att styra över sin familj. Men de var också mina vänner, och de tyckte alla om Mahtob. Till och med i denna islamiska republik visste de att en far kunde driva sin rätt och sina handlingar för långt.

Ingen ville gå till polisen, minst av alla jag själv. Inför Reza och Essey vågade jag inte diskutera frågor som rörde ambassaden med Ellen och Hormuz. Och även om jag gjort det skulle de ha motsatt sig all vidare kontakt med amerikanska eller schweiziska tjänstemän.

Det gjorde att vi hamnade i ett dilemma. Det fanns inget annat att göra än att försöka tala med Moody, och vi visste alla att det inte gick att tala förstånd med honom och få honom att handla vettigt. Inte nu. Kanske aldrig mer.

Jag försökte hejda den vrede som vällde upp inom mig. Ge honom stryk! Lås in honom! Skicka Mahtob och mig till Amerika! Jag ville skrika och bulta förnuft i dem så att de skulle inse att det var den enda möjliga lösningen på hela den eländiga historien. Men jag måste finna mig i det som var deras verklighet. Jag måste hitta något slags temporär lösning som de skulle kunna stödja och bli nöjda med. Men det tycktes inte finnas någon.

Medan vi satt och samtalade hörde vi dörren till gatan öppnas och stängas. Reza steg ut på trappavsatsen för att se vem det var som kom. Han kom tillbaka i sällskap med Moody.

”Hur tog du dig ut?” frågade han mig. ”Varför är du här nere?”

”Essey har en nyckel”, förklarade jag. ”Det var hon som lät mig komma ner.”

”Ge mig nyckeln!” skrek han. Essey löd undergivet och räckte honom den.

”Lugna dig nu, *daheejon*”, sa Reza milt i ett försök att stävja Moodys galenskap och raseri.

”Vad har *de* här att göra?” skrek Moody och pekade på Ellen och Hormuz.

”De försöker hjälpa oss”, svarade jag. ”Vi har problem. Vi behöver hjälp.”

”Vi har inga problem!” vrålade Moody. ”Det är du som har problem.” Han vände sig till Ellen och Hormuz. ”Gå härifrån och lämna oss i fred", sa han. "Det här är inte er angelägenhet. Jag vill inte att ni ska ha något mer med henne att göra."

Till min fasa reste sig Ellen och Hormuz omedelbart. "Gå inte", bad jag. "Jag tror att han kommer att slå mig igen. Han kommer att slå ihjäl mig. Om han gör det kommer ingen att få veta vad som har hänt. Gå inte. Lämna mig inte ensam."

"Vi måste gå", sa Hormuz. "Han har sagt att vi ska gå, och det är han som bestämmer."

De gick sin väg och Moody släpade med mig upp och låste in sig med mig.

"Var är Mammal och Nasserine?" frågade jag nervöst.

"De står inte ut med att vara här längre för att du uppför dig så illa", sa Moody. "De har gett sig av och bor hos Nasserines föräldrar. De tvingades ut ur sitt eget hus." Han röst steg. "Det här är inte deras angelägenhet. Det är ingen annans angelägenhet. Det är bäst att du inte pratar med någon annan om det här. Jag tänker ta hand om saker och ting nu. Jag kommer att fatta alla beslut. Jag ska se till att det blir ordning på allt och alla."

Jag var för rädd för att våga säga emot. Jag satt tyst medan han fortsatte att domdera och gå på i flera minuter. Han slog mig åtminstone inte.

Vi var ensamma i lägenheten den natten. Vi låg i samma säng, men så långt från varandra som möjligt och med ryggen åt varandra. Moody sov, men jag låg och vred min värkande kropp av och an för att få lindring, men det var förgäves. Jag var orolig för Mahtob och jag grät för att jag inte hade henne hos mig. Jag försökte tala med henne i mina tankar, och jag bad och bad.

Nästa morgon steg Moody upp och klädde sig för att gå till arbetet. Han valde en annan kostym för att ersätta den jag rivit sönder dagen innan. När han gick tog han med sig Mahtobs kanin.

"Hon vill ha den", sa han.

Sedan försvann han.

15

Jag låg kvar i sängen länge efter det att Moody gett sig av och grät högt. Jag snyftade "Mahtob! Mahtob! Mahtob!" Min kropp kändes som ett enda stort blåmärke. Mest ont gjorde det i korsryggen efter det slag jag fick då Moody slängde mig i golvet. Jag drog upp benen och kurade ihop mig för att lindra smärtan.

Det gick timmar, tror jag, innan jag lade märke till ett bekant ljud utanför på den bakre gården. Det var gnisslet från en rostig kedja som gned mot en järnstång. Ljudet kom från Maryams gunga. Den var Mahtobs favoritlekplats. Jag reste mig långsamt och linkade fram till balkongen för att se vem som var ute och lekte på gården.

Det var Esseys dotter Maryam som njöt av den soliga aprilmorgonen. Hon fick syn på mig och ropade med sin oskyldiga barnaröst: "Var är Mahtob?"

Jag fick inte fram något svar för gråten.

Av skäl som bara jag vet hade jag tagit med mig Mahtob till Iran för att rädda henne. Nu hade jag i stället förlorat henne. Mörkret omslöt mig och jag kämpade för att inte förlora min tro. Jag måste på något sätt fatta mod och återfå förmågan att handla. Hade Moody slagit mig så att jag inte längre förmådde göra motstånd? Jag var rädd för svaret på den frågan.

Den praktiska frågan var nu vad Moody gjort med Mahtob, men det fanns också ett mer djupliggande problem som låg och gnagde i mig. Jag frågade mig *hur* han kunde göra så med henne? Och med mig? Den Moody jag kände nu var helt enkelt

223

inte samme man som jag gift mig med.

Vad var det som hade gått på tok? Jag visste det, men visste det på samma gång inte. Jag hade kunnat skönja hur Moodys vansinne kommit och gått under de åtta år vi varit gifta och jag kunde hänföra det till svårigheter i hans yrkesutövande och till och med slå fast vissa höjder och svackor som var förbundna med oförutsedda politiska händelser.

Hur kunde det komma sig att jag inte sett olyckan komma och förhindrat den? Jag överväldigades plötsligt av syner ur det förflutna och fylldes av efterklokhet.

Åtta år tidigare, när Moody närmade sig slutet av sitt treåriga förordnande på Detroit Osteopathic Hospital, måste vi fatta ett viktigt beslut. Vi måste antingen planera för ett liv tillsammans eller var för sig. Vi fattade vårt beslut tillsammans och åkte sedan för att informera oss närmare om ett erbjudande om en tjänst vid Corpus Christi Osteopathic Hospital. Man hade redan en anestesiolog anställd, men man behövde ytterligare en. Ett snabbt överslag visade att Moody skulle tjäna omkring hundrafemtio tusen dollar om året. Tanken på så mycket pengar fick det att gå runt i huvudet på oss.

På sätt och vis ville jag inte flytta från mina föräldrar i Michigan, men jag ville å andra sidan väldigt gärna börja ett lyckligt nytt liv med goda inkomster och hög social status.

Joe, och i synnerhet John, som nu var sex år, gladde sig åt tanken på vår nya tillvaro.

Före giftermålet sa John till mig: "Mamma, jag vet inte om jag kan bo tillsammans med Moody."

"Varför det?" frågade jag.

"Han ger mig så mycket godis. Jag kommer att få tänderna förstörda."

Jag skrattade när jag insåg att han menade allvar. Han förband Moody med godis och lyckliga stunder.

Men viktigare än alla logiska skäl till att vi skulle gifta oss var det faktum att Moody och jag älskade varandra. Jag kunde inte tänka mig att ge upp honom och låta honom flytta till Corpus Christi för att själv fortsätta en trist och enformig tillvaro i Michigans industriarbetarvärld.

Vi gifte oss den 6 juni 1977 i en moské i Houston. Det var en privat ceremoni och den drog inte ut på tiden. Efter några enkla ord som muttrades fram på farsi och engelska var jag plötsligt den uppburna drottningen i Moodys liv.

Moody överöste mig med blommor, presenter och kärleksfulla överraskningar. Nästan varje dag innehöll posten ett handskrivet kort eller ett kärleksbrev som komponerats av bokstäver som han klippt ur en tidning och klistrat på ett pappersark. Han njöt av att berömma mig och tala vackert om mig inför sina vänner. En middag gav han mig en stor pokal i blått och glittrande guld som bar inskriften "Till världens underbaraste hustru". Min samling av speldosor växte hela tiden. Han öste böcker över mig vid alla tänkbara tillfällen, och var och en av dem var försedd med en kärleksfull dedikation. Det gick knappast en dag utan att han medvetet gav uttryck för sin kärlek på något nytt sätt.

Det märktes snart att Moody gjort klokt i att specialisera sig. Anestesi är en av de mest lukrativa av alla medicinska specialiteter, men trots det behövde Moody sällan utföra något faktiskt arbete. Han övervakade i stället det arbete som utfördes av de specialutbildade anestesisköterskorna, och det gav honom möjlighet att ha tre eller fyra patienter samtidigt och ta betalt av samtliga efter den skyhöga taxa som gällde. Han hade lätta dagar. Han måste infinna sig tidigt på sjukhuset för operationerna, men han var ofta hemma vid middagstid. Han behövde inte följa ett vanligt arbetstidsschema och han kunde dela akuttjänstgöringen med den andre anestesiologen på det sätt som passade båda bäst.

Moody hade vuxit upp som en överklassiranier, och han hade inte några svårigheter att anpassa sig till rollen som framgångsrik amerikansk läkare. Vi köpte ett stort och vackert hus i en av de finaste stadsdelarna i Corpus Christi och bodde granne med andra läkare, tandläkare, advokater och liknande yrkesgrupper.

Moody anställde ett hembiträde för att befria mig från de gängse husmorsplikterna och jag ägnade mig i stället åt kontorsarbete. Dagarna gick med den angenäma uppgiften att skriva räkningar till patienter och sköta den bokföring som hörde till Moodys praktik. Den tid som blev över ägnade jag åt min familj och vårt hem. Eftersom hemhjälpen tog hand om rutinarbetet kunde jag göra det jag själv tyckte var roligt.

Vi hade ett stort umgänge och bjöd ofta hem gäster, delvis för att vi tyckte det var roligt och delvis för att det är bra för en läkare att ha en stor umgängeskrets. Innan vi kom till Corpus Christi hade den andre anestesiologen varit överansträngd. Han var tacksam för att få hjälp, men eftersom läkare har ett slags revirinstinkt uppstod det också en viss välvillig konkurrens. Vi hade mycket att göra och många att träffa, men vi ansåg att vi måste ha ett stort umgänge för att etablera oss ordentligt i vår nya hemtrakt. De läkare vi umgicks med var både infödda amerikaner och andra som på samma sätt som Moody hade rest till USA från sina hemländer för att studera och arbeta i Amerika. Det fanns många indier, saudiaraber, pakistanier, egyptier och invandrare av många andra nationaliteter. Vi lärde av varandra och blev bekanta med främmande kulturer och seder. Jag blev berömd för den goda iranska mat jag lagade.

Jag arbetade också som frivillig hjälp på sjukhuset, och på så sätt lärde jag känna de andra läkarnas hustrur.

Inom en annan social sfär blev vi de ledande i samhället. Det råkade vara så att Texas A&I University, som låg i närheten, var den mest omtyckta läroanstalten bland iranska studenter. Vi bjöd ofta hem dem, och som medlemmar i Islamic Society of South Texas ordnade vi fester och tillställningar som sammanföll med de iranska och islamiska helgdagarna. Jag gladde mig åt att Moody till sist funnit en jämvikt mellan sitt förflutna och sitt nuvarande liv. Han njöt av sin roll som amerikaniserad läkare och blev till ett slag föredöme och exempel för sina yngre landsmän.

Moody visade hur väl han integrerats i samhället i USA genom att söka amerikanskt medborgarskap. I ansökningsformuläret fanns många frågor, bland annat följande:

Stöder ni den amerikanska grundlagen och den styresform som praktiseras i USA?
Är ni beredd att svära USA er trohetsed utan invändningar?
Är ni, om lagen så kräver, villig att bära vapen och bruka dem i USA:s tjänst?

Moody svarade ja på var och en av de frågorna.

Vi reste en hel del och besökte Kalifornien och Mexico flera gånger. När det hölls ett läkarseminarium eller en medicinsk kongress brukade Moody och jag åka dit. John och Joe stannade hemma tillsammans med en barnvakt som sov över. Skattelagarna gjorde det möjligt för oss att bo på fina hotell och äta på de bästa restaurangerna. Vi kunde skriva av kostnaderna i rörelsen. När vi åkte på affärsresor hade jag alltid med mig ett kuvert och tog kvitto på allt så att jag kunde styrka att det gällde omkostnader i rörelsen

Det kändes ibland som om denna radikala förändring i mitt liv skulle vara för mycket. Allt det nya överväldigade mig. Trots att jag inte hade någon egentlig anställning var jag mer upptagen än någonsin. Jag blev bortskämd med pengar och tillgivenhet, och jag fick så stora kärleksbevis att det nästan kändes som smicker. Hur skulle jag då kunna klaga över något?

Det fanns vissa problem i vårt äktenskap redan från början, men vi valde båda att släta över dem och inte låtsas om dem. När en motsättning någon gång kom till ytan brukade den gälla skillnader som hade med våra olika kulturer att göra. Det var frågor som Moody inte fäste någon större uppmärksamhet vid och som egentligen förvirrade honom mer än de irriterade honom. När vi exempelvis gick till en bank i Corpus Christi för att öppna en checkräkning skrev han bara sitt namn på ansökningshandlingen.

"Vad betyder det här?" frågade jag. "Varför skriver vi inte kontot i mitt namn också?"

Han verkade överraskad. "Vi skriver inte kvinnors namn på bankkonton", sa han. "Iranier gör aldrig det."

"Men du är ingen iranier här", svarade jag. "Här väntar vi oss att du ska bete dig som en amerikan."

Efter en stunds diskussion gav Moody med sig. Det hade helt enkelt inte gått upp för honom att vi ägde våra tillgångar gemensamt.

En vana som irriterade mig var att han behandlade mig som en ägodel. Det var som om jag, i likhet med hans bankkonto, var *hans* personliga egendom. När vi var i ett rum fullt med människor ville han att jag hela tiden skulle stå bredvid honom. Han la alltid armen om mig eller tog min hand som om

han var rädd att jag skulle fly. Jag var smickrad av hans upp-
märksamhet och tillgivenhet, men det kändes samtidigt en
smula enerverande ibland.

I sin roll som styvfar och inte bara som mammas make
visade han också vissa brister. Han uppförde sig omedvetet
som en iransk far och krävde att John och Joe skulle lyda
honom blint. Det var framför allt svårt för Joe. Han var elva nu
och hade så smått börjat hävda sin egen vilja. Dittills hade det
varit Joe som varit mannen i vår familj.

Dessutom hade vi Reza. Han var, utan tvivel, den främsta
orsaken till de spänningar som förekom inom vår familj vid
den här tiden. Reza hade studerat vid Wayne State University i
Detroit, och hade under en tid bott i Moodys lägenhet. Strax
före vår första bröllopsdag hade Reza tagit sin ekonomexa-
men, och Moody hade bjudit in honom och sagt att han kunde
bo hos oss i Corpus Christi tills han fick en anställning.

När Moody inte var hemma antog Reza rollen som herre i
huset. Han försökte styra mig och barnen och gav oss order,
samtidigt som han krävde blind lydnad av oss. Strax efter det
att vi flyttat in hade jag några väninnor hemma på te. Reza satt
hos oss i samma rum utan att säga något, och av allt att döma
registrerade han noga allt vi sa och gjorde det för att kunna
rapportera till Moody om vi sa något respektlöst. När mina
gäster gett sig av gav han mig omedelbart order att diska.

"Jag tar hand om disken när det passar mig", fräste jag.

Reza försökte tala om för mig när jag skulle tvätta, vad jag
skulle ge pojkarna till lunch och när det var lämpligt att jag
gick och drack kaffe hos en granne. Jag sa emot och talade om
vad jag tänkte, men han envisades. Själv tog han ingen del i
hushållsarbetet.

Jag talade flera gånger med Moody om saken och klagade
över att Reza la sig i mina angelägenheter. Men Moody kunde
inte själv bevittna det som hände, och han rådde mig att visa
tålamod. "Det gäller bara en kort tid", sa han. "När han får en
anställning flyttar han. Han är min systerson. Jag måste hjälpa
honom just nu."

Vi intresserade oss också för fastighetsmarknaden och letade
efter räntabla objekt som vi skulle kunna investera en del av
våra pengar i, samtidigt som vi kunde utnyttja avdragsmöjlig-

228

heterna. Vi hade i det sammanhanget börjat umgås med en av stadens mest framgångsrika bankmän. Jag övertalade honom att göra en anställningsintervju med Reza för att se om han skulle kunna få arbete i banken.

"De erbjöd mig anställning i kassan", klagade Reza när han kom tillbaka från intervjun. "Jag tänker då inte sitta i kassan i en bank."

"Många skulle bli glada över att bli erbjudna ett sådant arbete", sa jag. Jag kunde inte förstå hans attityd, och jag tyckte inte om den. "Har man väl börjat kan man avancera från en sådan anställning."

Reza svarade med ett yttrande som fick mig att häpna – och som jag inte skulle förstå förrän jag flera år senare lärde mig mer – för att inte säga alltför mycket – om det iranska manliga egot, i synnerhet det som kom till uttryck i Moodys familj. Han sa: "Jag tänker inte ta en anställning i det här landet om de inte erbjuder mig att bli chef för ett företag."

Han nöjde sig med att leva på oss tills något amerikanskt bolag skulle visa sig förutseende nog att överlämna sig i hans händer.

Under tiden ägnade han sig åt att sola på badstranden, läsa Koranen, hålla sina andakter och försöka styra allt jag företog mig. När han blev trött på de sysslorna tog han en lur.

Veckorna gick och blev till månader innan jag tvingade Moody att göra något åt saken.

"Antingen ger han sig av eller också gör jag det!" sa jag till sist.

Menade jag det verkligen? Antagligen inte, men jag satsade hårt på att Moody verkligen älskade mig, och jag fick rätt.

Reza mumlade saker på farsi och svor antagligen åt mig, men han flyttade i alla fall till en egen lägenhet – som Moody betalade hyran för. En tid därefter reste han tillbaka till Iran för att gifta sig med sin kusin Essey.

När Reza gett sig av kunde vi på nytt börja leva ett lyckligt liv tillsammans. Det var i alla fall vad jag trodde. Moody och jag hade våra meningsmotsättningar, men jag visste att man måste kompromissa i ett äktenskap. Jag var säker på att allt skulle bli bra med tiden.

Jag koncentrerade mig på det som var positivt. Mitt liv hade utvecklats så positivt på många sätt. Jag hade till sist fått det där *extra* som jag alltid strävat efter.

Hur skulle jag kunna veta att det höll på att blåsa upp till storm långt där borta i öster? En ond storm som skulle krossa mitt äktenskap, fängsla mig och rycka bort mig från mina söner. Den skulle inte bara hota mitt liv utan även min ännu ofödda dotters.

Vi hade varit gifta i ett och ett halvt år när Moody, några dagar efter nyår, kom hem med en dyr kortvågsradio och ett par hörlurar. Mottagaren var så känslig att han kunde lyssna på sändningar från nästan hela världen med den, och han blev plötsligt intresserad av att lyssna på den iranska radions sändningar.

I Teheran hade det förekommit en antal studentdemonstrationer mot shahen och hans styre. Det hade förekommit sådana sammanstötningar tidigare, men den här gången var de allvarligare och mer omfattande. Från landsflyktens Paris började ayatollah Khomeini göra allt fränare uttalanden mot shahen i synnerhet och det västerländska inflytandet i Iran i allmänhet.

De nyheter Moody hörde på radion var ofta helt olika de han följde i de amerikanska sändningarna. Det ledde till att Moody blev misstänksam mot den amerikanska nyhetsförmedlingen.

När shahen lämnade Iran arrangerade ayatollah Khomeini en återkomst i triumf redan följande dag. Det gav Moody anledning att fira. Han tog med sig dussintalet iranska studenter hem för att ordna en fest – utan att säga något till mig. De stannade uppe till sent på natten och fyllde mitt amerikanska hem med upphetsade diskussioner och animerade samtal på farsi.

Revolutionen utspelades inte bara i Iran utan också i vårt hem. Moody började läsa sina islamiska böner med en fromhet och övertygelse som jag aldrig sett hos honom tidigare. Han understödde också olika shiamuslimska grupper med pengar.

Utan att diskutera saken med mig kastade han ut hela det förråd av dyra och fina drycker som vi haft hemma för att bjuda våra gäster på. Bara det avskräckte många av våra ame-

230

rikanska vänner, men tonen i Moodys konversation drev också bort många som aldrig tog ett glas. Moody rasade mot den amerikanska pressen och kallade dess journalister för en samling lögnare. Under de följande månaderna använde studenterna ofta vårt hem som mötesplats. De bildade vad de kallade "En grupp av oroade muslimer", och de författade bland annat följande brev som de delgav massmedia:

I Guds, den nåderike och barmhärtiges, namn:

I dag är islam en av de mest missförstådda religionerna och rörelserna i det dagliga livet i USA. Det har flera olika orsaker: 1) massmedia lämnar felaktiga och osanna rapporter om den Islamiska Republiken Iran. 2) Den amerikanska regeringen vägrar att behandla muslimska länder rättvist. 3) De kristna vägrar att acceptera islam och dess anhängare.

Massmedia har haft en outplånlig effekt på de amerikanska medborgarnas sinnen. Nyheterna i radio, TV, tidningar och tidskrifter bildar underlag för den amerikanska opinionsbildningen och allmänhetens åsikter. Dessa media bedriver propaganda på högsta nivå genom att bara meddela sådana fakta som gynnar amerikanska intressen. Detta leder till att man ofta ger vrångbilder av internationella händelser.

I dag har den internationella uppmärksamheten fokuserats på händelserna i den Islamiska Republiken Iran. Men den bild som ges i massmedia i USA är en vrångbild. Det är Irans folk som störtat shahen och som enhälligt utropat den Islamiska Republiken. Vi har på senare tid fått höra mycket om kurdiska uppror i Iran. Om kurderna slogs för självstyre, varför deltog då israeliska, ryska och irakiska soldater i striderna?

Den islamiska revolutionen i Iran visade att iranierna motsätter sig den amerikanska utrikespolitiken och inte den amerikanska allmänheten. Vi ber er därför att noga pröva och utvärdera era massmedia. Ta gärna kontakt med iranska muslimer om ni vill veta mer om den aktuella situationen.

Tack för er uppmärksamhet
En grupp bekymrade muslimer
i Corpus Christi, Texas

Det var mer än jag förmådde svälja. Jag försvarade mitt land och öste beskyllningar över Moody. Våra diskussioner urartade till bittra gräl som stod i stark motsättning till vårt normala konfliktlösa liv tillsammans.

"Vi måste sluta ett vapenstillestånd", föreslog jag till sist i desperation. "Vi kan helt enkelt inte diskutera politik med varandra."

Moody höll med, och för en tid lyckades vi klara en fredlig samexistens. Men jag var inte längre centrum i hans universum. De dagliga kärleksbevisen var ett minne blott. Nu tycktes det som om han inte var gift med mig utan med sin kortvågsradio och med dussintals tidningar, tidskrifter och alla slags propagandaorgan som han plötsligt prenumererade på. Några av publikationerna var tryckte med persiska bokstäver men andra var skrivna på engelska. Ibland kastade jag en blick i dem när Moody inte var hemma, och jag överraskades av de irrationella och illvilliga angrepp på Amerika som mötte mig i deras text.

Moody tog tillbaka sin ansökan om amerikanskt medborgarskap.

Ibland hängde ordet "skilsmässa" nära ytan i mitt medvetande. Det var ett ord jag avskydde och fruktade. Jag hade gått den vägen en gång redan, och jag hade ingen lust att pröva den på nytt. Om jag skilde mig från Moody skulle jag vara tvungen att ge upp ett liv som jag inte kunde leva på egen hand och att offra ett äktenskap som jag fortfarande trodde var grundat på kärlek.

Så snart jag fick reda på att jag väntade barn slog jag varje tanke på skilsmässa ur hågen.

Det var ett mirakel som fick Moody att ta sitt förnuft till fånga. Han lämnade den iranska politiken för en tid och lyste av stolthet över att vara en blivande far. Han började på nytt överösa mig med presenter. Det gick nästan inte en dag utan att han kom med en gåva. Så snart jag började gå i mammakläder började han visa upp min växande mage för alla som ville se. Han tog hundratals bilder av mig och sa att havandeskapet gjorde mig vackrare än någonsin.

Den tredje sommaren under vårt äktenskap gick i väntan på att barnet skulle födas. John och jag tillbringade mycket tid tillsammans medan Moody arbetade på sjukhuset. John var åtta år nu, och han var stor nog att hjälpa mig att göra i ordning huset för sitt väntade syskon. Vi gjorde tillsammans om ett litet sovrum till barnkammare. Vi hade roligt när vi gick och köpte gula och vita barnkläder tillsammans. Moody och jag gick på en Lamaze-kurs för blivande föräldrar tillsammans, och där gjorde han ingen hemlighet av att han föredrog en pojke. För min del spelade det ingen roll. Det nya liv som jag bar inom mig var en person som jag redan älskade, antingen det var en flicka eller en pojke.

I början av september, när jag var i åttonde månaden, bad Moody att jag skulle följa med honom på en läkarkongress i Houston. Resan skulle ge oss några sköna dagar tillsammans innan vi skulle bli föräldrar, med allt vad det innebär av glädje och möda. Min gynekolog gav tillstånd till resan och försäkrade att det var en månad kvar till förlossningen.

Men redan under den första kvällen i Houston, på vårt hotellrum, kände jag smärtor i ryggslutet och blev orolig för att det skulle kunna vara värkarna som började.

"Det är ingen fara", sa Moody lugnande.

Moody ville besöka NASA dagen därpå.

"Jag tycker inte jag mår tillräckligt bra för att komma med", sa jag.

"Okej. Då går vi och handlar i stället", föreslog han.

Vi gick ut för att äta lunch innan vi handlade, men när vi satt på restaurangen blev ryggsmärtorna värre och jag kände mig matt.

"Vi går tillbaka till hotellet", sa jag. "Om jag får vila en stund kanske vi kan gå ut och handla sedan."

När vi kommit tillbaka till hotellrummet började värkarna på allvar och vattnet gick.

Moody vägrade i det längsta att tro att min stund hade kommit. "Men du är ju läkare", sa jag. "Vattnet har gått. Vet du inte vad det innebär?"

Han ringde min gynekolog i Corpus Christi och fick hänvisning till en läkare i Houston som gick med på att åta sig fallet. Han uppmanade oss att komma till sjukhuset så snabbt som möjligt.

Jag minns de starka och heta lamporna i förlossningsrummet och jag minns att Moody stod vid min sida, iklädd sterila skyddskläder och hjälpte mig genom förlossningsarbetet. Jag minns värkarna och den intensiva smärtan som är ett led i

233

processen att sätta ett nytt liv till världen. Den kanske är en varning om vad som kan komma längre fram i livet.

Men mest av allt minns jag det ögonblick då förlossningsläkaren förkunnade: "Ni har fått ett dotter!"

Det hördes förtjusta rop från hela förlossningsteamet när miraklet var ett faktum. Jag fnittrade, halvt medvetslös av smärta, lättnad och utmattning. En sköterska och en läkare tog hand om min dotter och hjälpte henne genom de första minuterna och de detaljer som hör till. Sedan kom de med vår dotter och lämnade över henne till föräldrarna.

Hon var en ljushyad juvel med blå ögon som kisade i det starka ljuset från förlossningsrummets lampor. Lockar av rödblont hår låg klistrade intill hennes våta skalp. Hennes ansikte visade många av Moodys anletsdrag i miniatyrupplaga.

"Varför har hon blont hår?" frågade han med en tydligt märkbart spänning i tonfallet. "Varför har hon blå ögon?"

"Det är något som jag inte har bestämt", svarade jag. Jag var för trött för att bry mig om Moodys små bekymmer kring det välskapade barn jag fött. "Om man inte tänker på färgskillnaden är hon en kopia av dig."

Just då var jag så upptagen av barnet att jag inte ens märkte vad läkarna och sköterskorna gjorde med mig eller vad det var för färg på himlen. Jag höll babyn i famnen och jag älskade henne. "Jag tänker kalla dig Maryam", viskade jag. Det var ett av de vackraste iranska namn jag visste, och det liknade på samma gång ett amerikanskt namn med exotisk stavning.

Det gick flera minuter innan jag insåg att Moody gått.

En ström av egendomliga känslor vällde upp inom mig! Det var klart att Moody inte förmått ställa den fråga som verkligen oroade honom. "Varför blev det en flicka?" Det var den anklagelse han velat rikta mot mig. Han islamiska manlighet hade sårats av att hans förstfödda var en dotter. Han lämnade oss ensamma den natten, när han verkligen borde ha varit vid vår sida. Det var inte den slags manlighet jag ville ha.

Natten gick med korta stunder av sömn som avbröts av den obeskrivliga lyckokänslan när den nyfödda sög näring ur mitt bröst och stunder av depression då jag tänkte på Moodys barnsliga beteende. Jag undrade om det bara var en övergående besvikelse eller om han hade gett sig av för gott. I den stunden var jag så arg att jag tyckte att det inte spelade något roll.

Han ringde tidigt nästa morgon och bad inte med ett ord om ursäkt för att han gett sig av. Han nämnde heller inte att han skulle ha föredragit en son. Han förklarade att han tillbringat natten i den moské där vi gift oss och att han bett till Allah.

När han kom till sjukhuset senare på förmiddagen log han glatt och visade upp en bunt papper täckta med persiska bokstäver i rosa färg. Det var en gåva från männen i moskén.

"Vad står det?" frågade jag.

"Mahtob", svarade han med ett lyckligt leende.

"Mahtob? Vad betyder det?"

"Månljus", svarade han med samma strålande min. Han förklarade att han hade talat med sin familj i Iran i telefon och att de kommit med flera alternativ till namn på barnet. Moody sa att han valt namnet Mahtob för att det hade varit fullmåne den gångna natten.

Jag sa att jag hellre ville att hon skulle heta Maryam, eftersom det lät mer amerikanskt och barnet ju var amerikanskt och skulle leva i Amerika. Men jag var svag och förvirrad av alla känslor som fyllde mig, och det blev Moody som fyllde i personbevisets blankett och angav flickans namn som Mahtob Maryam Mahmoody. Jag undrade en smula hur det kunde komma sig att jag rättade mig efter min makes vilja utan större protester, men jag orkade inte mer just då.

Nu var Mahtob två månader och jag hade klätt henne i en rosa klänning med spetsar som jag valt ur den rika garderob som hon fått av en far som tyckte att hon var så underbar att han snart glömde sin första besvikelse och blev den stoltaste bland fäder. Babyn låg nöjd i min famn och såg mig rakt i ögonen. Hennes ögon höll på att skifta färg från den blå ton de haft när hon föddes till mörkbrunt. De iakttog det fenomen som kallas livet. Just nu höll mer än hundra muslimska studenter på att fira den högtid som kallas *Eid e Ghorban*, offerfesten. Det var den 4 november 1979.

Moody hade blivit en allt aktivare medlem av Islamska Sällskapet i South Texas, och han var en av organisatörerna till det firande som nu hölls i en park i staden. Jag hade snabbt återfått krafterna efter förlossningen, och eftersom det var en religiös fest utan politiska inslag hade jag med glädje hjälpt till med förberedelserna. Jag hade kokat enorma mängder ris, och tillsammans med andra husmödrar från Iran, Egypten, Saudiarabien och Amerika hade jag lagat ett antal olika såser till vår *khoreshe*. Vi skivade gurkor, tomater och lök och droppade citronsaft över dem. Sedan fyllde vi stora korgar med färsk frukt av alla sorter som fanns att få, och dessutom lagade vi baklava.

Men den här gången var det männen som hade ansvaret för huvudrätten. Festen firas till minne av den dag då Gud befallde Abraham att offra sin son Isak, men sedan skonade honom och lät offret bli ett lamm i stället. Flera av männen hade levande får med sig. De vände sig mot Mecka och medan de sedan mässade heliga böner skar de halsen av fåren. Sedan släpades kropparna till en grillplats och tillagades över öppen eld.

Festen firades av alla muslimer och inte bara av iranier. Det betydde att man inte pratade lika mycket politik som annars. Det var bara enstaka grupper av iranier som stod och pratade glatt om ayatollahns framgångsrika försök att centralisera makten.

Jag höll mig borta från alla sådana diskussioner och umgicks i stället med den vida kretsen av kvinnor som deltog och som bildade ett slags Förenta Nationerna i miniatyr. De flesta av dem tyckte om den anstrykning av österländsk kultur som festen gav, men de var alla glada över att leva och bo i Amerika.

Efter festen lämnade vi pojkarna hemma och Moody, Mahtob och jag körde till Dallas för att delta i en osteopatkongress. Vi gjorde ett uppehåll i Austin för att hälsa på vad som tycktes vara en växande skara släktingar som i likhet med Moody lämnat sitt hemland och gett sig av till Amerika. Moody kallade dem sina "syskonbarn" och de kallade honom "*daheejon*". Vi åt middag med dem på kvällen och stämde möte med dem på vårt hotell för att äta frukost nästa morgon.

Vi var trötta efter festen föregående dag och vaknade sent. Vi fick brått att göra oss i ordning och brydde oss inte om att slå på teven. När vi kom ner i hotellobbyn satt ett av "syskonbarnen", en ung man som hette Jamal, och väntade otåligt på

236

oss. Han rusade upp så snart han fick syn på oss.

"*Daheejon!*", sa han. "Har ni hört nyheterna? Den amerikanska ambassaden i Teheran är intagen." Han skrattade.

Moody insåg nu att politiken är ett mycket allvarligt spel – och ibland livsfarligt. Till en början hade han känt sig trygg i sin position på andra sidan jordklotet, och han hade utan risk kunnat uttala sitt stöd för revolutionen och för ayatollahns dröm att förvandla Iran till en islamisk republik. Det var lätt att tycka och hålla med när man befann sig på tryggt avstånd.

Men nu, när studenterna vid Teheranuniversitetet begått en krigshandling mot USA, upptäckte Moody att det utsatte honom för personliga faror. Det var inte längre roligt att vara iranier i Amerika – eller att vara gift med en. En iransk student vid Texas A&I blev misshandlad av två okända individer och Moody blev rädd att han skulle röna samma öde. Han var också orolig för en eventuell utvisning eller för att han skulle bli gripen och internerad.

Några av de anställda på sjukhuset började kalla honom "dr Khomeini". Han påstod att en bil hade försökt preja honom av vägen vid ett tillfälle. Vi fick ett antal hotfulla anonyma telefonsamtal. "Vi kommer och tar dig", sa en röst med sydstatsdialekt i telefonen. Moody blev verkligen skrämd och tecknade kontrakt med en väktarfirma som skulle se till huset och skydda oss när vi gick ut.

Skulle det någonsin bli ett slut på all galenskapen? undrade jag. Varför måste männen dra in mig i sina dumma krigsspel? Varför kunde de inte lämna mig i fred och låta mig vara maka och mor?

Moody fann nu att han inte kunde dra sig ur den internationella striden. Det var nästan omöjligt för honom att förbli neutral. Hans iranska vänner ville dra in honom ännu mer och engagera honom på sin sida som aktivist. De ville att han skulle hjälpa till att organisera demonstrationer och de ville använda vårt hem som ett slags högkvarter. Våra amerikanska vänner och grannar och Moodys kollegor väntade sig och till och med krävde att han skulle förklara sig trogen det land som gav honom hans uppehälle och ett bekvämt liv.

Till en början tvekade han och vacklade mellan båda lägren.

Hemma och tillsammans med iranier jublade han över den galna händelseutvecklingen i gisslankrisen och njöt av att se Amerika förödmjukas inför världens ögon. Jag avskydde honom när han reagerade på det sättet och vi hade många bittra gräl. Han fortsatte också sina eviga tirader mot vapenexportembargot. Han upprepade gång på gång att det var ett trick och att Amerika helt enkelt fortsatte att skicka vapen till Iran via tredje land och till högre pris.

Det inträffade en egendomlig sak. Moody hade blivit nära vän med dr Mojallali, en iransk neurokirurg. Dr Mojallali hade inte tillstånd att utöva läkaryrket i USA, och han arbetade i stället som laboratorietekniker. Men Moody behandlade honom med all den respekt som tillkom en kollega, och de samarbetade väl i sällskap med de iranska studenterna. Men vänskapen svalnade plötsligt. Moody ville inte ens tala med dr Mojallali, och ville inte tala om vad som hade hänt och varför de blivit ovänner.

På sjukhuset utvecklade Moody en slags egendomlig nonkonfrontationspolitik. Han tyckte fortfarande om att de iranska studenterna samlades i vårt hus, men han försökte nu hålla mötena hemliga och undvek i möjligaste mån politiska diskussioner. Han hävdade att han skurit av banden med "En grupp bekymrade muslimer". När han var på sjukhuset koncentrerade han sig på sitt arbete.

Men skadan var redan skedd. Han hade yppat sina sympatier alltför öppet tidigare, och det gjorde honom till en lätt måltavla för var och en som hade anledning att sikta och skjuta.

Den spända situationen förvärrades ytterligare när en av de andra anestesiologerna vid sjukhuset anklagade Moody för att lyssna på sin kortvågsradio med hörlurarna på när han i stället borde ägna sig åt att sköta sina uppgifter som läkare. Jag hade inte svårt att tro att det låg sanning i den anklagelsen. Å andra sidan visste jag hur Moodys arbetssituation var. Han och jag njöt av de höga inkomster en anestesist kan få, men vi visste att det var en specialitet som många konkurrerade om. Moodys "kollega" kan ha sett en möjlighet att på det här sättet själv få en större del av den tillgängliga kakan.

Motsättningen delade upp sjukhuspersonalen i två läger. Det

stod utom allt tvivel att det skulle bli mer bråk längre fram, i synnerhet som gisslankrisen hade förvandlats till en låst situation utan någon lösning i sikte.

När det kaotiska året gick mot sitt slut stod Moody mitt mellan två internationella läger, och han var lika sårbar för angrepp från båda sidorna.

Vi reste hem till Michigan över jul för att hälsa på mina föräldrar. Det var ett välkommet avbrott i den pressande tillvaron i Corpus Christi. Vi hade en skön helg tillsammans med mina föräldrar, som hopade presenter över Joe, John och lilla Mahtob. Under de sköna lata dagarna mellan helgdagarna funderade jag på om det skulle vara möjligt att fly undan vårt besvärliga liv i Corpus Christi. Moody tyckte om Michigan och njöt av att vara där. Skulle han kunna tänka sig att flytta dit om han kunde få arbete där? Fanns det någon möjlighet att få anställning? Jag visste att saken säkert skulle komma på tal om han hälsade på några av sina gamla kollegor, och jag sa därför en dag: "Varför åker du inte och hälsar på några gamla vänner i Carson City?"

Han ljusnade vid tanken. Det skulle innebära en möjlighet att tala med andra läkare i en atmosfär där ingen tänkte på honom som en sympatisör till den nya regimen i Iran. Besöket förnyade hans entusiasm för arbetet och påminde honom om att det fanns miljöer där hans ursprung inte hade någon betydelse. Han var strålande glad när han berättade för mig att en läkare sagt: "Hördu, jag känner en person som letar med ljus och lykta efter en anestesiolog."

Moody ringde upp personen i fråga, en anestesiolog i Alpena, och fick en inbjudan att komma dit för en anställningsintervju. Sedan gick det snabbt. Vi lämnade barnen hos mina föräldrar och satte oss i bilen för tretimmarsresan till Alpena.

Det snöade lätt och granar och tallar längs vägen stod i vit festskrud. Det var en underbar syn efter tre år i det heta och karga Texas.

"Hur kunde vi flytta härifrån?" sa Moody högt.

Vi hittade fram till Alpena Hospital, som låg i sitt eget sköna vinterlandskap. I förgrunden stod ett antal byggnader som var vackert utplacerade i det snöklädda parklandskapet. Kanadagäss vaggade fram mellan tallarna utan att låta sig störas.

Långt bakom låg mjuka bergskullar som avlöste varandra bort mot horisonten.

Intervjun gick bra. Av allt att döma hade man ett klart behov av en andra anestesiläkare här i Alpena. När intervjun var över log läkaren och sträckte fram handen samtidigt som han frågade: "När kan ni börja?"

Det tog flera månader att avveckla vårt liv i Corpus Christi. Moody längtade så intensivt efter att få flytta att han satte på luftkonditioneringen mitt i den varma Texasvintern för att få tända en dånande brasa i den öppna spisen. Elden påminde honom om Michigan. Vi tog oss an alla de praktiska göromålen kring flyttningen med gott humör. Nu var vi ett samspelt team på nytt. Moody hade gjort sitt val. Han skulle bo och arbeta i Amerika. Han skulle vara – och var – en amerikan.

Vi sålde vårt hem i Corpus Christi, men vi behöll den fastighet vi köpt som investering och som vi hyrde ut. När våren kom var vi redan installerade i Alpena, bara tre timmars bilväg från mina föräldrars hem – och hundra tusen mil från Iran.

16

Alpena låg långt bort från den trista lägenhet där jag nu var instängd. Mamma och pappa var så långt borta. Joe och John var så långt borta. Mahtob var så långt borta!

Var hon hos Mammal och Nasserine? Jag hoppades att hon inte var det. Det vore bättre om hon var hos någon hon kände och tyckte om. Var hon hos Ameh Bozorg? Den tanken fick mig att rysa till. Å, som jag grät för mitt barn!

Jag var ensam, inlåst i lägenheten hela dagen, utom mig av oro för Mahtob och rädd för att själv bli tokig. I min besvikelse och ångest gjorde jag just det jag sagt till Mahtob att göra. När du känner att du är ensam kan du alltid be. Du är aldrig helt och hållet ensam.

Jag slöt ögonen och försökte. Gode Gud, hjälp mig! började jag ... men mina trötta tankar kunde inte samla sig och jag greps av en plötslig skuldkänsla. Jag hade inte utövat min religion på många år. Jag hade vänt mig till Gud först när jag hade blivit fånge i ett främmande land. Varför skulle han lyssna till min bön nu?

Jag försökte på nytt. Nu bad jag inte längre att Mahtob och jag skulle finna ett sätt att ta oss tillbaka till Amerika tillsammans. Jag bad bara att jag skulle bli återförenad med min dotter. Käre Gud, bad jag, hjälp mig så att jag får Mahtob tillbaka. Skydda henne och trösta henne. Låt henne veta att Du älskar henne och att Du finns där för henne och att jag älskar henne. Hjälp mig att finna ett sätt att få henne tillbaka.

Något – någon? – bad mig att öppna ögonen. Jag hörde faktiskt en röst – eller gjorde jag inte det? Jag ryckte i alla fall till och öppnade ögonen. Min blick drogs till Moodys attaché-väska som stod på golvet i ett hörn av rummet. Han brukade alltid ta den med sig, men i dag hade han glömt den eller inte brytt sig om att ta den med sig. Jag blev nyfiken och gick bort till den för att se vad den innehöll. Jag hade ingen aning om vad det var han hade i den, men det kanske var något som kunde vara mig till hjälp. Kanske en nyckel?

Väskan var låst med ett kombinationslås. Moody hade själv bestämt koden och jag hade aldrig vetat vilken kombination som öppnade väskan. "Jag börjar med noll, noll, noll", mumlade jag för mig själv. Jag hade ju ändå inget att göra.

Jag tog med mig väskan till Mammals och Nasserines sovrum. Där kunde jag höra genom fönstret om någon närmade sig huset. Jag satte mig på golvet och ställde in låskombinationen på 0-0-0. Jag tryckte på knapparna. Inget hände. Jag flyttade om till 0-0-1 och försökte på nytt. Det hände inget nu heller. Med ett öra spänt lyssnande på ljuden utanför så att jag skulle märka om Moody kom hem fortsatte jag systematiskt att prova kombinationer: 0-0-3, 0-0-4, 0-0-5. Jag fortsatte och fortsatte, och den enformiga uppgiften hjälpte mig att få tiden att gå, men samtidigt blev jag allt mer pessimistisk.

Jag nådde 1-0-0, men utan framgång. Jag fortsatte. Nu tycktes hela företaget dömt att misslyckas. Det fanns säkert ändå inget i väskan som skulle kunna vara till någon nytta för mig. Men jag hade 900 tal till att pröva och inget annat att fördriva tiden med.

Jag nådde 1-1-4. Inget hände.

1-1-5. Inget resultat. Varför skulle jag bry mig om det?

1-1-6. Inget. Tänk om Moody plötsligt kom insmygande ljudlöst och fann att jag snokade i hans privata egendom.

Jag ställde in hjulen på 1-1-7 och tryckte pessimistiskt på knapparna.

Båda låsen flög upp!

Jag lyfte upp locket och flämtade till av glädje. I väskan låg en telefon. Det var en elegant modern tonvalstelefon med alla slags extra knappar. Mammal hade köpt den under en resa i Tyskland. I änden på anslutningssladden satt en anslutningskontakt med två stift som liknade en stickkontakt för elström. Den skulle sättas in i anslutningsdosan.

Jag skyndade mig till stället där telefonen tidigare suttit, men jag hejdade mig på vägen. Essey var hemma och hon befann sig rakt under mig. Jag kunde höra hur hon höll på med sina bestyr och jag hörde barnet gnälla. Jag visste att telefonsystemet hade sina brister. Var gång någon slog ett nummer på telefonen här uppe plingade det några gånger i apparaten i våningen under. Essey skulle förstå vad det var jag höll på med. Kunde jag ta den risken? Nej, hon hade redan visat vem hon var lojal mot. Hon gillade inte det Moody höll på med, men hon löd honom i alla fall. Hon skulle spionera på mig om *daheejon* bad henne göra det.

Tiden gick – tjugo minuter eller kanske en halvtimme. Jag stod i hallen med telefonen i handen, redo att koppla in den, och försökte avväga risken. Då hörde jag dörren till Esseys våning öppnas och stängas. Sedan öppnades ytterdörren och slogs igen. Jag sprang till fönstret och tryckte ansiktet mot jalusin. Jag hann se en glimt av Essey och hennes barn på väg längs gatan innan de försvann ur mitt synfält. Hon gick sällan ut och kom alltid snabbt tillbaka. Det som nu hände var som ett svar på min bön.

Jag kopplade genast in telefonen och ringde Helen på ambassaden. Så snart hon svarat berättade jag snyftande vad som hade utspelats och hur jag hade det nu.

"Jag trodde du var hemma hos Ellen", sa Helen. "Jag trodde du höll på att reda ut alltsammans nu."

"Nej. Han har stängt in mig. Han har tagit Mahtob från mig. Jag vet inte var hon är eller hur hon mår."

"Vad kan jag göra för dig?" frågade Helen.

"Jag vill inte göra något förrän jag får Mahtob tillbaka", sa jag snabbt. "Jag vill inte göra något som kan leda till att jag inte får se henne igen. Jag kan inte ta den risken."

"Varför talar ni inte med mr Vincop?" föreslog Helen. Hon ringde honom på snabbtelefon och han kom snabbt in på linjen. Jag förklarade på nytt att jag inte ville ta risken att få aktiv hjälp från ambassaden. Inte förrän jag återförenats med Mahtob.

"Ni är inte vidare samarbetsvillig", sa han. "Vi skulle kunna komma och ta er därifrån. Vi borde rapportera till polisen att ni är instängd där."

"Nej!" skrek jag i telefonen. "Det är en order från mig. Jag kräver att ni inte gör något. Försök inte kontakta mig. Gör inget för att hjälpa mig. Jag ska kontakta er så snart jag kan, men jag vet inte när det kan bli – i morgon eller om sex månader. Jag vet inte. Men försök inte kontakta mig."

Jag la på och undrade om jag kunde ta risken att ringa Ellen på hennes arbete. Men så hörde jag att en nyckel sattes i ytterdörren. Essey kom tillbaka med barnen. Jag drog snabbt ur telefonsladden och la tillbaka apparaten i väskan. Sedan låste jag den och ställde tillbaka den där Moody lämnat den.

Jag blev plötsligt orolig för det kort jag tagit av Moody när han tog Mahtob från mig. Han hade andra bilder på samma rulle. Om han framkallade dem skulle han se vad jag gjort, och han skulle säkert bli arg. Jag letade i hans kameraväska efter en ny rulle film som jag skulle kunna ersätta den i kameran med, men det fanns ingen.

Fotot tycktes inte lika viktigt för mig längre. Det skulle bara visa Moodys rygg när han körde bort henne i barnkärran. Det var inte värt att riskera Moodys vrede för. Jag öppnade kameran och drog ut filmen i ljuset. Sedan satte jag tillbaka den i kameran och drog fram den lika långt. Jag hoppades att jag samtidigt hade förstört kort som var värdefulla för Moody.

Två dagar senare flyttade Essey utan någon förvarning ut ur lägenheten under och tog Maryam och Mehdi med sig. Jag kikade genom fönstret och såg henne ta en telefontaxi. Hon hade besvär med att få in en resväska och barnen samtidigt som hon försökte hålla sin *chador* på plats. Hon tycktes vara på väg att hälsa på släktingar. Reza var fortfarande borta på en affärsresa. Nu var jag helt isolerad.

Ibland kom Moody hem, men andra gånger stannade han borta hela natten. Jag visste inte vilket jag föredrog. Jag avskydde honom och var rädd för honom, men han var samtidigt min enda förbindelse med Mahtob. De kvällar han kom hade han med sig påsar med livsmedel, men han var sur och grinig och svarade kort på mina frågor om Mahtob. "Hon har det bra", var det enda han sa.

"Går det bra för henne i skolan?" frågade jag.

"Hon går inte i skolan", svarade han med skärpa i rösten.

"De låter henne inte gå i skolan efter det du ställde till med. Du förstörde allt, och nu vill de inte ha henne där. Du är ett enda stort problem." Han fortsatte med att ta upp ett annat tema. "Du är en dålig hustru. Du ger mig inga mer barn. Jag ska skaffa mig en annan hustru så jag kan få en son."

Jag kom plötsligt att tänka på den spiral jag hade insatt. Vad skulle hända om Moody fick reda på att jag hade den? Vad skulle hända om Moody misshandlade mig så att jag måste ha läkarvård och en iransk läkare upptäckte livmoderinlägget? Om inte Moody dödade mig då skulle kanske myndigheterna göra det.

"Jag tänker ta dig med till Khomeini och berätta för honom att du inte tycker om honom", morrade Moody. "Jag ska ta med dig till myndigheterna och säga att du är CIA-agent."

I vanliga fall skulle jag kanske kunna ha upplevt det han sa som tomma hotelser. Men jag hade hört talas om människor som hade anklagats på osäkra grunder och som sedan fängslats och avrättats utan att ens ha ställts inför rätta. Jag var i händerna på både denna galne man och hans galna regering. Jag *visste* att jag levde bara för att det råkade vara Moodys och ayatollahns nyck ett låta mig leva.

När jag var instängd i våningen tillsammans med min plågoande vågade jag inte diskutera. Var gång jag såg raseriet stiga upp i hans ögon tvingade jag mig att hålla tyst och hoppades att han inte skulle höra att mitt hjärta bankade vilt av fruktan.

Han koncentrerade en stor del av sin vrede på det faktum att jag inte var muslim.

"Du kommer att brinna i helvetets eld", skrek han till mig. "Och jag kommer till himlen. Varför kan du då aldrig vakna upp?"

"Jag vet inte vad som kommer att hända", svarade jag lugnt och försökte lugna honom. "Jag är ingen domare. Det är bara Gud som kan döma oss."

De nätter då Moody valde att stanna hemma sov vi i samma säng, men han höll sig på sin kant. Några gånger kröp jag intill honom i min desperata längtan efter frihet. Jag la mitt huvud på hans skuldra trots att det gav mig en känsla av illamående som var så stark att jag trodde att jag skulle kräkas. Men Moody var helt ointresserad. Han stönade och vände sig om, alltid bort från mig.

På morgonen lämnade han mig ensam. Han tog alltid med sig väskan – och telefonen.

Jag var utom mig av skräck och jag led av enformigheten. Jag hade fortfarande ont i kroppen efter Moodys misshandel och jag var deprimerad och förtvivlad. Jag låg i sängen i timmar utan att kunna sova och utan att orka gå upp. Dessemellan gick jag runt i lägenheten och letade utan att veta vad jag sökte. Dagarna gick som i dimma. Det dröjde inte länge förrän jag tappat räkningen på dagarna, och jag brydde mig heller inte om det. Jag visste inte ens vilken månad det var eller om solen skulle gå upp följande morgon. Jag ville bara en enda sak: jag ville träffa min dotter.

En av de där dagarna koncentrerades min fruktan på en detalj. Jag förde in ett par fingrar och letade efter de nylontrådar som satt fast vid min spiral. Jag fann dem, men tvekade en stund. Vad skulle hända om jag fick en blödning? Jag var instängd och hade ingen telefon. Jag skulle kunna blöda till döds.

I det ögonblicket brydde jag mig inte om att det skulle kunna kosta mig livet. Allt gjorde detsamma. Jag drog i trådarna och skrek till av smärta, men livmoderinlägget flyttade inte på sig. Jag försökte några gånger till. Jag drog hårdare och stönade av smärta. Men spiralen lossnade ändå inte. Till sist tog jag en pincett ur mitt manikyretui och nöp fast den i tråden. Med en långsam men stadig rörelse som fick mig att gny av smärta lyckades jag till sist. Plötsligt höll jag den i handen. Det var bara ett litet stycke plast omlindat med koppartråd, men det skulle kunna kosta mig livet. Det gjorde ont inne i mig. Jag väntade i flera minuter för att vara säker på att jag inte skulle börja blöda. Sedan vågade jag röra på mig.

Jag tittade närmade på spiralen. Den var en tråd av vit plast, bara ett par centimeter lång, omlindad med koppartråd och med ett par tunna nylontrådar fästade vid den yttre änden. Vad skulle jag nu ta mig till med den? Jag kunde inte bara kasta den i soppåsen och riskera att Moody skulle hitta den. Han var läkare och han skulle genast se vad det var för ett föremål.

Skulle jag våga spola ner den på toaletten? Jag kunde inte vara säker på att den skulle försvinna. Tänk om vi skulle få stopp i avloppet och måste anlita en rörmokare. Tänk om han skulle visa Moody det som orsakat stoppet?

Plasten var mjuk.

Jag kanske skulle kunna klippa den i småbitar. Jag hittade en sax bland Nasserines sybehör och klippte sedan inlägget i små-bitar.

Jag hämtade min undangömda bordskniv och skruvade bort fönsterjalusin. Jag lutade mig ut över trottoaren och väntade tills ingen gick förbi huset eller som såg på. Sedan lät jag de små fragmenten av min spiral blåsa iväg längs Teherans gator.

Pappa fyllde år den 5 april. Han skulle fylla sextiofem – om han fortfarande var i livet. John fyllde år den 7 april. Han skulle bli femton. Visste han att jag fortfarande levde?

Jag kunde inte ge dem några presenter. Jag kunde inte göra några tårtor åt dem. Jag kunde inte ringa dem och säga 'har den äran'. Jag kunde inte skicka några gratulationskort till dem.

Jag visste inte ens exakt när deras födelsedagar inträffade, eftersom jag hade tappat räkningen på dagarna.

Ibland gick jag ut på balkongen på natten och stod och såg på månen. Trots att världen är så stor, tänkte jag, finns det i alla fall bara en måne. Det är samma måne som Joe och John ser, samma måne som mamma och pappa ser på. Samma måne som Mahtob ser.

Det gav mig på något sätt en känsla av samhörighet.

En dag råkade jag titta ut genom fönstret mot gatan. Jag fläm-tade till när jag fick syn på miss Alavi. Hon stod nere på gatan och såg rakt upp mot mig. För ett ögonblick trodde jag att jag såg i syne och att något slagit slint i min trötta och förvirrade hjärna.

"Vad gör ni här?" frågade jag förvånat.

"Jag har stått här och stirrat i timmar", svarade hon. "Jag vet vad ni har råkat ur för."

Hur hade hon kunnat få reda på var jag bodde, undrade jag. Var det ambassaden som avslöjat det? Hade de sagt det på skolan? Jag brydde mig inte om var informationen kom från. Jag blev överlycklig när jag fick syn på en kvinna som var villig

247

att riskera sitt liv för att få Mahtob och mig ut ur landet. Det högg till i mig när jag tänkte på att Mahtob var borta.

"Vad kan jag göra för er?" frågade miss Alavi.

"Inget", svarade jag missmodigt.

"Jag måste få tala med er", sa hon och sänkte rösten. Hon insåg hur misstänkt det måste verka att stå och tala med någon från gatan på det här sättet, i synnerhet att tala på engelska tvärs över gatan till en kvinna i ett fönster.

"Vänta!" sa jag.

På ett par minuter hade jag skruvat bort jalusin. Sedan lutade jag huvudet mot gallret och vi fortsatte vårt egendomliga samtal med lägre röst.

"Jag har bevakat huset i flera dagar", sa miss Alavi. Hon förklarade att hennes bror hade kommit med henne några gånger och suttit tillsammans med henne i bilen. Men någon hade blivit misstänksam och frågat dem vad de hade för sig. Miss Alavis bror sa att han satt och tittade efter en flicka som bodde i ett av husen för att han ville gifta sig med henne. Det var en tillfredsställande förklaring, men händelsen gjorde kanske att brodern blev på sin vakt. Hur som helst så var miss Alavi ensam nu.

"Allt är klart för resan till Zahidan", sa hon.

"Jag kan inte ge mig av nu. Jag har inte Mahtob hos mig."

"Då ska jag leta rätt på Mahtob."

Kunde hon göra det?!!! "Gör inget som väcker misstänksamhet."

Hon nickade. Sedan försvann hon lika plötsligt som hon kommit. Jag satte tillbaka jalusin, gömde bordskniven och försjönk på nytt i letargi. Jag undrade om det varit en dröm eller om jag verkligen talat med miss Alavi.

Gud måste ha saktat ner hela världen. Det verkade i alla fall som om var dag bestod av fyrtioåtta eller till och med sjuttiotvå timmar. Jag hade aldrig i hela mitt liv varit så ensam. Det var svårt att hitta något att sysselsätta sig med för att få tiden att gå.

Jag höll på att tänka ut en plan för hur jag skulle kunna få kontakt med Mahtob. Jag gjorde mitt bästa för att laga till hennes favoriträtter av vad jag kunde finna bland det som

248

Moody tog med hem, och jag skickade dem till henne med hennes far. Bulgarisk pilaff var bland det bästa hon visste.

Med några bitar garn lyckades jag virka ett par små stövlar till hennes docka. Sedan kom jag att tänka på ett par polotröjor som hon sällan använde. Hon klagade över att de satt för tätt kring halsen. Jag klippte remsor ur dem och sydde mer dockkläder. Jag hittade också en långärmad vit blus som hon vuxit ur. Jag klippte av ärmarna och la ut den i midjan med det tyget. På så sätt fick jag en kortärmad blus som var stor nog åt henne.

Moody tog med sig gåvorna, men han vägrade att ge mig några nyheter om min dotter. Ett undantag var när han kom tillbaka med dockstövlarna. "Hon säger att hon inte vill ha dem där för att de andra barnen kommer att smutsa ner dem", förklarade han.

Jag blev glad över den nyheten, men jag visade inte min reaktion. Jag ville inte att Moody skulle förstå det som just hänt. Den påhittiga lilla flickan hade listat ut vad min plan gick ut på. Det var hennes sätt att säga: mamma, nu vet du att jag finns. Och hon var tillsammans med andra barn. Det innebar att hon inte bodde hos Ameh Bozorg, och det var jag tacksam för.

Men var fanns hon?

Jag var så uttråkad och besviken att jag började läsa igenom hela Moodys förråd av böcker på engelska. De flesta av dem handlade om islam, men det brydde jag mig inte om. Jag läste dem från pärm till pärm. Det fanns också en upplaga av Webster's Dictionary, och jag läste den också. Jag önskade att det hade funnits en bibel.

Gud var mitt enda sällskap under de långa dagarna och nätterna. Jag talade med honom hela tiden. Gradvis fick jag en idé till en ny strategi. Jag var hjälplöst fast och kunde inte göra något för att försvara mig. Jag var därför villig att göra vad som helst som kunde återförena mig med min dotter. Därför vände jag mig till Moodys religion.

Jag studerade ingående en bok med instruktioner beträffande seder och ritualer för islamisk bön, och började praktisera det jag lärt mig. Före bönen tvättade jag händer, armar, ansikte och fötternas ovansida. Sedan tog jag på mig en vit *chador*.

När man knäfaller för att be till Allah får ansiktet inte röra vid något föremål som gjorts av människohand. När man är ute är det enkelt. Men inomhus måste den som förrättar sin andakt använda en bönesten. Det fanns flera i huset. De var helt enkelt små klumpar av stelnad lera, ett par centimeter i diameter. Det duger med vilken jord som helst, men de här var formade av lera från Mecka.

Iklädd min vita *chador* böjde jag mig framåt så att mitt huvud vilade mot bönestenen. Boken med anvisningar låg öppen framför mig och jag läste och gick igenom ritualen gång på gång.

En morgon överraskade jag Moody när han steg upp på morgonen. Jag följde honom i hans tvagningsritual. Han stirrade förundrat på mig när jag tog på min *chador* och intog min plats i hallen. Jag visste till och med var jag skulle placera mig – inte vid hans sida utan bakom honom. Tillsammans vände vi oss mot Mecka och började vårt högtidliga mässande.

Jag hade två syften med det jag nu gjorde. Dels ville jag göra Moody nöjd, även om jag kunde ana att han skulle genomskåda min plan. Han skulle förstå att jag gjorde det för att vinna hans gillande så att jag skulle få tillbaka Mahtob. Men det kanske ändå skulle räknas. Att ta ifrån mig Mahtob var hans sista utväg för att få mig att finna mig i de planer han hade för vårt liv. Var då det jag gjorde inte bevis nog för att hans strategi var framgångsrik?

Men jag hade också ett andra syfte. I själva verket var jag uppriktigare i mina islamiska böner än Moody någonsin kunde ana. Jag var desperat och sökte hjälp på varje tänkbart sätt. Om Allah var samma väsen som min Gud skulle jag göra allt för att lyda honom. Min önskan att göra Allah till lags var ännu starkare än min vilja att blidka Moody.

När vi avslutat vår andakt sa Moody med sträng röst: "Du borde inte be på engelska."

Nu hade jag fått ännu en uppgift. Hela dagen lång och under flera dagar efteråt övade jag mig på arabiska ord. Jag måste medveten anstränga mig att inse att jag inte höll på att förvandlas till en plikttrogen iransk hustru.

En dag kom Ellen tillbaka. Hon meddelade sig via porttelefonen. Sedan pratade vi genom fönstret.

"Jag vet att Moody sa att vi skulle hålla oss borta från er, men jag måste få reda på om du är i livet eller inte", sa Ellen. "Har det blivit någon ändring för din del?"

"Nej."

"Vet du var Mahtob är?"

"Nej. Vet du det?"

"Nej", svarade Ellen. Sedan kom hon med ett förslag. "Kanske *Aga* Hakim kan hjälpa dig. Moody har stor respekt för honom. Jag skulle kunna tala med *Aga* Hakim."

"Nej", svarade jag snabbt. "Om Moody får reda på att jag har talat med någon blir allt bara värre. Jag vill inte det. Jag vill bara träffa Mahtob."

Ellen insåg att jag hade rätt. Hon skakade dystert på sitt *chador*-klädda huvud.

"Det finns en sak som du skulle kunna göra", sa jag. "Du skulle kunna låna mig ditt Nya testamente."

"Det gör jag gärna", sa Ellen. "Men hur ska jag kunna få upp det till dig?"

"Jag kan knyta en korg i ett snöre eller något i den vägen."

"Det är klart."

Ellen gav sig av, men hon kom aldrig med Nya testamentet. Hon kanske hade fått skuldkänslor efter sitt hemliga besök och berättat om det för Hormuz.

En solig morgon stod jag på balkongen och undrade om jag var vansinnig eller inte. Hur länge hade det här pågått? Jag försökte räkna bakåt till den dag då vi hade slagits. Var det för en månad sedan? Två månader? Jag kunde inte minnas klart. Jag beslöt att räkna fredagarna. De var de enda dagar som var annorlunda. Man hörde fler kallelser till bön de dagarna. Men hur jag än försökte kunde jag bara minnas en fredag efter vårt slagsmål. Hade det bara gått en vecka? Mindre än två veckor? Var det fortfarande april?

På andra sidan den cementerade gården, på gatan som gick där, såg jag en kvinna som stod i ett öppet fönster och betraktade mig. Jag kunde inte minnas att jag sett henne tidigare.

"Var kommer ni från?" ropade hon plötsligt på stapplande engelska.

Jag blev överraskad och häpen. Samtidigt blev jag också en smula misstänksam. "Varför frågar ni det?" svarade jag.

"För att jag vet att ni är utlänning."

Min uppdämda besvikelse lossade tungans band och orden bara rann fram. Jag förspillde ingen tid och brydde mig inte om att fundera över om den här kvinna var vän eller fiende. "Jag är instängd här i huset", rann det ur mig. "De har tagit min dotter ifrån mig och låst in mig här. Jag behöver hjälp. Snälla ni, hjälp mig."

"Det var tråkigt att höra", svarade hon. "Jag ska göra vad jag kan."

Vad skulle hon kunna göra? En iransk hustru hade inte mycket större frihet än jag. Men så kom jag på en sak. "Jag skulle vilja skicka ett brev till min familj", sa jag.

"Gör det. Skriv brevet så kommer jag förbi på gatan senare. Ni kan slänga ut det till mig så ska jag posta det."

Jag skyndade mig att skriva några rader. Det var säkert inte lätt att förstå det jag berättade. Så snabbt jag kunde beskrev jag den hemska nya fas som inträtt. Jag varnade mamma och pappa och rådde dem att inte utöva alltför stort tryck på utrikesdepartementet eller ambassaden under den närmaste tiden. Inte förrän jag fick Mahtob tillbaka. Jag skrev att jag älskade dem och mina tårar droppade ner på papperet.

Jag skruvade loss jalusin från fönstret mot gatan och väntade där med brevet i handen på att kvinnan skulle visa sig på gatan. Det var inte så många fotgängare som passerade just då, men jag var inte säker på att jag skulle känna igen henne. Hon skulle vara klädd på samma sätt som alla de andra kvinnorna. Några kvinnor gick förbi medan jag väntade, men ingen av dem gav något tecken.

Efter en stund kom ännu en kvinna gående. Hon var klädd i svart *montoe* och *roosarie* och tycktes skynda fram i ett rutinärende. Men när hon närmade sig fönstret där jag stod såg hon upp och gav mig en nästan omärklig nick. Brevet gled ur mina fingrar och singlade ner mot gatan som ett fallande löv. Min nya bekant böjde sig snabbt ner och plockade upp det, och hon stoppade in det under sin svarta kappa utan att hejda sina snabba steg.

Jag såg henne aldrig mer. Trots att jag ofta stod på balkongen på husets baksida och hoppades att hon skulle visa sig fick jag aldrig mer se henne. Hon måste ha ansett att det var en alltför stor risk att göra något mer för mig.

Precis som jag hoppats blev Moody en smula mildare stämd mot mig när jag började delta i bönerna. Som belöning tog han med sig *The Kayan*, en engelskspråkig daglig tidning, till mig. All rapportering var präglad av iransk propaganda, men jag fick i alla fall något att läsa på mitt eget språk och var inte bara hänvisad till religiösa böcker eller lexikonet. Nu kunde jag också få reda på vilket datum det var. Det var svårt för mig att tro att det bara gått en och en halv vecka sedan min isolering började. Jag trodde ett slag att *The Kayan* också ljög om dagens datum, precis som den ljög om så mycket annat.

När jag började få tidningen förändrades min situation plötsligt. Eller kanske var det snarare Moodys uppträdande som förändrades. Han kom hem till lägenheten var dag och han hade alltid *The Kayan* och ibland något extra gott att äta med sig.

"Jordgubbar", förkunnade han när han kom tillbaka hem sent en eftermiddag. "De var dyra och svåra att få tag i."

Vilken egendomligt vald men tydlig försoningsgåva! Han hade nekat Mahtob jordgubbar den kvällen då vi återvände från Ellens och Hormuz' hem – den sista kvällen Mahtob och jag varit tillsammans.

Det var nästan ett år sedan jag hade ätit jordgubbar. De här var små och torra och smakade antagligen inte särskilt mycket, men för ögonblicket var de exotiska. Jag stoppade i mig tre i rad innan jag förmådde hejda mig. "Ta med dem till Mahtob", sa jag.

"Ja", sa han. "Det ska jag göra."

Vissa kvällar var Moody ganska vänlig mot mig och var till och med villig att småprata en del. Men andra dagar var han tyst och hotfull. Trots att jag hela tiden frågade honom om Mahtob ville han inte berätta något.

"Hur länge kan vi fortsätta så här?" frågade jag honom.

Han bara mumlade något ohörbart till svar.

Den ena olyckliga dagen lades till den andra.

253

Dörrklockan väckte oss mitt i natten. Moody var alltid redo att bekämpa de demoner som plågade honom, och han hoppade snabbt ur sängen och gick fram till fönstret. Jag väcktes ur min letargi och lyssnade från sovrumsfönstret. Jag kunde höra att det var Mustafa, Baba Hajjis och Ameh Bozorgs tredje son, som talade. Jag hörde Moody svara på farsi och säga att han skulle komma genast.

"Vad är det som hänt?" frågade jag när Moody kom tillbaka till sovrummet för att kasta på sig kläderna.

"Mahtob är sjuk", sa han. "Jag måste dit."

Mitt hjärta började bulta. "Låt mig komma med!" bad jag.

"Nej. Du stannar här."

"Snälla du."

"Nej!"

"Ta med henne hem, snälla du. Ta henne med dig."

"Nej. Jag tänker inte ta med henne hem."

När han gick ut genom dörren hoppade jag ur sängen och sprang efter honom, redo att störta ut på Teherans gator i bara nattdräkten, om det skulle kunna föra mig till min dotter.

Men Moody sköt mig åt sidan och låste dörren efter sig. Han lämnade mig ensam med min nya skräck. Mahtob var sjuk! Och så sjuk att Mustafa kom och hämtade Moody mitt i natten. Skulle han åka till sjukhuset med henne? Var hon så dålig? Vad var det för fel med henne? Mitt lilla barn, grät jag. Mitt stackars lilla barn.

Under en natt som tycktes oändligt lång försökte jag reda ut vad som kunde ha hänt. Varför hade just Mustafa kommit?

Så mindes jag att Mustafa och hans hustru, Malouk, bodde bara tre kvarter bort. Det var ett passande och bekvämt ställe för Moody att hålla Mahtob instängd på. Mahtob kände familjen och tyckte ganska bra om barnen. Och Malouk var i alla fall renligare och vänligare än några av de andra medlemmarna av Moodys familj. Tanken på att Mahtob var hos Mustafa och Malouk gav mig en liten smula tröst, men för stunden räckte det inte till för att göra mig glad. Ett barn behöver sin mor som allra mest när det är sjukt. Jag försökte förmedla min kärlek och min tröst genom mina tankar, och jag hoppades och bad att hon skulle förnimma hur mycket jag älskade henne.

Under de gångna veckorna hade jag nått så djupt i min

förtvivlan som det gick att komma, men nu greps jag av vetskapen att Mahtob var sjuk och sjönk ännu djupare. Nattens timmar gick långsamt, men så småningom blev det i alla fall morgon. Det kom inga nyheter om min dotter, och morgonens och förmiddagens timmar släpade sig fram. Varje oroligt hjärtslag ropade ut mitt barns namn. "Mahtob, Mahtob, Mahtob!"

Jag kunde inte äta och inte sova.

Jag kunde inte göra något över huvud taget.

Jag kunde bara föreställa mig henne ensam i en sjukhussäng.

En lång och plågsam eftermiddag släpade sig fram. Jag tyckte det var den värsta dagen under hela mitt stackars liv.

Jag drevs av en egendomlig impuls att gå fram till vårt sovrumsfönster, som vette mot husets baksida. Jag tittade ut och fick syn på en kvinna på gården intill vår. Hon var familjens hembiträde, en gammal kvinna klädd i *chador*. Hon böjde sig fram över den lilla vattenkonsten på gården och diskade grytor och pannor så gott hon kunde med den fria handen som inte var upptagen av att hålla slöjan på plats. Jag hade sett henne i de sysslorna många gånger, men aldrig talat med henne.

I det ögonblicket fattade jag ett beslut. Jag skulle fly från det här fängelset, springa till Mustafas och Malouks hem och rädda mitt sjuka barn. Jag var så förvirrad och bekymrad att jag inte förmådde tänka klart, och jag bekymrade mig inte för de konsekvenser ett sådant tilltag skulle kunna få. Vad som än hände måste jag få träffa mitt barn *nu*!

Det fanns inget galler för det fönster som vette mot bakgården. Jag drog fram en stol till fönstret, klättrade upp och svingade mig ut. Mina fötter sökte och fann den smala hylla som löpte längs ytterväggen.

Jag stod på den smala kornischen och höll mig i fönstret. Det var bara ett kort språng till taket på envåningshuset intill. Jag vred på huvudet och ropade *"khanum!"*

Den gamla kvinnan vände sig åt mitt håll och stirrade häpet på mig.

"Shoma englisi sobatcom?" frågade jag. "Talar ni engelska?" Jag hoppade att vi skulle kunna kommunicera tillräckligt för att hon skulle ge mig tillstånd att klättra över till hennes tak och att hon skulle låta mig komma in i huset och sedan ut på gatan.

255

Kvinnan svarade på min fråga genom att dra för sin *chador* och springa in i huset.

Jag klättrade försiktigt tillbaka in. Det fanns ingen hjälp att få. Ingen väg ut. Jag gick fram och tillbaka på golvet medan jag försökte komma på svaren till alla de frågor som rusade genom mitt huvud.

Jag letade efter något att läsa och gick på nytt igenom Moodys bokhylla för att se om det inte fanns något på engelska som jag inte redan läst från pärm till pärm. Jag fann en fyrsidig broschyr som hamnat bakom några böcker och tittade nyfiket på den. Jag hade inte sett den tidigare. Det var en folder på engelska som gav förslag om olika islamiska böner för vissa speciella ritualer.

Jag sjönk till golvet och läste igenom den för att ha något att göra. Min uppmärksamhet skärptes när jag kom till det avsnitt som beskrev *nasr*.

Nasr är ett högtidligt löfte till Allah, ett slags överenskommelse eller kontrakt. Reza och Essey hade avlagt ett sådant löfte. Om Allah på något sätt skulle kunna hela Mehdis vanskapta fötter skulle Reza och Essey åta sig att en gång om året ta med sig bröd, ost, *sabzi* och annan mat till moskén. Där skulle de få den välsignad innan de delade ut den till de fattiga.

Högtalarna på gatan förkunnade att det var dags för bön. Tårar rullade utför mina kinder medan jag utförde den rituella tvagningen och tog på mig min *chador*. Jag visste vad jag skulle göra. Jag skulle avlägga ett heligt löfte, ett *nasr*.

Jag glömde att jag blandade ihop islams och kristendomens trossatser och sa högt: "Gode Allah, om Mahtob och jag kan få vara tillsammans på nytt och om vi får komma hem på nytt ska jag resa till Jerusalem, till det heliga landet. Detta är mitt *nasr*." Sedan läste jag högt ur boken framför mig och mässade den arabiska bönen med vördnad och inlevelse. Jag trodde verkligen på Gud och på bönens makt. Jag var avskuren från världen och jag kommunicerade direkt med Gud.

Kvällen kom. Mörkret sänkte sig över Teheran. Jag satt på golvet i hallen och försökte få tiden att gå genom att läsa.

Plötsligt slocknade ljusen. För första gången på flera veckor hördes det hemska ljudet av flyglarmssirenerna och plågade mitt redan störda sinne.

Mahtob! Det var min första tanke. Stackars Mahtob kommer att bli rädd. Jag sprang desperat fram till dörren. men den var givetvis låst. Jag var instängd på andra våningen i byggnaden. Jag vandrade fram och tillbaka i ångest och rädsla och jag brydde mig inte om att försöka ta skydd. Jag mindes orden i Johns brev: "Ta väl vara på Mahtob och ha henne hos dig." Jag grät efter min dotter, och de tårar jag fällde var de mörkaste, bittraste och mest smärtsamma tårar jag någonsin skulle och kunde – gråta.

Sirenerna tjöt och jag hörde det dova ljudet av luftvärnseld i fjärran. Sedan kom ljudet av några flygplansmotorer och dånet från detonerande bomber. Men de exploderade långt borta. Jag bad om och om igen att Mahtob inte skulle komma till skada.

Räden var över på några minuter. Det var det kortaste anfallet vi varit med om. Men jag darrade i alla fall efteråt, ensam i det mörka huset i den mörklagda staden. Jag låg och grät, fylld av mörk förtvivlan.

Det gick kanske en halvtimme innan jag hörde ytterdörren låsas upp. Moodys tunga steg hördes i trappan och jag rusade ut i hallen för att möta honom för att få veta något om Mahtob. Dörren öppnades och han stod där som en svag silhuett i ljuset av den lilla ficklampan, knappt urskiljbar mot de mörka nattskuggorna.

Han bar på något som såg ut som ett stort paket. Jag gick närmare för att se vad det var.

Jag flämtade plötsligt till. Det var Mahtob! Hon var insvept i en filt och låg lutad mot honom, upprätt men apatisk och orörlig. Hennes uttryckslösa ansikte såg spöklikt blekt ut i det svaga ljuset.

17

"Åh, tack gode Gud, tack", viskade jag högt. Allt jag kunde tänka på var mitt *nasr* och den speciella bön jag bett den dagen. Gud hade hört min bön.

Jag var extatiskt lycklig och på samma gång rädd. Mitt lilla barn såg så sjukt och ledset ut.

Jag tog både min make och mitt barn i mina armar. "Jag är verkligen tacksam för att du tog med henne hem", sa jag till Moody. "Jag älskar dig för att du gjorde det." Jag kände mig löjlig redan när jag uttalade orden. Han var orsaken till allt mitt elände, men jag var så tacksam över att få se Mahtob att jag nästan menade vad jag sa.

"Jag antar att flygräden var ett tecken från Gud", sa Moody. "Vi ska inte vara skilda åt. Vi behöver vara tillsammans i de här svåra stunderna. Jag var verkligen orolig för dig. Vi ska inte leva åtskilda."

Mahtobs panna var våt av febersvett. Jag sträckte mig efter henne och Moody la henne i mina armar. Det var så skönt att röra vid henne.

Hon sa inte ett ord när jag bar in henne i sovrummet och Moody följde efter oss. Jag la henne på sängen och täckte henne med filtar. Sedan blötte jag en snibb av ett klädesplagg och baddade hennes panna. Hon var vid medvetande men tyst och av allt att döma på sin vakt. Det var tydligt att hon inte ville säga något i Moodys närvaro.

"Har hon ätit?" frågade jag.

"Ja", svarade han. Men hans påstående bar inte syn för sägen. Hon hade magrat.

Han såg till att inte lämna oss ensamma under natten.

258

Mahtob förblev tyst och apatisk, men jag lyckades få ner hennes feber. Vi låg alla tre i samma säng. Mahtob låg i mitten och vaknade ofta. Hon hade ont i magen och diarré. Jag höll armarna om henne hela natten och kunde själv bara sova korta stunder. Jag var rädd för att fråga Moody vad som skulle hända härnäst.

På morgonen gjorde sig Moody i ordning för att gå till sitt arbete. Han vände sig till mig och sa, inte ovänligt men inte heller med samma ömhet som kvällen innan: "Gör henne i ordning."

"Ta henne inte med."

"Jo. Jag tänker inte lämna henne här hos dig."

Jag vågade inte säga emot i det ögonblicket. Moody hade mig helt och hållet i sitt våld och jag ville inte riskera att bli isolerad på nytt. Mahtob var fortfarande tyst. Hon protesterade inte när han tog henne med sig. De lämnade en mor som var säker på att hon skulle dö av brustet hjärta.

Något egendomligt höll på att hända med oss alla tre. Det tog tid innan jag kunde tolka de små förändringarna i vårt beteende, men jag visste intuitivt att vi höll på att gå in i en ny fas av vårt liv tillsammans.

Moody var mer dämpad och inte lika utmanande som tidigare. Men han var samtidigt mer beräknande. Utåt tycktes det som om han lugnat sig och det verkade som om hans personlighet stabiliserats. Men jag kunde se i hans ögon att problemen var ännu större än tidigare. Han hade ekonomiska bekymmer. "Jag får fortfarande inte betalt på sjukhuset", klagade han. "Allt det här arbetet till ingen nytta."

"Det är ju löjligt", sa jag. "Jag kan inte tro att det är sant. Var får du i så fall pengar från?"

"Det vi lever på lånar jag av Mammal."

Men jag hade svårt att tro honom. Jag var övertygad om att han ville att jag skulle tro att vi inte hade några pengar och att det var därför vi inte kunde ändra våra levnadsförhållanden.

Men av någon outgrundlig anledning kom Moodys vrede att riktas mot en annan måltavla. Han började ta med sig Mahtob hem nästan varje kväll, men undantag för de nätter han hade jour på sjukhuset. Efter en eller ett par veckor med den rutinen lät han Mahtob vara hemma hos mig under dagen när han var på arbetet. Vår fångenskap beseglades av ljudet av regeln i låset när han vred om nyckeln med dubbla slag efter sig.

Men så en morgon gick han som vanligt, och jag väntade förgäves på att få höra låset klicka igen. Jag hörde bara hans steg som avlägsnade sig. Jag sprang till sovrumsfönstret och såg honom försvinna längs gatan.

Hade han glömt att låsa in oss? Eller var det ett prov?

Jag antog att han ville sätta oss på prov. Mahtob och jag stannade i lägenheten tills han kom tillbaka några timmar senare. Han var på bättre humör än vanligt. Jag antog att det verkligen rört sig om ett prov. Han hade bevakat lägenheten – eller kanske haft en spion som gjort det – och det hade visat sig att han kunde lita på oss.

Moody talade nu oftare och med större värme om oss som en familj och försökte ena oss som en sköld mot angreppen från omvärlden. Medan dagarna gick och blev till veckor växte min övertygelse att han skulle lämna tillbaka Mahtob till mig helt och hållet.

Mahtob höll också på att förändras. Till en början ville hon inte gärna berätta några detaljer om vad hon upplevt efter det att hon skilts från mig. ”Grät du mycket?” frågade jag. ”Bad du pappa att han skulle ta dig med tillbaka?”

”Nej”, svarade hon med skrämd röst. ”Jag bad honom inte om det. Jag grät inte. Jag talade inte med de andra. Jag lekte inte. Jag gjorde inte något alls.”

Det krävdes många och långa samtal innan hon sänkte garden ens inför mig. Tills sist fick jag reda på att hon hade blivit utsatt för många korsförhör, framför allt av Malouk. Hon hade frågat Mahtob om mamma någonsin tagit med henne till ambassaden och om mamma försökt ta sig ur landet tillsammans med henne. Men Mahtob hade hela tiden bara svarat nekande.

”Jag försökte komma ut ur huset, mamma”, sa hon, som om jag skulle vara arg på henne för att hon inte försökt fly. ”Jag kunde vägen hit från Malouks hus. Ibland när jag gick med henne för att handla grönsaker eller något sådant hade jag lust att springa från henne och gå hit och leta efter dig.”

Jag var tacksam för att hon inte lyckats fly. Tanken på att

hon skulle gå ensam på Teherans gator med den fruktansvärda trafiken och den elaka och hjärtlösa polisen fyllde mig med fasa.

Men hon hade inte rymt. Hon hade inte gjort något alls. Och det var det som var förändringen hos Mahtob. Hon höll mot sin vilja på att anpassa sig. Hon hade gett efter. Skräcken och smärtan var för mycket för henne. Hon vågade inte ta någon risk. Hon var olycklig, sjuk, missmodig – och knäckt.

Den dubbla personlighetsförändringen åstadkom en tredje – hos mig. De långa dagar jag tillbringat instängd i Mammals lägenhet hade gett mig tillfälle till eftertanke. Jag formulerade mina tankar i logiska satser och jag analyserade och planerade mer strategiskt än någonsin tidigare. Det var ett givet faktum att jag inte skulle kunna acklimatisera mig till ett liv i Iran. Jag hade också kommit fram till slutsatsen att jag troligen aldrig skulle kunna resonera förnuftigt med Moody. Han betedde sig mer tillräkneligt för stunden. Han var förnuftigare och mindre hotfull, men jag skulle inte kunna lita på att det tillståndet skulle vara. Jag skulle bara kunna utnyttja den rådande situationen till att förbättra min situation för stunden. Senare skulle med all säkerhet problemen komma tillbaka och svårigheterna börja på nytt.

Hur skulle jag då kunna klara min situation? Jag kände inte svaret på den frågan i detalj, men jag kunde dra vissa generella slutsatser. Jag tänkte nu fördubbla mina ansträngningar att få Mahtob och mig ut ur Iran och tillbaka till Amerika, men jag skulle handla försiktigare och mer överlagt. Jag hade kommit till slutsatsen att jag måste hålla mina planer hemliga och inte ens avslöja dem för min dotter. Det bekymrade mig att Malouk hade förhört henne så ingående. Jag kunde inte längre utsätta henne för den fara det innebar att veta för mycket. Jag skulle inte längre prata med henne om att återvända till Amerika. Det var ett beslut som smärtade mig, men bara på ett plan. Jag längtade efter att dela med mig av alla goda nyheter till Mahtob – om jag skulle få några. Men jag var på ett djupare plan medveten om att det var det bästa jag kunde göra om jag älskade henne. Jag ville inte väcka hennes förhoppningar i onödan. Inte förrän vi var på väg till Amerika skulle jag säga något till henne – och jag visste fortfarande inte hur ett sådant mirakel skulle gå till.

Och så gick det till när Moody, av egna galna skäl började ty sig till sin hustru och sin dotter för att få ett större känslomässigt stöd. Vi slöt oss alla – på vårt eget sätt – inne i våra egna skyddande skal.

Det åstadkom en spänd fred, en egendomlig existens, som i fråga om de yttre förhållandena var lättare, lugnare och säkrare än vår tidigare tillvaro, men som dolde djupare spänningar. Vår dagliga samvaro blev bättre, men i vårt inre befann vi oss på en kollisionskurs som skulle bli mer ödesdiger och hotfull än någonsin tidigare.

Mammal och Nasserine höll sig borta från våningen. De bodde hos släktingar. Men Reza och Essey flyttade tillbaka in i våningen under. Essey och jag tog på nytt upp ett vänskapsförhållande som präglades av vaksamhet hos båda parter.

Den sextonde dagen i månaden *ordibehest*, som det här året råkade infalla den 6 maj, var den dag då man firade den tolfte Imamens, Mehdis, födelsedag. Han försvann för många hundra år sedan, och shiiterna tror att han kommer att visa sig på nytt tillsammans med Jesus på den yttersta dagen. Det är vanligt att man ber till honom på hans födelsedag.

Essey bjöd med mig hem till en gammal kvinna som avlagt ett heligt löfte fyrtio år tidigare. Hon hade bett att hennes dotter skulle bli botad från en allvarlig sjukdom, och hon hade lovat att fira Imamens födelsedag varje år om hennes dotter fick leva.

Essey sa att det skulle komma ungefär två hundra kvinnor till firandet, och jag såg för mig en lång dag med mässande och böner. Jag tackade nej och sa att jag inte hade lust att komma med.

"Kom med, snälla du", envisades Essey. "Alla har en önskan som de vill ska gå i uppfyllelse. Om du går dit och ger en slant till den kvinna som läser Koranen kommer hon att be för dig. Innan året har gått till ända, före Imam Mehdis nästa födelsedag, kommer din önskan att ha gått i uppfyllelse. Har du verkligen ingen önskan som du vill ska gå i uppfyllelse?" Hon log ett varmt och uppriktigt leende. Hon kände min önskan!

"Låt gå för det då", sa jag. "Om Moody ger mig lov så

262

kommer jag med."

Till min förvåning sa Moody ja. Nästan alla hans kvinnliga släktingar skulle vara där och Essey skulle vaka över Mahtob och mig. Han ville gärna att jag skulle ta del i religiösa högtider.

På morgonen på Imamens födelsedag var huset fullt av folk. Männen samlades i Rezas våning och kvinnorna trängde sig in i dussintals bilar för att åka söderut, till den gamla kvinnans hem i närheten av flygplatsen.

Dagen blev en verklig överraskning för mig. Vi steg in i ett hus fullt av kvinnor som inte bar slöja utan i stället var festklädda. Många hade purpurröda klänningar med djupa urringningar, axelbandslösa klänningar eller snäva byxor. Alla verkade komma direkt från hårfrisörskan och de var kraftigt sminkade. Guld och ädelstenar glittrade och stereon spelade *banderi*-musik med trummor och cymbaler på högsta volym. Hela hallen var full av kvinnor som dansade sensuellt med svängande höfter och armarna över huvudet. Inte en enda av dem var beslöjad inne i huset.

Essey kastade av sin *chador* och visade en turkosblå klänning med skandalöst låg urringning. Hon bar också många smycken.

Nasserine hade en tvådelad dräkt i blått med röda paisleybroderier.

Zohreh och Fereshteh var där, men jag såg inte deras mor, Ameh Bozorg. "Hon är sjuk", förklarade de.

Jag kunde förstå det när jag såg vilken stil festen gick i. Ameh Bozorg tyckte inte om glädje och lycka. Hon skulle säkert ha blivit sjuk om hon varit där.

Efter en stund började underhållningen med en grupp kvinnor som dansade ett slags magdans. Flera kvinnor sjöng också. Sedan kom flera danserskor i färggranna dräkter.

En efter en närmade sig sedan kvinnorna koranläserskan som satt i ett hörn av hallen. Hon läste upp varje kvinnas önskan i högtalaren och fortsatte sedan sitt mässande.

Fereshteh önskade att hon skulle klara en examen som hon hade framför sig.

Zohreh önskade sig en make.

Essey önskade att Mehdi skulle kunna lära sig att gå.

263

Nasserine hade ingen önskan.

Den vilda festen fortsatte en stund innan Essey kom och frågade om jag inte hade någon önskan.

"Jo det har jag, men jag vet inte hur jag ska framföra den."

Hon gav mig några slantar. "Gå bara fram till kvinnan och ge henne pengarna", sa hon. "Sätt dig bara bredvid henne så ber hon för dig. Du behöver inte tala om för henne vad det är du önskar dig. Men när hon ber ska du koncentrera dig på din önskan."

Jag tog Mahtob i handen och gick bort mot det hörn där den heliga kvinnan satt. Jag gav henne pengarna utan att säga något. Sedan satte jag mig bredvid henne.

Hon la en ogenomskinlig svart sidensjal över mitt huvud och började mässa böner.

Så dum jag är, tänkte jag. Det här kan inte fungera. Men så ändrade jag mig och började fundera på om det ändå kanske skulle kunna ha en viss verkan. Jag tyckte att jag måste pröva på allt. Jag koncentrerade mig på min önskan: Jag vill att Mahtob och jag ska få komma tillbaka till Amerika!

Ritualen varade bara några få minuter. När jag gick tillbaka till Essey insåg jag att jag kanske skulle få obehag av det jag gjort. Essey, Nasserine, Zohreh, Fereshteh — eller någon annan av Moody oräkneliga "syskonbarn" som var närvarande den här kvällen skulle veta att jag gjort en önskan, och de kanske skulle berätta det för Moody. Han skulle begära att få veta vad jag önskat.

Jag beslöt berätta det för honom så snart jag kom hem. Det var bättre än att någon annan skulle göra det.

"Jag förde fram en önskan i dag", sa jag. "Jag bad Imam Mehdi att bevilja mig en sak."

"Vad önskade du dig?" frågade han misstänksamt.

"Jag önskade att vi alla tre ska bli en lycklig familj igen."

Moody sänkte gradvis garden från den dag han kommit tillbaka med Mahtob. Efter en månad levde vi tillsammans nästan som en normal familj. Han lät Mahtob tillbringa flera dagar i veckan tillsammans med mig. Ibland lät han oss till och med gå ut och uträtta vissa ärenden. Andra gånger bevakade han oss svartsjukt. Vi levde ett egendomligt, klosterliknande liv.

Det var nästan outhärdligt svårt att vänta och bida tiden, men det var allt jag kunde göra. Jag spelade mitt desperata spel med Mahtob nu, på samma sätt som jag gjorde det med Moody. Jag bad troget mina islamiska böner och Mahtob följde mitt exempel och gjorde det också. Moody lät sig så småningom luras, kanske just för att han så gärna ville tro att det skulle finnas en möjlighet för oss att leva ett normalt liv. En möjlig fara skrämde mig i högsta grad. Nu när vi på nytt börjat leva som en familj måste jag låtsas vara en tillgiven hustru. Tänk om jag blev gravid! Jag ville inte göra mitt liv ännu värre genom att sätta en ny varelse till denna galna värld. Jag ville inte bära ett barn som skulle fjättra mig vid den man jag hatade. Ett havandeskap skulle bli en säkrare fälla för mig än något annat.

Den 9 juni var min fyrtioårsdag. Jag försökte att inte tänka alltför mycket på det. Moody hade jour på sjukhuset den kvällen, och han bestämde att Mahtob och jag skulle vara nere hos Essey så att hon kunde hålla ett öga på oss. Jag protesterade men han var bestämd på den punkten och lät sig inte bevekas. Vi tillbringade därför min födelsedagskväll på Esseys golv, där vi sopat undan liken efter de kackerlackor som drogs dit av den ständiga urinlukten efter Mehdi. Vi bredde ut våra filtar och försökte sova.

Mitt i natten ringde telefonen. Essey svarade och jag hörde henne upprepa orden "*Na, na.*"

Det är min familj", sa jag. "Jag vill tala med dem. Det är min födelsedag." Jag trotsade Essey på ett sätt jag inte brukade och tog luren från henne. Det var min syster Carolyn som talade. Hon berättade för mig hur det stod till med pappa och hans tillstånd var stabilt och oförändrat. Hon berättade för mig att Joe fått anställning vid monteringsbandet hos min tidigare arbetsgivare, ITT Hancock i Elsie. Jag fick tårar i ögonen när jag hörde det och klumpen i halsen gjorde det svårt att tala. "Hälsa honom att jag älskar honom", var allt jag kunde få fram. "Säg till John ... att jag älskar honom ... också."

Kvällen därpå kom Moody tillbaka från sin långjour på sjukhuset. Han hade en liten bukett prästkragar och krysantemer med sig som födelsedagspresent. Jag tackade honom och skyndade mig sedan att berätta om samtalet från Carolyn in-

265

nan Reza eller Essey fick tillfälle att göra det. Till min lättnad reagerade han med likgiltighet i stället för raseri.

En dag tog Moody med oss på en utflykt. Vi gick några kvarter i sommarsolen och hälsade på ett gammalt par som var släktingar av något slag. Deras son, Morteza, ungefär i Moodys ålder, bodde hos dem. Han hade förlorat sin hustru några år tidigare, och hans föräldrar hjälpte honom nu att ta hand om hans dotter, Elham, som var några år äldre än Mahtob. Hon var en söt och vacker flicka, men hon var dyster och höll sig för det mesta för sig själv. Hennes far och farföräldrar brydde sig heller inte mycket om henne.

Redan tidigt under samtalet kunde jag av Mortezas ord förstå att släktingarna hade bett Moody att ge mig mer frihet. "Vi är så glada över att träffa dig", sa han till mig. "Ingen har sett dig på sista tiden. Vi har undrat så över vad som hänt med dig, och vi var oroliga för att du kanske inte mådde bra."

"Hon mår bara bra", svarade Moody med en röst som lät en aning besvärad. "Som ni kan se mår hon bara fint."

Morteza arbetade på den statliga myndighet som kontrollerade de telexmeddelanden som kom till och skickades från landet. Det var en viktig uppgift och gav honom samtidigt stora privilegier. Under vårt samtal den dagen förklarade han att han tänkte ta med Elham på en semesterresa till Schweiz eller kanske till England. "Det skulle vara trevligt om hon kunde lära sig lite engelska innan vi åkte", sa han.

"Jag undervisar henne gärna i engelska", sa jag.

"Det är en utmärkt idé", höll Moody med. "Varför kommer ni inte över med henne på förmiddagarna? Betty kan undervisa henne i engelska medan jag är på arbetet."

Senare, medan vi gick hem, sa Moody att han var nöjd med överenskommelsen. Elham var en trevlig flicka och mer väluppfostrad än de flesta iranska barn, och Moody ville gärna hjälpa henne. Han kände ett speciellt starkt band till henne eftersom hon, precis som han själv, hade förlorat sin mor. Dessutom sa han att han var glad att han funnit en sysselsättning för mig. "Jag vill att du ska vara lycklig här", sa han.

"Jag vill inget hellre än att vara lycklig här", ljög jag.

Möjligheten att undervisa Elham i engelska visade sig också vara ett svar på mina böner. Moody brydde sig inte längre om att ta med Mahtob till Malouks hem under dagen. Elham och jag behövde Mahtob som tolk, och när vi inte hade lektion lekte de båda flickorna glatt tillsammans.

Reza och Essey planerade att göra en pilgrimsresa till den heliga moskén i Meshed. Det var dit Ameh Bozorg vallfärdat för att söka bot. Innan Mehdi hade fötts hade Reza och Essey avlagt ett heligt löfte, ett *nasr*, och lovat att göra pilgrimsfärden om Allah gav dem en son. Det faktum att Mehdi var missbildad och efterbliven hade ingen betydelse. De måste uppfylla det löfte de en gång gett. När de erbjöd oss att komma med på resan bad jag Moody att han skulle acceptera.

Det som fick mig att bli så intresserad av resan var att vi skulle flyga till Meshed, som låg i nordöstra hörnet av Iran. Det hade förekommit ett antal flygkapningar på sista tiden, och det fanns en liten chans att vårt plan skulle kapas och tvingas flyga till Bagdad i Irak.

Jag visste också att resan säkerligen skulle dämpa Moodys oro. Min önskan att delta i en pilgrimsresa skulle vara ett tecken på att jag höll på att fatta tycke för hans livsstil.

Men det fanns också ett djupare skäl till att jag var så ivrig att få följa med. Jag ville verkligen göra en pilgrimsresa. Essey berättade att om man utförde de rätta ritualerna vid graven i Meshed skulle man få tre önskningar uppfyllda. Jag hade bara en önskan, men jag ville gärna tro att det skulle ske ett mirakel i Meshed också för mig. "Det finns de som tar med sig sjuka och sinnessjuka. De binder dem vid graven med ett rep och väntar på att det ska ske ett under", berättade Essey högtidligt- "Och det har också skett i många fall."

Jag visste inte längre vad jag trodde – eller inte trodde – om Moodys religion. Jag visste bara att det var desperationen som drev mig att pröva alla utvägar.

Moody gick med på min begäran. Han hade också önskningar som han ville ha uppfyllda.

Flygningen till Meshed var bara en kort tur, och när vi kom fram skyndade sig Moody att få in oss i en taxi och i väg till hotellet. Han och Reza hade bokat in oss på det finaste hotellet i stan. "Vad ska nu det här betyda?" muttrade han när vi kom in i vårt fuktiga och kalla rum. En dålig säng med knölig madrass väntade på oss. Ett fransigt tygstycke som hängts över fönstret tjänstgjorde som jalusi och gardin. De grå väggarna hade stora sprickor i gipsen, och de verkade inte ha målats på flera årtionden. Mattan var så smutsig att vi inte gick på den utan skor. Lukten från toaletten var så stark att vi nästan mådde illa.

Den "svit" som Reza och Essey bodde i låg intill vårt rum. Standarden var inte bättre där. Vi beslöt att gå till *haram*, den heliga graven, genast. Det berodde dels på religiöst nit och dels på att vi ville komma bort från hotellet.

Essey och jag tog på oss *abbah*, ett plagg som vi lånat för det här tillfället. Det är ett arabiskt plagg som liknar den persiska *chador*, men den har ett resårband som håller den på plats. För en amatör som jag är den mycket lättare att hålla på plats.

Vi gick sedan alla till moskén, som låg ungefär fem kvarter från vårt hotell. Gatorna var fulla av försäljare som försökte överrösta varandra med sina erbjudanden om bönehalsband och *morghs*, bönestenar. Andra försäljare bjöd ut vackra broderier och smycken snidade i turkos. Hela tiden mässades böner i högtalarna.

Moskén var större än någon jag sett tidigare och smyckad med fantastiska kupoler och minareter. Vi trängde oss fram genom skaror av trogna och stannade framför en bassäng för att utföra tvagningen inför bönen. Sedan följde vi en guide över en stor öppen gård och gick igenom olika mindre rum vars golv var täckta med utsökta persiska mattor och där det satt jättelika speglar i guld- och silversmyckade ramar på väggarna. Enorma kristallkronor lyste upp rummen och deras ljus reflekterades i speglarna. Effekten var bländande.

När vi närmade oss *haram* skildes män och kvinnor åt. Essey och jag drog med oss Maryam och Mahtob och försökte armbåga oss fram genom en hop extatiska patienter som försökte ta sig så nära så att de skulle kunna röra vid graven och samtidigt be Allah att deras önskan skulle gå i uppfyllelse, men vi lyckades inte ta oss ända fram. Till sist gick vi till ett sidokapell för att be.

Efter en stund beslöt sig Essey för att försöka på nytt. Hon lämnade Mahtob och mig kvar i sidokapellet och trängde sig in i den heliga folkmassan med Maryam i famnen. Hon lyckades till sist ta sig fram till graven genom att armbåga sig fram och pressa på. När hon nådde fram till den helige mannens grav lyfte hon Maryam högt över de kringstående så att hon kunde röra vid graven.

Efteråt blev Moody rasande på mig för att jag inte gett Mahtob samma möjlighet. "I morgon tar du med Mahtob", sa han till Essey.

Tre dagar förlöpte i religiös extas. Jag lyckades ta mig fram till *haram*, och när jag rörde vid graven bad jag innerligt att Allah skulle låta min önskan gå i uppfyllelse – att han skulle låta Mahtob och mig återvända till Amerika i tid så att jag skulle kunna träffa pappa innan han dog.

Pilgrimsfärden påverkade mig djupt och jag kom närmare en tro på Moodys religion än någonsin tidigare. Kanske var det ett resultat av min egen förtvivlan i kombination med miljöns hypnotiska verkan. Vad det än berodde på kom jag i alla fall att tro på *haram*. Under vår fjärde och sista dag i Meshed beslöt jag att upprepa den heliga ritualen med all den vördnad och hängivenhet jag var mäktig.

"Jag vill gå till *haram* ensam", sa jag till Moody.

Han ställde inga frågor och sa inte emot. Han märkte att min fromhet inte var spelad. Ett svagt leende visade i stället att han var nöjd med den förvandling som ägde rum hos mig.

Jag gav mig av från hotellet redan innan de andra var klara och förberedde mig för min slutgiltiga och mest uppriktiga begäran. När jag kom fram till moskén upptäckte jag till min glädje att det inte hade hunnit bli någon trängsel. Det var enkelt att ta sig fram till *haram* och jag gav några rials till en turbanman som lovade att be för mig – för min outtalade önskan – och jag satte mig intill den heliga graven i djup meditation. Jag upprepade gång på gång min bön till Allah och jag kände en sällsam frid fylla mitt inre. Jag fick på något sätt visshet om att Allah/Gud skulle bönhöra mig. Snart.

Delar av pusslet började passas ihop i min hjärna.

Moody tog oss med till Ameh Bozorgs hem en dag, men han brydde sig inte om att byta till sin vanliga besöksuniform, en innepyjamas. Han behöll kostymen på, och inom några minuter var han inblandad i en skarp ordväxling med sin syster. De

269

gick över till Shustaridialekt, som de båda talat som barn, för att Mahtob och jag inte skulle förstå vad det var de diskuterade. Hur som helst tycktes det vara fortsättningen på ett tidigare gräl.

"Jag har ett ärende att uträtta", sa han plötsligt till mig. "Stanna här med Mahtob." Sedan gav han sig snabbt av tillsammans med Majid.

Jag tyckte inte om att återvända till ett hus som rymde så många hemska minnen för min del och jag tyckte heller inte om att bli lämnad ensam med någon av dem som bodde där. Mahtob och jag gick ut på den bakre gården intill poolen för att njuta av det solsken som eventuellt skulle lyckas tränga igenom våra täta plagg och för att komma bort från familjen.

Till min fasa märkte jag att Ameh Bozorg följde efter oss ut.

"*Azzi zam*", sa hon med låg röst.

"Älskling!" Ameh Bozorg kallade mig älskling!

Hon la sina långa beniga armar om mig. "*Azzi zam*", upprepade hon. Hon talade farsi och använde enkla ord som jag förstod eller som Mahtob kunde översätta. "*Man khaly, khaly, khaly motasifan, azzi zam.*" "Jag är verkligen ledsen, mycket ledsen för din skull, älskling." Hon sträckte armarna över huvudet och ropade: "*Aiee Khodah!*" "Gode Gud!" Sedan sa hon: "Ta telefonen och ring hem till din familj."

Det är ett trick, tänkte jag. "Nej", sa jag. Med hjälp av Mahtobs tolkning svarade jag att jag inte kunde göra det. "Moody har förbjudit det. Jag har inte hans tillåtelse."

"Nej, ring du bara till din familj", upprepade Ameh Bozorg.

"Pappa kommer att bli arg", sa Mahtob.

Ameh Bozorg betraktade oss noga. Jag såg henne i ögonen och försökte tolka hennes ansiktsuttryck med hjälp av det lilla jag såg av henne genom slöjan. Vad var det egentligen som höll på att hända? Jag undrade om det var en fälla som Moody arrangerat för att se om jag skulle vara olydig och trotsa honom när han inte var närvarande? Eller har det skett någon förändring som jag inte känner till?

Ameh Bozorg vände sig till Mahtob och sa: "Din pappa blir inte alls arg för vi tänker inte berätta det för honom."

Men jag vägrade i alla fall. Jag blev mer på min vakt och mer förvirrad. Jag mindes de gånger hon lurat mig tidigare, särskilt

270

i Qum, där hon gav mig order att sitta och vänta och sedan klagade över att jag inte besökt den helige islamiska martyrens grav.

Ameh Bozorg försvann ett kort ögonblick och kom sedan tillbaka med sina döttrar Zohreh och Ferestheh som kunde tala engelska. "Ring hem till de dina", sa Zohreh. "Vi är ledsna för att du inte har kunnat tala med dem. Ring vem du vill och tala så länge du vill. Vi tänker inte tala om det för honom."

Det sista ordet, "honom", uttalades med en lätt biton av illvilja.

Det var det som till sist övertygade mig. I det ögonblicket var ett samtal med min familj, hur kort det än skulle bli, värt att riskera Moodys vrede för.

Jag ringde och grät ut min vrede och sorg i telefonen. De grät också, och pappa berättade att han höll på att bli sämre för var dag. Han kunde räkna med värre smärtor nu och läkarna funderade på ytterligare kirurgiska ingrepp. Jag talade med Joe och John, som var hemma hos sin far, trots att jag måste väcka dem mitt i natten.

Ameh Bozorg lämnade Mahtob och mig ensamma under telefonsamtalen och brydde sig inte om att avlyssna dem. Efteråt bad hon mig att jag skulle slå mig ner i hallen. Mahtob satte sig också och Zohreh och Ferestheh hjälpte till att översätta. Med deras hjälp kunde vi föra en avslöjande konversation.

"Det var jag som sa åt Moody att ta med Mahtob tillbaka till dig", sa hon. "Jag sa till honom att han inte kunde göra så mot dig längre. Han får inte behandla dig på det sättet."

Var det möjligt att den här kvinnan, som jag hatade och som varit så elak mot mig, höll på att förvandlas till en bundsförvant? Var hon själv så förnuftig att hon kunde se att hennes yngre bror var galen och hyste hon tillräckligt med medlidande för att vilja göra vad hon kunde för att skydda Mahtob och mig från okända faror? Det var för mycket att reda ut på en gång. Jag var hela tiden på min vakt medan jag talade med henne, men hon tycktes acceptera det och förstå varför. Det var en sak som talade för denna högst egendomliga kvinna. Hon visste att jag såg en förändring hos henne som jag inte kunde förstå orsaken till. Jag kunde givetvis inte anförtro henne några verkliga hemligheter, vad de än gällde. Men jag kan-

271

ske skulle kunna lita på att hon höll Moodys beteende en smula i schack.

Samma dag tog jag itu med ett annat problem. Det mesta av vårt bagage låg fortfarande i förvar i det stora klädskåpet i det sovrum vi använt här för tusen år sedan. Ingen annan använde rummet. Det stod fortfarande reserverat för vår räkning. Jag gick dit, öppnade skåpet och började gå igenom det medicinförråd som Moody tagit med sig från Amerika.

De små skära tabletterna låg i en lång smal plastask. Namnet på preparatet stod på asken: Nordette. Jag kunde inte förstå hur Moody lyckades få p-piller genom tullen i en islamisk republik där barnbegränsning inte var tillåten. Han hade kanske mutat någon. Hur som helst så fanns det flera askar tabletter bland de övriga preparaten. Hade Moody räknat dem? Jag visste inte. Jag vägde rädslan för att mitt tillgrepp skulle avslöjas mot rädslan för att bli gravid och beslöt mig för att ta en förpackning.

När jag gömde den lilla tablettförpackningen under kläderna prasslade det i plasten. Det hördes var gång jag rörde mig, och jag kunde bara hoppas att ingen skulle lägga märke till det.

När Moody kom för att ta Mahtob och mig med hem berättade ingen för honom om telefonsamtalen till Amerika. När vi gjorde oss i ordning för att gå blev jag rädd när jag hörde plastförpackningen prassla för vart steg, men det var tydligen ingen annan som hörde ljudet.

När vi kom hem gömde jag tabletterna under madrassen. Nästa dag svalde jag den första. Jag visste inte om det var rätt dag att börja med dem, men jag hoppades att det skulle fungera i alla fall.

Några dagar senare ringde Baba Hajji till Moody på kvällen och sa att han ville komma dit och prata. Moody kunde inte säga nej.

Jag skyndade mig till köket för att laga mat och koka te till den högt uppsatte gästen. Jag var rädd för att Baba Hajji skulle berätta för Moody om telefonsamtalen. Men det jag fick höra när Mahtob och jag tjuvlyssnade från sovrummet gjorde mig plötsligt mer optimistisk än jag varit på länge.

Om jag förstod rätt sa Baba Hajji ungefär så här till Moody: ”Det här är Mammals hus. Mammal har flyttat till sina svärföräldrar för din skull. Nasserine vill inte gå med slöja hela tiden hemma i sitt eget hus, men det måste hon göra för att du nästan alltid är här. De är trötta på det. På nedre botten bor Reza och det är hans våning, men du använder den också. De är också trötta på det. Du måste genast flytta. Du måste ut härifrån."

Moody svarade respektfullt och med låg röst. Han skulle visst efterkomma Baba Hajjis "begäran". Den gamle nickade i vetskap om att hans ord bar gudomlig auktoritet. När han framfört sitt budskap reste han sig och gick.

Moody var rasande på sin familj och sina släktingar. Plötsligt var Mahtob och jag allt han hade. Nu var det vi tre mot den orättvisa omvärlden.

Vi la Mahtob och satt sedan och pratade till sent på natten.

"Jag hjälpte Reza under hela hans utbildning", klagade han. "Jag gav honom allt han behövde. Han fick pengar och en ny bil, och jag gav honom tak över huvudet. Sedan kom Mammal, och jag betalade för hans operation och ordnade allt åt honom. Jag har alltid gett min familj allt de velat ha. Om de ringde mig i Amerika och sa att de behövde vinterrockar så skickade jag dem rockar. Jag har lagt ut så mycket pengar på dem, men nu har de glömt det. De har glömt bort allt jag gjort för dem. Nu vill de bara kasta ut mig."

Sedan gav han sig på Nasserine.

"Och Nasserine! Hon är så dum – och hon behöver inte bära slöja hela tiden. Varför kan hon inte vara som Essey? Och nog passade det dem att ha dig här när du städade, lagade mat och bytte blöjor på Amir hela tiden. Du har skött om allt här. Hon gör inget alls utom kanske att bada Amir en gång varannan månad när det kommer någon *eid*, någon helgdag som måste firas. Vad är hon egentligen för slags maka och mor? Men nu har universitetet sommarferier. Hon behöver inte någon barnvakt, och då är det bara att skrika 'Ut härifrån!' till oss. Vad tror de jag ska göra? Jag har inga pengar och inget ställe att flytta till."

Det var egendomligt att höra Moody tala på det viset. Så sent som förra månaden hade han i sin islamiska självrättfärdighet klagat över att Essey slarvade med sin slöja och han hade framhållit Nasserine som ett dygdemönster. Det var en

273

slående attitydförändring.

Jag mumlade försiktiga kommentarer och höll med. Om jag vore Nasserine skulle jag vilja ha ut Moody ur mitt hus, men det aktade jag mig för att nämna. Jag tog i stället helt och hållet parti för min make, precis som han förväntade sig. Nu var jag på nytt hans förtrogna, hans oförfärade vapendragare och hans största beundrare. Jag smickrade hans ego på alla de sätt jag för stunden förmådde komma på.

"Har vi verkligen inga pengar?" frågade jag.

"Nej, det har vi inte. Jag får fortfarande inte betalt av sjukhuset. De är inte klara med pappersexercisen än."

Nu trodde jag honom. "Men hur ska vi då kunna flytta?" frågade jag.

"Majid sa att vi skulle försöka hitta ett ställe där vi trivs. Han och Mammal står för kostnaderna."

Jag hade svårt att dölja min glädje. Jag tvivlade inte på att vi skulle flytta från den här lägenheten på andra våningen. Moody hade lovat Baba Hajji att vi skulle flytta. Nu visste jag också att vi inte skulle återvända till Ameh Bozorgs hem. Moody var rasande på den syster som han tidigare höjt till skyarna. Nu kunde han inte tänka sig att bo tillsammans med några av sina släktingar. De hade underminerat hans värdighet alltför mycket.

Skulle jag våga hoppas att Moody skulle besluta att det var dags för oss alla att resa tillbaka till Amerika?

"De förstår dig inte", sa jag med låg och mjuk röst. "Du har gjort så mycket för dem. Men du ska se att allt kommer att ordna sig. Vi har i alla fall varandra. Vi tre ska hålla ihop."

"Ja", sa han. Han slog armarna om mig och kysste mig. Under de få minuter av passion som följde lyckades jag frigöra mig från det som hände genom att koncentrera tankarna på annat. Min kropp var bara ett verktyg som jag måste använda om jag ville nå friheten.

Vi letade efter ett hus som vi skulle kunna hyra. Vi gick längs smutsiga gator i sjaskiga kvarter tillsammans med en iransk fastighetsmäklare. Alla lägenheter vi såg var förfallna och hade inte sett en skurborste eller en målarpensel på årtionden.

Moodys reaktion var uppmuntrande. Han kritiserade standarden på de bostäder vi blev visade. Det hade tagit honom nästan ett år att komma över den första entusiasmen och inse att det som hans landsmän accepterade som normal standard inte var acceptabelt. Han ville inte leva på det sättet längre.

Omständigheterna höll på att lägga en snara om hans hals. Trots att han hade en respektabel anställning på sjukhuset praktiserade han utan tillstånd. Han kunde inte få de amerika-fientliga myndigheterna att godkänna hans legitimation, han fick inte betalt och kunde därför inte leva på den nivå han ansåg att hans familj hade rätt till.

Moody förargade sig på plikten att lyda de äldre familjemed-lemmarnas önskningar. Baba Hajji hade en god vän som var fastighetsmäklare. Han visade oss en våning som låg bara någ-ra kvarter från Mammals hus. Vi tyckte inte om den och vägra-de att hyra den, vilket ledde till ett gräl mellan Moody och Baba Hajji.

"Det finns ingen gård", klagade Moody. "Mahtob behöver en gård att leka på."

"Det spelar ingen roll", sa Baba Hajji. Han brydde sig inte om vilka behov ett barn kunde ha.

"Det finns inga möbler och ingen annan utrustning", sa Moody.

"Det spelar ingen roll. Ni behöver inga möbler."

"Men vi har ingenting", påpekade Moody. "Vi har ingen spis, inget kylskåp, ingen tvättmaskin. Vi har varken tallrik eller sked." Jag lyssnade på samtalet och fann att jag förstod det mesta. Jag blev häpen och glad när jag hörde Moodys argument och märkte hans inställning. Han ville att Mahtob skulle ha en gård att leka på. Han ville att vi skulle ha det bra och inte bara han själv. Och han ville så gärna ha allt detta att han vågade trotsa sin familj.

"Det spelar ingen roll", upprepade Baba Hajji. "Du får en egen lägenhet och sedan kommer alla att ge dig vad du behö-ver."

"*Taraf*", svarade Moody. Han nästan skrek åt den helige mannen. "Det är bara *taraf*."

Baba Hajji blev rasande och gav sig av. Moody var orolig för att han kanske gått för långt. "Vi måste skaffa oss en egen bostad så fort vi kan", sa han. "Vi måste skaffa en våning som är stor nog för att jag ska kunna sätta upp en mottagning och börja tjäna pengar på egen hand." Efter en stunds tystnad tillade han i bekymrad ton: "Vi måste se till så att vi får hit våra tillhörigheter från Amerika."

En av Moodys släktingar, Reza Shafiee, var anestesiläkare och bodde i Schweiz. Hans återkommande besök hos föräldrarna firades som stora händelser, och när vi fick inbjudan till en middag i hans hem blev Moody utom sig av glädje. Nu när han arbetade på sjukhuset och dessutom planerade att sätta upp en egen privatpraktik var det mer meningsfullt att prata affärer med en kollega.

Han ville ge Reza Shafiee en speciell present och bad mig att ta med mig Mahtob och gå ut och köpa den. Han gav mig exakta anvisningar och sa att jag skulle gå till ett visst finbageri där man sålde bakverk prydda med pistaschmandel i vackra mönster. Mahtob och jag gick dit i den varma eftermiddagssolen, men butiken var stängd för bönetimmen.

"Vi väntar där borta", sa jag till Mahtob och pekade på skuggan under ett träd på andra sidan gatan. "Det är så varmt här i solen."

Medan vi väntade fick jag syn på en liten trupp *pasdar* längre ner på gatan. De hade en liten vit lastbil som var full av uniformerade män och intill stod en Pakon med fyra kvinnor i *chador*. De var kvinnliga *pasdar*. Jag förde instinktivt handen till pannan för att kontrollera att inga hårslingor krupit fram under min *roosarie*. Den här gången har de inget att sätta åt mig för, tänkte jag.

Efter en stund tröttnade vi på att vänta och gick över gatan för att se om det fanns något tecken till att affären skulle öppna snart. När vi steg ut på gatan körde Pakonbilen snabbt fram mot oss och tvärbromsade med tjutande däck. Fyra kvinnliga *pasdar* hoppade ur och omringade oss. En av dem vände sig till mig.

"Är ni inte iranier?" frågade hon misstänksamt på farsi.

"Nej."

"Varifrån kommer ni?"

"Från Amerika", svarade jag på farsi.

Hon svarade med skarp röst och talade rakt i ansiktet på

276

mig. Det var inte lätt för mig att förstå, för mina kunskaper i farsi var begränsade.

"Jag förstår inte", stammade jag.

Det gjorde henne bara ännu argare. Hon hävde ur sig en ström av ord. Till sist lyckades Mahtob översätta en del. "Hon ville veta varför du inte förstår", förklarade Mahtob. "Hon säger att du talade ordentligt på farsi i början."

"Säg till henne att jag bara förstår några få ord, inte mer."

Det gjorde polisen en smula mildare till sinnes, men hon fortsatte i alla fall med en lång utläggning som Mahtob översatte. "Hon stoppade dig för att du har skrynklor på sockorna."

Jag drog upp mina stötande sockor och polisen vände sig om för att gå. Men innan hon gav sig av kom hon med en sista förmaning till Mahtob: "Säg till din mor att hon aldrig mer får gå ut på stan med skrynkliga sockor."

Efter tillrättavisningen gick jag in i butiken och köpte pistaschmandlarna. När vi gick hem bad jag Mahtob att hon inte skulle berätta för pappa om det som inträffat. Jag ville inte att Moody skulle få höra något som skulle få honom att inskränka min rörelsefrihet. Mahtob förstod.

På kvällen samma dag gick vi hem till *amoo* ("farbror") Shafiee. Han bodde i stadsdelen Geisha i Teheran. Mellan femtio och sextio personer hade kommit dit. Vi gav pistaschmandlarna till hans son Reza.

Senare på kvällen, sedan några av gästerna gett sig av och vi förberedde oss för att gå, hördes plötsligt flyglarmsirenernas skrämmande tjut. Ljuset slocknade. Jag la armarna om Mahtob och vi tryckte oss intill väggen, precis som alla de andra som var kvar i huset.

Vi väntade under spänd tystnad på ljudet från luftvärnsbatterierna. Vi var vana att höra det efter larmet. På avstånd hördes ljudet av de fientliga bombplanen som närmade sig, men det hördes ingen luftvärnseld.

"Något är på tok", sa en av de närvarande. "Vi har kanske ingen ammunition kvar."

De angripande planens tjut hördes rakt över våra huvuden, ohyggligt nära.

En öronbedövande explosion hördes och jag upplevde en

kuslig känsla som om ett spöke gått genom rummet och vi blivit kvar, kalla och sårbara. Väggen tycktes bulta mot min rygg och skjuta Mahtob och mig framåt. Tekopparna skallrade. Vi hörde glas som splittrades.

Innan vi hann reagera skakades vi av en andra explosion. Efter den kom en tredje. Hela huset skakade. Puts föll från taket. Jag var medveten om röster som skrek intill mig men som ändå tycktes komma från någonstans långt borta. Vi väntade i mörkret på att taket skulle störta in. Mahtob snyftade. Moody höll mig hårt i handen.

Vi väntade i vanmakt och höll andan medan vi försökte hålla tillbaka paniken.

Verkligheten återvände långsamt och gradvis. Det gick flera minuter innan det gick upp för oss att dånet från bombplanen och de ohyggliga detonationerna ersatts av utryckningsfordonens sirener. Vi hörde skadades skrik utanför.

"Upp på taket!" ropade någon. Vi sprang alla upp på det platta hustaket. Ljuset i staden hade slocknat, men vi kunde se okontrollerade bränder rasa på många ställen. Ljuskäglorna från brandbilars och ambulansers strålkastare skar genom mörkret och lyste upp den illa åtgångna staden. Luften var full av damm och vi såg död och förstörelse runt omkring oss. Hela byggnader i närheten av huset där vi stod hade störtat samman och förvandlats till ruinhögar. Det stank av sprängämne och bränt kött. På gatan nedanför oss sprang skrikande män, kvinnor och barn som förtvivlat letade efter förlorade anförvanter.

Några män bland gästerna lämnade huset för att gå den korta vägen ut till huvudgatan. De kom tillbaka och berättade att gatorna var stängda för all trafik utom utryckningsfordon. "Vi kan inte ta oss ut ur Geisha i natt", påpekade någon.

Vi tillbringade natten på golvet i *amoo* Shafiees hem. Mahtob och jag bad till Gud och tackade för att vi överlevt, och vi bad på nytt att vi skulle få lämna landet.

Gatorna var fortfarande avspärrade nästa morgon, men det kom en ambulans och hämtade Moody till sjukhuset. Medan han arbetade där hela dagen med att ta hand om skadade försökte vi finna en förklaring till att vi inte hört någon luftvärnseld. Många trodde att det berodde på att ammunitionen hade tagit slut. Om det var sant kunde vi vänta oss att ett

278

verkligt helvete skulle bryta löst över våra huvuden.

Antagligen spreds de ryktena i staden, för på eftermiddagen sände en TV-station ut en kommuniké för att lugna allmänheten. Om jag förstod rätt uppmanade man medborgarna att inte vara oroliga. Anledningen till att det inte hörts någon luftvärnseld var att armén prövade andra medel. Men man sa inte vad det var för några försvarsåtgärder.

Moody kom tillbaka till *amoo* Shafiees hem på kvällen. Geisha var fortfarande avspärrat för all trafik utom utrycknings-fordon, och vi skulle tillbringa ännu en natt här. Han var trött och irritabel efter en lång dags arbete. Han hade gett narkos vid många operationer och han berättade att många hade omkommit vid anfallet. I ett enda hus där man firat ett födelse-dagskalas när anfallet kom hade åttio barn dött.

Reza Shafiee måste flytta fram sin återresa till Schweiz. Under kvällen la han fram en plan för Moody. "Du kan inte lämna Betty och Mahtob här", sa han. "Det är alldeles för farligt för dem. Låt mig ta dem med till Schweiz. Jag ska se till att de stannar hemma hos mig och att de inte hittar på något."

Hur mycket visste Reza Shafiee om min situation? Planerade han verkligen att hålla vakt över oss i Schweiz, eller var det bara ett försök att dämpa Moodys oro för att vi skulle fly? Det spelade ingen roll, för jag var säker på att vi skulle kunna ta oss hem till Amerika bara vi kom till Schweiz.

Men Moody kvävde omedelbart det svaga hoppet. "Nej", sa han. "Inte på några villkor." Han föredrog att utsätta oss för krigets faror i Iran.

Vi tillbringade en andra dag i *amoo* Shafiees hus och sedan en tredje innan röjningsmanskapet hann forsla bort alla skadade och döda. Var dag kom det nya rapporter som blev allt mer mystiska. Journalister rapporterade att anledningen till att man inte använt luftvärnsbatterierna var att Iran nu hade så avancerade luftvärnsrobotar att man inte behövde ta till konventionella luftvärnskanoner. En journalist sa att iranierna skulle bli överraskade när de fick reda på var de nya robotarna kommit från.

Amerika? Ryssland? Frankrike? Israel? Alla spekulerade, men Moody var säker på att de nya vapnen kom från USA. På grund av vapenembargot hade de säkert exporterats via ett tredje land, sa han, och det hade antagligen lett till att Iran fått betala ett högre pris. Moody var övertygad om att penninghungriga amerikanska vapenhandlare inte skulle kunna lämna en kund med så omättlig aptit.

Jag visste inte var robotarna kom ifrån och jag brydde mig heller inte om det. Jag bad bara att de inte skulle behöva komma till användning.

Händelseutvecklingen fortsatte under några dagar efter det att vi flyttat tillbaka till Mammals våning. Regeringen lovade att man skulle hämnas på Irak för bombningarna, och nu meddelade man att Bagdad utsatts för ett massivt anfall. Man hade använt en markmålsrobot som kunde nå den irakiska huvudstaden direkt från avskjutningsramper i Iran.

Meddelandena om detta andra nya vapen gav ytterligare näring åt spekulationerna kring vem som försåg Iran med så sofistikerade vapen. Regeringen förklarade triumferande att de nya vapnen tillverkades i Iran. Moody var skeptisk.

En dag lät Moody Mahtob och mig gå och handla tillsammans med Essey och Maryam. Vi skulle köpa sommarkläder åt flickorna.

När köpen var avslutade hejdade vi en orange taxi för att komma hem och vi klämde in oss i framsätet alla fyra. Jag satt i mitten med Mahtob i knät. Föraren startade, men när han växlade kände jag hur hans hand gled längs mitt ben. Först trodde jag det var oavsiktligt, men det upprepades flera gånger och hans hand gled allt längre upp och trycktes mot mitt lår.

Chauffören var en ful och illaluktande man och han log ett lystet leende och såg på mig ur ögonvrån. Mahtob var upptagen av Maryam, och jag passade på att köra armbågen i sidan på mannen.

Men det uppmuntrade honom bara. Han la handen över mitt ben och klämde till. Sedan gled handen allt högre upp.

"Muchakher injas!" skrek jag. "Stanna här!" Det var det man sa till chauffören när man kommit till målet och ville stiga av.

Chauffören tvärbromsade. "Säg inget, stig bara ur snabbt", sa jag till Essey. Jag föste ut Essey och barnen på trottoaren och skyndade mig ut efter dem.

"Vad är det som har hänt?" frågade Essey. "Varför stiger vi ur här?"

"Jag vet inte", svarade jag. Jag darrade i hela kroppen. Jag skickade flickorna att titta i skyltfönster och berättade sedan för Essey vad som hade hänt.

"Jag har hört talas om sådant", sa hon. "Men det har aldrig hänt mig. Jag tror att de bara gör det med utländska kvinnor."

Nu när faran var över fick jag ett annat bekymmer. "Essey", bad jag, "tala inte om det här för Moody. Om han får veta det kommer jag inte att få gå ut mer. Tala inte om det för Reza, snälla du."

Essey funderade en stund och nickade sedan ett ja.

Moodys försämrade förhållande till sina iranska släktingar gav mig anledning till många funderingar. Jag försökte förstå honom så gott jag kunde och sätta mig in i hans sätt att tänka. Det skulle hjälpa mig att gå till motattack på effektivaste sätt. Jag gick igenom hans liv och funderade på de olika faserna. Han hade lämnat Iran och rest till England så snart han var gammal nog att få göra det. Efter några år hade han fortsatt till Amerika. Han hade varit lärare, men han hade slutat med det för att börja studera till ingenjör. När han varit verksam som ingenjör några år började han i stället läsa medicin. Han tillbringade tre år i Corpus Christi, två i Alpena och ett i Detroit innan han bröt upp på nytt och gav sig av till Teheran med oss. Nu hade det gått nästan ett år här, och hans tillvaro var ett enda stort kaos.

Han kunde inte slå sig till ro. Han förmådde inte leva ett lugnt och balanserat liv någon längre tid. Han måste alltid bryta upp på nytt. Det tycktes alltid finnas yttre orsaker som han kunde lägga skulden på. Men nu kunde jag blicka tillbaka och se att det alltid var han själv som, åtminstone delvis, var orsaken till problemen. Han drevs av en galenskap som inte gav honom någon ro.

Vad skulle han ta sig till härnäst? undrade jag.

Det tycktes inte finnas någon väg ut ur den situation han nu befann sig i. Han visade allt klarare att jag var hans ende vän och bundsförvant. Det var vi två mot hela den grymma och oförstående omvärlden.

281

Allt detta gav mig ett visst hopp om att han skulle ta sitt förnuft till fånga och åka tillbaka till Amerika med Mahtob och mig, men det fanns vissa komplikationer.

En kväll när jag försiktigt tog upp ett samtal om en eventuell återresa till Amerika blev Moody inte arg utan snarare missmodig. Han berättade en historia som han själv tycktes tro på.

"Minns du dr Mojallali?" frågade han.

"Visst gör jag det." Dr Mojallali hade varit en av Moodys närmaste vänner i Corpus Christi ända tills han abrupt sagt upp bekantskapen med Moody strax efter det att ockupationen av den amerikanska ambassaden i Teheran inletts.

"Han arbetade för CIA", hävdade Moody. "Och han bad mig gå med och arbeta för CIA för att påverka studenterna så att de skulle vända sig mot Khomeini. Om jag reser tillbaka till Amerika kommer de att döda mig. CIA är ute efter mig."

"Det är inte sant", sa jag. "Det är bara sådant du hittar på."

"Det *är* sant!" skrek han.

Jag ville inte fortsätta på det spåret eftersom jag märkte att han höll på att tappa humöret. Jag kunde inte tro att han var en så viktig person att han skulle befinna sig på CIA:s svarta lista, men han var av allt att döma säker på det. Och den vanvettiga slutsatsen hindrade honom att återvända till USA.

Till sist fick jag också höra en annan och kanske viktigare omständighet som gjorde att Moody inte kunde tänka sig att återvända till USA. Moody lät mig och Mahtob gå ut och handla en dag och jag passade på att gå till Hamids herrkonfektionsbutik och ringa Helen på ambassaden. Jag tog upp frågan om en eventuell hemresa med henne.

"Nej. Det går inte. Hans gröna kort gäller inte längre."

Nu skulle vi bara kunna återvända till USA om jag – hans amerikanska hustru – gav honom tillstånd. Jag skulle ha gjort det för att få en möjlighet att själv kunna resa hem med Mahtob. Men jag visste att det skulle vara ett mördande slag mot hans stolthet.

Så förhöll det sig alltså nu. Han hade väntat för länge. Hans storslagna planer hade krossats på ett dramatiskt och bittert sätt. Nu var det *Moody* som gått i fällan och som var fast i Iran!

18

I tidningen *The Kayan* fick jag en dag syn på en annons som erbjöd lägenheter till utlänningar. "De kanske talar engelska", sa jag till Moody. "Skall jag ringa dem?"

"Visst", svarade han.

En kvinna svarade på perfekt engelska när jag ringde. Hon blev glad när hon hörde att vi var ett amerikanskt par som sökte bostad. Vi stämde möte dagen därpå så att vi skulle kunna träffas när Moody kommit hem från sjukhuset sent på eftermiddagen.

Under de följande dagarna visade oss fastighetsmäklaren flera lägenheter som var rena, ljusa och möblerade i västerländsk stil. Ingen av dem var det rätta alternativet för oss. Några var för små och andra låg för långt från sjukhuset. Men vi visste att vi var på rätt spår. Det var hem som ägdes av iranier som bodde i utlandet men som hade investerat i dem och som ville hyra ut dem till gäster som vårdade dem väl. Det lättaste sättet att garantera att de inte skulle bli förstörda var att vägra hyra ut dem till iranier.

Vi visste att vi förr eller senare skulle finna den rätta bostaden för oss, men Moodys arbetsschema gjorde att vi inte hade särskilt mycket tid att ägna åt sökandet. Det ledde till att mäklaren kom med ett logiskt förslag. Han visste inget om våra personliga omständigheter utan frågade helt oskyldigt: "Hur skulle det vara om Betty kom med mig en hel dag? Vi kan se på många fler bostäder på det sättet, och om hon hittar något som är intressant kan ni komma och titta när ni har tid."

Jag vände blicken mot Moody och undrade hur han skulle

283

reagera denna gång.

"Ja", svarade han.

Han kom med villkor sedan när vi var ensamma. "Hon måste hämta dig. Du måste stanna hos henne hela tiden. Och hon måste ta dig direkt hem efteråt", bestämde han.

"Visst", svarade jag. Långsamt, mycket långsamt, höll bojorna på att lösas.

Redan nästa dag fann jag det perfekta huset för oss. Det var i alla fall det bästa med tanke på omständigheterna. Det var en rymlig tvåplansvåning, den största av tre lägenheter i ett fristående hus. Den låg i norra utkanten av Teheran där bebyggelsen var nyare och fräschare, men det var bara en kvarts resa till sjukhuset med taxi.

Huset hade byggts under shahens tid, och den våning som intresserade mig var vackert möblerad i italiensk stil. Det fanns bekväma soffor och stolar, en elegant matsal och modern utrustning i köket. Telefon fanns redan installerad, och vi skulle inte behöva anteckna oss på den långa väntelistan. Framför huset fanns en stor gård med gräsmatta och en rymlig swimmingpool.

Lägenheten tog upp större delen av två våningar i huset, och den var planerad så att det skulle bli lätt för Moody att inreda en praktik i de båda flyglar som mäklaren kallade villor. Den högra villan, som sträckte sig ända till huskomplexets bakre vägg, skulle bli vår bostad och den andra skulle passa perfekt till Moodys mottagning som skulle ligga på framsidan. Stora trädörrar skilde den enda flygeln från huvuddelen av våningen, och det skulle finnas gott om utrymme för både väntrum och behandlingsrum.

Det stora sovrum som vi skulle ha och Mahtobs rum låg på andra våningen. Där fanns också ett modernt badrum med badkar, dusch och en toalett av amerikansk modell. Sovrummet gränsade till en mindre lägenhet som låg på husets baksida.

Samma kväll följde Moody med mig för att titta på lägenheter. Han blev lika förälskad i den som jag. Utan att jag påpekade det kom han också fram till att det skulle vara idealiskt att inreda en klinik där.

Jag trodde att det skulle passa mina planer mycket bra. Här

284

skulle jag vara fru i mitt eget hus, och som läkarhustru skulle jag få ännu större frihet. Moody skulle inte kunna kontrollera allt jag gjorde eller hålla mig borta från telefonen. Det skulle inte finnas någon inneboende spion och han skulle inte kunna hålla mig inlåst.

Jag blev en smula bekymrad av tanken på att vi höll på att inreda ett hem i Iran nu och över att jag inte kunde tala om för Mahtob att det inte var meningen att det skulle bli ett permanent hem för henne. Hon talade inte längre om att åka hem till Amerika. Jag såg drömmen om det i hennes ögon, men hon vågade inte tala om den, inte ens när vi var ensamma.

Vi flyttade in i slutet av juni, tack vare de pengar som Majid och Mammal ställde upp med. De gav också Moody en ganska stor summa kontant så att vi kunde köpa vad vi behövde — handdukar, filtar, kuddar, köksutensilier och mat.

Andra släktingar hjälpte oss också, glada över att vi skulle få ett eget hem. *Aga* och *Khanum* Hakim var glada över att vi försonats, och de bjöd in oss på middag. De hade en överraskning åt Moody, något som samtidigt skulle komma mig till godo. När vi steg in i deras hem ljusnade Moodys min då han fick syn på ett par oväntade gäster.

"Chamsey!" utropade han. "Zaree!"

De var systrar som hade vuxit upp i Shushtar och bott grannar med Moodys familj. Han hade tappat kontakten med dem när han gav sig av från Iran, men nu blev han lycklig över att få träffa dem på nytt. Jag fattade omedelbart tycke för Chamsey Najafee, redan innan jag lärde känna henne närmare. Chamsey bar *chador*, men den liknade inte någon jag sett tidigare. Hennes slöja var sydd av ett tunt genomskinligt tyg och tjänade knappast sitt ursprungliga syfte att dölja bäraren. Under den tunna slöjan bar hon en svart kjol och en rosa jumper, båda av västligt ursprung. Hon talade vänligt till mig på felfri engelska.

Moody blev glad när han fick höra att Chamseys make var kirurg vid ett av de få privatsjukhuset i Teheran. "Kanske kan dr Najafee skaffa dig en anställning där", sa *Aga* Hakim.

Under samtalets gång fick jag höra den underbara nyheten att både Chamsey och Zaree bodde i Amerika tio månader om året. Dr Najafee delade sin tid mellan de båda länderna. Han

285

kom till Iran för att kamma in de höga arvoden han tjänade på sin privatpraktik och reste sedan till Kalifornien, där han studerade och bevistade seminarier under sex månader varje år medan han njöt av friheten och renligheten. Zaree var ungefär femton år äldre än Chamsey. Hon var änka och bodde hos sin syster. Hennes engelska var inte lika polerad som Chamseys, men hon var också vänlig mot mig. Båda kvinnorna såg sig som amerikaner.

När vi satt på golvet och åt middag lyssnade jag till konversationen omkring mig. Man talade dels på farsi och dels på engelska. Jag tyckte om det jag hörde. Zaree frågade Moody: "Vad tycker din syster om Betty?"

"Nja, alla har ju sina goda och dåliga sidor", svarade Moody.

Chamsey vände sig mot Moody och sa: "Det är inte rätt av dig att utsätta din hustru för någon som din syster", sa hon. "Jag vet hur hon är och det finns inte en chans att hon och Betty skulle kunna trivas tillsammans. De kommer från så olika kulturer. Jag är säker på att Betty inte tål henne."

Moody blev inte upprörd över att bli kritiserad av en kvinna. han nickade i stället och höll med. "Nej", sa han. "Det var inte rätt."

"Ni borde verkligen resa tillbaka hem till USA", sa Chamsey. "Varför stannar ni här ute så länge?"

Moody ryckte på axlarna.

"Gör inget misstag", fortsatte Chamsey. "Var inte så tokiga att ni stannar. Åk tillbaka." Zaree nickade instämmande.

Moody bara ryckte på axlarna och brydde sig inte om att svara.

Vi behöver träffa de här människorna fler gånger, tänkte jag.

Innan vi gav oss av sa Moody artigt: "Ni måste komma hem till oss någon dag och äta middag." På vägen hem försökte jag ordna så att hans inbjudan inte skulle bli annat är *taraf*.

"Jag tyckte verkligen om dem", sa jag. "Låt oss bjuda hem dem så snart vi kan!"

"Ja" sa Moody. Han njöt av att ha ätit god mat och träffat goda vänner. "De bor bara fyra kvarter från oss."

Till sist meddelade Moodys överordnade på sjukhuset att han hade fått betalt. Pengarna var insatta på ett konto i en speciell bank som låg alldeles intill sjukhuset. För att kunna lyfta beloppet behövde Moody bara gå till banken och lämna korrekt identifikationsnummer.

Moody gick glatt till banken för att lyfta den första inkomst han haft under nästan ett år i Iran. Men en bankanställd informerade honom om att det inte fanns några pengar på kontot.

"Jodå, vi har visst betalat in pengar på kontot", sa man på sjukhusadministrationen.

"Det finns inga pengar på kontot", envisades bankmannen.

Moody gick fram och tillbaka mellan de båda männen flera gångar och blev argare för var gång. Till sist fick han reda på var problemet låg. Pappersarbetet var försenat. I Iran görs all bokföring manuellt. Moody blev rasande när han fick höra att han måste vänta i ytterligare ett tiotal dagar innan han skulle kunna lyfta pengarna på sitt konto.

Han berättade historien för mig med inlevelse och raseri, och gav följande märkliga omdöme om situationen: "Det enda som skulle kunna ställa allt till rätta i det här omöjliga landet är en atombomb! Man borde radera ut det från kartan och börja om på nytt."

Han skulle bli ännu argare senare, för när pengarna kom var det en betydligt mindre summa än han blivit lovad. Vidare hade sjukhuset infört en egendomlig ersättningstariff. Moody beräknade att han skulle tjäna lika mycket på att arbeta två dagar i veckan i stället för att följa det nuvarande schemat med sex dagar i veckan. Han meddelade därför sjukhuset att han bara skulle arbeta tisdagar och onsdagar. Det skulle ge honom så mycket tid över att han kunde öppna en egen praktik.

Han satte upp en enkel skylt. Texten var skriven på farsi och löd: DR MAHMOODY. UTBILDAD I AMERIKA. SPECIALIST PÅ SMÄRTLINDRING.

Hans systerson Morteza Ghodsi var advokat. Han blev upprörd när han såg skylten. "Gör det inte", sa han. "Det är farligt att praktisera utan tillstånd. Du kommer att åka fast."

"Det bryr jag mig inte om", svarade Moody. "Nu har jag väntat länge och väl, men de har inte gjort något åt frågan om min legitimation. Jag tänker inte vänta längre nu."

Även om Moody fortfarande oroade sig för att Mahtob och jag

skulle försöka glida ur hans grepp och fly kunde han inte göra mycket för att förhindra det just nu. Han behövde oss mer än någonsin. Vi var hans familj och de enda han hade att vända sig till. Även om hans förnuft skulle säga honom att det var omöjligt måste han nu lita på vår kärlek och vår tillgivenhet. Det skulle ge mig större möjligheter att göra vad jag ville.

Strax bakom vårt hus låg en större gata, och vid den låg tre affärer som jag måste besöka dagligen. För att komma dit gick jag upp längs vårt kvarter, tvärs över gatan och sedan ett kvarter till och ut på den stora gatan.

En av affärerna var ett "snabbköp". Den gick inte att jämföra med ett stort amerikanskt snabbköp, men man kunde i alla fall köpa baslivsmedel om och när de fanns i lager. De hade alltid viktiga varor som bönor, ost, ketchup och kryddor. Vissa dagar sålde de mjölk och ägg. Den andra butiken sålde *sabzi*, grönsaker och frukt. Det tredje stället var en köttaffär.

Moody bekantade sig med ägarna till de tre butikerna. De och deras familjer kom till Moody för att få behandling. Han tog inte betalt av dem, men i gengäld talade de om för oss när de hade fått in varor som det var ont om och la undan det bästa åt oss.

Nästan varje dag tog jag med mig något till affärerna. Det kunde vara något så enkelt som gamla tidningar eller snören som de använde när de skulle slå in sina varor. *Aga Reza*, som ägde "snabbköpet", kallade mig "den bästa kvinnan i Iran" och sa att de flesta iranska kvinnor var slösaktiga.

De tre butiksägarna kallade mig alla för "*Khanum* Doktor" och de såg alltid till att någon pojke bar hem varorna åt mig.

Moody ville förverkliga sin dröm och leva som den förmögne läkaren som utbildats i Amerika, en kultiverad yrkesman som stod över omgivningens vardagsproblem. Men han hade inte tid att sköta alla detaljer själv. Han formligen öste pengar över mig.

"Köp vad vi behöver", sa han. "Se till att allt blir i ordning i huset. Se till att mottagningen blir klar."

Det innebar för min del att jag skulle anta utmaningen att klara av sådana uppgifter, trots att jag var utlänning och kvinna i en stad med fjorton miljoner invånare som ibland var fientliga och alltid nyckfulla. Jag kände inte någon annan kvinna, varken iransk, amerikansk eller av annat ursprung, som vågade sig på att regelbundet gå och handla i Teheran utan att ha en mans eller i alla fall en annan vuxen kvinnas sällskap och beskydd.

En dag bad Moody mig att åka in till centrum och gå till en butik som ägdes av Malouks far. Det var Malouk som hade tagit hand om Mahtob när Moody tog henne från mig. Han ville att jag skulle köpa handdukar och tyg så att vi kunde få lakan. Det var en lyx förbehållen eliten.

"Ta bussen", föreslog Moody. "Det är en lång resa och bussen är gratis." Han gav mig en hel bunt bussbiljetter. De delades ut gratis till offentligt anställda.

Jag var inte intresserad av att spara några ynka rial åt Moody, men jag ville lära mig att använda alla slags transportmedel, och Mahtob och jag följde hans anvisningar. Vi gick först till Pasdarangatan, som är en stor genomfartsled. Där tog vi en taxi till en busshållplats som låg i närheten av Mammals hus. Vi steg på en buss som mer liknade en långfärdsbuss av Greyhoundmodell än en stadsbuss. Alla sittplatser var upptagna och många stod i mittgången.

Resan in till centrum tog mer än en timme. Bussen stannade vid många hållplatser och släppte av dussintals passagerare medan lika många nya försökte stiga på. Ingen väntade på sin tur utan alla försökte komma in och ut samtidigt medan man högg med armbågarna och skrek okvädingsord.

Till sist fann vi butiken och kunde göra våra inköp. Både Mahtob och jag var utmattade vid det laget. Vi var lastade med paket när vi gick tillbaka till busstationen där många bussar stod parkerade. Jag kunde inte hitta någon buss med det nummer Moody angett, och jag kände paniken komma smygande. Det var viktigt för mig att klara det här ärendet precis som han sagt. Om vi misslyckades skulle Moody anta att jag inte kunde klara av sådana uppgifter ensam. Han skulle också bli misstänksam om vi blev försenade, och det vore ännu värre.

Oron måste ha avspeglats i min blick, för en iransk man frågade: *"Khanum, chi mikai"*. "Vad letar damen efter?"

"Seyyed Khandan", svarade jag. Det var namnet på den stadsdel där Mammal bodde och där jag skulle stiga av bussen för att ta en orange taxi hem. Jag pekade på en buss. *"Seyyed*

Khandan?"

"*Na*", svarade han och skakade på huvudet. Han tecknade att Mahtob och jag skulle följa efter och förde oss till en tom buss. "*Seyyed Khandan*", sa han.

Jag nickade mitt tack. Mahtob och jag steg ombord, tyngda av alla våra paket. Nu fick vi sittplats och kunde placera oss var vi ville. Jag satte mig strax bakom chaufförens plats.

Bussen fylldes snabbt med passagerare till *Seyyed Khandan*. Jag blev överraskad när jag såg att den man som hade visat mig bussen nu satte sig i förarsätet. Det slumpade sig så att han var chaufför på just den här bussen.

Jag sträckte fram våra biljetter, men han viftade bort dem. Jag ångrade att vi valt platsen bakom föraren. Han stank ovanligt mycket, även för att vara iranier. Han var kort och slätrakad, men det var det enda som var rent hos honom. Hans kläder luktade och såg ut som om de inte tvättats på flera månader.

När det var dags att åka gick chauffören ner längs mittgången och började klippa biljetter. Jag brydde mig inte om honom. Mahtob var trött och gnällig. Våra paket var tunga. Vi flyttade oss av och an på sätet för att hitta den bekvämaste ställningen.

Chauffören kom fram till oss och sträckte fram handen. När jag sträckte fram våra biljetter tog han min hand och höll den i ett fast grepp ett ögonblick innan han lät sin hand glida undan med biljetterna. Det var ett misstag, tänkte jag. Iranska män rör inte vid kvinnor på det sättet. Jag avfärdade händelsen. Nu ville jag bara komma hem med Mahtob så snabbt som möjligt.

Hon slumrade in under den långa resan, och när vi till sist kom fram till *Seyyed Khandan*, som var slutstationen, sov hon djupt. Hur ska jag kunna bära henne och alla paketen, tänkte jag. Jag försökte försiktigt väcka henne.

"Kom nu, Mahtob", sa jag lågt. "Det är dags att stiga av."

Hon rörde sig inte det minsta. Hon sov djupt.

Vid det här laget hade alla de andra passagerarna hunnit ut. Jag lyfte blicken och såg att chauffören väntade på oss. Han log och räckte fram händerna för att visa att han ville hjälpa mig att bära Mahtob ur bussen. Det var verkligen vänligt, tänkte jag.

Han lyfte upp Mahtob och förde till min förfäran sina smutsiga läppar mot hennes kind och kysste mitt sovande barn.

Jag vände mig om och blev plötsligt rädd. Det var mörkt i den tomma bussen och mittgången var trång. Jag samlade ihop mina paket och reste mig för att stiga av.

Men chauffören, som stod med Mahtob under ena armen, hindrade mig. Utan ett ord lutade han sig mot mig och tryckte hela sin kropp mot min.

"*Babaksheed*", sa jag. "Ursäkta mig." Jag sträckte mig fram och tog Mahtob från honom. Jag försökte komma förbi honom, men han sträckte fram armen och hindrade mig. Han sa fortfarande inget, men han fortsatte att trycka sin hemska illaluktande kropp mot mig.

Nu var jag verkligt rädd. Jag undrade vad jag skulle kunna använda som vapen. Jag funderade på om jag skulle våga ge honom en knäspark i skrevet. Jag kände mig svimfärdig av utmattning och äckel. "Var bor ni?" frågade han på farsi. "Jag kan hjälpa er hem."

Han sträckte fram handen och la den över mitt ena bröst.

"*Babaksheed!*" skrek jag så högt jag kunde. I ett plötsligt utbrott av försvarsenergi och en välplacerad armbågsstöt lyckades jag ta mig förbi honom och lyckades komma av bussen med Mahtob, som fortfarande sov.

En dag, när jag hälsade på Ellen, blev jag på nytt påmind om de faror som hotade i en fattig stad som var överbefolkad av flyktingar.

Ellen och jag hade slutit en outtalad fred. Trots hennes hot att förråda mig för att hon såg det som sin islamiska plikt hade hon och Hormuz gjort vad de kunnat för att hjälpa mig genom de svåraste perioderna, och de hade aldrig mer nämnt något om att avslöja mina flyktplaner för Moody. Trots att vi hade helt olika grundinställning var både Ellen och jag fortfarande amerikaner och hade mycket gemensamt.

Det var nästan mörkt när jag gjorde mig i ordning för att gå.

"Nej, du får inte gå ensam", sa Ellen.

"Jo då, det går bra", sa jag.

"Nej, Hormuz kör dig."

"Nej. Jag vill inte besvära honom. Det går bra ändå. Jag tar en taxi."

"Jag tänker inte låta dig gå ensam." Ellen förklarade varför hon var så försiktig. "I går blev en flicka mördad här i närheten. De hittade henne ett stycke från vårt hus. Hon var tretton år och hon hade gått hemifrån klockan fem på morgonen för att ställa sig i kö i köttaffären. Hon kom inte tillbaka, och hennes föräldrar började leta efter henne. De hittade hennes kropp här på gatan. Hon hade blivit våldtagen och mördad."

Jag blev naturligtvis chockad.

"Det händer varje dag", fortsatte Ellen bekymrat. "Sådant händer hela tiden numera."

Jag visste inte om jag skulle tro henne. Om Ellen kände till så många hemska saker, varför hade hon då inte berättat för mig om dem tidigare? Jag läste aldrig något i tidningen om rån, våldtäkt eller mord.

"Det är afghanerna som gör det", sa Ellen. "Det finns så många afghaner i Iran, och om de inte har några egna kvinnor våldtar de vem som helst."

Majid kom hem till oss en kort tid efter den händelsen. Jag berättade för honom vad Ellen sagt.

"Jo, det är sant", sa Majid. "Det händer var dag. Det är verkligen farligt att gå ut ensam. Du måste vara försiktig."

Essey ringde en eftermiddag. Hon var förtvivlad och nära att brista i gråt. "Jag är så rädd", sa hon. "Din mor har just ringt från Amerika och jag talade om att du har flyttat. Hon ville ha ditt telefonnummer. Jag sa att jag inte visste vilket nummer du har nu. Hon blev arg och kallade mig lögnare. Då gav jag henne numret, men nu vet jag att jag kommer att få problem när *Daheejon* får reda på det."

"Oroa dig inte för det", svarade jag. "Moody är inte hemma. Det gör inget. Jag lägger på nu så att min mor kan komma fram."

Det dröjde bara några ögonblick innan telefonen ringde. Jag ryckte till mig luren. I andra änden på linjen hörde jag min mor. Hennes röst brast när hon hälsade på mig. Pappa var där också. Det var svårt för mig att tala för klumpen i halsen växte hela tiden.

"Hur mår du?" frågade jag pappa.

"Det är bara bra", sa han. "Bara viljan finns så ordnar sig

allt." Hans röst var stark och fylld av vitalitet.

"Hur mår *du* då?" frågade mamma.

"Bättre." Jag berättade för dem om vår nya bostad och min utökade frihet. "Hur är det med Joe och John?" frågade jag. "Jag saknar dem så enormt!"

"De mår bara bra. De håller på att bli stora karlar nu", sa mamma.

Joe arbetade på ITT i Hancock och John, som gick sitt andra universitetsår, spelade med i fotbollslaget. Jag hade förlorat så mycket av deras utveckling.

"Hälsa dem och tala om hur mycket jag älskar dem och saknar dem."

"Det ska vi göra."

Vi kom överens om ett telefoneringsschema. Om Moody var på sjukhuset på onsdagar och torsdagar skulle de kunna ringa då och vi skulle kunna prata fritt. Det innebar att de måste stiga upp klockan tre på morgonen för att ringa, men det var värt besväret. Mamma sa att de skulle försöka ha Joe och John hos sig nästa vecka när de ringde.

Nästa dag besökte jag Essey för att hjälpa henne ur knipan. När jag kom hem sa jag till Moody att mina föräldrar ringt hem till Essey medan jag var där och frågat efter oss. Jag sa också att jag gett dem vårt nya nummer.

"Bra", svarade han. Han blev inte alls upprörd över att jag hade talat med dem och tycktes nöjd med den slump som gjort att de ringde medan jag var där.

"Kom och drick te", föreslog Chamsey i telefon.

Jag frågade Moody om jag fick lov. "Visst", svarade han. Vad skulle han väl ha kunnat säga? Han hyste den största respekt för Chamsey och Zaree, och han ville av allt att döma inte att de skulle få veta hur han misshandlat mig tidigare.

Den dagen blev teet en underbar upplevelse. Jag blev snabbt god vän med Chamsey och vi tillbringade många dagar tillsammans den sommaren.

I vanliga fall bodde Chamsey bara två månader om året i sitt vackra hem i närheten av vår våning, men den här gången tänkte hon stanna lite längre i Iran för att hon och hennes man skulle sälja sitt hem här och föra över vad de kunde av sina tillgångar till Kalifornien. Chamsey ville skära av många av sina band med Iran och längtade efter att få återvända till Kalifornien, men vi blev båda ledsna vid tanken på att vi skulle skiljas åt, nu när vi blivit så nära vänner.

"Jag vet inte hur jag ska kunna åka tillbaka till Kalifornien och lämna Betty här", sa hon till Moody en dag. "Du måste låta Betty åka tillbaka med mig."

Varken Moody eller jag vågade riskera en konfrontation genom att svara på den kommentaren.

Chamsey var en frisk fläkt i mitt liv, men det dröjde flera veckor innan jag vågade anförtro henne några närmare detaljer om min historia. Jag visste att jag kunde lita på hennes stöd, men jag var orolig för att hon inte skulle kunna hålla tyst om det jag berättade. Jag hade blivit förrådd tidigare. Hon skulle kanske springa till Moody och förebrå honom för att han höll mig kvar här mot min vilja. Hennes naturliga reaktion skulle få Moody att vända sig mot mig, just när jag började göra framsteg. Därför njöt jag av vår vänskap men berättade inte min historia. Till sist kunde hon i alla fall själv gissa sig till detaljerna. Kanske var det faktum att jag bad Moody om lov vad jag än skulle företa mig som gjorde att hon förstod. Jag kom överens med honom innan jag spenderade en enda rial och innan jag gick någonstans.

Men så en dag, efter det att jag berättat hur orolig jag var för min far i Michigan, frågade hon: "Men varför åker du inte hem och hälsar på honom?"

"Det kan jag inte."

"Betty, du gör verkligen ett stort misstag när du inte åker och hälsar på honom." Hon berättade en historia för mig. "När jag bodde i Shustar och min far var här i Teheran fick jag en konstig föraning en dag. Det var som om något inte stod rätt till. Det var något som sa mig att jag måste åka och hälsa på min far. Jag berättade för min man om det jag upplevt. Men han sa att jag inte skulle resa just då utan vänta tills skolan slutade en månad senare. Vi grälade om det. Det är enda gången vi haft ett storgräl. Jag sa att om han inte lät mig åka och hälsa på min far skulle jag lämna honom. Då fick jag tillåtelse att åka."

När Chamsey kom till sin fars hem i Teheran fick hon reda

på att han skulle läggas in på sjukhus följande dag för en rutinundersökning. De satt uppe tillsammans till sent på natten och pratade. De talade om gamla minnen och berättade nyheter för varandra. Nästa morgon följde hon med till sjukhuset. Han dog av en hjärtattack samma dag.

"Om jag inte hade åkt och hälsat på honom när jag kände på mig att jag måste göra det skulle jag aldrig ha förlåtit mig själv", sa Chamsey. "Jag skulle antagligen ha skilt mig från min man för den sakens skull. Men av någon anledning envisades jag och åkte och hälsade på min far. Nu måste du åka och hälsa på din far."

"Jag kan inte", sa jag medan tårarna började rinna utför min kinder. Sedan berättade jag för henne varför det var omöjligt.

"Jag kan inte fatta hur Moody kunde behandla dig så."

"Han tog mig hit, och nu har vi det ganska bra. Jag är så glad för att vi träffats och blivit vänner, men om han får reda på att du vet det som jag nu berättat för dig och förstår att jag så väldigt gärna vill åka hem kommer han inte att tillåta att vi träffas mer."

"Var inte orolig", sa Chamsey. "Jag tänker inte säga något till honom."

Hon höll verkligen sitt ord. Och från den dagen märktes det att hon ändrat inställning till Moody. Hon var kylig och en smula nedlåtande. Hon lyckades i någon mån dölja sin vrede, men inte hälften så väl som hennes genomskinliga *chador* dolde de plagg hon bar under.

Sommaren gick. I augusti kom krigsveckan som en grym påminnelse om att Mahtob och jag hade varit fångna i Iran i mer än ett år. Varje kväll tågade soldater genom gatorna. Avdelningarna marscherade i slutna led medan de gisslade sig själva. De piskade sig med kedjor över skuldrorna, alla i samma takt, och gisslade sina bara ryggar, först över den högra skuldran och sedan över den vänstra. De skanderade slagord hela tiden och arbetade sig in i ett slag trans. Blodet flöt från deras ryggar, men de kände ingen smärta.

Det förekom mer än vanlig ymnig retorik i televisionen, men den här gången var det lättare att stå ut, för nu hade jag lärt mig den stora skillnaden mellan iranska ord och iranska handlingar. De vredgade talen och de högljudda skanderingarna var

295

inte något annat än *taraf*.

"Jag skulle verkligen vilja ordna en födelsedagsfest för Mahtob", sa jag.

"Bara vi inte bjuder in någon från min familj", sa Moody. Till min överraskning tillade han: "Jag vill absolut inte att någon av dem kommer hit. De är smutsiga och luktar illa." Några månader tidigare skulle det ha varit otänkbart att ordna en födelsedagsfest utan att bjuda in hela familjen. "Vi bjuder in Chamsey och Zaree, Ellen och Hormuz och Maliheh och hennes familj."

Maliheh var vår granne som bodde i den mindre lägenhet som låg vägg i vägg med vårt sovrum. Hon talade inte engelska, men hon var mycket vänlig mot mig. Genom att vi pratade med varandra var dag lärde jag mig mycket mer farsi.

Den inbjudningslista som Moody gjorde upp avslöjade hur vår vänkrets hade förändrats och att han hade blivit vänligare stämd mot Ellen och Hormuz. Också han insåg att de hade gjort sitt bästa för att hjälpa oss när vi befann oss mitt i krisen. Under denna ganska ljusa period av Moodys bekymmersfyllda liv var hans vilja att närma sig Ellen och Hormuz ett tyst erkännande av att en del av eller alla våra problem hade haft sin upprinnelse i *hans* galenskap.

Mahtob ville inte ha en konditoritårta den här gången. Hon ville att jag skulle baka en hemma i stället. Det var en svår utmaning. Både Teherans höjd över havet och celsiusskalan på ugnstermostaten spelade mig spratt när jag skulle baka. Tårtan blev spröd och torr, men Mahtob tyckte om den i alla fall. Mest förtjust blev hon i den billiga plastdocka som jag satte mitt i tårtan som dekoration.

Det här året råkade Mahtobs födelsedag infalla på *Eid e Ghadir*, ännu en av de oräkneliga religiösa högtidsdagarna. Alla var lediga från arbetet och vi planerade därför en lunch i stället för en sen middag.

Jag lagade till en stek med alla tillbehör och serverade den med potatismos och ugnsbakade bönor. Ellen var särskilt förtjust i denna typiskt amerikanska rätt.

Till sist var allt klart för middagen och alla gästerna utom Ellen och Hormuz hade kommit. Medan vi väntade på dem öppnade Mahtob sina paket. Maliheh gav henne en docka som föreställde Mooschie Mus, en populär iransk seriefigur med stora orangefärgade öron. Chamsey och Zaree hade köpt en ovanlig present till Mahtob. Det var en färsk ananas. Moody och jag gav henne en röd blus och ett par röda byxor. Rött var hennes favoritfärg. Vår speciella present var en cykel. Den var tillverkad i Taiwan och vi hade fått betala motsvarande 450 dollar för den.

Vi sköt upp måltiden så länge vi kunde, men till sist gav vi efter för hungern och högg in på rätterna utan Ellen och Hormuz. De kom inte förrän sent på eftermiddagen, och då var de förvånade över att vi redan ätit.

"Du bjöd in oss till middag, inte till lunch", fräste Ellen förargat till mig.

"Men det är jag säker på att jag inte gjorde", svarade jag. "Det måste vara ett missförstånd."

"Du misstar dig alltid", skrek Hormuz till Ellen. "Vi kommer alltid på fel tid för att du blandar ihop saker och ting." Hormuz fortsatte att förebrå Ellen för det ena och det andra inför våra gäster. Hon hängde bara undergivet med sitt beslöjade huvud.

Ellen var ett varnande exempel som fick mig att hålla fast vid mitt beslut att fly ur Iran. Men jag skulle ha hållit fast vid mina planer även om jag inte haft henne som ett negativt exempel. Hon var bara en förstärkande faktor som fick mig att inse att det var bråttom. Ju längre jag stannade kvar i Iran desto större var risken att jag skulle bli som hon.

Vår tillvaro i Iran hade nått en vändpunkt. Mitt liv var visserligen mycket bekvämare, men just det innebar en fara för att jag skulle vänja mig och ge efter. Var det över huvud taget möjligt att leva ett någorlunda lyckligt liv med Moody här i Iran? Skulle det vara värt att härda ut i stället för att ta den risk det skulle innebära att försöka fly med Mahtob?

Varje kväll när jag gick till sängs med Moody insåg jag att svaret var ett orubbligt nej. Jag avskydde den man jag sov tillsammans med. Men jag var också rädd för honom, och det var ännu värre. Han var inne i en stabil period just nu, men den skulle inte vara för alltid. Jag visste att det bara var en tidsfråga innan nästa raseriperiod skulle komma.

Nu kunde jag använda telefonen oftare och dessutom smita in på ambassaden. Jag gjorde nya försök att finna någon som skulle kunna hjälpa mig att fly. Tyvärr verkade min bästa kontakt ha försvunnit ut i tomma intet. Miss Alavis telefon var avstängd. Jag försökte förgäves kontakta Rasheed, vars vän smugglade människor till Turkiet, men han vägrade på nytt att åta sig att ta med ett barn.

Jag måste hitta någon. Men vem? Och hur?

19

Jag stirrade på adressen som skrivits ner på det stycke papper som jag fått av – någon.

"Gå till den här adressen och be att få tala med chefen", hade någon rått mig. Någon gav mig anvisningar. Om jag skulle avslöja min välgörares identitet skulle det vara detsamma som att döma en människa till döden i den Islamiska Republiken Iran.

Adressen var till ett kontor som låg i motsatta delen av staden räknat från vårt hem. För att komma dit måste man göra en lång resa längs hårt trafikerade gator, men jag beslöt ändå att ge mig dit omedelbart, trots att det var ett riskfyllt företag. Jag tog Mahtob med mig. Det var redan eftermiddag och jag visste inte om vi skulle hinna tillbaka innan Moody kom hem från sjukhuset. Men friheten hade gjort mig djärvare. Om jag blev tvungen skulle jag köpa något – vad som helst – till huset och skylla på att Mahtob och jag blivit försenade när vi var ute och handlade. Moody skulle säkert godta den förklaringen, åtminstone en gång.

Jag beslöt att inte låta det här ärendet vänta. Jag måste ge mig dit med en gång.

Mahtob och jag tog en dyr telefontaxi i stället för en vanlig orange för att spara tid. Det blev ändå en lång och tröttsam resa. Mahtob frågade inte var vi skulle åka. Hon kanske kände på sig att det var tryggare att inte veta.

Till sist kom vi fram till den angivna adressen. Det var en kontorsbyggnad full av anställda som arbetade i en takt som var ovanlig i Teheran. Jag hittade en receptionist som talade engelska och bad att få träffa chefen.

"Gå till vänster", sa hon. "Sedan nerför trappan och längst bort i hallen."

Mahtob och jag följde anvisningarna och hamnade i ett kontorslandskap i bottenvåningen. I ett hörn fanns ett väntrum inrett med bekväma och moderna möbler i västerländsk stil. På borden låg böcker och tidskrifter som man kunde läsa medan man väntade.

"Varför väntar du inte här, Mahtob?" föreslog jag.

Hon gick med på att stanna i väntrummet.

Jag frågade en förbipasserande anställd var jag kunde hitta chefen.

"Längst ner i hallen." Han pekade på ett kontor som var avskilt från det öppna kontorslandskapet. Jag gick fram till dörren och knackade. När en röst hördes svarade jag enligt instruktionen och sa: "Jag är Betty Mahmoody."

"Kom in", svarade en mansröst på perfekt engelska. Dörren öppnades och mannen tog mig i hand. "Jag har väntat på att ni ska komma", sa han.

Han stängde dörren bakom mig och erbjöd mig att slå mig ner. Han vände sig sedan mot mig med ett hjärtligt leende. Han var en kortvuxen smärt man, oklanderligt klädd i ren kostym och slips. Han satte sig bakom sitt skrivbord och började ett avslappnat samtal. Det märktes att han kände sig trygg och säker i den här omgivningen. Han knackade lätt med en penna mot bordsskivan medan han talade.

Någon hade gett mig vissa ungefärliga uppgifter om mannen framför mig. Jag hade fått veta att han själv hoppades kunna lämna Iran en vacker dag tillsammans med sin familj, men detaljerna i hans liv var mycket invecklade. Om dagen var han en framgångsrik affärsman som verkade stödja ayatollahns regering, men hans nattliga liv var ett invecklat mönster av hemliga aktiviteter.

Han var känd under många namn. Jag kallade honom Amahl.

"Jag beklagar verkligen att ni hamnat i den här situationen", sa Amahl och gick rakt på sak. "Jag ska göra vad jag kan för att få er bort härifrån."

Hans öppenhet var tilltalande men på samma gång skrämmande. Han kände redan till min historia. Han trodde att han skulle kunna hjälpa mig. Men jag hade hört samma sak sägas förut, både av Trish och Suzanne, av Rasheed och av hans vän, den mystiska miss Alavi.

"Jag skulle bara vilja säga en sak", avbröt jag. "Jag har gått igenom det här flera gånger tidigare och jag vet att jag har ett extra problem. Jag tänker inte ge mig av utan min dotter. Om hon inte kan komma med åker inte jag heller. Det är ingen idé att jag tar upp er tid innan ni vet det. Det är ett absolut krav från min sida."

"Det högaktar jag er verkligen för", svarade Amahl. "Om det är så ni vill ha det, ska vi se till att ni båda kommer ut ur landet. Om ni bara är tålmodig – för jag vet inte när det går att ordna. Men ha bara tålamod så ordnar det sig."

Hans ord fick mitt hjärta att värmas, men jag tvingade mig att hålla mina känslor tillbaka. Han gav mig hopp, men han medgav att han inte visste hur eller när vi skulle kunna fly.

"Här har ni mina telefonnummer", sa han och skrev ner dem på ett papper. "Nu ska jag visa er hur man kodar dem. De här är mina privata nummer, ett till kontoret och ett till mitt hem. Ni kan ringa mig när ni vill på dagen eller på natten. Tveka inte om ni vill tala med mig. Jag behöver höra av er närhelst ni kan ringa. Tyck inte att ni besvärar – ring bara när ni vill och kan – för jag kan inte ta risken att ringa till ert hem. Er make kan missförstå ett sådant samtal. Han kan bli svartsjuk." Amahl skrattade.

Hans humör smittade. Synd att han är gift, hann jag tänka innan det dåliga samvetet gjorde sig påmint.

"All right", sa jag och nickade. Amahl verkade så underbart effektiv.

"Vi talar inte om de här sakerna i telefon", instruerade han mig. "Säg bara 'Hur står det till?' eller något liknande. Om jag har något att meddela er säger jag att jag behöver träffa er. Då kommer ni hit. Vi kan inte gå in på några detaljer i ett telefonsamtal."

Det måste finnas en hake någonstans, tänkte jag. Kanske rör det pengar. "Ska jag be mina föräldrar skicka pengar till ambassaden?" frågade jag.

"Nej. Bekymra er inte om pengar nu. Jag lägger ut pengarna

för er räkning. Ni kan betala tillbaka dem till mig senare, när ni kommer till Amerika."

Mahtob satt tyst under den långa taxiresan hem. Det var bra, för tankarna snurrade i mitt eget huvud. Jag hörde hela tiden Amahls ord upprepas inom mig, och jag försökte räkna ut hur stor chansen var att vi skulle lyckas. Hade jag verkligen hittat en väg ut ur Iran?

"Ni kan betala tillbaka dem till mig senare, när ni kommer till Amerika", hade han sagt, full av tillförsikt.

Men jag mindes också de andra orden: "Jag vet inte hur eller när det går att ordna."

20

Sommaren var slut och det var dags för en ny skoltermin. Jag måste låtsas stödja Moodys idé att Mahtob skulle börja i första klass, och jag protesterade därför inte när han tog upp ämnet

Förvånansvärt nog protesterade inte Mahtob heller. Hon höll verkligen på att vänja sig vid att leva i Iran.

En morgon gick Moody, Mahtob och jag en kort promenad för att titta på en skola som låg i närheten. Byggnaden var mindre fängelselik än *Madrasay* Zainab och hade gott om fönster som släppte in solljuset. Men atmosfären tycktes inte ha spritt sig till rektorn. Hon var en sur gammal kvinna i *chador* som betraktade oss misstänksamt.

"Vi skulle vilja skriva in vår dotter här", sa Moody på farsi.

"Nej", sa hon kort. "Vi har inga lediga platser i skolan." Hon spottade ur sig adressen till en annan skola som låg mycket längre från vårt hem.

"Vi kom hit för att det var närmare", försökte Moody.

"Det finns ingen plats!"

Mahtob och jag vände oss om för att gå, och jag kunde känna att Mahtob var glad över att inte hamna hos den gamla häxan.

"Jaha, då så", muttrade Moody. "Jag har inte tid att gå till den andra skolan i dag. Jag ska vara i operationssalen om en stund."

"Åh!", sa rektorn. "Är ni läkare?"

"Ja."

"Men kom tillbaka in en stund. Sitt ner." Det fanns alltid

303

rum för en läkares dotter. Moody strålande när han såg effekten av sin yrkesstatus.

Rektorn gick igenom de viktigaste reglerna med oss. Mahtob skulle behöva en grå uniform, kappa, byxor och *macknay* – en scarf som sys ihop framtill i stället för att knytas. Den var lite besvärligare att bära än en vanlig *roosarie*, men inte lika svår som en *chador*. Jag fick besked att jag skulle komma med Mahtob en bestämd dag då man skulle ha ett möte där mor och dotter skulle vara med.

När vi lämnat skolan och börjat gå hem frågade jag Moody: "Hur ska hon kunna klara sig med bara en uniform? Räknar de med att hon ska ha samma uniform på sig dag ut och dag in?"

"Det gör de andra", sa Moody. "Men du har rätt. Hon borde ha flera."

Han gick till arbetet och gav oss pengar så att vi skulle kunna köpa skoluniformer. Den varma septembersolen värmde oss och jag kände mig lättare till mods medan vi gick och handlade. Här gick jag i alla fall fritt omkring med min dotter. Jag hade uppnått ett av mina viktigaste mål. Medan Mahtob var i skolan och Moody på sitt arbete kunde jag bege mig vart jag önskade i Teheran.

Några dagar senare gick jag med Mahtob till det avtalade mötet i skolan. Jag hade också med mig vår granne Maliheh för att hon skulle kunna översätta. Hon kunde lite engelska, och med hjälp av henne och Mahtob lyckades jag förstå det mesta av det som sades.

Mötet pågick i nära fem timmar. Det mesta av tiden ägnades åt bön och koranläsning. Sedan vädjade rektorn om donationer från föräldrarna. Hon förklarade att det inte fanns några toaletter i skolan och sa att de behövde pengar för att bygga sådana bekvämligheter innan skolåret började.

Jag talade om det för Moody och tillade: "Kommer inte på fråga! Vi ska inte behöva ge dem pengar för att bygga toaletter på skolorna. Om de har råd att låta alla de där *pasdar* åka runt på gatorna hela tiden för att se om en kvinna har en hårslinga hängande utanför sin *roosarie* eller om hennes strumpor har hasat ner kan de mycket väl se till att det finns toaletter för barnen i skolorna."

304

Han höll inte med. Han gav en generös donation, och när skolan öppnade för det nya läsåret fanns det toaletter av den vanliga typen med hål i golvet.

* * *

Det dröjde inte länge förrän vi var inne i den nya rutinen. Mahtob gick till skolan tidigt på morgonen. Jag behövde bara gå med henne till busshållplatsen och hämta henne där på eftermiddagen.

De flesta dagar stannade Moody hemma och arbetade på sin privatmottagning. Rykten om hans behandlingar och hans effektivitet spreds snabbt och han hade alltid många patienter. De uppskattade i synnerhet den smärtlindring som hans manipulationsteknik gav. Men det uppstod vissa problem när det gällde de blygaste kvinnliga patienterna. För att lösa det problemet lärde Moody mig hur man skulle utföra behandlingen. Det gjorde att de flesta dagar var fyllda och inte gav mig tid till mycket annat.

Jag längtade efter tisdagar och onsdagar, de dagar då Moody var på sjukhuset. De dagarna kunde jag disponera som jag ville, och genom min nyvunna frihet kunde jag bege mig vart jag ville i stan.

Jag började träffa Helen på ambassaden mer regelbundet, antingen på tisdag eller onsdag. Jag skickade regelbundet brev till mina föräldrar och barn, och jag fick post från dem. Det var en underbar känsla, men det var samtidigt deprimerande, för jag saknade dem så oerhört! Och jag oroade mig inför varje brev från min mor och varje ny beskrivning av hur min fars hälsa försämrades. Hon visste inte hur länge han skulle hålla ut. Han talade om oss var dag och bad att han skulle få se oss igen innan han dog.

Jag ringde Amahl så ofta jag kunde. Han frågade var gång hur jag mådde och bad mig att vara tålmodig.

En dag var jag ute för att klara av flera ärenden. Bland annat hade Moody gett mig i uppdrag att skaffa en extra nyckel till huset. Jag visste att det fanns en butik där man gjorde nycklar ett stycke från Pol Pizza Shop. På vägen dit passerade jag en bokhandel som jag inte sett tidigare. Jag fick en ingivelse och gick in.

Bokhandlaren talade engelska. ”Har ni några kokböcker på engelska?” frågade jag.

”Ja. I källarvåningen.”

Jag gick ner i den undre våningen och fann ett antal begagnade kokböcker. Jag tyckte att jag hamnat i himlen. Jag hade verkligen saknat möjligheten att kunna slå upp ett recept! Nu såg jag hela menyer för min inre syn, och jag hoppades att jag skulle kunna skaffa de ingredienser jag behövde eller i alla fall något att ersätta dem med.

Jag blev ännu gladare när jag hörde en barnröst som talade engelska. Det var en liten flicka som sa: ”Mamma, kan du inte köpa mig en sagobok?”

Jag lyfte blicken och fick syn på en kvinna och ett barn ett stycke längre in i butikslokalen. De var båda insvepta i kappa och slöja. Kvinnan var lång och mörkhårig, och hennes hy hade den svaga bronsfärgning som är utmärkande för iranska kvinnor. Hon såg inte amerikansk ut, men jag frågade i alla fall om hon möjligen var det.

”Ja”, svarade Alice Shareef.

Vi blev genast goda vänner i detta underliga land. Alice var lågstadielärarinna från San Francisco och gift med en amerikaniserad iranier. En kort tid efter det att hennes man, Malek, hade tagit sin doktorsgrad i Kalifornien hade hans far dött. Han och Alice bodde nu tillfälligt i Teheran för att ta hand om arvet efter Maleks far. Alice trivdes inte, men hon var inte bekymrad eftersom det var en tidsbegränsad vistelse. Hennes dotter, Samira, som de kallade Sammy, var i Mahtobs ålder.

”Men, oj då”, sa jag och såg på min klocka. ”Jag måste hämta min dotter vid skolbussen. Jag måste springa nu om jag ska hinna.” Vi gav varandra våra telefonnummer innan jag gav mig av.

På kvällen berättade jag för Moody om Alice och Malek. ”Vi måste bjuda in dem”, sa han med äkta entusiasm. ”De måste få träffa Chamsey och Zaree”

”Hur skulle det vara om vi bjöd in dem på fredag?” föreslog jag.

”Utmärkt”, svarade han.

306

Han vara lika glad som jag när fredagseftermiddagen till sist kom. Han tyckte om Alice och Malek från första stund. Alice är en intelligent och glad person. Hon är en fascinerade samtalspartner och har dessutom alltid någon rolig historia att berätta. När jag såg våra gäster den kvällen slog det mig att av alla de människor jag träffat i Iran var det bara Alice och Chamsey som verkade riktigt lyckliga. kanske var det för att båda visste att de snart skulle resa tillbaka till Amerika.

Alice berättade en rolig historia. "Har ni hört om den där mannen som gick in i en konsthandel och fick syn på ett porträtt av Khomeini. Han ville köpa tavlan, och butiksägaren sa att den kostade fem hundra tumon." En tumon är tio rial.

'Ni får tre hundra', svarade kunden.

'Nej, den kostar fem hundra.'

'Trehundrafemtio.'

'Fem hundra.'

'Fyra hundra', sa kunden. 'Det är mitt sista bud!'

I samma ögonblick kom en annan kund in. Han gick fram till ett målning som föreställde Jesus på korset och frågade sedan butiksägaren hur mycket den kostade.

'Fem hundra tumon', svarade konsthandlaren.

'Jaha. Varsågod', svarade kunden. Han betalade, tog sin tavla och gick.

Butiksägaren vände sig till den första kunden och sa: 'Se där. Han kom in, såg en tavla han ville ha, betalade det pris jag begärde och gick.'

'Kör för det då', sa den första kunden. 'Om ni kan spika upp Khomeini på ett kors på samma sätt så får ni fem hundra!'"

Alla i rummet skrattade åt historien, också Moody.

Chamsey ringde mig dagen därpå. "Betty", sa hon, "Alice är verkligen en underbar person. Du borde se till att bli god vän med henne."

"Det ska jag absolut göra", svarade jag.

"Men Ellen kan du glömma", tillade Chamsey. "Ellen är en tråkig typ."

Alice och jag träffades regelbundet efter den dagen. Hon var den enda kvinna jag träffade i Iran som hade en torktumlare hemma och som bland all annan lyx också hade sköljmedel till tvätten. Hon hade till och med senap!

Och hon hade ett pass som tillät henne att flyga hem när hon ville.

"Berätta aldrig för Chamsey vad du varit med om här i Iran", varnade Moody mig. "Berätta inget för Alice heller. Om du gör det får du aldrig träffa dem mer."

"Nej då", lovade jag.

Han nöjde sig med det. Han trodde vad han ville tro och han var övertygad om att tanken på att återvända till Amerika aldrig mer skulle komma upp till diskussion. Han hade vunnit. Han hade gjort detsamma med mig som Hormuz gjort med Ellen.

Nu när han fått mig att lova att hålla tyst med det jag varit med om kunde han tillåta mig att umgås lite friare med Chamsey och Alice. Han hade inte heller stort val, för om han försökte stänga in mig i vårt nya hem skulle han inte kunna visa upp fasaden av ett lyckligt äktenskap inför våra vänner.

Vi hade vissa sociala plikter att fylla, trots att Moodys förhållande till släktingarna förändrats. Han ville inte bjuda in Baba Hajji och Ameh Bozorg på middag, men han måste visa dem respekt. Vi hade redan dröjt för länge med den obligatoriska gesten.

"Mahtob går i skolan och hon måste gå och lägga sig klockan åtta. Kan ni komma klockan sex så vore det bra", sa han till sin syster när han ringde.

Hon påminde honom om att de aldrig åt middag före tio på kvällen.

"Det bryr jag mig inte om", svarade Moody. "Ni får äta klockan sex. Passar inte det behöver ni inte komma alls."

Ameh Bozorg kunde inte säga nej. De skulle komma i tid.

För att göra stämningen lättare bjöd vi också in Hakims samma kväll.

Jag lagade till en festmåltid med kycklingcrêpes som entrérätt. Det var ett större bevis på respekt än om jag använt något annat kött. Jag hade tur när jag gick för att handla och fann den första brysselkål jag sett i Iran. Jag blandade den med purjolök och morötter och bräserade alltsammans lätt.

Baba Hajji och Ameh Bozorg kom i sällskap med Majid och Fereshteh. De kom klockan åtta i stället för sex, men det hade vi väntat oss som en godtagbar kompromiss. Hakims kom också, och vi satte oss alla kring matsalsbordet.

Hakims var kultiverade nog för att kunna anpassa sig till omgivningen, man Baba Hajji och Ameh Bozorg hade det svårt, trots att de gjorde sitt bästa. Baba Hajji stirrade på besticken och visste inte hur han skulle använda redskapen. Jag kunde se att han också undrade vad han skulle göra med linneservietten och att han säkert tyckte att det var en onödig lyx att var och en hade sitt eget dricksglas.

Ameh Bozorg skruvade sig i sin stol och kunde inte hitta en bekväm ställning i den ovanliga möbeln. Till slut tog hon sin tallrik från bordet och satte sig på golvet i matsalen. Hon skrockade av förtjusning över brysselkålen, som hon kallade "Bettys små kålhuvuden".

Det dröjde inte länge förrän hela matsalen var en enda röra. Matbitar flög över bordet och ner på golvet när gästerna högg in på anrättningarna med händerna, ibland med hjälp av en sked. Moody, Mahtob och jag åt lugnt med kniv och gaffel.

Det dröjde inte länge förrän middagen var överstökad. Nu drog sig gästerna ut i vardagsrummet. Moody viskade till mig: "Titta på Mahtobs plats. Det finns inte ett enda risgryn från hennes tallrik på golvet. Och titta där de vuxna suttit."

Jag ville inte se. Jag visste att jag skulle få hålla på till sent på natten med att skrapa ris och mat från golv och väggar och försöka göra ren mattan.

I vardagsrummet serverade jag te. Ameh Bozorg lät skeden dyka djupt i sockerskålen och lämnade en vit rand på mattan medan hon öste sked efter sked i sitt lilla teglas.

En kväll gick vi och hälsade på Akram Hakim, mor till Moodys "syskonbarn" Jamla, som en gång för många år sedan hade mött oss med nyheten om ambassadockupationen i Teheran på ett hotell i Austin i Texas och ätit frukost med oss där. Akram Hakims brorsdotter var där och det syntes att hon var mycket upprörd. Jag frågade henne vad som hänt och hon berättade det för mig på engelska.

Hon hade städat och dammsugit i sitt hem tidigare på dagen. Hon ville ta en rökpaus, men hade inga cigaretter hemma. Hon tog därför på sig sin *montoe* och sin *roosarie* och gick tvärs över gatan för att köpa cigaretter. Hon lämnade sina båda döttrar, tio och sju år gamla, kvar hemma i lägenheten. När hon handlat och var på väg tillbaka över gatan blev hon stoppad av en grupp *pasdar*. Flera kvinnliga poliser gick fram till henne och tog henne med in i sin bil. Där tog de fram aceton och tvättade av hennes nagellack och läppstift. De skällde ut henne och sa att de skulle ta med henne och sätta henne i fängelse.

Hon bad dem att få hämta sin döttrar i lägenheten först.

De kvinnliga poliserna brydde sig inte om barnen utan höll henne i bilen i ett par timmar medan de läxade upp henne. De förhörde henne och frågade om hon bad sina böner. Hon sa att hon inte bad. De sa att de inte skulle släppa henne om hon inte lovade att aldrig mer använda nagellack igen och att aldrig sminka sig på något sätt. Hon måste också lova att be sina böner som en rättrogen muslim. Hon fick veta att om hon inte gjorde det var hon en dålig människa som skulle hamna i helvetet.

"Jag avskyr också *pasdar*", sa jag.

"De skrämmer mig", sa kvinnan. "De är farliga." Hon berättade att de bara höll efter folk när de var ute och patrullerade på gatorna men att de också arbetade som en hemlig poliskår som var på jakt efter republikens fiender. De kunde ge sig på vilken försvarslös människa som helst och förödmjuka henne. När *pasdar* grep en kvinna som skulle avrättas blev hon först våldtagen av de manliga poliserna, för det fanns ett ordspråk som löd: "En kvinna bör aldrig få dö som jungfru."

Var dag ägnades min första och sista tanke åt mina flyktplaner. Det hände inget konkret, men jag gjorde mitt bästa för att hålla alla kontaktvägar öppna. Jag ringde ofta till Helen på ambassaden och jag ringde nästan var dag till Amahl.

Varje detalj i mitt liv riktades i möjligaste mån in mot det övergripande målet. Jag bestämde mig för att vara så bra och effektiv som möjligt i mitt liv som mor och maka. Jag hade tre skäl. Först det första skulle det stärka myten om att allt var bra och att vi var lyckliga. Det skulle lugna eventuella misstankar hos Moody. För det andra skulle det göra Mahtob glad och få henne att tänka mindre på att vi var fångar.

"Kan vi resa tillbaka till Amerika, mamma?" frågade hon ibland.

"Inte nu", svarade jag. "Kanske någon gång i framtiden, men det dröjer säkert länge. Pappa kanske ändrar sig, och då reser vi tillbaka hem allesammans."

Den fantasin lugnade henne en smula, men den tröstade inte mig.

Mitt tredje skäl att skapa ett "lyckligt" hem var att det skulle rädda mig själv från att bli tokig. Jag kunde inte veta vad som skulle drabba Mahtob och mig om vi till sist lyckades fly. Jag ville inte tänka för mycket på de faror som hotade. Ibland tänkte jag på Suzanne och Trish och hur jag hade vägrat att lyda deras order att jag skulle ge mig av tillsammans med dem omedelbart och utan förvarning. Hade jag begått ett misstag den gången? Det visste jag inte i dag. Skulle jag någonsin bli tillräckligt modig för att våga ta steget? Skulle Mahtob och jag våga trotsa alla faror när det blev dags? Jag kunde inte svara på den frågan. Tills dess var det enklare att härda ut om jag höll mig sysselsatt hela tiden.

Moody ville göra mig glad och föreslog att jag skulle besöka en skönhetssalong som låg i närheten. Det verkade absurt i ett land där ingen fick lov att se mitt hår eller mitt ansikte, men jag gick i alla fall dit. När en kvinna frågade om jag ville ha mina ögonbryn plockade och några störande hårstrån i ansiktet avlägsnade tackade jag ja.

I ställer för vax eller pincetter tog kvinnan som behandlade mig fram ett stycke tunn bomullstråd. Hon höll den spänd mellan händerna medan hon drog den fram och tillbaka över mitt ansikte så att håren rycktes ut.

Det gjorde så ont att jag ville skrika, men jag härdade ut medan jag undrade hur det kunde komma sig att kvinnor härdade ut med så mycket i skönhetens namn. När det var över brände det som om huden skalats av och köttet låg bart.

På kvällen började jag få utslag i ansiktet. De spred sig snabbt till halsen och bröstet.

"Det måste ha varit ett smutsigt snöre", mumlade Moody.

En kväll när jag kom hem från snabbköpet fann jag Moodys väntrum överfullt av patienter.

"Öppna dörrarna", sa Moody till mig. "Låt några av dem sitta i vardagsrummet."

Jag var inte särskilt förtjust i att låta iranska främlingar komma in i mitt vardagsrum, men jag gjorde som han sa och öppnade dubbeldörrarna . Sedan tecknade jag åt patienterna att de skulle sätta sig i soffan och på stolarna.

En av mina uppgifter som receptionist var att servera patienterna te. Jag avskydde den plikten också i vanliga fall, men den här kvällen blev jag på extra dåligt humör när jag tänkte på att mitt vardagsrum snart skulle missprydas av spillt te och socker.

Men jag serverade i alla fall te. När jag tog upp en bricka för att gå tillbaka till köket frågade en av kvinnorna i rummet om jag var amerikan.

"Ja", svarade jag. "Talar ni engelska?"

"Ja. Jag har studerat i Amerika."

Jag satte mig bredvid henne och blev genast på bättre humör. "Var? frågade jag.

"Michigan."

"Åh, jag är också från Michigan. Var i Michigan studerade ni?"

"Kalamazoo."

Hon hette Fereshteh Noroozi och var en vacker ung kvinna. Hon hade blivit rekommenderad av en person på sjukhuset att söka upp Moody. Hon led av smärtor i nacken och ryggen, men ingen hade kunnat ta reda på var de kom från. Nu hoppades hon att manipulationsbehandling skulle hjälpa.

Vi satt och pratade i tre kvart medan hon väntade.

Fereshteh kom tillbaka för att få fler behandlingar, och jag bjöd alltid in henne i vardagsrummet så att vi kunde få en pratstund. En kväll anförtrodde hon sin hemlighet till mig. "Jag vet vad det är som orsakar smärtan", sa hon.

"Gör du? Vad är det?"

"Det är stress." Hon började gråta. Hon berättade att hennes man ett år tidigare hade åkt ut en kväll för att tanka bilen. Han kom aldrig tillbaka. Fereshteh och hennes föräldrar letade på alla sjukhus, men de fann inget spår efter honom. "Tjugofem dagar senare ringde polisen", grät Fereshteh. "De sa att jag skulle komma och hämta bilen, men de ville inte berätta något om vad som hänt min man."

Fereshteh flyttade hem till sina föräldrar med sin ettåriga dotter. Fyra svåra månader gick innan polisen talade om för henne att hennes man satt i fängelse och att hon kunde hälsa på honom.

"De bara grep honom på gatan och satte honom i fängelse", snyftade Fereshteh. "Nu har det gått mer än ett år, men de har inte ens anklagat honom för något brott."

"Hur kan de göra något sådant?" frågade jag. "Varför?"

"Han har universitetsexamen i ekonomi", förklarade Fereshteh. "Och det har jag också. Och vi studerade i Amerika. Det betyder att vi är det slags människor som staten är rädd för."

Fereshteh ville inte att jag skulle berätta för någon om det som hänt hennes make. Hon var rädd för att hon också skulle bli gripen om hon klagade för mycket.

På kvällen, när Moody stängt mottagningen för dagen, sa han: "Jag tycker om Fereshteh. Vad gör hennes man?"

"Han har examen i ekonomi", sa jag.

* * *

"Kom så snart ni kan."

Det hördes på Amahls röst att det var något viktigt. Mitt hjärta började bulta.

"Jag kan inte komma förrän på tisdag", sa jag. "Då är Moody på sjukhuset."

"Ring först så att jag vet att ni kommer", sa Amahl.

Vad kunde det vara frågan om? Jag lutade åt att det skulle vara goda nyheter snarare än dåliga. Amahl hade låtit försiktigt optimistisk.

Tidigt på tisdagen vaknade jag och läste mina böner tillsammans med Moody. Sedan väntade jag medan minuterna släpade sig fram. Mahtob gick till skolan klockan sju. Tre kvart senare gav sig Moody av. Jag stod i fönstret och tittade tills jag såg honom försvinna in i en taxi. Sedan ringde jag Amahl för att bekräfta att jag skulle komma. Jag sprang ut ur huset och fortsatte till huvudgatan för att hejda en taxi.

Det var i början av november. En styv bris skvallrade om att

313

det skulle kunna snöa. Morgontrafiken var tät och resan blev ännu besvärligare genom att jag måste byta taxi flera gånger innan jag kom fram. Jag måste ta mig tvärs genom hela Teheran. När jag kom fram till kontorsbyggnaden och knackade på Amahls dörr snurrade hundra frågor redan i mitt huvud.

Han svarade snabbt på min knackning och log brett när jag steg in. "Kom in", sa han. "Slå er ner. Vill ni ha en kopp te? Eller vill ni hellre ha kaffe?"

"Gärna kaffe, tack", svarade jag. Jag väntade otåligt medan han gjorde i ordning min kopp kaffe, men han njöt av att hålla mig i spänning.

Till sist räckte han mig koppen och satte sig sedan bakom skrivbordet. "Jag tycker det vore bra om ni kontaktade er familj", sa han.

"Vad är det som har hänt?"

"Ni kan be dem sätta fram ett par tallrikar extra till den helg som ni kallar Thanksgiving Day", svarade han.

Jag suckade djupt av lättnad. Den här gången *visste* jag. Den här gången skulle det fungera. Mahtob och jag skulle resa tillbaka till Amerika! "Hur ska det gå till?" frågade jag.

Han förklarade planen. Mahtob och jag skulle flyga med ett iranskt inrikesplan till Bandar Abbas längst ner i södra Iran. Därifrån skulle vi smugglas i en snabbgående motorbåt tvärs över Persiska viken till ett av arabemiraten på andra sidan. "Det kommer att bli vissa problem med formaliteterna i emiraten", sa Amahl, "men ni kommer i alla fall att vara ute ur Iran, och de kommer inte att skicka er tillbaka. Det kommer inte att dröja länge innan ni får ett pass från ambassaden och kan resa hem."

Tanken på att resa över havet i en öppen båt var en smula skrämmande, men om det var enda sättet för mig och min dotter att nå friheten skulle vi göra det.

"Behöver jag pengar?" frågade jag.

"Jag lägger ut pengarna", svarade Amahl. Han upprepade samma erbjudande han gjort första gången. "När ni kommer hem till USA kan ni skicka mig pengarna."

"Ta den här är ni snäll", sa jag och gav honom en tjock bunt sedlar. "Jag vill att ni ska förvara dem åt mig. Jag vill inte riskera att Moody hittar dem." Det var omkring nittio dollar i amerikansk valuta och dessutom iranska rial motsvarande ungefär sex hundra dollar. Det var pengar som var kvar av den summa jag lagt undan för länge sedan. Amahl lovade att ha dem i förvar för min räkning.

"Ni behöver en identitetshandling för att kunna ta flyget", sa han.

"Ambassaden har mitt körkort", sa jag, "och där finns också mitt personbevis som jag tog med mig. De har också mina kreditkort."

"Är det ert iranska personbevis?"

"Nej, de har tagit hand om mitt amerikanska personbevis som jag hade med mig från USA. Moody har mitt iranska personbevis, men jag vet inte var det är gömt."

"Vi skulle kunna försöka skaffa er en biljett med hjälp av det amerikanska personbeviset", sa Amahl eftertänksamt. "Men det skulle vara bättre om ni kunde hitta det iranska. Hämta de papper ni har på ambassaden, men försök hitta de iranska papperen också."

"Ja. När ska vi resa?"

"Jag har en person nere i Bandar Abbas just nu för att förbereda saken. Han ska vara tillbaka i Teheran om ett par dagar. Bekymra er inte. Ni och Mahtob kommer att vara hemma i slutet av november."

Jag ringde Helen på ambassaden medan jag var kvar på Amahls kontor. "Jag behöver träffa er genast", sa jag.

Den normala besökstiden på ambassaden var slut för dagen, men Helen lovade att gå ner till entrévakten och säga till dem att de skulle släppa in mig.

När jag ringt vände sig Amahl till mig: "Berätta inte för dina kontakter på ambassaden vad vi håller på att planera."

Men jag var så upphetsad att Helen märkte det i samma ögonblick hon såg mig. "Vad är det som hänt?" frågade hon. "Ni ser så lycklig ut. Så glad brukar ni inte vara."

"Jag ska åka hem", svarade jag.

"Är det verkligen sant?"

"Jo, jag ska åka hem och jag behöver mina papper och mina kreditkort."

Helen blev verkligen glad för min skull. Hennes ansikte klövs av ett brett leende. Hon slog armarna om mig och kra-

315

made mig. Vi grät båda av glädje. Hon frågade inte hur eller när jag skulle resa. Hon visste att jag inte skulle avslöja det för henne, och hon ville heller inte veta några detaljer.

Helen gav mig mina handlingar, mitt körkort, våra amerikanska personbevis, de amerikanska pass hon hade skaffat oss och mina kreditkort. Sedan gick vi tillsammans in till mr Vincop. Han blev också glad när han hörde nyheten, men han var mer reserverad. "Det är vår plikt att varna er för att försöka fly ur landet", sa han. "Ni borde inte sätta Mahtobs liv på spel."

Men hans ansiktsuttryck stämde inte alls överens med hans ord. Visst, det var hans plikt att varna mig. Men av minen att döma gratulerade han mig till mina flyktplaner.

Han kom med ännu en varning som var mycket klok. "Jag är lite bekymrad för er", sa han. "Ni är så lycklig att det syns på långt håll. Er make kommer att märka att det har hänt något."

"Jag ska göra allt jag kan för att dölja det", sa jag.

Jag kastade en blick på klockan och såg att det var sent. Moody skulle inte komma tillbaka från sjukhuset förrän senare, men jag måste vara hemma kvart över ett då Mahtob kom från skolan. Jag sa adjö och skyndade mig ut för att börja den långa färden hem.

Klockan var nästan halv två när jag kom hem. Jag skyndade mig längs gatan fram till vårt hus. Mahtob stod och väntade utanför den stängda porten och tårarna rann utför hennes kinder.

"Jag trodde att du hade åkt till Amerika utan mig!" snyftade hon.

Jag ville så gärna berätta för henne vad som skulle hända, men nu måste jag vara försiktigare än någonsin! Det låg så nära i tiden nu och det var så många hemligheter som måste bevaras. Hon skulle få lika svårt som jag att dölja sin glädje.

"Jag skulle aldrig åka till Amerika utan dig", försäkrade jag henne. Vi gick in tillsammans. Sedan sa jag: "Snälla du, tala inte om för pappa att jag kom hem senare än du."

Hon nickade. Nu var hon inte rädd längre och gick ut för att leka. Jag skyndade mig att gömma mina papper under den löstagbara klädseln på soffan i vardagsrummet och försökte sedan komma på ett sätt att dölja min glädje så att Moody inte

316

skulle märka något.

Jag fick en idé och jag ringde Alice.

"Jag skulle vilja fira Thanksgiving Day här hemma i år", sa jag. "Vi kan väl laga middag tillsammans. Vi bjuder in Chamsey och Zaree också. Och jag vill gärna att du ska få träffa Fereshteh."

Alice sa ja utan någon tvekan.

Utmärkt, tänkte jag. Jag kommer inte att vara här, men jag kan låtsas att jag ska vara det.

Moody kom hem sent på eftermiddagen och fann mig på glatt humör. "Alice och jag ska ordna en fin fest på Thanksgiving Day!" berättade jag entusiastiskt.

"Det var roligt!" svarade Moody. Kalkon var hans favoriträtt.

"Vi måste gå till basaren och köpa en kalkon."

"Kan du och Alice klara det?"

"Visst."

"Bra", sa Moody. Han blev glad när han fann sin hustru på så gott humör och i färd med att planera för framtiden.

Under de följande veckorna var Mahtob i skolan och Moody upptagen av sitt arbete. Jag skyndade runt på olika ärenden i Teheran med samma energi och livslust som en skolflicka. Alice och jag gjorde vårt bästa för att hitta alla de ingredienser som behövdes till en kalkonmiddag.

Alice blev imponerad av min förmåga att hitta i Teheran. Hon tyckte om att gå ut och handla, men hon vågade sig inte ut på några längre expeditioner ensam. Hon tyckte det var roligt att följa mig när vi dök in i den myllrande basaren på jakt efter en kalkon.

Det tog oss mer än en timme att komma till rätt ställe. Vi gick in under den stora valvbågen som var entrén till basaren och trädde in i en värld full av ljud- och synintryck. Kvarter efter kvarter med butiker låg framför oss och på var sida om oss. Hundratals försäljare visade upp sina varor och ropade ut vad de hade att sälja. Var och en försökte överrösta alla de andra och dra till sig de förbipasserandes uppmärksamhet. Genom trängseln försökte leverantörer med kärror ta sig fram och man skrek och grälade. Det fanns gott om afghaner i säcki-

317

ga och skrynkliga byxor som stapplade fram med väldiga bördor på ryggen.

"Det finns en gata här inne där man kan få tag i allt man vill ha", förklarade jag för Alice. "Där finns fisk, kyckling, kalkon och alla sorters kött."

Vi trängde oss långsamt fram genom massan av otvättade människor medan larmet tryckte mot våra trumhinnor. Till sist kom vi fram till den sidogata vi letade efter. Efter en stund fann vi ett stånd där det hängde några magra kalkoner. De var bara delvis urtagna och fjäderskruden var täckt av damm från transporten genom staden. Men det var allt som fanns. Jag ville ha en fågel på ungefär fem kilo, men de största vi kunde hitta vägde inte mer än tre. "Vi kan laga till en stek också", föreslog Alice.

Vi köpte kalkonen och vände för att gå hem.

Vi fick vänta länge på en orange taxi. Många passerade, men det var den mest tätbefolkade delen av staden och de bilar som kom var redan fullsatta. Den tunga fågeln fick mina armar att värka, men till sist fick vi en bil att stanna. Det var fullsatt i baksätet, men vi klämde in oss i framsätet. Jag lät Alice stiga in först.

Jag försjönk i drömmerier medan vi rullade fram genom den stad jag så innerligt avskydde. Jag skulle aldrig behöva laga till kalkonen. Jag skulle i stället hjälpa mamma att laga en middag som jag och Mahtob skulle vara evigt tacksamma för.

"*Muchakher injas!*" Mina drömmar avbröts när Alice kommenderade chauffören att stanna.

"Men här ska vi inte av ..." började jag.

Jag förstod plötsligt vad som hänt när Alice puffade ut mig genom dörren. Taxin startade och försvann. "Kan du tänka dig vad chauffören gjorde med mig?" sa Alice.

"Jo, det kan jag visst. Det har jag också råkat ut för. Vi får inte tala om för våra män vad vi råkat ut för. Gör vi det får vi inte gå ut ensamma mer."

Alice nickade och höll med.

Vi hade aldrig hört talas om att iranska kvinnor utsatts för sådana närmanden, och vi undrade om den iranska pressen med alla sina historier om skilsmässofrekvensen i USA hade fått iranska män att tro att vi var sexgalna.

318

Vi hejdade en annan taxi och såg till att vi hamnade i baksätet.

När jag kommit hem ägnade vi flera timmar åt att ta ur och plocka den magra fågeln. Vi drog till och med ut alla dun med pincett innan vi la den i frysen.

Det krävdes många fler expeditioner innan vi fått tag i allt vi behövde till festen. Jag tog med mig Alice flera gånger, och vi skyndade oss för att kunna vara hemma igen under förmiddagen. Första gången jag gjorde det sa jag till henne: "Om Moody frågar så säg att jag kom med dig hem och drack kaffe när vi handlat och att jag gick härifrån vid ettiden." Alice såg förvånat på mig, men hon nickade och frågade inte vad som var anledningen till min begäran. Efter den gången utgick hon från att jag var "hemma hos henne" när jag gav mig av ut i stadsvimlet.

När jag gick hem från Alice tog jag ofta vägen förbi Hamids butik och passade på att gå in och ringa Amahl. Flera gånger ville han att jag skulle komma för att diskutera detaljer. Han var lika optimistisk när Thanksgiving Day närmade sig.

Men Hamid var pessimistisk. När jag berättade för honom vad som var i görningen sa han: "Nej, tro inte på det. Ni kommer att vara kvar i Iran tills imamen Mehdi återvänder."

Dagarna var så upptagna av olika aktiviteter att kvällarna hemma tillsammans med Moody blev egendomliga mellanspel som krävde en nästan övermänsklig styrka av mig. Jag fick inte visa hur trött jag var, för då skulle Moody kunna bli misstänksam. Jag måste klara av att städa, laga mat och sköta om Mahtob. Men ändå hade jag svårt att somna på kvällen. Mina tankar var i Amerika. På natten var jag redan hemma.

Jag fick kraft ur någon djup och outsinlig källa, och jag lyckades fortsätta som vanligt.

Alice var en ovärderlig bundsförvant, trots att hon inte visste något om mina planer och mina hemliga aktiviteter. En dag när vi var ute och handlade råkade jag säga att jag gärna skulle vilja ringa min familj i USA och tala med dem.

Alice visste att Moody inte lät mig ringa hem. Hennes man ville heller inte att hon skulle ringa till Kalifornien annat än i nödfall, på grund av de höga kostnaderna. Men Alice hade egna pengar som hon tjänat på att ge studenter extra undervis-

319

ning i engelska, och hon brukade ibland ringa hem på egen bekostnad utan att tala om det för någon. "Jag ska ta dig med till *tup kuneh*", sa hon.

"Vad är det?"

"Det är telefonbolaget. Nere i stan, nära basaren, ligger deras kontor. Man måste betala kontant, men man kan ringa internationella samtal därifrån."

Det var goda nyheter. Redan nästa dag skyllde jag på att jag måste hitta selleri till kalkoninkråmet, och Alice och jag gav oss av in till centrum för att gå in på *tup kuneh* och ringa. Alice ringde till sin familj i Kalifornien och jag talade med mamma och pappa i Michigan.

"Jag har hittat ett ställe där jag kan ringa", berättade jag. "Det är lättare än att ringa från ambassaden och inte så riskabelt som om ni försöker ringa mig hemma. Jag ska försöka ringa oftare från och med nu."

"Det hoppas jag du gör", sa mamma.

Pappa blev glad när han fick höra min röst. Han sa att det fick honom att känna sig bättre.

"Jag har en present till er", förkunnade jag glatt. "Mahtob och jag kommer hem till Thanksgiving Day!"

21

"Säg inget", sa Amahl. "Sitt bara stilla. Prata inte."
Jag gjorde som han sa och satt orörlig i stolen på hans kontor. Han gick bort till dörren, öppnade den och mumlade några ord på farsi.

En lång svartmuskig karl steg in och ställde sig så att han kunde se mig framifrån. Han stirrade på mitt ansikte som om han försökte prägla in det i minnet. Jag funderade på om jag skulle ta av min *roosarie* så att han skulle kunna se hela mitt ansikte, men jag beslöt att det var bäst att inte göra något som inte Amahl sagt åt mig att göra. Jag visste inte vem mannen var och jag ville inte ta risken att förolämpa honom.

Han stannade en eller ett par minuter. Sedan gav han sig av utan att säga ett ord. Amahl satte sig på nytt bakom sitt skrivbord och nämnde inte besökaren vidare.

"Jag har skickat en person till Bandar Abbas för att ordna med motorbåten", sa han. "Nu väntar jag på att han ska komma tillbaka till Teheran. Jag har också planerat för flykten till Bandar Abbas. Vi kommer att ha fler personer ombord på samma plan, men ni kommer inte att veta vilka de är. De kommer inte att sitta bredvid er."

Amahl lät hoppfull, men jag var otålig. Allt gick så sakta. Tid betyder ingenting för iranier. Det är svårt att få något uträttat efter ett bestämt tidsschema. Dagarna hade i alla fall släpat sig fram. Nu var det måndagen före Thanksgiving Day och jag visste att det inte fanns någon möjlighet för Mahtob och mig att komma hem och fira helgen i Michigan.

"Ni kanske kan komma dit till veckoslutet", sa Amahl i ett försök att trösta mig. "Eller till helgen efter nästa. Det är bara det att allt inte är klart än. Jag kan inte skicka er förrän allt verkligen är i ordning."

"Och vad händer om det aldrig blir helt i ordning?"

"Oroa er inte för det. Jag arbetar med andra flyktvägar också. Jag har en person som förhandlar med en stamledare från Zahidan. Vi kanske kan få er över till Pakistan. Jag har också kontakt med en man som har hustru och en dotter som ni och Mahtob. Jag försöker övertala honom att ta med sig er och Mahtob som sin egen fru och dotter. Ni skulle kunna flyga till Tokyo eller till Turkiet. När han kommer tillbaka kan jag utnyttja en kontakt som kan stämpla passen som bevis på att hans hustru och dotter har återvänt."

Det lät riskabelt. Jag visste att jag inte skulle vara särskilt övertygande i rollen som iransk hustru. Kvinnans passfoto togs visserligen medan hon hade sin *chador* på, men om en pass-kontrollant skulle fråga mig något på farsi skulle jag råka i knipa.

"Gör vad ni kan för att skynda er", bad jag Amahl. "Jag har ont om tid. Jag vill så gärna träffa min far. Jag vill inte att han ska dö innan vi kommer tillbaka. Han kommer att känna sig lugnare om han vet att vi klarat oss hem till USA. Försök hitta någon utväg snart."

"Ja."

Det var svårt att behöva tillbringa Thanksgiving Day i Iran, särskilt som jag sagt till mina föräldrar att Mahtob och jag skulle komma hem till den helgen. Jag tackade Gud för att jag inte sagt något till Mahtob!

På torsdagen vaknade jag djupt deprimerad. Vad hade väl jag att vara tacksam för på Thanksgiving Day?

I ett försök att bli på bättre humör eller i alla fall klara mig genom dagen gav jag mig i kast med förberedelserna till middagen, och jag gjorde mitt bästa för att förvandla den magra fågeln till en festrätt.

Längre fram på dagen blev jag så småningom bättre till mods, särskilt sedan mina vänner anlänt på eftermiddagen. Jag var tacksam för att jag hade dem – en hel ny krets av underbara och tillgivna människor som tyckte om att leva civiliserat, och som var helt amerikanska i sitt sätt att vara, trots att några

322

av dem fötts i Iran. De samlades i vårt hem för att fira en helt och hållet amerikansk helgdag. Chamsey och Zaree, Alice, Fereshteh. Jag tyckte verkligen om dem, men samtidigt längtade jag efter att få komma hem till Amerika!

Efter måltiden blev jag melankolisk på nytt. Vi hade ätit en paj jag gjort med squash som ersättning för pumpa. Moody sjönk ner i sin fåtölj med händerna på magen och slumrade till. Han var nöjd med sin tillvaro och såg ut som om inget av det som hänt under det gångna året hade förändrat något i hans liv. Jag avskydde detta sovande odjur! Jag ville vara hos mamma och pappa, tillsammans med Joe och John!

På en tisdag, då han visste att Moody skulle vara på sitt arbete på sjukhuset, ringde min bror Jim från Amerika. Han berättade att pappas tillstånd hade förbättrats drastiskt när jag hade berättat att Mahtob och jag skulle komma hem till Thanksgiving.

"Tre dagar i rad steg han upp och gick runt i huset", sa Jim. "Det har han inte kunnat göra på länge. Han var till och med ute i trädgården en stund."

"Hur mår han nu?" frågade jag.

"Det är därför jag ringer. När du inte kom hem till Thanksgiving blev han deprimerad. Nu blir han sämre för var dag. Han måste ha något att hoppas på och se fram emot. Kan du ringa honom igen?"

"Det är inte så lätt", förklarade jag. "Jag kan inte ringa hemifrån, för då ser Moody det på teleräkningen. Jag måste åka in till stan. Det är svårt, men jag ska försöka."

"Kommer du och Mahtob hem snart?" frågade han.

"Jag gör allt jag kan för att komma hem till jul. Men det är bäst att du inte lovar pappa att jag kommer att klara det."

"Nej, det är nog bäst att inte säga något förrän du är säker på det", instämde Jim.

Telefonsamtalet gjorde mig dyster. Jag kände mig misslyckad för att jag inte hade kunnat uppfylla mitt löfte att komma hem till Thanksgiving. Jul! Gode Gud, hjälp mig så att jag får fira jul i Michigan och inte i Iran.

Julen uppmärksammas inte officiellt i Iran. Den stora gruppen invandrade armenier i Teheran hade alltid firat den kristna högtiden, men det här året hade de fått en hotfull varning. I början av december publicerade den iranska pressen en första-sidesartikel i flera tidningar där man uppmanade armenierna att inte fira jul. Det var inte rätt, meddelade ayatollahn, att glädjas och fira en helg i dessa tider då kriget orsakade så mycket lidande och smärta.

Moody brydde sig inte om dekretet. Han drev nu sin mottagning öppet och han hade tappat intresset för iransk politik. Han beslöt att hans dotter skulle få en trevlig jul.

För att hålla mig sysselsatt och för att avleda Moodys uppmärksamhet från mina allt mer omfattande turer på stadens gator började jag julhandla.

"Mahtob har inte många leksaker här", sa jag till Moody. "Jag vill att hon ska få en trevlig jul. Jag tänker köpa en massa leksaker till henne."

Han protesterade inte, och jag gick ut och handlade nästan var dag. Ibland gick jag i sällskap med Alice och ibland gav jag mig av ensam. Under en av våra turer tillbringade Alice och jag hela förmiddagen i basaren och åkte sedan hem med buss. Alice steg av på en hållplats nära sitt hem och jag fortsatte ytterligare några kvarter. Jag kastade en blick på klockan och räknade snabbt ut att jag skulle kunna ta en orange taxi i gathörnet ett stycke från vårt hus och hinna åka och möta Mahtobs skolbuss.

Men plötsligt hördes ljudet av sirener genom gatularmet. Sirener är en del av livet i Iran, och de är så vanliga att de flesta bilförare struntar i dem. Men det här ljudet var högre och mer ihållande än det brukade. Till min förvåning svängde chauffören in mot trottoaren för att låta utryckningsfordonet passera. Flera polisbilar körde förbi, och efter dem kom en stor och konstigt utrustad lastbil med stora hydrauliska kranarmar på.

"*Bohm! Bohm!*" skrek mina medpassagerare.

Det var en bombdesarmeringstrupp som kom körande. Ellen hade sett den egendomliga lastbilen tidigare och berättat för mig om den. Jag kände genast igen den. Robotarmarna på bilen kunde plocka upp en bomb som inte detonerat och lägga den i en skyddsbehållare baktill på bilen.

Jag blev orolig. Någonstans där framme, i närheten av vårt

hem, låg det en bomb.

Bussen kom fram till min hållplats. Jag steg av och vinkade snabbt till mig en orange taxi för att åka den sista biten hem. Det dröjde inte länge förrän vi fastnade i en trafikstockning. Chauffören muttrade svordomar och jag tittade på min klocka. När taxin hade kommit några kvarter längre fram blev jag utom mig. Det var nästan dags för Mahtob att komma hem från skolan. Hon skulle bli rädd om jag inte fanns på plats och mötte henne vid skolbussen, och hon skulle bli ännu räddare när hon såg alla poliserna och trafikstockningen. Någonstans där framme låg en bomb!

Trafiken leddes in på en sidogata, och när taxin svängde av från den stora gatan såg jag Mahtobs skolbuss framför oss. Hon steg av vid sin hållplats och såg sig omkring, förvirrad över att inte hitta mig på plats. Det var fullt med polisbilar och nyfikna åskådare på gatan.

Jag kastade till chauffören några rial och hoppade ut bilen. Jag sprang snabbt bort till Mahtob. Trafikstockningen var ett tecken på att bomben fanns alldeles i närheten.

Hand i hand gav vi oss springande av hemåt, men när vi vände oss om fick vi se den stora lastbilen stå parkerad längst ner på vår gata, inte mer än hundra meter från vårt hus.

Vi kunde inte slita blickarna från den. Robotarmen höll just på att lyfta en låda från en gul Pakon som stod parkerad vid trottoarkanten. Trots att det var en så stor arm hanterade den bomben varsamt och la den försiktigt i stålbehållaren baktill på lastbilen.

Efter några minuter hade lastbilen försvunnit. Poliserna svärmade kring den gula bilen och sökte efter ledtrådar som skulle kunna tyda på att det var *Munafaquin*, den Khomeinifientliga rörelsen, som placerat ut bomben.

För polisen var det ett rutinuppdrag. För mig var det en ohygglig påminnelse om hur farligt det var att leva i Teheran. Vi måste ta oss ut ur detta helvete snart, innan hela världen exploderade kring oss.

Jag talade om för Moody att jag hade köpt de flesta av våra julklappar i basaren, men det var bara sant till hälften. Nu kände jag till flera affärer som låg närmare vårt hem och där jag kunde handla snabbt. Tiden jag vann på det sättet använde jag till att besöka Amahl, och jag hann med att åka dit och tillbaka under den tid det skulle ha tagit att åka till basaren och handla.

En dag gav jag mig ut på en extra intensiv affärsrunda för att köpa leksaker till Mahtob, men jag tog med dem hem till Alice i stället för att åka hem med dem.

"Får jag lämna dem här?" frågade jag. "Jag kommer och hämtar några i taget senare."

"Visst", svarade Alice. Hon visade sig vara en trogen vän och ställde inga frågor. Jag vågade inte berätta om mina planer, men Alice är en mycket klok kvinna och skicklig på att bedöma andra människors situation. Hon visste att jag inte var lycklig i Iran och hon tyckte också illa om Moody. Alice måste ha undrat vad det var jag höll på med i hemlighet. Hon kanske trodde att jag hade en kärleksaffär.

Kanske var det på sätt och vis en korrekt slutsats. Det förekom ingen fysisk förbindelse mellan Amahl och mig. Han är en trogen make och jag skulle aldrig ha gjort något för att störa hans äktenskap.

Men han är en tilldragande man, både fysiskt och genom sin utstrålning av effektivitet och det intryck han ger av att ständigt ha situationen under kontroll. Jag kände också att han verkligen brydde sig om Mahtob och mig. Vi stod varandra nära på så sätt att vi hade ett gemensamt mål. Det var Amahl och inte Moody som var mannen i mitt liv. Jag tänkte på honom hela tiden. Efter det att jag misslyckats med att komma hem till Thanksgiving day lovade han att Mahtob och jag skulle vara hemma i Amerika till jul.

Jag måste tro på hans ord för att inte bli tokig, men det gick långsamt framåt med planerna under de bråda dagarna före jul.

En morgon, strax efter det att Mahtob gett sig av till skolan och Moody tagit en taxi till sitt arbete på sjukhuset, skyndade jag mig ut för att handla i "snabbköpet" i nästa kvarter. Det var mjölkdag och jag ville göra mina inköp tidigt, innan färskvarorna tog slut i butiken, men när jag svängde runt hörnet och kom ut på de stora gatan tvärstannade jag.

Flera *pasdar*-bilar hade parkerat mitt framför snabbköpet, grönsaksbutiken och slaktarbutiken. Uniformerade poliser stod på trottoaren med sina vapen riktade mot affärerna. Medan jag stod och såg på kom en lastbil körande och stannade intill polisbilarna.

Jag vände om och gick snabbt åt andra hållet. Jag ville inte stöta ihop med *pasdar* i onödan. Jag hejdade en orange taxi och åkte flera kvarter till en annan affär för att göra mina inköp.

När jag kom tillbaka kunde jag se hur poliserna bar ut varor från de tre butikerna och lastade dem på flaket till den lastbil som hade kommit dit. Jag skyndade mig in på sidogatan för att komma hem till tryggheten i vårt hus.

När jag kommit hem frågade jag Maliheh om hon visste vad det var som hände vid butikerna, men hon bara ryckte på axlarna. Efter en stund kom sophämtaren – som förmedlade alla nyheter – på en av sina rundor. Maliheh frågade honom. Han kunde bara berätta att *pasdar* konfiskerade varor i alla tre butikerna.

Nyfikenheten och oron för de tre butiksägarna drev mig ut på gatan på nytt. Jag såg till att jag var ordentligt höljd i min slöja innan jag gick bort till "snabbköpet" som om inget hänt. *Aga* Reza stod ute på trottoaren när jag kom dit och såg med dyster min på medan *pasdar* stal hans jordiska tillgångar.

"Jag vill ha mjölk", sa jag till honom på farsi.

"*Nistish*", svarade han. "Det finns ingen." Sedan ryckte han på axlarna och gav prov på den stoicism som präglar dem som utsätts för statsanställda tjuvars nycker. "*Tamoom*", suckade han. "Slut."

Jag fortsatte till grönsaksbutiken. Där stod fler poliser och skar upp buntar med grönt och lastade frukt och färska grönsaker på sin lastbil. I slaktarbutiken intill var de i färd med att bära ut kött på gatan.

Senare, när Moody kom hem från arbetet och jag berättade vad som hänt med våra handelsmän svarade han: "De måste ha sålt på svarta börsen, annars skulle det aldrig ha hänt."

Moody gav prov på en egendomlig moral. Han var lika förtjust som vi andra över de delikatesser vi kunde komma över på svarta börsen, men han försvarade samtidigt sin regerings plikt att straffa de butiksägare som handlade med sådana varor. Han var övertygad om att *pasdar* var i sin fulla rätt när de plundrade butikerna.

Händelsen gjorde Mahtob ledsen. Hon hade också lärt sig att tycka om de tre handelsmännen. Den kvällen och flera kvällar efter bad hon: "Gode Gud, gör så att de kan få öppna sina butiker på nytt. De har varit så snälla mot oss. Var god mot dem."

Det spreds ett rykte om att staten behövde butikslokalerna till kontor, men de förblev tomma. Tre goda iranier förlorade sina rörelser utan att vi fick veta några skäl. Med tanke på vad *pasdar* gjort mot dem var det inte mer än rätt att de stängde.

Vecka följde på vecka. Jag ringde Amahl dagligen och besökte hans kontor så ofta jag kunde, men resultatet blev alltid detsamma. Vi måste fortfarande vänta på att detaljerna i planen skulle bli klara.

Ibland undrade jag om alltsammans var *taraf*.

"Vi ska se till att ni är hemma till nyår om det inte kan bli till jul", försäkrade Amahl. "Jag gör allt jag kan för att det ska gå snabbt. Nu kan det ordna sig vilken dag som helst. Ha tålamod."

Jag hade hört de orden så många gånger. Alltför många gånger. Ända från mitt första besök hos Helen på ambassaden och i alla de samtal jag haft med Amahl. Det blev allt svårare att lyda hans råd och bara vänta.

Nu hade det också tillkommit en ny plan som alternativ till de andra. Amahl hade kontakter med en tulltjänsteman, och han hade gått med på att godkänna de amerikanska pass vi fått genom den schweiziska ambassaden. Han skulle tillåta oss att gå ombord på ett plan till Tokyo som avgick varje tisdagsmorgon — medan Moody arbetade på sjukhuset. Amahl försökte göra upp en passande tidtabell för oss. Problemet var att den kontaktman han hade inom tullen inte brukade arbeta på tisdagsmorgnarna. Nu försökte han byta skift med en kollega. Planen verkade effektiv, men jag tyckte att tulltjänstemannen tog en stor risk.

"Hur går det med Bandar Abbas-planen?" frågade jag.

"Vi håller på med den också. Ha bara tålamod."

Jag förmådde inte dölja min besvikelse. Tårarna började rulla utför mina kinder. "Ibland tror jag att jag aldrig kommer att ta mig härifrån", sa jag.

"Jodå, det kommer ni visst att göra", försäkrade han. "Och det kommer jag också."

Trots hans förtröstansfulla ord måste jag ge mig av på nytt och gå ut på Teherans gator och hem till min make.

Nu blev jag också upprörd över små händelser i det här egendomliga samhället.

En eftermiddag satt Mahtob och såg på ett barnprogram på TV. Programmen brukade innehålla en eller ett par tecknade serier med våldsinslag som följdes av ett känslomättat islamiskt uppbyggelsetal. Efter barnprogrammet följde ett hälsoupplysningsprogram, och det fångade både min och Mahtobs uppmärksamhet. Det handlade om barnafödsel, och när jag såg det slogs jag på nytt av hur absurd den iranska kulturen var. Programmet visade en verklig förlossning. Det var en islamisk mor och hon assisterades av manliga läkare. Kameran tog in hela hennes nakna kropp – men hela huvudet med ansikte och hals var insvept i en *chador*.

"Tänker du inte ställa ut några kakor och ett glas mjölk åt tomten?" frågade jag Mahtob.

"Tänker han verkligen komma hem till oss? Han kom inte förra året." Mahtob och jag hade talat om det många gånger, och hon hade till sist dragit slutsatsen att Iran var för långt bort från nordpolen för att tomten skulle klara resan.

Jag sa att han kanske tänkte göra ett nytt försök i år. "Jag vet inte om han klarar det eller inte, men du borde nog i alla fall ställa ut något till honom", sa jag.

Mahtob höll med. Hon gick till köket för att göra i ordning ett fat till tomten. Sedan gick hon till sitt rum och kom tillbaka med en bild som hon fått av Alice och som föreställde jultomten med fru. "Tomten kanske blir glad när han får se ett kort av sin fru", sa hon och la bilden på brickan tillsammans med kakorna.

Mahtob var så upptagen av sina julförberedelser att det dröj-

329

de extra länge innan hon kom i säng. När jag till sist stoppade om henne sa hon: "Snälla mamma, om du hör tomten komma så väck mig. Jag vill så gärna prata med honom."

"Vad vill du säga till honom? frågade jag.

"Jag vill att han ska hälsa morfar och mormor och tala om för dem att jag mår bra. Jag vill att de ska veta det så att de får en trevlig jul."

Jag kände klumpen i halsen växa. Jultomten hade många klappar till Mahtob, men han kunde inte ge henne den gåva hon allra helst ville ha. Tänk bara om tomten kunnat slå in henne som en julklapp och lagt henne i sin släde, och om renarna dragit den över bergen och ut ur Iran, bort över havet och till taket på ett hus strax utanför Bannister i Michigan! Om bara tomten kunnat ta henne med ner genom skorstenen på det huset och lämnat henne under granen så att hon kunnat bli ett levande budskap till morfar och mormor!

Men vi måste i stället fira ännu en jul i Iran. Ännu en jul skilda från Joe och John och ännu en jul utan mamma och pappa.

Moody behandlade patienter på kliniken till sent på kvällen. För iranierna betydde det inget att det var julafton. När han var färdig frågade jag om Mahtob skulle kunna få stanna hemma från skolan på juldagen.

"Nej!" fräste han. "Hon ska inte stanna hemma från skolan bara för att det är jul." Jag ville inte diskutera saken med honom ytterligare, för hans ton var auktoritär och skrämde mig en smula. Han började på nytt visa tecken till personlighetsförändring. Den gamle galne Moody hade återvänt för ett ögonblick, och jag hade ingen lust att utmana honom.

"Mahtob, ska vi se om tomten kom i natt!"

Jag väckte henne tidigt så att hon skulle hinna packa upp alla sina presenter innan hon gick till skolan. Hon hoppade ur sängen och rusade nerför trappan. Hon skrek av glädje när hon såg att jultomten hade druckit upp mjölken och ätit upp alla kakor hon satt fram. Sedan fick hon syn på paketen. Moody kom också in och han var på bättre humör än kvällen innan. Han hade älskat jularna i Amerika, och nu kom de glada minnena tillbaka. Han log brett när Mahtob dök ner i högen med

330

julklappar.

"Jag kan knappt tro att tomten kom hela vägen till Iran för att ge mig det här", sa Mahtob.

Moody fotograferade och gjorde av med flera rullar film. Klockan började närma sig sju och Mahtob gick till sitt rum för att göra sig i ordning så att hon inte skulle missa skolbussen. Moody vände sig till henne och sa: "Du behöver inte gå till skolan i dag. Eller också kan du gå lite senare."

"Nej, jag får inte missa skolan", sa Mahtob. Hon sa det på ett sätt som om det vore en självklarhet, och det märktes att hon indoktrinerats av sina islamiska lärare. Hon hade ingen lust att komma för sent till skolan och bli insläpad på expeditionen för att få höra att hon var *baad*.

Vi bjöd våra vänner på julmiddag på kvällen. Vi var alla ledsna för Fereshtehs skull. Hon var utom sig och berättade att hennes man, som suttit över ett år i fängelse, nu ställts inför rätta och dömts.

Trots allt jag hört och sett i detta galna land kunde jag knappt tro mina öron när hon snyftande berättade vad som hänt: "Han befanns skyldig till att ha *tänkt regimfientliga tankar*!" Han blev dömd till sex års fängelse.

Moody visade sin medkänsla. Han tyckte lika mycket om Fereshteh som jag. Men senare sa han till mig att det måste ligga något mer bakom det som hänt.

Jag höll inte med, men jag ville inte säga emot honom. Jag visste hur viktigt det var för Moody att tro på rättvisan i det iranska samhället. Moody var verkligen den som tänkt negativa tankar om ayatollahns regim. Han måste ha ryst av skräck när han hörde vad som hänt Fereshtehs make. Han måste ha tänkt på att han själv öppet trotsade lagen genom att utöva läkaryrket utan tillstånd. Om de kunde döma en människa till sex års fängelse för att han tänkt fel, hur strängt skulle de då inte straffa en brottslig handling?

Följande dag var fylld av arbetsuppgifter som hindrade mig att tycka synd om mig själv. En blandning av Moodys släktingar kom och hälsade på utan förvarning. De hade med sig gåvor av alla slag: kläder, hushållsartiklar, leksaker till Mahtob och stora blombuketter. Det var raka motsatsen till föregående år, och det var av allt att döma ett försök från familjens sida att

331

visa att de accepterade mig.

Den ende av de närmaste familjemedlemmarna som inte kom var Baba Hajji, men hans hustru kompenserade mer än väl hans frånvaro med sin entusiasm. ”*Azzi zam! Azzi zam!*” bubblade hon glatt när hon steg in i vårt hus. ”Min älskling! Min älskling!”

Hon hade famnen full av presenter – små grytor och pannor, blommor och strumpor till Mahtob. Hon kom med cellofanförpackningar med sällsynt och dyrt äkta saffran från den heliga staden Meshed och hon räckte mig ett kilo berberisbär, en ny *roosarie* och ett par dyra strumpor till mig. Moody fick inte något.

Hon var lika talför som vanligt och det var mig hon pratade om och med hela tiden. Hon ville att jag skulle sitta bredvid henne och såg till att någon översatte allt hon sa för mig. Varje mening började med ”*azzi zam*” och hon kunde inte finna ord nog för att berömma mig. Jag var så snäll och så duktig. Alla tyckte om mig. Hon hörde så mycket gott om mig från alla. Jag arbetade så hårt och jag var en så god hustru, mor – och *syster*!

Det gick runt i huvudet på mig av alla komplimanger och jag gick ut i köket för att se om jag verkligen hade mat nog för alla de oväntade gästerna. Allt som fanns var rester från julmiddagen. Jag lagade till dem så gott jag kunde och serverade kyckling, några bitar lasagne, fruktkaka, olika grönsaker med dressing, ost och sötsaker.

Ameh Bozorg befallde att alla gästerna skulle smaka på allt, för de egendomliga amerikanska rätterna hade lagats av hennes syster och var alltså heliga.

Sent på kvällen efter det att gästerna gått kom *Aga* och *Khanum* Hakim. *Aga* Hakim var en turbanman, och han blev därför den som ledde samtalet och förde in det på religiösa frågor.

”Jag skulle vilja tala om julen”, sa han. Han tog fram Koranen och läste:

Kom ock ihåg Maria i skriften, huru hon drog sig undan från de sina till ett ställe i öster
Och tog en slöja för att dölja sig för dem, och huru vi sände vår ande till henne och han syntes henne vara en mänsklig varelse utan vank!

332

Hon sade: "Jag söker förvisso skydd mot dig hos Förbarmaren, så vitt du är en gudfruktig man."

Han svarade: "Jag är utsänd av din Herre för att giva dig en oskyldig son."

Då sade hon: "Huru skall jag kunna få någon son, då ingen mänsklig varelse kommit mig vid och jag icke är någon synderska?"

Han svarade: "Så säger din Herre: 'Det är lätt för mig, och det just för att vi skola göra honom till ett tecken för människorna och ett barmhärtighetsbevis ifrån oss; detta är en avgjord sak'."

Så vart hon havande och drog sig undan till ett avsides ställe,

Och födslovåndan tvang henne att taga sin tillflykt till palmens stam, och hon sade: "O att jag fått dö förut och nu vore glömd och förgäten!"

Då ropade det till henne nedifrån: "Var ej bedrövad! Din Herre har låtit en bäck rinna nedanför dig.

Skaka på palmens stam, så faller det mogna, färska dadlar ned över dig;

Ät och drick och var vid gott mod! Och om du får se någon mänsklig varelse,

Så säg: 'Jag har förvisso lovat Förbarmaren att fasta och kommer icke att tala med något människobarn i dag'."

Så kom hon till sitt folk med barnet i sina armar, och de sade: "Maria, du har gjort en märkelig sak.

Arons syster; din fader var ingen dålig man, och din moder var ingen synderska."

Så pekade hon på barnet. Då sade de: "Huru skola vi kunna tala till den, som är ett barn i vaggan?"

Han svarade: "Jag är förvisso Guds tjänare; han har givit mig skriften och gjort mig till profet,

Han har ock givit mig sin välsignelse, var jag än månde vara, och ålagt mig bönen och allmosan, så länge jag lever,

Så ock att vara öm emot min moder, och han har icke gjort mig högmodig och usel.

Frid över mig den dag jag föddes, den dag jag dör och den dag jag varder uppväckt till liv!"

Detta är Jesus, Marias son, sanningens ord, han, som de tvivla på.

Icke tillkommer det Gud att skaffa sig några barn. Honom allena all ära! När han beslutar en sak, säger han blott "Varde!" till den, och så varder det.

Koranen sa klart och tydligt ifrån att Jesus visserligen avlats genom ett mirakel och att han var en stor profet, men han var inte Guds son.

Jag höll inte med, men jag sa inte emot.

Moody var på gott humör och njöt av att vårt hem var centrum för allas uppmärksamhet under helgen. Jag brydde mig därför inte ens om att be om hans tillåtelse innan jag bjöd in våra goda vänner till nyårsafton. Men Moody blev arg.

"Ni får inte dricka något här!" befallde han.

"Var skulle jag få tag i några sådana varor?" frågade jag.

"De kanske har något med sig."

"Jag ska säga till dem att inte ta med sig något sådant. Jag tänker inte ha någon alkohol i huset. Det är alldeles för riskabelt."

Det tillfredsställde Moody på en punkt, men han hade andra invändningar. "Jag vill inte ha något dansande och kyssande", sa han. "Du får inte kyssa någon och önska gott nytt år."

"Jag tänker inte göra något i den stilen. Jag vill bara vara tillsammans med våra vänner."

Moody muttrade motvilligt, men han visste att det var för sent att ge återbud till de inbjudna. Han bokade in patienter för hela eftermiddagen och kvällen, och han arbetade fortfarande på mottagningen när gästerna anlände. Alice och Chamsey kom med sina äkta hälfter och Zaree och Fereshteh kom ensamma. Vi satt och drack te och åt frukt medan vi väntade på Moody så att vi kunde börja middagen. Chamseys man, dr Najafee, fick ett telefonsamtal. Det var en kallelse till en akutoperation, men han vägrade att ge sig av. "Be dem skaffa någon annan", sa han. Han ville inte lämna vår nyårsfest.

När Moody till sist kom sa han: "De ringde från sjukhuset. De har ett akutfall. Jag måste åka dit." Alla undrade varför Moody undvek festen till varje pris. Han skulle kunnat be dem ringa någon annan, precis som dr Najafee gjort.

Några minuter senare stannade en ambulans med blinkande varningsljus framför porten. Det var det snabbaste sättet att få en läkare till sjukhuset och det gav trovärdighet åt Moodys uppgift om att han måste ta hand om ett akutfall.

334

Vi satte oss till bords utan honom för att äta vår nyårsmiddag. Vi åt fortfarande när han kom tillbaka vid halv elvatiden. "Kom och ät med oss", sa jag.

Men telefonen ringde och Moody sprang för att svara.

"Det är en patient", förklarade han. "Hon har ryggsmärtor och kommer hit nu direkt."

"Nej", protesterade jag. "Säg åt dem att de kommer i morgon bitti."

"Du borde inte ta emot patienter så sent på kvällen", sa Chamsey. "Du måste hålla en fast mottagningstid."

"Nej", svarade han. "Jag måste ta emot henne i kväll." Han försvann ut på sin mottagning.

"Han förstör kvällen", mumlade Alice.

"Det händer ofta", sa jag. "Jag har vant mig vid det. Jag bryr mig inte så mycket om det."

Jag märkte att alla tyckte synd om mig, men jag njöt i själva verket mer av att vara tillsammans med mina vänner när min make inte var närvarande.

Middagen var trevlig men gästerna måste åka hem tidigt. I Teheran firade man inte det västerländska nyåret. Följande dag var en helt vanlig vardag. Strax efter tolvslaget reste sig alla och gjorde sig i ordning för att gå. Då kom Moody ut från mottagningen.

"Men nu ska ni väl inte gå", sa han och låtsades vara ledsen. "Jag har just avslutat mitt arbete."

"Vi måste upp tidigt i morgon", sa dr Najafee.

I samma ögonblick som dörren slog igen efter den sista gästen slog Moody plötsligt armarna om mig och kysste mig långsamt men passionerat.

"Varför gör du så?" frågade jag häpet.

"För att önska dig gott nytt år."

Skulle det vara ett gott nytt år, tänkte jag. Nittonhundraåttiosex. Ännu ett nytt år, och jag är fortfarande kvar här.

Hur många fler år skulle det bli?

När helgen gått till ända greps jag av förtvivlan. Jag hade haft så mycket att göra under jul och nyår att jag inte hunnit oroa mig. Varje dag hade haft en speciell uppgift som jag skulle klara av. Jag hade hoppats kunna tillbringa de här helgerna hemma i Michigan i stället för här i Iran. Men först gick Thanksgiving Day förbi, sedan julen och nu också nyårshelgen. Nu låg hela den trista vintern framför mig utan några angenäma avbrott.

Tiden saktade ner till snigelfart.

"Ha tålamod", sa Amahl var gång jag talade med honom.

Snön la sig som ett vått täcke över staden. Gatorna fylldes av grå sörja. Varje morgon vakande jag ännu mer förtvivlad än jag lagt mig kvällen innan, och för varje dag sjönk mitt hopp ytterligare.

En dag, när jag gick genom myllret på ett torg i närheten av vårt hem, blev jag stoppad av en kvinnlig *pasdar*. Jag mindes mitt senaste möte med kåren, då jag svarat med några ord på farsi och polisen sedan blivit misstänksam eftersom jag inte kunde förstå och svara på allt hon sagt. Mahtob var i skolan och det fanns ingen som kunde hjälpa mig att översätta. Den här gången beslöt jag att låtsas som om jag inte förstod något alls.

"Jag förstår inte vad ni säger", svarade jag på engelska.

Jag blev överraskad när den kvinnliga polisen svarade på engelska. Det var första gången jag hört ett engelskt ord från en representant för *pasdar*. Hon förebrådde mig ilsket och sa: "När ni gick över gatan kunde jag se en del av ert knä mellan kappan och era strumpor. Ni borde ha bättre strumpor på er så att de inte halkar ner."

"Tror ni inte att jag skulle vilja ha bättre strumpor?" svarade jag. "Jag har aldrig haft några så omöjliga strumpor i hela mitt liv. Om jag finge välja skulle jag vara i Amerika och gå i strumpbyxor. Inte i de här strumporna som aldrig vill sitta uppe. Kan ni tala om för mig vart jag kan gå här i Iran och köpa ett par strumpor som inte hasar ner?

Den kvinnliga polisen blev fundersam och svarade med en ny medkänsla i rösten.

"Jag vet", *khanum*, jag vet", sa hon vänligt. Sedan vände hon om och gick. Jag kände mig en smula förvirrad. Hade jag verkligen mött en förstående kvinnlig *pasdar*?

I det ögonblicket trängde smärtan djupare ner i min själ än någonsin tidigare. Jag längtade efter att komma tillbaka till ett samhälle där jag kunde få klä mig som jag ville. Där jag kunde andas fritt.

I mitten av januari ringde telefonen en dag vid fyratiden på eftermiddagen. Jag befann mig just då på Moodys mottagning och hade fullt med patienter omkring mig när jag svarade. Jag hörde min syster Carolyns röst. Hon ringde från Amerika och hon grät.

"Läkarna har kallat in hela familjen", sa hon. "Pappa har fått en förträngning i tarmen och de måste operera. Han kan inte klara sig om de inte gör det, men de tror inte han är stark nog att klara operationen heller. De är rädda för att han kan dö i dag."

Rummet löstes upp i dimma när tårarna började strömma utför mina kinder. De droppade ner och vätte min *roosarie*. Det kändes som om mitt hjärta skulle brista. Min far höll på att dö, hundratals mil bort, och jag kunde inte vara hos honom och hålla honom i handen. Jag fick inte tala om för honom hur mycket jag älskade honom och jag fick inte dela sorgen med de mina. Jag frågade ut Carolyn om pappas tillstånd, men jag kunde inte höra hennes svar för mina egna snyftningar.

Plötsligt fick jag se att Moody stod bredvid mig med bekymrad min. Han hade hört tillräckligt av samtalet för att kunna gissa sig till vad det gällde.

"Res du", sa han. "Res och hälsa på din pappa."

22

M oodys ord kom som en total överraskning. Jag måste kontrollera att jag hade uppfattat honom rätt. Jag la handen över luren och sa: "Pappa är mycket illa däran. De tror inte att han kommer att klara sig en dag till."

"Säg till henne att du kommer dit."

Under några sekunder överväldigades jag av lycka. Men den gav snabbt vika för misstänksamhet. Vad berodde denna plötsliga förändring på? Varför skulle Moody, efter ett och ett halvt år, plötsligt tillåta mig och Mahtob att återvända till Amerika?

Jag försökte vinna tid. "Vi måste tala om den saken", sa jag. Sedan tog jag handen från luren. "Carolyn", skrek jag för att göra mig hörd på den sprakande linjen. "Jag vill tala med pappa innan han opereras."

Moody hade inget att invända. Han lyssnade medan Carolyn och jag gjorde upp en plan för hur det skulle lösas rent praktiskt. Jag skulle beställa ett samtal till Carson City Hospital om exakt tre timmar. Då skulle hon se till att pappa kunde få prata med mig innan han fördes in i operationssalen.

"Säg till henne att du åker hem", upprepade Moody.

Jag kände mig förvirrad och gjorde inte som han sa.

"Berätta det för henne *nu*", sa han.

Det är något som är på tok, tänkte jag. Något är i högsta grad på tok.

"*Nu!*" upprepade Moody. Jag såg att hans min började bli hotfull.

"Carolyn", sa jag. "Moody säger att jag kan få resa hem."

Min syster skrek till av glädje och lycka.

Efter samtalet gick Moody genast tillbaka till mottagningen. Väntrummet var fullt av patienter och vi kunde inte diskutera saken vidare. Jag flydde till sovrummet för att få vara ensam och grät för min fars skull, sliten mellan sorgen över hans tillstånd och den lycka som Moody besked gett mig.

Jag vet inte hur länge jag grät innan jag märkte att Chamsey befann sig i rummet. "Jag råkade ringa och Moody berättade om din far", sa hon. "Zaree och jag kom hit för att vara hos dig."

"Tack", sa jag och torkade tårarna så gott jag kunde. Jag reste mig från sängen och hon slog armarna om mig. Då började tårarna rinna på nytt.

Chamsey ledde mig ner till vardagsrummet. Där satt Zaree och väntade på mig, och hon gjorde också allt hon kunde för att trösta mig. De ville veta allt om pappa och de mindes sin egen fars plötsliga bortgång många år tidigare.

"Jag talade med Moody i morse, innan du fick det där samtalet från Amerika", sa Zaree. "Jag har varit orolig för din far och jag sa till Moody att han borde låta dig åka och hälsa på honom."

Jag spetsade öronen. Var det därför Moody plötsligt ändrat åsikt?

Zaree berättade hur samtalet gått. Moody hade sagt att inte ville låta mig åka eftersom han visste att jag inte skulle komma tillbaka till Iran.

"Hur kan du behandla henne så?" hade Zaree sagt till honom. "Du kan inte hålla henne kvar här hela livet bara för att du tror att hon inte kommer tillbaka om du låter henne åka." Zaree sa till Moody att hon tyckte att han var en *baad* människa om han inte lät mig åka och hälsa på min pappa. Det var ett hårt omdöme och en verklig förolämpning, särskilt som det kom från Zaree, som var äldre än Moody och en gammal vän till familjen och en person som han därför måste visa respekt och lydnad.

Moody gav ändå inte med sig förrän Zaree kom med en lösning på hans dilemma. Hon trodde helt naivt att Moody var orolig över att behöva ta hand om Mahtob medan jag var borta, och hon erbjöd sig att lösa det problemet. "Om du är orolig för vem som ska sköta om Mahtob så kan hon få bo hos

Chamsey och mig medan Betty är i Amerika", sa hon.

Under de arton helvetiska månader jag uthärdat i Iran hade jag aldrig känt ett så hårt slag som detta. Zaree menade väl men hon hade fångat mig i en fälla. När Moody och jag hade talat om en resa till Amerika hade det alltid varit självklart att jag *och Mahtob* skulle åka. Det hade både Mahtob och jag utgått från. Jag kunde inte tänka mig att säga något om min nya fruktan till henne.

Jag tänkte inte åka till Amerika utan Mahtob.

Men hur skulle det gå om Moody försökte tvinga mig att åka ensam?

"Morfar, vi kommer och hälsar på dig!" sa Mahtob i telefonen. Hennes röst avslöjade hur upphetsad hon var, men jag såg på henne att hon kände sig förvirrad. Jag förstod att hon inte trodde att hennes far skulle låta oss åka. Hon vara orolig, men hon ville bara låta morfar höra hur glad hon var. Han var lycklig över att kunna prata med sin lilla Tobby igen, även om det bara var för ett kort ögonblick. Varje ord innebar en stor ansträngning för honom.

"Jag är så lycklig över att ni kommer", sa han till mig. "Skynda er och vänta inte för länge."

Jag grät tyst medan jag försökte lugna och trösta honom. Jag insåg att han kanske inte skulle leva nästa dag och att jag kanske aldrig skulle få se honom mer. Om jag reste till Amerika skulle det kanske bara bli för att vara med om hans begravning. "Jag ska be för dig under operationen", sa jag till honom.

"Finns bara viljan så ordnar sig allt", sa han. Jag tyckte jag hörde att rösten blev starkare. Sedan bad han att få tala med Moody.

"Pappa vill tala med dig", sa jag och räckte honom luren.

"Morfar", sa Moody, "vi vill gärna komma och hälsa på dig. Vi saknar dig." Chamsey och Zaree hörde honom säga de orden och Mahtob och jag hörde honom. Vi visste alla att Moody var en lögnare.

Telefonsamtalet tog slut alldeles för snabbt. Det var dags för operationen.

"Tack för det du sa till pappa", sa jag till Moody i ett försök att lugna den storm som höll på att blåsa upp inom honom.

Han mumlade ett svar. Han var en skicklig skådespelare när han ville. Jag visste att han inte hade en tanke på att resa tillbaka till Amerika för egen del och heller inte tänkte låta Mahtob åka. Men vad var det för spel han drev med mig nu?

Moody behandlade patienter till sent in på kvällen. Mahtob hade gått och lagt sig, men hon sov oroligt eftersom hon var bekymrad för sin morfar och upphetsad inför tanken på att resa till Amerika. Jag låg i min säng och grät. Jag kände djup sorg när jag tänkte på att min far antagligen redan var död. Jag grät för min sörjande mor, för min bror och min syster, för Joe och för John, som nu förlorade sin morfar utan att jag var där och kunde trösta dem. Jag grät för Mahtob. Hur skulle hon klara av denna extra börda? Hon hade hört sin pappa säga att vi skulle åka hem till Amerika för att hälsa på morfar. Hur skulle jag, hur skulle någon – kunna förklara för henne att *hon* inte skulle få följa med och att det inte längre fanns någon morfar att träffa?

Moody kom in i vårt sovrum vid halvelva-tiden. Han satte sig på sängkanten. Han var vänligare och mera omtänksam nu och försökte hitta något sätt att trösta mig.

Trots min förtvivlan försökte jag komma på något sätt att få med mig Mahtob ur landet. "Kom med oss", sa jag. "Jag vill inte resa ensam till Amerika. Jag vill att du ska komma med. Jag vill att vi åker alla tre. I den här stunden behöver jag dig verkligen. Jag kan inte klara det här utan dig."

"Nej, jag kan inte resa", sa han. "Om jag gör det kommer jag att förlora min anställning på sjukhuset."

Jag gjorde ett sista försök att få det omöjliga att inträffa. Jag försökte säga det i lätt ton som om jag inte repeterat orden: "Men i så fall kan jag väl få ta Mahtob med mig, inte sant?"

"Nej. Hon måste gå i skolan."

"Om hon inte får åka med reser inte jag heller", förklarade jag.

Moody reste sig utan ett ord och gick ut ur rummet.

"Mammal kommer att ordna med alla detaljer", sa Moody till mig nästa morgon. "Jag är så glad över att du kan åka hem och träffa din familj. Vilken dag vill du åka? När vill du komma tillbaka till Teheran?"

"Jag vill inte åka utan Mahtob."

"Jo", svarade Moody med is i rösten. "Du ska visst åka."

"Om jag åker tänker jag bara stanna i två dagar."

"Vad menar du?" sa Moody. "Jag tänker boka in dig på ett plan till Corpus Christi."

"Varför skulle jag åka dit?"

"För att sälja huset. Du åker inte tillbaka till Amerika utan att sälja huset. Det här är ingen liten nöjestripp. Du ska visst inte åka dit på ett par dagar. Du ska resa dit och sälja allt vad vi äger där. Pengarna ska du ta med dig tillbaka. Du får inte komma tillbaka förrän jag sett pengarna."

Det var alltså den galna orsaken till att Moody plötsligt beslutat sig för att låta mig resa till Amerika. Han brydde sig inte om min far, min mor, mina söner eller den övriga familjen. Han brydde sig inte om att det skulle kunna vara roligt för mig att åka. Han ville ha pengarna, och han tänkte alltså hålla Mahtob som gisslan för att vara säker på att jag skulle komma tillbaka.

"Jag tänker inte göra det!" skrek jag. "Jag reser inte. Om jag ska åka dit för att vara med om min fars begravning kommer jag inte att vara på rätt humör för att göra husaffärer. Du vet hur mycket tillhörigheter vi har magasinerade. Det är inte lätt att sälja allt. Och vid ett sådant här tillfälle kan jag inte klara av det."

"Jag vet att det inte är lätt", skrek Moody tillbaka. "Jag bryr mig inte om hur länge du stannar. Det får ta den tid det behövs. Men du kommer inte tillbaka förrän det är gjort!"

Så snart Moody åkt till sitt arbete på sjukhuset sprang jag ut för att hejda en taxi som skulle kunna ta mig i riktning mot Amahls kontor. Han lyssnade uppmärksamt när jag berättade om de nya komplikationer som drabbat mitt redan tidigare så besvärliga liv, och hans ansiktsuttryck röjde bekymmer och smärta.

"Jag kanske kan åka över på ett par dar för att vara med om begravningen och sedan komma tillbaka", sa jag. "Sedan kan Mahtob och jag fly som vi planerat."

"Nej, res inte", rådde mig Amahl. "Om ni reser kommer ni

aldrig att få se Mahtob mer. Det är jag säker på. Han kommer inte att låta er komma in i landet på nytt."

"Men vad ska jag göra nu när jag lovat min far att komma? Jag har svikit honom så många gånger."

"Res inte."

"Om jag reser och tar med mig pengarna. Jag kan ta med mig pengar till flykten också!"

"Res inte. Er far skulle *inte* vilja träffa er om han vet att Mahtob är kvar i Iran."

Amahl hade rätt. Det visste jag. Jag insåg att om jag lämnade Iran för bara en timme utan att ha Mahtob med mig skulle Moody hålla mig borta från henne för all framtid. Trots det bekvämare liv som han nu byggt upp åt oss här i Teheran visste jag innerst inne att han skulle bli glad över att få mig ur vägen. Han skulle ha vår dotter kvar. Först skulle han tvinga mig att sälja alla våra tillgångar och sedan skulle han tvinga mig att skicka honom alla pengarna innan jag fick lov att komma tillbaka. När han väl fått pengarna var jag säker på att han skulle skilja sig från mig och se till att jag aldrig mer fick komma in i Iran. Sedan skulle han ta sig en iransk hustru som skulle få uppfostra Mahtob.

Mitt samtal med Amahl tog en ny vändning. "Kan vi inte skynda på förberedelserna så att jag skulle kunna fly innan han tvingar mig att resa?" frågade jag.

Amahl skruvade sig på stolen. Han visste att hans planer hade dragit ut alldeles för länge på tiden. Han visste också att händelseutvecklingen försatt mig i en kris. Men han kunde inte åstadkomma mirakler.

"Det är mycket viktigt", sa han, "att allt är i ordning innan ni och Mahtob lämnar Moody. Det är alltför riskabelt att försöka gömma er inne i Teheran tills vi har alla detaljer klara. Det är så få vägar som leder ut ur staden. Om man letar efter er vid flygplatsen eller vid de stora utfartsvägarna blir det lätt att finna er."

"Ja", svarade jag, "men vi måste försöka få allt klart så snabbt som möjligt."

"Jag ska försöka", sa Amahl. "Men bekymra er inte för mycket nu." Han förklarade att jag skulle behöva ett iranskt pass. Vårt nuvarande iranska pass, som vi hade använt när vi

343

kom in i landet, var utställt på oss alla tre. För att kunna använda det måste vi färdas tillsammans som familj. Jag kunde inte använda det själv, och jag kunde heller inte resa på det amerikanska pass som jag visste att Moody gömt på något ställe. Jag behövde ett eget iranskt pass. "Det går inte fort att skaffa er ett pass", försäkrade Amahl. "Normalt brukar man få vänta i ett år. Också om man gör sitt allra bästa för att få fram det snabbt tar det sex veckor eller två månader. Det snabbaste jag känner till är sex veckor. Jag kommer att ha fått er ut ur landet under den tiden. Ha tålamod."

* * *

Jag talade med min syster Carolyn i telefon samma eftermiddag. Pappa hade klarat sig genom operationen. Han levde fortfarande! Carolyn sa att när han blev inkörd i operationssalen hade han berättat för alla läkarna att Betty och "Tobby" skulle komma hem. Hon var säker på att det gett honom styrka att klara av ingreppet. Men han var fortfarande medvetslös och läkarna trodde inte att han skulle kunna leva länge till.

På kvällen kom Mammal och Majid på besök. De satt länge tillsammans med Moody på hans kontor och diskuterade detaljerna kring den resa som jag var fast besluten att inte göra. Jag var ensam i köket när Mahtob kom in. Jag såg på hennes ansiktsuttryck att något var på tok. Hon grät inte, men jag såg en blandning av vrede och djup smärta i hennes ögon.

"Du tänker resa och lämna mig här, inte sant?" sa hon.

"Vad är det du säger?"

"Pappa sa att du tänker resa till Amerika utan mig." Nu började tårarna rinna.

Jag tog ett steg mot henne för att ta henne i famn, men hon drog sig undan och backade mot dörren.

"Du lovade att du aldrig skulle åka utan mig", grät hon. "Nu tänker du resa och lämna mig här."

"Vad sa pappa till dig?" frågade jag.

"Han sa att du tänker lämna mig och att du aldrig kommer att se mig mer."

"Men hör nu", sa jag och tog hennes hand medan jag kände vreden stiga inom mig. "Nu går vi med detsamma och pratar

344

med pappa om det här."

Jag slängde upp dörren till Moodys kontor och ställde mig framför de tre männen som satt där och smidde ränker mot mig. "Varför sa du till henne att jag tänker åka till Amerika utan henne?" skrek jag.

Moody skrek tillbaka: "För att det inte är någon idé att dölja det för henne. Hon måste vänja sig vid tanken. Det är lika bra att hon får veta det nu."

"Jag reser inte."

"Det gör du visst."

"Nej, det gör jag inte."

Vi stod och skrek åt varandra i flera minuter och ingen av oss ville ge vika. Mammal och Majid verkade inte bry sig om det jag sa eller hur Mahtob reagerade på det som utspelades.

Till sist rusade jag ut ur rummet. Mahtob och jag gick upp till mitt sovrum. Jag tog henne i famn och upprepade gång på gång: "Mahtob, jag tänker inte resa utan dig. Jag tänker aldrig lämna dig."

Mahtob ville tro på vad jag sa, men jag kunde se i hennes ögon att hon inte gjorde det. Hon visste vilken makt hennes pappa hade över oss båda.

Jag försökte på nytt. "Jag vill inte att pappa ska få veta det här, men om han inte ändrar sig innan planet ska gå tänker jag bli sjuk, så sjuk att jag inte kan resa. Lova att du inte talar om det för pappa."

Men jag visste att hon ändå inte trodde mig och jag vågade inte berätta för henne om Amahl. Inte än.

Hon grät sig till sömns och höll om mig hela den långa, långa natten.

Moody åkte till passmyndigheten nästa dag och tillbringade hela dagen där. Han blev utom sig över de långa köerna och den långsamma byråkratiska processen. Precis som Amahl förutspått kom han tillbaka utan något pass.

"Du måste infinna dig personligen", sa han. "I morgon åker du dit och jag kommer med dig."

"Vad gör vi med Mahtob då?" frågade jag och försökte komma på någon utväg. "Du var där hela dagen i går. Det tar säkert lika lång tid i morgon. Vi hinner inte hem till hon kommer tillbaka från skolan."

Moody funderade en stund. "Du får åka dit ensam", svarade han sedan. "Jag ska tala om för dig vad du ska göra. Jag stannar hemma och väntar på Mahtob."

Han satt på kontoret hela kvällen och fyllde i passansökningar och skrev ett brev där han förklarade att det var bråttom för att min far låg döende. Han gav mig detaljerade instruktioner om hur jag skulle ta mig till passmyndigheten och vem jag skulle tala med där.

Jag förstod att jag gjorde bäst i att göra som han sa och åka dit. Jag måste söka rätt på den man Moody sagt att jag skulle träffa. Han skulle säkert ringa och kontrollera att jag träffat honom. Men jag var säker på att jag bara skulle få återvända hem med fler papper som skulle fyllas i, få höra otaliga skäl till varför det skulle ta lång tid att få ett pass.

Jag kom till en kontorsbyggnad som var en veritabel labyrint av korridorer och dörrar. I alla salar stod långa köer med män och lika långa rader med kvinnor som alla hoppades att lyckas med den svåra uppgiften att få tillstånd att resa ut ur Iran. Jag hade länge drömt om den möjligheten. Nu kändes det så underligt när ett pass och ett utresevisum var det jag fruktade mest av allt.

Jag sökte upp den man som Moody sagt att jag skulle vända mig till. Han hälsade glatt på mig och mumlade något på farsi som jag inte förstod. Han ledde mig genom en mängd rum och använde sin auktoritet och sina armbågar till att tränga sig före alla köer. Men det tycktes inte hjälpa mycket, och jag kände mig gladare till sinnes.

Till sist förde han mig till en stor sal där flera hundra personer väntade. Hans blick vandrade runt tills han fann den han sökte. Det var en ung iranier som han hämtade och förde fram till mig medan han talade till honom på farsi.

"Jag talar engelska", sa den unge mannen. "Det här är männens avdelning." Så mycket förstod jag också. "Han vill att ni ska vänta här. I den här kön. Han kommer tillbaka om en eller ett par timmar för att se hur det har gått för er."

"Jaha, och vad är det som ska hända här?"

Den unge mannen översatte mina frågor och den andres svar.

346

"De kommer att ge er ett pass."

"I dag?"

"Ja. Om ni stannar i den här kön."

Jag försökte bromsa processen. "Men jag har ju inte kommit hit med ärendet förrän i dag."

"Nej. Det är inte möjligt."

"Det är sant. Jag kom med min ansökan i dag på förmiddagen."

"Hur som helst så kommer ni att få ett pass. Vänta här bara."

De båda männen gav sig av och lämnade mig ensam kvar på gränsen till hysteri. Var det möjligt? Moody hade väntat hela den här tiden för att få lov att praktisera som läkare. Trots allt hans skryt hade han och hans familj inte något större inflytande över den medeltida byråkratin. Men kunde det vara så att jag – och Amahl – hade missbedömt det inflytande Moody hade här? Eller Mammal? Eller Majid? Eller Baba Hajji, som genom sitt företag hade kontakter bland de myndigheter som styrde import-export? Jag kom att tänka på den förste av Moodys släktingar som jag mött redan på flygplatsen när vi kom till Iran, Zia Hakim, som hade tagit sig genom tullkontrollen så snabbt och enkelt.

Jag kände mig yr av det som höll på att hända och tyckte att jag stod naken och utsatt mitt bland hundratals babblande iranska män. Jag var en ensam kvinna i ett manssamhälle. *Skulle det verkligen hända? Skulle Moody lyckas sätta sin djävulska plan i verket?*

Jag hade lust att vända om och springa. Men jag hade ingenstans att ta vägen mer än ut på Teherans gator. Ambassaden? Polisen? Amahl? Mahtob var inte hos någon av dem. Hon var ensam hemma och i händerna på fienden.

Jag stannade alltså kvar där jag stod och flyttade mig långsamt framåt med kön. Jag visste att Moody kunde begära en fullständig rapport om mitt beteende här genom sina kontakter.

Kön blev kortare i oroväckande snabb takt. Jag hade många gånger väntat i timmar för att få köpa ett bröd, ett stycke kött eller ett kilo ägg där kanske hälften redan var knäckta. Borde det inte ta längre tid att få ett pass? Måste det vara så att jag

347

råkade ut för en effektiv behandling av ett ärende just nu?

Snart stod jag längst fram i kön och hamnade framför en tjänsteman som stirrade föraktfullt på mig. Jag lämnade fram de ifyllda papperen och han gick igenom dem. Sedan räckte han mig ett pass. Jag stirrade chockerad på det och visste inte riktigt vad jag skulle ta mig till.

Tankarna virvlade i mitt huvud, men när jag gick ut byggnaden slog det mig att Moody säkert väntat sig att det skulle dröja längre. Klockan var inte mer än ett på eftermiddagen. Han kunde inte veta att jag fått detta fruktansvärda dokument så snabbt.

Jag rörde mig snabbt nu när jag försökte komma undan hans nyaste fälla. Jag tog en taxi och gav mig av i riktning mot Amahls kontor.

Det var första gången jag gett mig dit utan att ringa först, och jag kunde se i hans ansikte att han förstod att det var en krissituation.

"Jag kan inte fatta det", sa han och såg på passet. "Jag har aldrig hört talas om något liknande. Han måste ha förbindelser som jag inte känner till. Jag har bra kontakter där, men jag kan inte åstadkomma något sådant."

"Vad ska jag göra nu?" frågade jag.

Amahl studerade passet noga. "Här står det att ni är född i Tyskland", påpekade han. "Varför det? Var är ni född?"

"I Alma i Michigan."

Amahl funderade på det en stund. "*Alman* betyder tysk på farsi. Jaha, det var ju bra. Säg till Moody att ni måste ta med passet tillbaka i morgon och få det ändrat. Om ni använder det här passet kommer det inte att fungera. Gå tillbaka till passkontoret i morgon förmiddag. Lämna passet där. Ge dem inte en chans att ändra det medan ni väntar. Säg sedan till er make att de behöll passet. Det kommer att ta tid att få det rättat."

"Det ska jag göra."

Jag skyndade mig från Amahls kontor och tillbaka hela den långa vägen hem. Jag försökte komma på en handlingsplan. Jag var så upptagen av att tänka ut hur jag skulle berätta om misstaget i passet att jag inte var beredd när Moody tog emot mig med en direkt fråga:

"Var har du hållit hus?"

348

"Jag har varit på passkontoret."

"De ringde mig klockan ett och sa att du hade fått ditt pass."
Han hade inte höjt rösten men tonen var giftig.

"Ringde de dig?"

"Ja."

"Förlåt att jag kommer sent. Det var en så fruktansvärd
trafik i dag. Och det var besvärligt att byta buss."

Moody betraktade mig med vaksam blick. Han tycktes redo
att anklaga mig för att ljuga, men jag lyckades avleda hans
uppmärksamhet.

"Har du sett vad de idioterna gjort!" sa jag och slängde till
honom passet. "Titta. Där har jag stått och väntat hela dagen
och så skriver de fel i passet. Där står det att jag är tysk. Jag
måste ta med det tillbaka och få det ändrat."

Moody tittade noga i passet och såg att jag talade sanning.
Uppgifterna i passet stämde inte överens med det som stod i
mitt personbevis.

"I morgon", röt han. Sedan sa han inget mer.

Nästa morgon försökte jag få Moody att låta mig åka till
passkontoret ensam. Jag hade lyckats dagen innan och jag kun-
de klara av uppgiften. Men han ville inte ens höra på mig.
Trots att han hade patienter inbokade tog han med mig i en
telefontaxi för att komma extra snabbt fram. Han röt order åt
chauffören och vi svar snart tillbaka vid passkontoret. Han
fann sin gode vän, lämnade över passet och behövde sedan
bara vänta fem minuter innan det rättade dokumentet fanns i
hans händer på nytt.

Nu hade jag officiellt tillstånd att lämna Iran.

Ensam.

Moody bokade in mig på ett Swiss Air-plan som skulle gå från
Teheran fredagen den 31 januari.

"Nu är allt klart", sa Amahl. "Äntligen."

Det var tisdag morgon, tre dagar innan jag skulle flyga.
Mahtob och jag skulle ge oss av dagen därpå när Moody var
på sjukhuset. Vi skulle föregripa hans plan med två dagar.

Amahl gick noga igenom alla detaljer med mig. Trots alla
hans förberedelser var planen att flyga till Bandar Abbas och ta

en snabb motorbåt över Persiska viken ännu inte klar att genomföras. Men Amahl hade en reservplan, och den utnyttjades nu när Moody tvingade honom att handla snabbt. Mahtob och jag skulle flyga från Teheran till Zahidan med morgonplanet klockan nio, ta kontakt med ett lag professionella smugglare och ta oss över de höga bergen och in i Pakistan. Smugglarna skulle ta oss till Quetta i Pakistan. Därifrån skulle vi flyga till Karachi.

Jag greps genast av panik. Jag hade strax innan läst en oroande artikel i *The Kayhan*. Den handlade om ett australiskt par som kidnappats av ett rövarband i Quetta och förts till Afghanistan. Där hade de hållits fängslade i åtta månader innan de till sist släppts fria. Jag kunde föreställa mig vad de hade utstått under den tiden.

Jag berättade för Amahl vad jag läst i tidningen.

"Det är sant", sa han. "Sådana saker händer hela tiden, men det finns inget ofarligt sätt att lämna Iran." Han försökte övertyga mig om att den stamhövding i området som kontrollerade båda sidor om gränsen var hans personlige vän. "Av alla vägar som går från Iran", sa han, "är det här den säkraste. Jag har mycket bra förbindelser. Bandar Abbas och de andra planerna utvecklas inte tillräckligt snabbt. Turkiet är otänkbart för att det är för mycket snö uppe i bergen. Smugglarna arbetar inte i det området vid den här tiden på året. Snön är för djup och det är för kallt. Vägen över Zahidan är mycket säkrare än att ta sig ut via Turkiet. Jag har min vän där och längs den turkiska gränsen är det gott om patruller som kontrollerar allt och alla. *Pasdar* har patruller där."

Vi måste ge oss av. Vi kunde inte längre unna oss att göra som Amahl alltid uppmanat oss och "visa tålamod". Vi måste snarare följa pappas valspråk: "Finns bara viljan så hittar man en utväg."

Jag gav Amahl en plastpåse som han skulle förvara åt mig. Den innehöll ett ombyte kläder till Mahtob och några saker som jag inte ville lämna kvar. En var en gobeläng som föreställde en utomhusscen med män, kvinnor och barn vid ett vattendrag ute i naturen. Färgerna gick i ljuslila, ljusblått och grått i en vacker blandning. Jag hade lyckats vika ihop den till ett paket som inte var mer än trettio gånger trettio centimeter. Jag tog också med mig två glasrör med saffran som jag fått av Ameh Bozorg.

Många olika tankar rusade genom mitt huvud under samtalet med Amahl. Nyheterna från Amerika var bitterljuva. Pappa klängde sig fast vid livet så gott han förmådde för att han skulle få se oss. Jag hade viljan och Amahl gav mig möjligheten. I morgon skulle jag se till att Mahtob sölade så att hon missade skolbussen. Sedan skulle jag ta med henne till skolan. Så snart vi var ute på gatan och borta från Moody skulle jag berätta för henne att vi skulle åka till Amerika. När min intet ont anande make återvände från sitt arbete på sjukhuset skulle Mahtob och jag träffa Amahls män, och de skulle hjälpa oss från flygplatsen och på flykten till Zahidan.

Det var ironiskt att vi skulle ta samma väg som miss Alavi planerat. Jag undrade vad som hänt henne. Hon hade kanske blivit arresterad av polisen. Eller också hade hon kanske själv flytt ur landet. Jag hoppades att hon lyckats med det.

"Hur mycket kommer det att kosta?" frågade jag Amahl.

"De vill ha tolv tusen dollar", svarade han. "Bekymra er inte för den saken. Ni kan skicka pengarna till mig när ni kommer till Amerika."

"Jag skickar dem omedelbart", lovade jag högtidligt. "Och tack ska ni ha."

"För all del."

Varför gjorde Amahl allt det här för Mahtob och mig? Varför riskerade han till och med tolv tusen dollar för min skull? Jag trodde att jag visste svaren på några av frågorna, trots att jag aldrig frågat honom rakt på sak.

För det första var jag övertygad om att Amahl var svaret på alla mina böner, både kristna och islamiska. Han var svaret på min *nasr*, min bön till imamen Mehdi under min pilgrimsresa till Meshed. Vi bad ju faktiskt till samma Gud, både kristna och muslimer.

Amahl ville bevisa något för sig själv, för mig och för världen. Under arton månader hade jag varit fast i ett land som jag upplevt som nästan helt befolkat av skurkar. Den förste som visade mig att alla inte var av samma skrot och korn var butiksägaren Hamid. Miss Alavi, Chamsey, Zaree, Fereshteh och några andra hade visat att man inte kan döma alla invå-

351

nare i ett land lika. Till och med Ameh Bozorg hade på sitt eget sätt visat mig åtminstone goda avsikter.

Nu var det Amahls tur. Hans motivation var på ett sätt enkel, men samtidigt mycket invecklad. Han ville hjälpa två oskyldiga offer för den iranska revolutionen. Han ville inte ha något i gengäld. Han var nöjd med att veta att vi lyckades ta oss hem.

Men skulle vi verkligen lyckas med vår flykt?

Tidningsartikeln om det kidnappade australiska paret och de varningar jag hela tiden fått av mr Vincop på ambassaden skrämde mig. När jag första gången nämnt möjligheten att fly med hjälp av människosmugglare hade mr Vincop varnat mig: "De tar era pengar och för er sedan till gränsen. Där kommer de att våldta er, och sedan dödar de er eller överlämnar er till myndigheterna."

Men jag kunde inte längre bry mig om sådana varningar. Jag hade inget val. På fredag skulle jag sättas ombord på planet till Amerika och flyga hem för att aldrig mer få se min dotter. Eller också skulle jag nästa dag ta min dotter vid handen och ge mig av på den farligaste resan i mitt liv.

Det var egentligen inget svårt val.

Jag skulle antingen dö i bergen mellan Iran och Pakistan eller också skulle jag få med mig Mahtob till Amerika och tryggheten.

* * *

Jag rös i den kalla vinden när jag steg ur den orangefärgade taxin. Jag var djupt bekymrad när jag trampade fram genom snöslasket på trottoaren och gick den sista biten hem. Mahtob skulle snart vara hemma från skolan. Lite senare skulle Moody komma hem från sjukhuset. På kvällen skulle Chamsey, Zaree och Hakims komma och säga adjö till mig. Så långt alla visste skulle jag resa till Amerika på fredag för att hälsa på min döende far. Efter begravningen skulle jag komma tillbaka. Jag måste förbereda mig ordentligt så att jag inte visade något av det hopp och den fruktan som fyllde mitt inre.

När jag var nästan framme lyfte jag blicken. Då fick jag syn på Moody och Mammal som stod utanför huset och stirrade på mig. Moody var så arg att han inte kände kylan och snön som nu föll allt tätare.

"Var har du varit?" skrek han.

"Jag gick ut och handlade."

"Det är lögn! Du har inga paket."

"Jag letade efter en present till mamma, men jag hittade inget som passade."

"Det är lögn!" upprepade han. "Du har något i kikaren. In i huset med dig. Nu stannar du där tills det är dags att åka till flygplatsen på fredag."

Mammal gav sig av i något ärende. Moody drog mig in genom porten och upprepade sin order. Jag fick inte lämna huset. Jag fick inte använda telefonen. Han skulle låsa in mig tills det var dags att resa. Han hade tagit ledigt från arbetet i dag och han skulle ta ledigt i morgon och stanna hemma så att han kunde bevaka mig. Han låste in telefonen på sitt kontor medan han behandlade sina patienter. Mahtob och jag tillbringade eftermiddagen ute på den muromgärdade gården där han kunde se oss från sitt kontorsfönster. Jag byggde en snögubbe och klädde ut den med en röd halsduk. Det var Mahtobs favoritfärg.

Nu var jag instängd på nytt. Jag hade gått i fällan. Mahtob och jag skulle inte kunna sammanträffa med Amahls män i morgon, men jag hade ingen möjlighet att kontakta honom och säga det. Jag kunde inte berätta om den senaste skrämmande förveckligen.

Jag darrade av köld på kvällen när jag lagade mat åt våra gäster. Jag såg till att jag hade händerna fulla för att inte paniken skulle ta överhanden. Jag måste hitta på något sätt att kontakta Amahl. Han måste hitta på något sätt att få Mahtob och mig ut ur huset. Jag rös på nytt och kände att det verkligen hade blivit kallt i huset. Jag fick plötsligt en idé.

"Värmen är avstängd", klagade jag för Moody.

"Har pannan gått sönder eller är det slut på olja?" undrade han.

"Jag går och frågar Maliheh om det är fel på pannan", sa jag. Jag försökte få det att låta som en alldaglig kommentar som inte skulle väcka hans misstänksamhet.

"Ja, gör det då."

353

Jag försökte lugna mig så att jag inte skulle verka alltför ivrig. Efter en kort stund gick jag upp till Malihehs lägenhet. Jag frågade henne på farsi om jag kunde få låna hennes telefon. Hon nickade ja. Jag visste att hon inte skulle förstå ett telefonsamtal på engelska.

Jag fick snabbt Amahl på linjen.

"Det går inte", sa jag. "Jag kan inte komma. Jag tar mig inte ur huset. Han väntade på mig när jag kom hem i dag och han har blivit misstänksam nu."

Amahl suckade tungt i telefonen. "Det skulle inte ha gått i alla fall", sa han. "Jag har just tala med mina kontakter i Zahidan. De har just nu det värsta snöfallet på hundra år. Det går inte att ta sig över bergen."

"Vad ska vi ta oss till?" grät jag.

"Vägra att gå ombord på planet. Han kan inte tvinga er ombord."

"Res inte", sa Chamsey till mig när vi var ensamma i köket en kort stund. "Gå inte ombord på det där planet. Jag förstår nu vad det är som kommer att hända. Så snart du har åkt kommer han att ta Mahtob till sin syster och sedan kommer han att ta upp förbindelserna med sin familj på nytt. Åk inte."

"Jag vill inte", sa jag. "Inte utan Mahtob."

Men jag kände Moodys snara dras åt kring min hals. Han hade mig fast. Han hade makt och medel att tvinga mig ombord på planet. Han kunde hota med att ta Mahtob från mig om jag vägrade. Jag stod inte ut med den tanken, men jag orkade heller inte föreställa mig att lämna henne här och resa ensam till Amerika. Det skulle också innebära att jag förlorade henne.

Jag kände ingen smak av det jag stoppade in i munnen den kvällen. Jag hörde heller inte mycket av det de andra pratade om runt omkring mig.

"Hursa?" tvingades jag svara när *Khanum* Hakim ställde en fråga som jag inte uppfattade.

Hon ville att jag skulle komma med henne till *tavaunee* dagen därpå. Det är en kooperativ affär där medlemmarna i *Aga* Hakims församling kunde handla. De hade just fått in en sändning linser, en vara som det vanligtvis var mycket svårt att få tag i. "Vi borde verkligen passa på och handla innan de tar slut", sa hon på farsi.

Chamsey ville också komma med. Jag tackade också ja, men jag hade tankarna på annat håll.

Senare på kvällen, när Chamsey och Zaree hade gått och Mahtob lagt sig, satt jag kvar med Hakims i vardagsrummet och drack te. Moody hade gått till sin mottagning för att behandla de sista patienterna. Plötsligt dök en objuden och högst ovälkommen gäst upp. Det var Mammal.

Han hälsade på Hakims och krävde sedan på ett oförskämt sätt att jag skulle servera honom te. Sedan log han ett illvilligt hånleende mot mig medan han drog upp en flygbiljett ur fickan och viftade med den framför mig.

Arton månaders uppdämd vrede brast nu lös hos mig. Jag tappade självkontrollen. "Ge mig den där biljetten!" skrek jag. "Hit med den så att jag får riva sönder den."

Aga Hakim påtog sin genast rollen som fredsmäklare. Den milde turbanmannen, den mest förstående av alla Moodys släktingar, började ställa mig en rad frågor. Han talade ingen engelska. Mammal skulle kunna ha tolkat, men det ville han inte. Det var svårt för mig att göra mig förstådd på farsi, men jag var desperat och försökte så gott jag kunde. Jag såg *Aga* Hakim som en vän och bundsförvant.

Hela historien vällde ur mig. "Ni har ingen aning om vad jag fått gå igenom här", snyftade jag. "Han har hållit mig insärrad. Jag ville åka hem till Amerika, men han tvingade mig att stanna."

Hakims blev djupt chockerade. *Aga* Hakim ställde fler frågor och varje svar plågade honom synbart. Alla de hemska detaljerna från den tid vi vistats här kom i dagen.

Men han var samtidigt förvirrad. "Men varför är du då inte glad när du nu får resa hem och hälsa på din familj?"

"Jag vill åka hem och träffa min familj", förklarade jag. "Men han vill att jag ska stanna tills jag sålt allt och sedan ta med mig alla pengar tillbaka. Min far ligger för döden. Jag vill inte åka till Amerika för att göra affärer."

Moody var klar med sina patienter och kom in till oss i vardagsrummet. Där blev han genast utsatt för ett strängt korsförhör av *Aga* Hakim. Moody svarade lugnt på farsi. Han låtsades vara förvånad, som om det var första gången han

355

hörde mig göra invändningar mot resan.

Till sist frågade *Aga* Hakim: "Men om nu Betty inte vill åka, måste hon då göra det i alla fall?"

"Nej", svarade Moody. "Jag har bara gjort det här för henne för att hon ska få träffa sin familj." Han vände sig till mig och frågade: "Vill du åka?"

"Nej", svarade jag snabbt.

"Men då så. Då är det väl inget att bråka om. Det var jag som trodde att du ville träffa din far när han ligger för döden. Om du inte vill åka behöver du inte göra det." Hans ord dröp av uppriktighet, kärlek och respekt för mig och det hördes att han hyste den största respekt för *Aga* Hakims kloka råd. Frågan var löst.

Under resten av besöket satt Moody och pratade om ditt och datt med Hakims. Han var en omtänksam värd och följde dem till dörren när de gick. Han tackade alla för att de kommit och tackade särskilt *Aga* Hakim för hans vänliga intresse.

"Jag hämtar dig klockan tio i morgon förmiddag och sedan åker vi till *tavaunee*", sa jag till *Khanum* Hakim. Jag hoppades att det skulle ge mig tillfälle att ringa Amahl.

Moody stängde tyst dörren efter besökarna och väntade sedan tills de var utom hörhåll. Sedan vände han sig mot mig i besinningslöst raseri. Han slog mig i ansikte med sådan kraft att jag föll baklänges i golvet.

"Nu har du ställt till det!" skrek han. "Nu har du förstört allt. Du ska med det där planet. Om du inte åker tar jag Mahtob från dig och sedan låser jag in dig på ditt rum, och där får du sitta så länge du lever!"

23

H an kunde göra det. Han *skulle* göra det.
Jag fick ingen sömn den natten. Jag vände och vred
mig hela natten. Jag tänkte på varför jag hade tagit med mig
Mahtob till Iran och jag förebrådde mig om och om igen.

Problemen hade börjat nästan fyra år tidigare, på kvällen den 7
april 1982, då Moody kom hem från sitt arbete på Alpena
General Hospital. Han var bekymrad och frånvarande. Jag
märkte det inte till en början för jag hade fullt upp att göra
med att laga till en speciell festmiddag. Det var Johns tolvårs-
dag.

Vi hade varit lyckliga i två år. Moody hade återvänt till
Michigan från Corpus Christi 1980, fast besluten att strunta i
den politiska utvecklingen i Iran. "Alla kommer att se att jag är
utlänning", sa han, "men jag vill inte att alla ska veta att jag är
iranier."

Bilden av den hånleende ayatollahn ställdes upp på vinden.
Han lovade högtidligt att inte tala om den iranska revolutionen
på sin arbetsplats. Han visste att det nya intresset för hans
hemland bara hade ställt till problem för honom i Corpus
Christi. I Alpena ägnade han sig enbart åt sitt arbete och bygg-
de upp en karriär på nytt. Nu levde han på nytt som en ameri-
kan.

Jag blev snabbt bättre till mods när vi flyttade, och jag blev
extra glad när vi fann ett hus vid Thunder Bay River. Det var
litet och såg inte särskilt märkvärdigt ut vid en första anblick,
men jag förälskade mig i det i samma ögonblick jag steg över

tröskeln. Huset var byggt så att det vette mot floden. På baksidan fanns stora fönster som gjorde den underbara utsikten rättvisa. En trappa förde ner till ett ljust och rymligt träpanelat vardagsrum. Därifrån gick man ut i en enorm patio som slutade bara fem meter från flodstranden. En brygga av trä sträckte sig ut i vattnet och där kunde man sitta och fiska eller förtöja en båt. Huset låg på ett ställe där floden gjorde en krök. Ett stycke längre ner längs strömmen gick en pittoresk täckt bro över fåran.

Huset var förvånansvärt rymligt inuti och hade stora sovrum, två badrum, ett vackert kök i lantlig stil, två öppna spisar och ett rymligt vardagsrum. När jag såg ut över floden som sakta rann förbi kände jag hur jag fylldes av en känsla av lugn och ro.

Moody var lika intagen av stället som jag. Vi köpte det på fläcken.

Alpena ligger ungefär tre timmars bilväg från Bannister, och det gjorde att jag ofta kunde hälsa på mina föräldrar. Pappa och jag ägnade oss båda åt vår sportfiskehobby, och vi drog upp abborrar, braxen och till och med en och annan gädda ur den lugna flodens vatten. Mamma och jag tillbringade många timmar tillsammans med att virka, laga mat och prata. Jag var glad åt möjligheten att tillbringa mer tid tillsammans med dem, i synnerhet som de började visa tecken på att åldras. Mamma led av lupus, och jag var glad att hon fick tillfälle att vara tillsammans med sina barnbarn. Lilla Mahtob, som tultade runt utanför huset, var en särskild källa till glädje för både mamma och pappa. Pappa brukade kalla henne "Tobby".

Vi blev snabbt accepterade i den nya omgivningen och togs upp i läkarsocieteten i Alpena. Vi gick ofta på middagar och mottagningar och vi bjöd lika ofta hem våra nya vänner. Moody var lycklig i sitt arbete och jag var lycklig som hemmafru och mor — ända till den kväll då Moody kom hem från arbetet med modfälld blick och dyster min.

Han hade förlorat en patient, en treårig pojke som var inlagd för en frivillig operation. Hans legitimation hade dragits in i väntan på vad utredningen skulle komma fram till.

Min syster Carolyn ringde morgonen därpå. Jag svarade, lätt bedövad av brist på sömn och med rödgråtna ögon. Som i en dimma hörde jag Carolyn säga: "Pappa har cancer."

Vi körde raka vägen till Carson City Hospital, där Moody och jag hade träffats första gången, och trampade nervöst fram och tillbaka i ett väntrum medan en kirurg gjorde en diagnostisk bukoperation på min far. Resultatet var inte uppmuntrande. Kirurgerna gjorde en kolostomi, men de kunde inte avlägsna all den angripna vävnaden. Sjukdomen hade brett ut sig för långt. Vi talade med en kemoterapeut som förklarade för oss vad man kunde göra för att förlänga pappas liv. Han visste inte hur mycket man skulle kunna vinna. Förr eller senare skulle han dö av sin sjukdom, det var allt vi kunde vara säkra på.

Jag lovade mig själv att jag skulle tillbringa så mycket tid som möjligt med honom. Jag skulle hålla honom i handen och säga allt det som behövde sägas innan det var för sent.

Livet hade förändrats i ett slag. Några månader tidigare hade vi varit lyckligare än någonsin förr. Nu hotades Moodys karriär, min far var döende i cancer och framtiden tedde sig dyster. De tunga bördorna tog sin tribut av oss, både som individer och som par.

Under de veckor som följde pendlande vi mellan Alpena och Carson City. Moody hjälpte pappa genom de svåra kirurgiska ingreppen och det trauma de gav upphov till. Han kände sig bättre bara han fick se honom, och Moody gav allt sitt stöd som läkare och kunde dessutom förklara den medicinska terminologin så att pappa kunde förstå.

När pappa blev så bra att han orkade resa bjöd Moody in honom till Alpena. Han ägnade många timmar åt att ge pappa goda råd och hjälpte honom att acceptera sin sjukdom och leva med sin kolostomi.

Pappa var i praktiken Moodys enda patient under den här tiden. När de var tillsammans kände sig Moody som läkare. Men när han satt hemma i Alpena dag efter dag utan att ha något att göra blev han dystrare och dystrare. Han kände sig misslyckad. Allt eftersom veckorna gick tog sysslolösheten sin tribut.

"Det är politiskt", sa han om och om igen. Han syftade på sjukhusets beslut att göra en utredning.

Moody försökte förkovra sig genom att bevista ett antal medicinska seminarier, men de förstärkte bara hans tomhetskänsla. Han kunde inte omsätta något av det han lärde sig i praktiken.

Vi var båda bekymrade för den ekonomiska situationen. Jag trodde att Moody skulle bli på bättre humör om han började arbeta på nytt. Inget sjukhus skulle tillåta att han praktiserade som anestesiolog under den tid utredningen pågick, men han hade rätt att vara verksam som osteopat. Jag hade alltid tyckt att det var där han kunde göra den största insatsen.

”Du borde åka till Detroit”, föreslog jag. ”Sök dig tillbaka till Fourteenth Street Clinic. De behöver alltid hjälp.” Det var där han hade extraknäckt under studietiden och han hade fortfarande många vänner kvar där.

”Nej”, svarade han. ”Jag tänker stanna här och slåss.”

På några dagar förvandlades han till en dyster och inbunden man som fräste åt mig och barnen av minsta anledning eller till och med av rent inbillade anledningar. Han slutade att gå på medicinska seminarier eftersom han inte längre ville träffa andra läkare. Han tillbringade dagarna med att sitta i sin stol och stirra rakt ut i luften eller se på floden utanför fönstret. När han tröttnade på det sov han. Ibland lyssnade han på radion eller läste en bok, men han hade svårt att koncentrera sig. Han vägrade att lämna huset och han ville inte träffa någon.

Som läkare visste han att han visade alla de klassiska symptomen på klinisk depression. Som läkarhustru visste jag det också, men han ville inte lyssna på mig och motsatte sig alla mina försök att hjälpa honom.

En tid försökte jag att ge tröst och hjälp på det sätt som jag ansåg det vara en hustrus plikt att göra. Men det som hänt hade påverkat mig djupt. Jag åkte med barnen till Bannister för att träffa min far flera gången i veckan, men Moody följde inte längre med oss. Han stannade hemma och surade.

Jag stod ut med situationen i flera veckor och försökte till varje pris undvika en konfrontation. Jag hoppades hela tiden att han skulle ta sig ur sin letargi. Jag var övertygad om att det inte skulle kunna fortsätta på samma sätt efter en tid.

Men veckorna blev till månader. Dag följde på dag och inget ändrades. Jag tillbringade mer tid i Bannister med min far och mindre tid hemma. Det var svårt att stå ut med den modlöse och sysslolöse Moody. Vi hade inga inkomster och våra besparingar minskade snabbt.

Efter att ha undvikit en konfrontation så länge som möjligt exploderade jag en dag.

"Åk till Detroit och skaffa dig arbete!" sa jag.

Moody gav mig en skarp blick. Han blev alltid arg när jag höjde rösten, men jag brydde mig inte om det den här gången. Han tvekade, osäker på hur han skulle reagera på sin hustrus krav. "Nej", svarade han i en ton som talade om att det var ett definitivt besked. Sedan reste han sig och gick därifrån.

Mitt utbrott kastade in honom i en andra depressionsfas där han gav uttryck åt sitt missnöje i ord. Han tjatade hela tiden om det han misstänkte var orsaken till alla de svårigheter som drabbat honom: "Jag blev avstängd för att jag är iranier. Om jag inte vore iranier skulle det här aldrig ha hänt."

Några av läkarna på sjukhuset stod fortfarande på Moodys sida. De tittade in då och då för att hälsa och de talade med mig och sa att de var oroade över Moodys dystra sinnestillstånd. En av dem, som hade lång erfarenhet av emotionellt störda patienter, erbjöd sig att komma och hälsa på regelbundet så att Moody skulle få någon att tala med om sina bekymmer.

"Nej", svarade Moody. "Jag vill inte diskutera den saken."

Jag bad att han skulle gå till en psykiater.

"Jag kan mer än de", sa han. "De skulle inte kunna hjälpa mig."

Ingen av våra vänner eller släktingar var medveten om i hur hög grad Moodys personlighet förändrats. Vi hade slutat att bjuda in folk, men det var förklarligt med tanke på våra ekonomiska bekymmer. Våra släktingar och vänner hade sina egna liv att leva och sina egna problem att lösa. De kunde inte veta hur djupt deprimerad Moody verkligen var om inte han eller jag talade om det för dem. Han kunde inte göra det och jag ville inte.

Jag tog ett deltidsarbete på ett advokatkontor. Moody blev rasande på mig. Han ansåg att en hustrus plats var i hemmet och att hennes arbete bestod i att sköta om sin make.

Han humör försämrades dag för dag. Hans självkänsla var allvarligt störd av det han råkat ut för på sjukhuset. Nu tyckte han att det gick hans manlighet förnär att jag hade tagit ett arbete. Han slog tillbaka och försökte hävda sin dominans över mig genom att begära att jag skulle komma hem till lunch var dag för att laga mat åt honom. Jag gick med på denna löjliga begäran, dels för att göra honom till lags och dels för att jag var djupt oroad av den senaste tidens händelser. Jag visste inte längre klart vilka våra roller i äktenskapet var. På ytan kan jag ha framstått som den starkare, men om jag var det kunde jag inte förstå varför jag måste rusa hem och laga hans lunch var dag. Jag kunde inte reda ut vårt förhållande.

När jag kom hem mitt på dagen gick han ofta fortfarande i morgonrock. Han hade ofta inte uträttat något på hela förmiddagen utom att göra det allra nödvändigaste för barnen. När jag lagat mat åt honom måste jag skynda mig tillbaka till mitt arbete. När jag kom hem på kvällen stod faten kvar på bordet och han hade knappt rört maten. Moody låg på soffan och vegeterade.

Om han var så upprörd över att jag arbetade, varför gjorde han då inget själv?

Denna underliga tillvaro fortsatte under mer än ett år. Under den här tiden lyckades jag allt bättre i mitt yrkesliv medan mitt personliga liv blev allt tommare. Mitt arbete, som från början bara varit en tillfällig anställning, växte till något som var ännu mer än ett vanligt heltidsarbete. Givetvis räckte min lön inte till för att vi skulle kunna hålla vår levnadsstandard på samma nivå som tidigare, och när våra besparingar var slut gjorde jag än en gång uppror mot Moody och lämnade ut vårt vackra hus till försäljning.

Jag satte upp en skylt vid entrén med texten ”TILL SALU” och väntade för att se vad som skulle hända. Om vi hade tur skulle vi kunna spara in ett mäklararvode.

Under de följande veckorna rapporterade Moody att dussintals par hade stannat för att titta på vårt underbara hem med den vackra utsikten över floden. Men ingen hade kommit med ett bud. Jag misstänkte att Moody med avsikt avrådde dem eller att hans dystra gestalt helt enkelt skrämde bort spekulanterna.

Men så till sist nämnde Moody en kväll att ett par hade blivit så intresserade av huset att de beslutat sig för att komma tillbaka nästa dag och ta ännu en titt. Jag beslöt att se till att jag var hemma när de kom.

När jag åkte hem från arbetet för att vara hemma vid den avtalade tiden fann jag hela huset i en enda röra. Jag skickade Moody på ett påhittat ärende och skyndade mig att ställa allt i ordning så gott jag kunde. När besökarna kom visade jag dem huset själv.

"Vi tycker om det", sa maken i det besökande paret, "men hur snart skulle vi kunna få tillträde?"

"Hur snart vill ni flytta in?"

"Om två veckor."

Det var en smula abrupt, men de erbjöd sig att ta över vår inteckning och betala mellanskillnaden kontant. När vi betalt omkostnaderna skulle vi i alla fall ha mer än tjugo tusen dollar kvar, och vi behövde verkligen de pengarna.

"All right", sa jag.

När Moody kom hem och fick höra vad som hänt blev han utom sig. "Och vart ska vi ta vägen om två veckor?" frågade han rasande.

"Vi behöver pengarna", sa jag bestämt. "Vi måste göra det för pengarnas skull."

Vi hade ett långt gräl om saken, men samtidigt kom många gamla besvikelser upp på tapeten. Det var en ojämn strid eftersom Moodys retningströskel hade sjunkit till lägsta möjliga nivå. Han gjorde ett matt försök att hävda vad han ansåg vara sin ställning som familjeöverhuvud, men vi visste båda att han abdikerat från den tronen.

"Det är du som försatt oss i den här situationen", rasade jag. "Vi kan inte vänta tills vi inte har något kvar. Vi måste sälja huset."

Jag tvingade honom att skriva på försäljningskontraktet.

Under de följande två veckorna hade vi mer att göra än någonsin. Jag gick igenom skåp, byrålådor och garderober och packade allt som blivit över under vårt liv i Alpena, trots att jag inte visste vart vi skulle ta vägen. Moody lyfte inte ett finger för att hjälpa mig.

"Du kan väl i alla fall packa dina böcker", sa jag. Han hade ett omfattande bibliotek av medicinsk litteratur och islamisk propaganda. En morgon gav jag honom resolut ett antal kartonger och sa: "Packa dina böcker *i dag*!"

När jag kom hem från arbetet fann jag honom håglöst sittande, orakad och fortfarande klädd i morgonrock. Böckerna stod kvar på hyllorna. Nu exploderade jag på nytt.

"Jag vill att du packar din väska i kväll! I morgon sätter du dig i bilen och kör till Detroit, och jag vill inte att du kommer tillbaka förrän du har ett arbete. Jag har fått nog av det här. Jag tänker inte leva på det här sättet en enda minut till."

"Jag kan inte få något jobb", snyftade han.

"Du har inte försökt."

"Jag kan inte arbeta förrän suspensionen upphör."

"Du behöver inte arbeta som anestesist. Du kan arbeta som allmänpraktiker."

Han var slagen och besegrad och de argument han försvarade sig med var ynkliga ursäkter. "Jag har inte arbetat som allmänpraktiker på åratal", sa han undergivet. "Jag vill inte göra det."

Han påminde mig om Reza, som inte ville ta ett arbete i Amerika om man inte erbjöd honom att bli chef för ett företag. "Det är mycket som jag inte vill göra men som jag i alla fall måste göra", sa jag medan vreden växte inom mig. "Du har förstört mitt liv på så många sätt. Jag tänker inte leva med dig om det ska fortsätta på det här viset. Du är lat. Du drar fördel av situationen. Du kommer inte att få något arbete bara genom att sitta här. Du måste gå ut och söka rätt på något. Gud kommer inte att servera dig något på en bricka. Nu vill jag att du ger dig av, och kom inte tillbaka förrän du har skaffat ett arbete, för" orden rann ur mig innan jag tänkte på vad jag sa – "då kommer jag att begära skilsmässa."

Det rådde inget tvivel om att mitt ultimatum var allvarligt menat.

Moody gjorde som jag sa. Redan nästa kväll ringde han mig från Detroit. Han hade fått anställning vid kliniken. Han skulle börja följande måndag, genast efter påskhelgen.

Jag undrade varför han hade väntat så länge. Och varför hade jag inte satt hårt mot hårt tidigare?

Under påskveckan 1983 var allt en enda röra för oss. Vi hade lovat att flytta ut ur huset på långfredagen och Moody skulle börja arbeta i Detroit på måndagen. På onsdagen hade vi ännu inte hittat ett ställe där vi kunde bo. Det var en skrämmande situation, men det var på samma gång en spännande känsla. Nu höll vi i alla fall på att göra *något*.

En klient på det företag där jag arbetade, vice VD på en bank i trakten, fick höra talas om vårt dilemma. Han erbjöd oss en tillfällig lösning. Han hade nyligen tagit ett hus i mät och erbjöd oss nu att hyra det en månad i taget. Vi skrev på hyreskontraktet vid lunchtid på långfredagen och började omgående flytta våra tillhörigheter.

Under helgen fick jag i alla fall en del hjälp av Moody med att inrätta oss i det nya huset. På söndagen kysste han mig innan han gav sig av till Detroit, dit det tog fem timmar att köra. Det var första gången på flera månader som han kysst mig och jag blev överraskad när jag kände den åtrå som kyssen väckte. Han gladde sig inte åt det monotona arbetet på kliniken, men jag märkte att han redan mådde bättre. Det hade gjort hans illa tilltygade självkänsla gott att han så lätt kunnat skaffa sig ett nytt arbete. Lönen var bra. Den gick inte att jämföra med vad han tjänat på sjukhuset, men han skulle i alla fall få nästan nittio tusen dollar om året på kliniken i Detroit.

Det dröjde inte länge innan vi var inne i en rutin som liknade den vi följt under åren innan vi gifte oss. Vi skötte var och en våra respektive arbeten under veckorna och tillbringade helgerna omväxlande i Alpena och Detroit.

Moody blev långsamt bättre till mods. "Nu har vi det verkligt bra!" sa han under ett av mina besök. Han blev alltid lycklig då vi kom. Mahtob hoppade upp i hans famn i samma ögonblick hon fick syn på honom. Hon var glad över att se sin pappa på gott humör igen.

Våren, sommaren och hösten gick. Trots att Moody avskydde Detroit fann han att storstadsmiljön inte var lika präglad av trångsynthet som på de mindre orterna. Han drog slutsatsen att hans framtid låg där i en eller annan funktion.

Jag kände mig fri på nytt. Under veckorna var det jag som fattade alla beslut. På helgerna kunde jag bli förälskad på nytt. Kanske var det ett arrangemang vi behövde för att vårt äktenskap skulle fungera.

För stunden var jag nöjd.

I mars 1984 fick jag ett telefonsamtal från Teheran. En mans-röst talade på haltande engelska och presenterade sig som Mohammed Ali Ghodsi. Han sa att han var syskonbarn till Moody. Med tanke på familjens böjelse för ingifte kunde det betyda nästan vad som helst i fråga om släktskap. Det tycktes finnas hundratals iranier som Moody kallade sina syskonbarn.

Han frågade hur Moody och jag mådde och försökte föra en alldaglig konversation om än det ena och än det andra. När han bad att få tala med Moody skrev jag upp hans telefonnummer och sa att jag skulle be Moody ringa honom.

Jag ringde Moody i Detroit och berättade om samtalet. Han ringde upp mig på kvällen och berättade att den som ringt var Mammal, hans syster Ameh Bozorgs fjärde son. Moody förklarade att Mammal alltid var mager, men att han nu hade gått ner ännu mer i vikt. Läkare i Teheran hade konstaterat att Mammal hade magsår och de hade opererat honom. Men han blev bara ännu svagare efter operationen. Han hade i desperation rest till Schweiz för att konsultera andra läkare. Där hade han fått veta att de iranska läkarna hade gjort ett så dåligt arbete att han måste opereras om och genomgå en kirurgisk rekonstruktion. Han hade ringt sin morbror i Amerika för att få råd om var han skulle kunna få hjälp med en sådan operation.

"Jag gav honom inga konkreta råd", sa Moody. "Vad tycker du?"

"Låt honom komma hit", föreslog jag. "Vi kan hjälpa honom att hitta en läkare som kan operera honom."

Moody tyckte att det var en bra idé. "Men", tillade han, "det är svårt att föra ut pengar från Iran."

"Varför betalar du inte operationen?" frågade jag. "Jag skulle göra det för en nära släkting om det var nödvändigt."

"Bra. Då gör vi så."

Vi löste de praktiska frågorna, och några dagar senare var Mammal på ett plan till Amerika. Han skulle anlända en fredag i början av april. Moody planerade att möta honom på flygplatsen och sedan köra direkt till Alpena så att Mammal skulle få träffa oss under veckoslutet.

Med undantag av de oregerliga revolutionärerna som invaderat vår tillvaro i Corpus Christi hade de flesta iranier jag

366

träffat varit kultiverade och artiga. De hade en ganska oupplyst syn på kvinnor, det var sant, men det tog sig uttryck i en gammaldags artighet som jag fann ganska smickrande. Jag beslöt på förhand att jag skulle ta väl hand om Moodys systerson. Jag lagade till en iransk middag medan barnen och jag väntade på att Moody och Mammal skulle komma.

Tyvärr kom jag att känna avsky för Mammal från det ögonblick han satte foten innanför dörren. Han var liten till växten som de flesta iranska män, men han förde sig ändå – eller kanske just på grund av det – på ett överlägset och ganska oförskämt sätt. Ett stubbigt skägg och en liten mustasch fick honom att se ovårdad ut. Han hade små och djupt liggande ögon som såg rakt igenom mig som om jag inte existerade. Hela hans uppsyn och beteende tycktes säga: Vem är du? Jag är förmer än du!

Vidare märkte jag att han hade en inverkan på Moody som oroade mig. Något av det första han sa var: "Ni måste komma och hälsa på oss i Iran. Alla vill så gärna träffa er och Mahtob." Jag tyckte inte alls om den idén. Den första kvällen satt de båda männen i timmar och pratade på farsi. Det var kanske förklarligt eftersom de hade många familjeangelägenheter att tala om, men det som mest oroade mig var att Moody skulle ta Mammals inbjudan på allvar. De talade bara på farsi och jag hamnade helt och hållet utanför samtalet, trots att Mammal talade en ganska hygglig engelska.

Det dröjde inte länge förrän jag räknade timmarna och längtade efter en lugn söndagskväll när Moody och Mammal skulle vara på väg till Detroit. Men på söndag eftermiddag sa Moody: "Låt honom stanna här hos dig medan jag tar reda på var han kan bli opererad."

"Nej", svarade jag. "Det är din systerson och han är din gäst."

Moody påpekade lugnt att han måste arbeta på kliniken. Mammal behövde omvårdnad. Han måste hålla diet. Jag skulle kunna stanna hemma från arbetet några dagar tills Mammal skulle läggas in för operation.

Han gav mig inte den minsta chans att säga emot. Någonstans långt ner i själen insåg jag att Moody höll på att återta sin övertalningsmakt över mig. Jag gick med på hans begäran eftersom det bara skulle gälla några få dagar.

Jag beslöt att göra det bästa av situationen. Jag tyckte synd om Mammal som blivit av med sitt bagage under flygresan. Min väninna Annie Kuredjian, en armenisk sömmerska, gick med mig och hjälpte mig att köpa kläder till Mammal. Annie ändrade sedan alla plaggen så att de skulle passa den ovanligt magre iraniern.

Mammal tog emot kläderna utan ett ord till tack. Han la dem i sitt rum och fortsatte att gå omkring i samma illaluktande skjorta och blå jeans som han kommit i.

När Mammals bagage kom till rätta och så småningom levererades till honom visade det sig att det var fyllt med gåvor till oss. Men det fanns inga kläder i den. Trots att Mammal säkerligen räknat med att vara i Amerika i flera månader var det tydligt att han tänkt bära samma plagg var dag.

"Vill du inte att jag ska tvätta dina kläder?" frågade jag.

"Nej." Han ryckte bekymmerslöst på axlarna.

När Moody kom hem följande veckoslut tycktes han otroligt nog inte lägga märke till stanken förrän jag artigt påpekade för honom att Mammal luktade illa. "Gå och ta av dig kläderna så att Betty kan tvätta dem", kommenderade Moody. "Och passa på att duscha."

Mammal löd med en ful grimas. Det var tydligt att han inte var van att duscha och ett det var en påfrestande erfarenhet för honom i stället för en uppfriskande upplevelse.

Mammal var en lat, krävande och oförskämd gäst i två hela veckor innan jag körde honom till Carson City Hospital för att han skulle bli opererad. Jag passade på att hälsa på mina föräldrar innan jag återvände till Alpena, och sedan tänkte jag inte mer på Mammal.

Senare berättade Moody att Mammal var stött för att jag inte tog ledigt från arbetet på nytt, skaffade barnvakt över natten och körde den fyra timmar långa vägen till Carson City på nytt för att vara där när han opererades.

Det gick tio dagar medan Mammal var kvar på sjukhuset som konvalescent. Sedan körde Moody honom från Carson City till Alpena och lämnade honom på nytt i min vård.

"Nej, jag vill inte ta hand om honom", protesterade jag. "Vad ska jag ta mig till om något tillstöter? Det är du som är läkare. Du får ta hand om honom."

Moody lyssnade inte på mina protester. Han återvände till Detroit och lämnade kvar Mammal hos mig.

Jag avskydde mig själv för att jag på nytt accepterat rollen som den undergivna hustrun, men jag tog i alla fall hand om Mammal och lagade de fem dietmål han skulle ha var dag. Han tyckte lika illa om min mat som jag tyckte om att laga den åt honom. Men det tycktes inte finnas någon annan utväg än att härda ut tills Mammal blev så frisk att han kunde åka hem till Iran.

Moody utgick från att Mahtob omedelbart skulle fatta tycke för Mammal. Han försökte tvinga henne att vara tillsammans med sin systerson, men Mahtob reagerade på samma sätt som jag inför den ovårdade iraniern.

"Låt henne vara i fred", sa jag. "Det går inte att tvinga Mahtob att bli vän med den eller den. Hon bara är på det sättet. Det vet du också. Bry dig bara inte om henne så ordnar sig allt i sinom tid."

Men Moody ville inte lyssna på det örat. Han gav till och med Mahtob smäll ett par gånger för att hon höll sig borta från Mammal.

Under veckan, när Moody var i Detroit, ringde han Mammal var kväll. De talade på farsi och de kunde hålla på i timmar. Jag förstod snart att Moody använde Mammal som en informationskanal för att hålla reda på vad jag gjorde. En kväll la Mammal plötsligt ner luren på bordet och sa att Moody ville prata med mig. Min make skällde ut mig för att jag lät Mahtob se ett visst TV-program som han sagt att han inte ville att hon skulle titta på.

Våra lugna och sköna helger tillhörde nu det förflutna. Moody körde till Alpena för att sitta och prata med Mammal hela lördagen och söndagen. Han ville höra allt som hade med hans familj med att göra och han började på nytt tala hänfört om ayatollah Khomeini och gissla västerländska – och framför allt amerikanska – seder, bruk och moral.

Vad skulle jag göra? För varje veckoslut återgick min make, som i tjugofem år varit helt amerikaniserad, mer och mer till sin tidigare iranska personlighet och till tidigare värderingar. Så länge Mammal var hos oss sattes min kärlek till Moody på hårda prov. Jag hade gift mig med den amerikanske Moody och den iranske Moody var en ovälkommen främling. Det som var ännu värre var att Mammal och Moody nu hela tiden talade om att ta Mahtob och mig med på en resa till Iran så att jag skulle få hälsa på deras familj.

Under helgerna stängde de in sig tillsammans och förde oändligt långa och för mig helt obegripliga samtal. Trots att de talade farsi sänkte de rösterna så snart jag kom in i rummet.

"När tänker han ge sig av?" frågade jag en dag i ren desperation.

"Han kan inte åka förrän läkarna säger att han är utom all fara", svarade Moody.

Det inträffade två saker som förebådade en kris. För det första hittade banken en köpare till det hus vi hyrde, och vi tvingades flytta. Ungefär samtidigt upphörde min anställning på advokatkontoret. Det stod klart för oss alla att det var dags för mig att få en ändring till stånd.

Moody visste vart han ville att jag skulle flytta. Han förklarade att det var dags för oss att börja bo tillsammans som en familj på heltid.

Jag ville inte flytta till Chicago och jag var inte alls säker på att jag ville ge upp mitt oberoende. Men jag visste att Mammal snart skulle återvända till Iran, och jag hoppades att Moody och jag skulle kunna återgå till vår tidigare eleganta och bekväma livsstil. Vi diskuterade aldrig det enda alternativet, men det rådde inget tvivel om att det var skilsmässa. Det framgick klart av Moodys sätt att insistera. Jag gick därför till slut med på att flytta till Detroit. Jag hoppades och bad att det värsta nu skulle ligga bakom oss. Jag skulle göra mitt allra bästa för att bygga upp vårt äktenskap på nytt.

Men jag vidtog i alla fall en säkerhetsåtgärd. Jag var inte säker på att vi skulle lyckas med vårt äktenskap, och jag var rädd för att bli med barn. Veckan innan vi flyttade gick jag till doktorn och fick en spiral insatt.

Moody hade bott i en liten lägenhet under den tid han arbetat i Detroit. Nu måste vi leta efter en större bostad. Jag utgick från att vi skulle köpa ett hus, men Moody ville absolut att vi skulle hyra ett så länge och vänta med köp tills vi fann vårt drömhus. Allt gick så fort att det snurrade i huvudet på mig.

Moody hade återfått hela sin tidigare övertalningsförmåga, och innan jag visste ordet av hade vi hyrt ett hus i Southfield och flyttat in – jag, Moody, Joe, John, Mahtob... och Mammal.

Jag skrev in Mahtob i en utmärkt Montessoriskola i Birmingham, som inte låg särskilt långt bort. Skolan förestods av den kvinna som var den första lärare som förde Montessoripedagogiken till Amerika från Europa.

Moody köpte en ny bil åt mig, och jag tog nästan varje dag med mig Mammal ut på turer så att han skulle få se staden och handla för de pengar Moody gav honom. Mammal var lika oartig och nedlåtande som tidigare, men han tycktes ändå anta att jag var överlycklig för att jag fick vara tillsammans med honom. I verkligheten förhöll det sig så att jag bara längtade efter den dag då han skulle ge sig av och åka hem till Iran.

Mammal stannade kvar hos oss till mitten av juli. När tiden för hans avresa närmade sig insisterade han allt mer på att vi – Moody, Mahtob och jag – skulle komma och hälsa på hans familj i Iran. Till min fasa tackade Moody ja och lovade att vi skulle komma dit på två veckors semester i augusti. Joe och John skulle bo hos sin far under den tid vi var bortresta.

Plötsligt började Moodys och Mammals nattliga samtal te sig som något hotfullt. Under de sista dagarna före Mammals avresa var Moody tillsammans med honom varje ledig stund. Höll de på att planera något?

Till sist kunde jag inte hålla tillbaka en direkt fråga: "Vad är det ni håller på med? Tänker ni kidnappa Mahtob och ta henne med till Teheran?"

"Var inte löjlig", svarade Moody. "Du är tokig. Du borde gå till en psykiater."

"Jag är i alla fall inte så tokig att jag tänker åka till Iran. Det kan du göra. Jag och barnen stannar här."

"Du och Mahtob kommer med mig", sa Moody. "Jag tänker inte ge dig något val."

Jag hade givetvis ett val. Det var bittert, men det höll på att ta form i mina tankar. Jag hyste fortfarande hopp om att vi skulle kunna reparera vårt äktenskap och bygga upp vårt förhållande på nytt, i synnerhet när Mammal gett sig av. Jag ville inte utsätta mig och barnen för det trauma som en skilsmässa innebär. Men jag ville heller inte åka till Iran.

Moody gav efter och försökte resonera med mig. "Varför vill du inte följa med?" frågade han.

"För att jag vet att om jag åker med och du beslutar att du vill stanna där så kan jag inte komma hem igen."

"Jaså, är det det som bekymrar dig", sa Moody vänligt. "Så skulle jag aldrig handla mot dig. Jag älskar dig." Han fick plötsligt en idé. "Hämta Koranen", sa han.

Jag gick och hämtade islams heliga skrift i bokhyllan och räckte den till min make.

Han la handen över boken och sa: "Jag svär vid Koranen att jag aldrig kommer att tvinga dig att stanna i Iran. Jag svär vid Koranen att jag aldrig kommer att tvinga dig att vistas på någon plats mot din vilja."

Mammal vädjade också till mig. "Det skulle aldrig kunna inträffa", försäkrade han mig. "Vår familj skulle inte tillåta det. Jag lovar dig att det inte kommer att ske. Jag lovar dig att vår familj kommer att lösa alla problem som kan uppstå."

Jag kände en omedelbar lättnad. "I så fall går jag med på det", sa jag. "Vi åker."

Moody köpte flygbiljetter. Augusti närmade sig mycket fortare än jag ville. Trots min makes dramatiska och högtidliga ed vid Koranen greps jag av allt starkare tvivel. Han blev allt mer entusiastisk inför resan. Han satt i timmar och läste alla iranska tidningar och tidskrifter han kunde komma över. Han talade med värme om sin familj och särskilt om sin syster, Ameh Bozorg. Han började be sina böner. Än en gång förändrades han inför mina ögon från amerikan till iranier.

Jag gick i hemlighet och konsulterade en advokat. "Jag måste åka om det inte ska bli skilsmässa", förklarade jag. "Jag vill inte resa till Iran. Jag är rädd att han inte låter mig resa tillbaka hem om jag åker dit."

Vi diskuterade den möjligheten, och medan vi pratade kom en annan fruktan i dagen. Det var en risk med en eventuell skilsmässa. Den var kanske ännu större än risken med att resa. Om jag sökte skilsmässa skulle jag försvinna ur Moodys liv. Han skulle inte kunna ta mig med till Iran, men hur skulle det gå för Mahtob? Om han tog henne med sig till Iran och beslöt sig för att stanna skulle jag ha förlorat min dotter för alltid.

"Skulle jag få rätt att besöka henne?" frågade jag. "Skulle vi inte kunna övertyga en domare om att det är en överhängande fara och få en dom som håller honom borta från Mahtob?"

Advokaten påpekade att amerikansk lagstiftning inte tillät att man utdömde ett straff innan ett brott begåtts. "Han har inte begått något brott. Det finns inget sätt att hindra honom att besöka sitt barn."

"Jag tycker inte riktigt om tanken att ni ska åka till Iran", sa advokaten, "men jag kan inte se att det vore något direkt fel. Kanske är det så att Moody varit utsatt för ett starkt tryck en längre tid och varit så deprimerad att han nu vill åka och hälsa på sin familj. Det kanske kommer att göra honom gott och han kanske kommer tillbaka som en ny människa med friska krafter. Jag tror faktiskt att det skulle vara bra för honom att åka."

Samtalet gjorde mig ännu osäkrare. Om jag sökte skilsmässa *visste* jag innerst inne att Moody skulle se till att han fick med sig min dotter till ett olyckligt liv i Iran. Jag hade inget annat val än att satsa på att de verkliga eller inbillade komplotter som fyllde Moodys tankar skulle komma att framstå i ett annat ljus när han kom till Iran och att en nära kontakt med det iranska samhället skulle få honom att vilja återvända till Amerika. Då kunde jag bara i fantasin föreställa mig hur trist det skulle vara att bo i Teheran, men jag satsade på att två veckor skulle vara nog för att få Moody på andra tankar.

Den verkliga anledningen till att jag tog med Mahtob till Iran var helt enkelt att jag var förlorad om jag gick med på det men att Mahtob var förlorad om jag inte gjorde det.

Så kom den dag då vi skulle ge oss av. Mahtob och jag hade bara packat det allra nödvändigaste för att ha utrymme för de presenter vi skulle ha med oss till Iran. Men Moody hade flera väskor. En av dem var full med mediciner som ha sa att han skulle ge till iranska läkarkollegor. I sista stund beslöt Mahtob att hon absolut måste ha sin kanin med sig.

Den 1 augusti 1984 gav vi oss av. Vi flög via New York och London, och i London hade vi ett uppehåll på tolv timmar så att vi kunde se på staden. Jag köpte ett par engelska dockor åt Mahtob. För var timme som gick tilltog min rädsla för att stiga ombord på planet som skulle föra oss till Iran.

Medan vi väntade på Heathrowflygplatsen, där vi skulle gå ombord på planet till Cypern och Teheran, träffade Moody en iransk läkare som var på väg hem efter ett besök i USA.

"Är det besvärligt att ta sig ur landet när man ska åka hem?" frågade jag nervöst.

"Nej då, inte alls", försäkrade han mig.

Den iranske läkaren gav goda råd om hur man skulle ta sig genom tullen. Han sa att iranierna hade en mycket hög tullavgift på alla varor som tillverkats i Amerika. "Om ni säger att ni ska stanna och arbeta i landet kanske ni slipper betala tull", föreslog han.

Jag tyckte inte om att höra något sådant, inte ens om det var ett trick för att spara pengar.

"Men vi tänker inte – "

"Jag vet", avbröt han.

"Vi har inte för avsikt att stanna i Iran", fortsatte jag. "Vi ska bara vara där i två veckor. Sedan åker vi hem igen."

"Jaha, på så vis", sa han. Sedan började Moody och han prata på farsi.

När vi steg ombord på planet hade det gått så långt att jag darrade av fruktan. Jag hade lust att skrika, vända om och springa tillbaka till avgångshallen, men min kropp ville inte lyda min instinkt. Med Mahtob vid handen gick vi bort till flygplanet, letade rätt på våra platser och spände fast oss.

Under hela flygningen till Cypern fortsatte jag att fundera på mitt dilemma. När planets hjul mötte asfalten på flygplatsen på Cypern visste jag att det var min sista chans. Jag borde ta med mig Mahtob och lämna planet, vänta på flygplatsen och ta nästa plan tillbaka hem till USA. Jag funderade allvarligt på det alternativet, men jag mindes samtidigt advokats ord: "Han har inte begått något brott. Det finns inget sätt att hindra honom att besöka sitt barn."

Jag kunde heller inte ta mig av planet. När vi taxade in från landningsbanan meddelade man i högtalarna att det bara var ett kort uppehåll. Passagerare som skulle vidare till Teheran skulle stanna kvar ombord.

Efter några minuter var vi åter på väg ut mot banan. Planet satte fart och nosen lyftes. Hjulen lättade från marken. Jag kände hur de starka motorerna lyfte oss allt högre upp i luften.

Mahtob slumrade vid min sida, trött efter den långa resan.
Moody läste en iransk bok.

Jag satt stel och orörlig, drabbad av insiktens chock. Jag visste vart jag var på väg , men jag visste inte vad som skulle hända mig.

24

Onsdagen den 29 januari 1986 kom med en gryning om var lika grå och dyster som min sinnesstämning. Spegeln visade ett rött och svullet ansikte som ett arv efter nattens tårar. Moody skickade Mahtob till skolan och sa sedan att vi skulle bege oss till Swiss Airs kontor för att ge dem mitt pass. De skulle behålla passet tills jag steg ombord på planet på fredagen.

"Jag måste åka till *tavaunee* med Chamsey och *Khanum* Hakim", påminde jag honom. Han kunde inte strunta i det löfte jag gett turbanmannens hustru.

"Vi åker till Swiss Air först", svarade han.

Det tog ganska lång tid att klara av det ärendet eftersom flygbolagets kontor låg i andra änden av staden. Medan vi studsade fram över de ojämna gatorna i taxi tänkte jag bara på att jag skulle gå ut och handla senare. Skulle Moody låta oss tre kvinnor ge oss av ensamma? Skulle jag komma åt en telefon?

Jag blev besviken när Moody följde med mig till Chamseys hem.

"Vad är det fatt?" frågade Chamsey i samma ögonblick hon såg mitt ansikte.

Jag svarade inte.

"Tala nu om för mig hur det är fatt", insisterade hon.

Moody vakade över oss som en hök.

"Jag vill inte åka till Amerika", grät jag. "Moody säger att jag måste åka och ta hand om våra affärer. Jag måste sälja allt. Men jag vill inte åka."

Chamsey vände sig mot Moody. "Du kan inte be henne ta hand om sådant vid ett tillfälle som det här. Låt henne bara åka över några dagar och träffa sin far."

"Nej", morrade Moody. "Hennes far är inte så sjuk som hon säger. Det är ett påhitt. Det är en sak de kommit överens om."

"Det är visst sant!" skrek jag. "Pappa är mycket sjuk och det vet du mycket väl."

Moody och jag skrek ut vårt hat mot varandra inför Chamsey och Zaree.

"Du har fastnat i din egen fälla!" vrålade Moody. "Det var ett trick för att få dig över till Amerika. Nu ska du också åka. Du åker och du skickar hit alla pengarna."

"Nej!" skrek jag tillbaka.

Moody tog mig i armen och drog mig med mot dörren. "Vi går nu", sa han kort.

"*A Bozorg*", sa Chamsey. "Lugna er. Ni måste tala ut om det här."

"Vi går nu", upprepade Moody.

Medan han släpade mig ut vände jag mig om och skrek till Chamsey och Zaree: "Hjälp mig, snälla ni. Ta reda på hur det går för mig. Han kommer att göra oss illa."

Moody smällde igen dörren bakom oss.

Han höll min arm i ett hårt grepp medan vi gick längs trottoaren i riktning mot Hakims hem. Det var en promenad på ungefär en kvart och han svor och skrek åt mig hela tiden och öste de grövsta tillmälen han kunde över mig gång på gång. Men svordomarna sårade mig inte så mycket som hans ord då han sa: "Du kommer aldrig att få se Mahtob mer!"

När vi närmade oss Hakims hus sa han: "Nu är du så god och skärper dig. Se till att du inte gråter en enda tår inför *Khanum* Hakim. Låt henne inte veta att något är på tok."

Moody tackade nej till *Khanum* Hakims inbjudan att dricka te. "Jag vill hellre gå till *tavaunee* direkt", sa han.

Vi gick alla tre till församlingens butik. Moody höll min arm i ett hårt grepp hela tiden. Vi köpte linser och gick sedan hem.

Under eftermiddagen arbetade Moody på sitt kontor. Han sa inte ett ord till mig, men han övervakade mig hela tiden, och den övervakningen skulle av allt att döma fortsätta i två dagar

377

till, ända tills han satt mig på planet till Amerika.

När Mahtob kom hem från skolan såg hon först efter om hennes far var upptagen på sin mottagning. Sedan kom hon till mig i köket. Hon vände sig till mig och sa: "Mamma, ta med mig tillbaka till Amerika i dag." Det var första gången på flera månader hon sagt något sådant. Hon visste också att det var ont om tid.

Jag tog henne i famn. Tårarna rann utför våra kinder och mina blandades med hennes. "Vi kan inte åka, Mahtob", sa jag. "Men var inte orolig. Jag tänker inte lämna dig i Teheran. Jag åker inte till Amerika utan dig."

Men hur skulle jag kunna uppfylla det löftet? Kunde Moody sätta mig ombord på planet även om jag sparkade och skrek? Det kunde han antagligen, det insåg jag. Ingen skulle ens tänka på att hindra honom. Han kunde också bedöva mig och skicka iväg mig utan att jag märkte det. Han kunde göra precis vad han ville.

Fereshteh kom och hälsade på senare på eftermiddagen. Hon ville säga adjö. Hon såg att jag var ledsen och försökte trösta mig så gott hon kunde. Nu var det ingen idé att låtsas längre. Spelet var slut inför henne, inför Moody och inför mina andra vänner. Jag kunde inte längre låtsas att jag var den lyckliga muslimska hustrun. Vad skulle det tjäna till?

Moody kom in och begärde att få te. Han frågade Fereshteh om hon hört något från sin man, och det fick henne att brista i gråt. Vi hade alla våra problem.

Gode Gud, bad jag, låt Mahtob och mig komma undan från Moody. Gode, gode, gode Gud!

Hörde jag ambulansen eller kände jag på mig att den skulle komma? Såg jag de blinkade ljusen återspeglas på väggarna eller drömde jag att jag såg dem? Det hade inte hörts några sirener. Den hade bara stannat vid vår port. Den var en uppenbarelse.

Det var ett akutfall! Moody måste komma till sjukhuset.

Hans blick låstes i min. Strömmar av hat, besvikelse och häpnad flöt mellan oss utan ett ord. Hur skulle han kunna ge sig av till sjukhuset och lämna mig obevakad? Vad skulle jag kunna göra? Vart skulle jag fly? Han tvekade ett ögonblick, sliten mellan sin djupa misstro mot mig och läkarens pliktkänsla. Han kunde inte vägra att ställa upp när han blev kallad till en akutfall, men han kunde heller inte låta bli att övervaka mig.

Fereshteh kände dramatiken som låg i luften. "Jag stannar hos henne tills du kommer tillbaka", sa hon till Moody.

Utan ett ord tog Moody sin läkarväska och hoppade in i den väntande ambulansen.

Han var borta. Jag visste inte när han skulle komma tillbaka. Om fem timmar eller om en halvtimme – det berodde på vad det var för slags akutfall.

Mina tankar tvingade mig upp ur letargin. Detta var det tillfälle jag bett om, sa jag till mig själv. Gör något! Nu!

Fereshteh var en god vän, tillgiven och helt och hållet pålitlig. Jag skulle kunna lägga mitt liv i hennes händer utan minsta risk. Men hon visste inget om Amahl, inget om de invecklade intrigerna i mitt liv. För hennes egen skull ville jag inte inviga henne i dem. Hennes man satt i fängelse för att han hyst regimfientliga tankar, och det försatte henne i en ömtålig situation. Jag fick inte utsätta henne för några risker.

Jag lät några minuter gå. Det kändes som att spela på kasino med en sedelbunt och utan att veta hur mycket pengar som fanns i den. Sedan sa jag, med en röst som jag försökte få att låta så ledig som möjligt: "Jag måste gå ut och köpa några blommor att ta med i kväll."

Vi var inbjudna till vår granne Maliheh för att äta en avskedsmiddag hos henne. Det lät som en vettig ursäkt. Det var artigt att ha en blombukett med sig till värdinnan.

"Gör det", sa Fereshteh. "Jag kör dig till blomsterhandeln."

Det var bra. Vi skulle kunna komma bort från vår gata och den närmaste omgivningen snabbare på det sättet än om vi gick till fots. Jag rörde mig så snabbt jag kunde utan att det skulle tyckas som om jag hade alltför bråttom när jag klädde på Mahtob. Vi hoppade in i Fereshtehs bil.

Hon parkerade utanför blomsterhandeln några kvarter bort. När hon öppnade dörren för att stiga ut sa jag: "Lämna oss här. Jag behöver lite frisk luft. Mahtob och jag tar en promenad hem."

Det lät löjligt i mina öron. Ingen promenerade frivilligt i is och snö.

"Nej då, jag kör er", sa Fereshteh.

"Nej. Jag behöver verkligen frisk luft. Jag vill helst gå." Jag gled över mot förarplatsen och gav henne en kram. "Lämna oss", upprepade jag. "Åk du bara. Och tack för allt."

Hon hade tårar i ögonen när hon svarade: "All right."

Mahtob och jag steg ur bilen och såg Fereshteh köra sin väg.

Den kalla vinden bet i våra ansikten, men vi brydde oss inte om det. Jag skulle känna av den senare. Mahtob ställde inga frågor.

Vi tog två orange taxibilar i följd för att ingen skulle kunna spåra vår väg från de här kvarteren. Till sist steg vi ut på en snötäckt gata och letade oss fram till en telefonkiosk. Med darrande fingrar slog jag Amahls privata nummer. Han svarade omedelbart. "Det här är den absolut sista chansen", sa jag. "Jag måste ge mig av omedelbart."

"Jag behöver mer tid", sa Amahl. "Jag har inte allt klart än."

"Nej. Vi måste börja chansa. Om jag inte reser nu kommer jag aldrig att få Mahtob med mig."

"Då försöker vi. Kom hit." Han gav mig adressen till en lägenhet i närheten av kontoret och uppmanade mig att se till att ingen följde efter mig.

Jag la på luren och vände mig till Mahtob för att tala om den underbara nyheten för henne. "Mahtob", sa jag, "vi ska åka till Amerika."

Till min häpnad började hon gråta.

"Vad är det fatt?" frågade jag. "Du sa ju förut i dag att du ville att jag skulle ta dig med till Amerika."

"Jo", snyftade hon, "jag vill åka till Amerika, men inte just nu. Först vill jag hem och hämta min kanin."

Jag ansträngde mig för att inte tappa fattningen. "Hör på", sa jag. "Vi köpte den kaninen i Amerika, inte sant?" Hon nickade. "Då kan vi köpa en ny i Amerika. Vill du komma med till Amerika eller vill du åka hem till pappa?"

Mahtob torkade tårarna. Jag såg in i min sexåriga dotters ögon och blev varse ett nytt slags beslutsamhet. Jag förstod i det ögonblicket att Moody inte lyckats skrämma eller straffa henne till underkastelse. Hennes vilja var böjd men inte knäckt. Hon var *inte* en undergiven iransk dotter. Hon var min beslutsamma amerikanska dotter.

"Jag vill åka till Amerika", sa hon med bestämd röst.

"Kom fort då", sa jag. "Vi måste skaffa en taxi."

25

"Bettii?" frågade den unga kvinnan och öppnade en liten springa i dörren.

"Ja."

Hon öppnade dörren helt och steg åt sidan så att vi kunde komma in. Det hade tagit mer än en timme att korsa Teheran i snöstormen med hjälp av orangefärgade billiga taxibilar, och vi hade bytt bil flera gånger. Det var tillräckligt lång tid för att Amahl skulle få tid att börja förbereda vår plötsliga flykt. "Amahl sa att jag skulle ge er mat om ni är hungriga", sa kvinnan.

Jag var inte hungrig och inte Mahtob heller. Vi hade så mycket annat i tankarna att vi saknade all aptit. Men vi insåg samtidigt att vi borde ta vara på varje möjlighet att bygga upp våra krafter inför de prövningar som låg framför oss ute i den mörka vinternatten och det okända som skulle komma senare under dagar och nätter.

"Ja tack", svarade jag.

Kvinnan drog en *roosarie* över huvudet och dolde sina unga ansiktsdrag. Hon kanske var en student, tänkte jag. Hur mycket visste hon om oss? Vad hade hon för förbindelse med Amahl?

"Jag kommer strax tillbaka", sa hon.

Hon lämnade oss i lägenheten. Jag sprang omedelbart till fönstren och drog för gardinerna.

Lägenheten var liten och en smula ostädad, men den var en ojämförligt mycket säkrare tillflyktsort än gatan. I vardagsrummet stod en gammal soffa med trasiga resårer. Det fanns ingen säng i sovrummet. Madrasserna låg utbredda på golvet.

Fruktan är en smittsam åkomma. Jag kunde se min egen rädsla återspeglad i Mahtobs ögon. Hade Moody kommit hem än? Hade han ringt polisen?

Men det fanns mer än rädsla i Mahtobs ögon. Upphetsning, energi, hopp? Vi gjorde till sist i alla fall *något*. På gott eller ont var de passiva och nedbrytande månaderna bakom oss.

Frågorna rusande genom mitt huvud. Hur skulle det gå om vi inte kunde ta oss ut ur Teheran snabbt? Skulle vi tvingas tillbringa flera nätter här? Det var så många som hade talat om för mig att en flykt bara kunde lyckas om den var planerad in i minsta detalj och schemat följdes på minuten. Vi bröt mot de reglerna.

Jag tog telefonen och ringde Amahl för att tala om att vi anlänt. Jag hade lovat att bekräfta det.

"Aalå." Jag kände igen den välbekanta rösten.

"Vi är här", sa jag.

"Bettii!" ropade han. "Jag är så glad att ni klarat er dit. Oroa er inte. Allt kommer att gå bra. Vi ska ta hand om er. Jag har kontaktat några människor och jag kommer att arbeta hela natten för att få till stånd en överenskommelse. Inget är klart än, men jag håller på och arbetar med det."

"Var snäll och göra det klart så fort som möjligt."

"Jo visst. Oroa er inte. Allt kommer att gå bra." Sedan la han till: "Flickan kommer att se till att ni får mat. Sedan måste hon gå. Men jag kommer i morgon bitti och ser till att ni får frukost. Stanna inne hela tiden. Gå inte ut ur huset och håll er borta från fönstren. Om det är något ni behöver så kan ni ringa mig. Ni kan ringa hela natten om ni behöver."

"All right."

"Jag har tänkt på en sak och jag vill att ni skriver ner det", sa han. Jag la ner telefonluren och tog upp en penna och ett stycke papper ur min handväska. "För att få er ut ur Teheran måste vi se till att vinna lite tid från er man", sa Amahl. "Jag vill att ni ringer honom. Ni måste övertyga honom om att det finns en chans att ni kommer tillbaka till honom."

"Jag vill verkligen inte ringa Moody", protesterade jag.

"Jag vet, men ni måste göra det." Han gav mig noggranna instruktioner om vad jag skulle säga och jag antecknade det.

Strax efter mitt samtal med Amahl kom den unga kvinnan

383

tillbaka. Hon hade med sig en iransk pizza – lite tomatsås och en hamburgare på torrt *lavash* – och två flaskor cola. Vi tackade henne och hon försvann sedan snabbt. Hennes uppdrag var slutfört.

"Jag vill inte ha", sa Mahtob med en blick på den oaptitliga pizzan. Jag hade inte heller någon matlust. För tillfället fick vi leva på kroppens eget adrenalin.

Jag såg på mina anteckningar och skrev rent dem. Jag studerade dem noga och repeterade det jag skulle säga. Sedan insåg jag att jag bara sköt samtalet framför mig. Jag lyfte tveksamt luren och slog numret hem.

Moody svarade efter den första signalen.

"Det är jag", sa jag.

"Var håller du hus?" frågade han ilsket.

"Jag är hemma hos en vän."

"Vilken vän?"

"Det talar jag inte om."

"Se till att du kommer hem omedelbart", befallde han.

Han var lika aggressiv som vanligt, men jag fortsatte som Amahl instruerat mig.

"Det är en del saker vi måste tala om", sa jag. "Jag skulle vilja lösa det här problemet om du också visar att du vill lösa det."

"Ja, det vill jag." Hans röst blev lugnare och mer beräknande. "Kom hem så talar vi om saken", föreslog han.

"Jag vill inte att alla andra ska få reda på vad som hänt", sa jag. "Jag vill inte att du berättar det för Mammal eller Majid eller din syster eller någon annan. Om vi ska kunna lösa det här problemet ska vi göra det på tu man hand. De senaste dagarna har Mammal kommit tillbaka i vårt liv och det har inte varit bra för oss. Jag tänker inte diskutera saken med dig om du inte går med på det."

Det hördes att Moody inte uppskattade mitt trots.

"Kom bara hem så får vi tala om saken", upprepade han.

"Om jag kommer hem är jag säker på att Mammal står och väntar på oss för att ta Mahtob och sedan låser du in mig, precis som du sagt."

Moody var förvirrad. Han visste inte hur han skulle tala mig till rätta nu. Han anslog en försonligare ton. "Nej då, det

384

kommer jag visst inte att göra. Jag har sagt återbud till alla de patienter jag skulle haft i morgon. Kom hem. Vi äter middag tillsammans och sedan kan vi prata hela natten."

"Jag tänker inte ta det där planet på fredag."

"Det kan jag inte lova dig."

"Men nu talar jag i alla fall om det för dig. Jag tänker inte ta det där planet på fredag." Jag märkte att jag höjde rösten allt mer. Ta det lugnt, tänkte jag. Det här är inte rätt tillfälle att gräla. Meningen är att vinna en tidsfrist, inte att gräla.

I andra änden av linjen skrek Moody: "Jag tänker inte lova dig något! Se till att komma hem med en gång! Jag ger dig en halvtimme. Är du inte hemma då så gör jag vad jag måste göra."

Jag visste att han menade att han skulle ringa polisen, och jag spelade därför ut det trumfkort som Amahl gett mig.

"Nu ska du höra noga på mig", sa jag. "Du driver en läkarpraktik utan tillstånd. Om du ställer till problem för mig anmäler jag dig till myndigheterna."

Nu mjuknade Moodys ton omedelbart. "Nej, gör inte det är du snäll", bad han. "Vi behöver pengarna. Jag gör det ju för oss. Gör inte det. Kom bara hem är du snäll."

"Det är en sak jag måste tänka på", sa jag och la på luren.

Jag visste inte vad Moody skulle ta sig till härnäst, men jag visste i alla fall att han inte hade ringt polisen, och jag var säker på att mitt hot skulle få honom att avhålla sig från det – i alla fall i kväll.

Jag vände mig mot Mahtob som hade suttit på helspänn och lyssnat på vårt samtal. Vi talade om att resa till Amerika. "Är du säker på att du verkligen vill åka?" frågade jag. "Om vi gör det måste du förstå att du aldrig kommer att träffa pappa mer."

"Ja", svarade hon. "Jag vill göra det. Jag vill åka till Amerika." Jag blev än en gång förvånad över att hon förstod så mycket. Den beslutsamhet som avspeglades i hennes röst stärkte min egen. Nu fanns det ingen återvändo.

Under de följande timmarna talade vi glatt om Amerika och gamla minnen. Vi hade varit borta så länge! Flera gånger ringde Amahl för att höra efter om vi mådde bra. Han antydde bara i svävande ordalag att arbetet gick framåt.

385

Det sista samtalet kom halv ett på natten. "Jag ringer inte mer i dag", sa han. "Nu behöver ni sova och vila ut inför morgondagen. Gå och lägg er nu så väcker jag er i morgon."

Mahtob och jag la oss i soffan. Vi bad och försökte sedan sova, men det var inte lätt på den obekväma bädden. Mahtob slumrade till, men jag låg vaken tills jag såg det första gryningsljuset fylla rummet. En stund senare ringde Amahl och sa att han skulle komma och hälsa på.

Amahl kom vid sjutiden. Han hade med sig en korg med bröd, fetaost, tomater, gurka, ägg och mjölk. Han kom också med ett ritblock och färgpennor till Mahtob och den plastpåse med extra kläder och annat som jag hade lämnat på hans kontor på tisdagen. Jag fick en elegant axelväska av skinn. Det var hans avskedspresent.

"Jag har arbetat hela natten och talat med olika människor", sa han. "Nu har vi planerat att ta er över till Turkiet."

Turkiet! Jag blev orolig. En flygresa till Bandar Abbas och en motorbåtsfärd över Persiska viken — flyg till Zahidan och en utsmuggling till Pakistan, en flygning till Tokyo med ett lånat pass — det var de alternativ vi arbetat med. Turkiet hade alltid varit Amahls sista alternativ. Han hade sagt att en flykt genom Turkiet inte bara var det fysiskt mest krävande alternativet utan också det mest riskabla, beroende på de inblandade personerna.

"Nu när ni är rapporterad som saknad kan ni inte ge er av via flygplatsen", förklarade han. "Ni måste lämna Teheran i bil. Det är en lång resa till den turkiska gränsen, men det är i alla fall det närmaste alternativet." Han hade ordnat så att en person skulle köra oss till Tebriz i nordvästra Iran och sedan ännu längre mot väster. Efter det skulle vi smugglas över gränsen i en Röda Kors-ambulans. "De vill ha trettio tusen amerikanska dollar", sa Amahl. "Det är för mycket. Jag försöker få dem att slå ner priset. Jag har redan prutat till femton, men det är i alla fall för mycket."

"Låt dem få femton", sa jag. Jag visste inte hur mycket pengar vi hade kvar på våra konton hemma, men jag brydde mig inte om det. Jag skulle skaffa fram pengarna på något sätt.

Amahl skakade på huvudet. "Det är fortfarande för mycket", sa han.

Jag insåg plötsligt att vi talade om Amahls pengar, inte mina. Han måste lägga ut dem utan att ha några garantier för att jag skulle klara mig tillbaka till Amerika och kunna betala tillbaka vad jag var skyldig honom.

"Jag ska försöka få ner priset", sa han. "Jag har mycket att göra i dag. Om ni behöver något kan ni ringa mig på kontoret."

Mahtob och jag tillbringade dagen tillsammans. Vi bad och pratade för att minska spänningen. Hon tog ibland fram ritblocket och kritorna, men hon kunde inte koncentrera sig riktigt. Jag gick fram och tillbaka på de slitna persiska mattorna. Adrenalinet flödade och min sinnesstämning var en egendomlig blandning av upprymdhet och ängslan. Hade jag betett mig själviskt? Riskerade jag min dotters liv? Skulle det trots allt inte vara bättre för henne att växa upp här – med eller utan mig – än att kanske inte få växa upp alls?

Amahl kom tillbaka vid middagstid och rapporterade att han hade lyckats få ner priset till tolv tusen dollar.

"Gå med på det", sa jag. "Jag bryr mig inte om vad det kostar."

"Jag tror inte jag kan få dem att gå ner mer än så."

"Gå med på det", upprepade jag.

"All right", sa han. Sedan försökte han muntra upp mig. "De här människorna kommer inte att göra er illa. Det lovar jag er. Det är bra folk. Jag har kontrollerat vilka de är, och om jag trodde att de skulle kunna göra er illa skulle jag inte skicka er med dem. Det är inte den bästa plan jag kan tänka mig, men vi måste handla så snabbt vi kan nu. De kommer att ta väl hand om er."

Torsdagsnatten blev ännu en sömnlös oändlighet. Soffan var så obekväm att vi försökte sova på golvet i stället och la oss på de tunna madrasserna. Mahtob sov som det oskuldsfulla barn hon var, men jag kände att jag inte kunde få någon ro förrän jag fått min dotter till Amerika – eller dött under försöket.

Tidigt på fredag morgon kom Amahl med mer mat. Nu hade han med sig en kycklingrätt inslagen i tidningspapper, och dessutom flingor till Mahtob. Han kom med fler ritböcker, en filt, en *montoe* till Mahtob, en svart *chador* till mig och en liten ask med tuggummi, importerat från Tyskland. Medan Mahtob ägnade sig åt denna sällsynta godsak diskuterade Amahl och jag vår situation. "Jag arbetar dygnet runt på planerna", sa han. "Det är svårt därför att de flesta av dem jag måste kontakta saknar telefon."

"När ska vi ge oss av?" frågade jag snabbt.

"Jag vet inte än", svarade han. "Jag vill att ni ska ringa er make i eftermiddag, men inte härifrån. Jag kommer hit och stannar hos Mahtob så att ni kan gå ut och ringa från en telefonkiosk. Vi ska skriva upp allt som ni ska säga till honom."

"Ja", svarade jag. Mahtob och jag litade helt och fullt på Amahl. Det fanns ingen annan som hon skulle gå med på att stanna hos medan jag gick ut. Men hon förstod det som utspelades runt omkring henne. Hon nickade när hon hörde Amahls plan och log mot oss medan hon tuggade på sitt bubbelgum.

På eftermiddagen lämnade jag den relativa tryggheten i Amahls lägenhet och gav mig ut på Teherans isiga och riskabla gator. För första gången på ett och ett halvt år var jag glad över att ha en *chador* att gömma mig bakom. Den kalla vinden svepte kring mig medan jag gick till en telefonkiosk som stod i ett gathörn på tryggt avstånd från lägenheten.

Jag tog upp min lista med instruktioner ur väskan.

Majid svarade när jag slog numret hem.

"Var är du?" frågade han. "Var är du?"

Jag brydde mig inte om hans frågor utan ställde själv en motfråga: "Var är Moody? Jag vill tala med honom."

"Moody är inte hemma. Han har åkt till flygplatsen."

"När kommer han tillbaka?"

"Om ungefär tre timmar ..."

"Jag vill prata med honom om det här problemet."

"Ja, han vill också gärna tala med dig. Kom hit så är du snäll."

"Ja, det ska jag. I morgon kommer jag med Mahtob och min advokat. Då kan vi diskutera saken. Men jag vill inte att någon annan ska vara där. Säg till honom att jag kommer mellan elva och tolv eller mellan sex och åtta. Det är de enda tider min advokat kan komma", ljög jag.

"Kom mellan elva och tolv", sa Majid. "Han har sagt återbud till alla sina patienter i morgon. Men ta inte med dig någon advokat, är du snäll."

"Jo, det gör jag. Jag kommer inte utan min advokat."

"Ta med dig Mahtob och kom ensam", envisades Majid. "Vi ska klara upp den här saken. Jag kommer att vara här."

"Jag är rädd", sa jag. "Moody har slagit mig och låst in mig tidigare. Du och din familj visste inget om det."

"Oroa dig inte. Jag kommer att vara här", upprepade Majid.

Det kändes skönt att svara en av Moodys släktingar med ett hånskratt. "Det skulle just vara något att tro på", muttrade jag. "Jag har varit med om det här tidigare. Tala bara om för honom vad jag har sagt."

Samtalet fick mig att darra av rädsla. Jag visste varför Moody åkt till flygplatsen. Han skulle ta tillbaka mitt iranska pass, som nu låg hos Swiss Air. Han ville inte riskera att jag skulle kunna komma åt det först. Skulle nästa åtgärd bli att tala med polisen?

Jag kände mig naken och utsatt trots min *chador*. Det var hemskt att gå på Teherans gator tillbaka till lägenheten. Det fanns poliser överallt med skjutklara vapen. Jag tyckte alla stirrade på mig.

Jag visste nu att vi måste genomföra vår flykt, vilka faror som än hotade. Hur hemska och farliga människosmugglarna i nordvästra Iran än var kunde de inte vara värre än min make. Jag hade redan blivit rånad, kidnappad och våldtagen. Och Moody var i stånd att mörda mig.

När jag kom tillbaka till lägenheten sa Amahl: "Ni reser i kväll." Han tog fram en karta och visade mig den väg vi skulle ta. Det var en lång och ansträngande körning från Teheran till Tebriz och sedan fortsatt färd upp i de bergstrakter som i lika hög grad kontrollerades av kurdiska rebeller som av patrullerande *pasdar*. Kurderna hade varit fiender till shahens regim men de var lika fientligt inställda till ayatollahns. "Om någon tilltalar er ska ni inte berätta något om er själv", varnade Amahl. "Tala inte om att ni är amerikan. Tala inte om vad det är för resa ni är ute på."

Det var smugglarteamets uppgift att få oss ut ur Teheran och till gränsen, över till Turkiet och sedan till staden Van uppe i bergen i östra Turkiet. Sedan skulle vi få klara oss på egen hand. Vi måste vara försiktiga, varnade Amahl. Vi skulle inte

389

korsa gränsen via någon officiell gränsövergång och våra amerikanska pass skulle därför inte ha några inresestämplar. De turkiska myndigheterna skulle bli misstänksamma när de såg våra dokument. Om vi blev gripna skulle vi visserligen inte bli utlämnade till Iran, men vi skulle bli anhållna – och kanske skilda åt.

Från Van skulle vi fortsätta med flyg eller buss till huvudstaden Ankara. Där skulle vi bege oss raka vägen till den amerikanska ambassaden. Inte förrän vi kom dit skulle vi kunna vara säkra.

Amahl räckte mig en påse mynt. "Ring mig från varje telefonkiosk ni ser efter vägen", sa han. "Men var försiktig med vad ni säger." Han stirrade upp i taket ett ögonblick innan han fortsatte. "Isfahan", sa han. Det är namnet på en iransk stad. "Det får bli vårt kodord för Ankara. När ni kommer fram till Ankara ringer ni och säger att ni är i Isfahan."

Jag ville att Amahl skulle stanna kvar hos oss. Så länge han var fysiskt närvarande kände jag mig trygg. Men han gav sig av för att avsluta förberedelserna under den muslimska sabbatens täckmantel.

Var det min sista fredag i Iran? Jag bad till Gud – till Allah – att det skulle vara det.

Nu var det dags att tänka på de praktiska detaljerna. Vad skulle jag ta med mig? Jag tittade på den tunga gobelängen som jag släpat med mig till Amahls kontor på tisdagen. Vad tänkte jag på den gången? Jag behövde den inte. Jag behöver ingenting alls. Jag behöver bara komma hem. Jag skulle lämna gobelängen och saffranet.

Smyckena skulle jag kanske kunna förvandla till kontanter under resan. Klockan behövde jag för att kunna hålla reda på tiden. Jag la ner småsakerna i min väska tillsammans med ett nattlinne till Mahtob och ett ombyte underkläder för egen del. Mahtob packade ner de flingor som var kvar, några kex och ett par färgläggningsböcker i sin skolväska.

Nu var vi klara. Vi väntade bara på signalen.

Amahl ringde vid sextiden och sa: "Ni ska åka klockan sju."

En timme. Efter alla dessa dagar, veckor och månader hade vi en timmes väntan kvar. Men jag hade blivit sviken tidigare. Tankarna började snurra på nytt. Gode Gud, bad jag, vad är det jag ger mig in på? Gå med oss, Gud, och ta hand om min dotter vad som än händer.

Tio över sju kom Amahl med de två män jag mött tidigare på hans kontor.

De var yngre än jag väntat mig. Möjligen att par och trettio. Den ene av dem talade några ord engelska. Han var klädd i jeans, T-tröja och skinnjacka. Han påminde mig om Fonzi i Mupparna. Den andre, som hade skägg, hade en sportjacka på sig. De var vänliga mot mig och Mahtob.

Vi hade ingen tid att förlora. Jag hjälpte Mahtob att klä sig i *montoe* och tog på min egen. Jag drog fram min *chador* så att den nästan dolde hela ansiktet. Jag var glad över att kunna dölja mig på det här sättet bakom det svarta tyget.

Jag vände mig mot Amahl och vi greps båda av rörelse. Det var ett avsked.

"Är ni säker på att det här är vad ni vill göra?" frågade han.

"Ja", svarade jag. "Jag vill resa."

Han hade tårar i ögonen när han sa: "Jag tycker verkligen om er båda." Sedan vände han sig till Mahtob. "Du har en väldigt fin mamma, Mahtob. Se till att du är rädd om henne."

"Det lovar jag", svarade hon högtidligt.

"Jag är verkligen tacksam för allt ni gjort för oss", sa jag. "Jag ska betala tillbaka de tolv tusen dollar ni lägger ut så snart vi kommer till Amerika."

"Jag vet det", svarade han.

"Men ni har lagt ner så mycket arbete på det här", sa jag. "Jag borde betala er för det."

Amahl kastade en blick på min dotter. Hon såg skrämd ut.

"Den enda ersättning jag vill ha är att få se ett leende i Mahtobs ansikte", sa han. Sedan drog han en flik av min *chador* åt sidan och kysste mig lätt på kinden. "Skynda er nu!" kommenderade han.

Mahtob och jag gick ut tillsammans med den unge mannen som liknade Fonzi. Den andre stannade kvar tillsammans med Amahl.

Fonzi visade oss till en alldaglig bil som stod parkerad på gatan utanför. Jag steg in och satte mig med Mahtob i knät. Vi rullade iväg genom den mörknande fredagkvällen på en väg som jag inte kände och där okända faror hotade. Vi var på väg mot ett ovisst mål. Nu är det dags, tänkte jag. Antingen klarar vi det eller också gör vi det inte. Vi klarar det om det är Guds vilja. Om han inte vill det måste han ha något annat i åtanke för oss. Men medan vi banade oss väg bland tutande bilar, svärande förare och hunsade fotgängare kunde jag inte tro annat än att vi hade Guds välsignelse på vår resa.

Signalhorn och sirener ljöd på alla håll omkring oss. Det var det vanliga trafikkaoset, men jag upplevde det som om vi var centrum i det. Jag höll min *chador* ordentligt framdragen så att den täckte allt utom vänster öga, men jag kände mig ändå iakttagen och utlämnad.

Vi körde i ungefär en halvtimme i riktning tillbaka längs den väg jag kommit, mot den norra delen av staden och det område där vi bodde. Men vi passerade inte ens i närheten av huset. Plötsligt tvärbromsade Fonzi och körde snabbt in i en smal gränd.

”*Bia! Zood bash!*” ”Kom! Skynda er!” kommenderade han.

Vi steg ut på trottoaren och visades in i baksätet på en annan bil. Det fanns ingen tid för frågor. Flera främlingar hoppade in efter oss och bilen satte fart. Fonzi stannade kvar vid den bil vi kommit med.

Jag kastade omedelbart en blick på våra nya reskamrater. Mahtob och jag satt bakom den nye chauffören. Han var en man i trettioårsåldern. Bredvid honom satt en pojke som kanske kunde vara tolv, och bredvid honom en man som var äldre än mannen vid ratten. Till höger om oss, mitt i baksätet, satt en flicka i Mahtobs ålder, klädd i en tjock kappa. Hon hade en kvinna bredvid sig. De samtalade alla på farsi, men de pratade så fort att jag inte kunde följa med i samtalet. Det verkade i alla fall som om de var en familj.

Plötsligt förstod jag. Vi tillhörde alla samma familj! Det var vår förklädnad.

Vilka var de här människorna? Hur mycket visste de om oss? Var de också på flykt?

Vi styrde västerut längs vindlande gator. Senare kom vi ut på en motorväg och ut på landsbygden. När vi lämnade staden passerade vi en poliskontroll. En vakt kastade en blick in i bilen och riktade sitt vapen mot oss. Men han såg bara en typisk iransk familj som var på väg ut ur staden en fredagkväll.

Sju personer instuvade i en bil. Han vinkade oss vidare.

Väl ute på den tvåfiliga motorvägen ökade farten och vi susade snart fram genom natten i närmare hundratrettio. Kvinnan i baksätet försökte föra ett samtal med mig på en blandning av engelska och farsi. Jag mindes Amahls varning. Jag fick inte berätta något för någon. Den här kvinnan borde inte veta att vi var amerikaner, men det gjorde hon i alla fall. Jag låtsades att jag inte förstod vad hon sa. Så snart jag tyckte att det gick för sig låtsades jag sova för att undvika kvinnans försök att samtala med mig. Mahtob vilade lugnt i mitt knä.

Jag visste genom Amahls orientering att Tebriz låg ungefär femtio mil från Teheran och att det var ytterligare femton mil till gränsen. De andra passagerarna blev tystare efterhand och slumrade in. Det skulle ha gjort mig gott att sova en stund, men jag kunde inte.

Jag såg då och då ut i mörkret med vänster öga. Minuterna tickade långsamt fram. Med den här farten insåg jag att varje minut förde oss ett par kilometer närmare gränsen.

Vi passerade vägskyltar som visade mot okända städer med egendomliga namn: Kazvin, Takistan, Ziaabad.

Någon gång efter midnatt, långt ute på den iranska landsbygden mellan Ziaabad och Zanjan, saktade föraren in. Jag tittade ut och såg att han körde in på parkeringsplatsen vid en liten bensinstation där det också fanns ett kafé. De andra bjöd mig att komma med in, men jag vågade inte ta risken att bli upptäckt. Jag var rädd för att polisen letade efter oss vid det här laget.

Jag pekade på Mahtob som sov i min famn och fick dem att förstå att jag ville stanna i bilen.

Familjen gick in på kaféet och stannade en bra stund. Det stod ganska många bilar på parkeringsplatsen. Genom kaféfönstren kunde jag se att det var många som rastade där inne och drack te. Jag avundades Mahtob hennes lugna sömn. Jag önskade att jag kunnat blunda, somna in och vakna i Amerika!

Till sist kom en av männen tillbaka till bilen, ”*Nescafé*” mumlade han och räckte mig överraskande en kopp kaffe. Det var nästan omöjligt att få tag i kaffe i Iran, men här hade jag i alla fall en ångande kopp från en liten primitiv restaurang mitt ute på landsbygden. Det var ett starkt och bittert kaffe, men jag tyckte att det var omtänksamt av mannen att komma ut till mig med det. Jag mumlade fram mitt tack och smuttade på kaffet. Mahtob rörde sig inte.

Snart kom de andra tillbaka och vi rullade vidare bort från Teheran i riktning mot gränsen. Motorvägen smalnade till en vanlig väg som slingrade sig upp i bergen.

Det dröjde inte länge förrän de första snöflingorna slog mot vindrutan. Föraren startade vindrutetorkarna och slog på defrostern. Stormen ökade allt mer. När vi kom högre upp var vägen täckt av is, men föraren minskade inte farten. Om vi inte blir fast i en poliskontroll kommer vi att omkomma i en trafikolycka, tänkte jag. Bilen sladdade då och då på isen, men föraren klarade av att hålla kursen. Han var skicklig, men om vi skulle tvingas stanna snabbt skulle det gå illa.

Tröttheten besegrade min rädsla. Jag slumrade in till sist, men vaknade till för varje släng bilen gjorde.

Solen steg till sist upp över det frusna landskapet. Bergen tornade upp sig över oss, täckta av djup snö. Långt borta i väster reste sig ännu högre toppar som såg än mer skräckinjagande ut. Vi fortsatte i alla fall längs den isiga vägen.

Kvinnan såg att jag var vaken och hon försökte på nytt inleda en konversation med mig. Hon sa något om att hon ville resa till Amerika. "Iran är så hemskt", mumlade hon, "men vi kan inte få visum."

Mahtob sträckte på sig och gäspade. "Låtsas att du inte förstår", viskade jag till henne. "Översätt inte." Hon nickade.

Vi närmade oss Tebriz och stannade vid en vägspärr. Hjärtat hoppade upp i halsgropen när jag såg flera soldater stå längre fram vid vägkanten. De stannade somliga bilar och vinkade fram andra. Vår bil blev en av dem som stoppades på måfå. En oförskämd ung officer i *pasdar*-uniform stack in huvudet genom rutan och talade med föraren. Jag höll andan. Mahtob och jag hade bara våra amerikanska pass som identitetshandlingar. Fanns vi redan på en lista över eftersökta flyktingar? Polisen bytte några ord med föraren och vinkade sedan fram oss utan att kontrollera våra papper. Alla i bilen slappnade märkbart av efter kontrollen.

Vi körde in i Tebriz. Staden är inte lika stor som Teheran och den såg renare och fräschare ut. Det kanske bara berodde på att den nyfallna snön gjorde den vit. Hur som helst tyckte jag att staden gav ett intryck av större frihet. Tebriz är i högsta grad en del av den islamiska republiken Iran, men den är inget revolutionscentrum. *Pasdar* och iranska trupper patrullerade överallt, men jag fick ett intryck av att invånarna i Tebriz var sina egna herrar i högre grad än man var i Teheran.

På samma sätt som Teheran, men i mindre skala, var Tebriz en stad fylld av kontraster. Där fanns höga moderna byggnader omväxlande med gamla ruckel. Öst möter väst i Iran, och ingen kan i dag säga vilken livsstil som kommer att dominera i framtiden.

Föraren lotsade bilen genom bakgatorna en stund och stannade sedan tvärt. Kvinnan gav korta order till den unge pojken och kommenderade honom att stiga ur bilen. Jag begrep tillräckligt av deras samtal på farsi för att förstå att han skulle hälsa på sin moster. Han blev tillsagd att inte säga något om oss eller vad det var vi höll på med. Pojken gick upp längs den korta gatan, men kom tillbaka efter några minuter. Han sa att hans moster inte var hemma. Kvinnan steg ur och gav sig av med honom tillbaka upp längs gatan. Trots att jag inte visste varför oroade det mig. Det hade känts tryggare att ha henne i bilen, trots att hon var en främling. Männen var vänliga, men jag ville inte vara ensam med dem. Jag ville att kvinnan skulle vara kvar hos mig.

Mahtob blev orolig. "Jag mår inte bra", klagade hon. Jag kände på hennes panna och den var febervarm. Hon sa att hon mådde illa och hade ont i magen. Jag hasade mig över till den andra sidan och öppnade dörren, precis i tid för att hon skulle hinna luta sig ut och kräkas i rännstenen. Hon kände också av spänningen. Vi väntade i flera minuter innan kvinnan kom tillbaka.

Mostern var hemma, men hon hade inte hört pojkens knackning. Jag kände mig lättad när jag hörde att kvinnan skulle åka vidare med oss. Vi gav oss av på nytt.

Ett par minuter senare stannade vi vid en gatukorsning med intensiv trafik. Den låg intill staden centrala torg. Vår förare stannade mitt framför en polis som stod och dirigerade trafiken.

"*Zood bash! Zood bash!*" "Skynda på! Skynda på!" sa

kvinnan när en man på trottoaren öppnade bildörren och bad oss stiga ur. Vi visades in i en bil rakt bakom vår medan vår förare grälade med en polis som sa att han inte fick stanna där. Om det var en planerad avledande manöver var den mycket effektiv. Innan någon hunnit märka vad som hände hade Mahtob och jag tagit plats i den andra bilen. Mannen, hans hustru och deras dotter steg snabbt in efter oss och vi gav oss av på nytt. Den andre föraren höll fortfarande på att diskutera med polisen när vi rullade bort. Det är ingen ovanlig syn i Iran.

Kvinnan pekade på den nye föraren. Han var en äldre man, kanske i sextioårsåldern. "Tala inte med honom", viskade hon. "Låt honom inte veta att ni är amerikan."

Föraren tycktes nog så vänlig, men han kanske inte insåg att han spelade med i ett internationellt drama. Han kanske bara hade fått order att föra oss från en punkt till en annan. Han kanske inte visste mer än så.

Vi körde genom Tebriz och vidare till en annan stad. Föraren körde oss genom gatorna i vad som tycktes vara en ändlös cirkel. Överallt syntes hemska spår av kriget. Hela kvarter var utplånade av bomber. Alla väggar var fulla av kulhål. Soldater patrullerade överallt. Till sist stannade vi vid en sidogata bakom en blå pickup som det satt två män i. Mannen på passagerarsidan steg ur och gick fram till vår bil. Han talade med föraren på ett främmande tungomål som jag gissade var turkiska.

Mannen gick tillbaka till den lilla lastbilen och körde snabbt därifrån. Vår bil följde efter, men vi tappade snart kontakten med bilen framför i den intensiva trafiken. Vi cirklade runt en stund. Jag undrade vad det var som tog så lång tid. Det vore bättre om vi gav oss av och kom bort från staden. Det var lördag. I dag skulle jag och min advokat ha träffat Moody. Hur länge skulle det dröja innan han förstod att jag hade lurat honom? När skulle han bli så rasande att han anmälde mitt försvinnande till polisen? Hade han redan gjort det? Jag visste inte.

Jag tänkte på Amahl. Jag hade inte kunnat ringa honom som jag lovat. Han måste vara orolig.

Och hur hade Joe och John det långt borta i Michigan? Och min föräldrar? Skulle Moody ringa dem? Skulle de ringa för att

396

berätta om pappa? Vad skulle Moody säga till dem? Skulle de plötsligt behöva oroa sig för Mahtob och mig när de hade pappa att bekymra sig för? Skulle det bli tre dödsfall i familjen inom den närmaste framtiden?

Se till att vi kommer i väg! ville jag skrika.

Så småningom gav vi oss av och körde ut ur stan och vidare västerut. Flera timmar förflöt under tystnad. Det inträffade bara en enda sak. ”*Nakon!*” röt föraren. Han vände på huvudet och såg på Mahtob. ”*Nakon!*”. ”Gör inte så där.”

”Du sparkar på hans stol”, sa jag till Mahtob. Jag böjde in hennes ben så att hon satt på dem.

Vi fortsatte. Frampå eftermiddagen stannade vi intill ett tomt hus vid vägen. En lastbil körde genast fram bakom oss – samma pickup som vi sett i stan. De måste ha följt efter oss. Mahtob och jag blev tillsagda att stiga upp i den. Vi bytte bil och rullade vidare.

Mannen som körde den här bilen såg mer ut som en indian än en iranier. Hans kolsvarta hår var välklippt och kammat och hans ansikte dominerades av de höga kindknotorna. Hans allvarliga min skrämde mig.

Den andre mannen satt mitt i hytten och han verkade mindre sammanbiten. Han var lång och mager och förde sig på ett sätt som gav intryck av att han var van att ge order. När lastbilen backade ut på vägen från det tomma husets gård log han och sa på farsi att han hette Mosehn. Vi fortsatte bara några hundra meter längs vägen innan vi vek av på en smal landsväg in till en by. Byn bestod av några små hus, och trots att det var bittert kallt sprang de illa klädda barnen omkring barfota. Föraren bromsade plötsligt in och hoppade ur bilen. Han sprang fram till en tegelmur och hoppade upp så att han fick tag om krönet och kunde se över den. Kusten var tydligen klar och han tecknade åt oss att vi skulle komma. Mosehn gled över till förarsätet och körde sakta framåt. En stålport öppnades och vi körde in. Porten stängdes och låstes genast bakom oss.

”*Zood bash! Zood bash!*” sa Mosehn.

Mahtob och jag hoppade ur bilen och ner på den leriga gården där får, barn och kycklingar sprang omkring. Vi följde efter Mosehn in i en byggnad mitt på gården som liknade en lada. Några av djuren följde efter oss in.

397

Ladans cementväggar fick det att kännas ännu kallare där inne än ute i fria luften och vi huttrade alla till ofrivilligt. Min andedräkt blev hängande i luften som ett frostmoln när jag viskade: "Nu är det din tur att vara blyg, Mahtob. Översätt inte vad de säger om jag inte ber dig om det. Låtsas inte om att du förstår vad de säger. Försök att se trött ut som om du bara ville sova. Vi vill inte att de här människorna ska få veta något om oss."

Jag la armarna om barnet för att ge oss båda mer värme. Sedan såg jag mig om i ladan. Långa remsor av färgat tyg låg här och där på golvet. Tyget hade sömmar som täcken men ingen stoppning. Längs väggarna låg filtar. Männen gick och hämtade en fotogenkamin. De tände den, la tyget på marken omkring den och tecknade att vi skulle sätta oss. En av männen råkade stöta till kaminen så att lite fotogen skvalpade ut på tyget. Jag var rädd att det skulle ta eld.

Vi satte oss så nära kaminen vi kunde och la de kalla och fuktiga filtarna över axlarna. Den lilla kaminen gjorde nästan ingen nytta i den stränga kylan. Fotogenlukten fyllde luften. Jag undrade om det var kallast med eller utan filtarna. Vi väntade och avvaktade vad som skulle hända härnäst.

"Jag kommer tillbaka senare", lovade Mosehn. Sedan gav han sig av tillsammans med den andre mannen.

Efter en stund kom en kvinna in i ladan. Hon var klädd i kurdisk dräkt, helt olik de färglösa plagg som iranska kvinnor brukade bära. Hon bar lager på lager av långa kjolar i livliga färger. De var åtsnörda kring midjan så att hennes höfter blev enormt breda. Hon hade ett barn i ettårsåldern fastsnört på ryggen. Barnet hade samma stora huvud och breda ansikte som den man som kört bilen. Jag gissade att det var hans son.

Kvinnan var hela tiden i rörelse, sysselsatt med olika göromål. Hon rensade grönsaker en stund och gick sedan ut. Jag såg genom dörröppningen hur hon gjorde rent på gården och sköljde efter med flera hinkar vatten. Sedan kom hon tillbaka in och började plocka upp filtar och mattor från golvet och lägga dem i högar innan hon började sopa golvet med en kvast gjord av torrt gräs som bundits samman med en trasa. Medan hon höll på kom några kycklingar in i ladan. Kvinnan schasade ut dem med sin hemgjorda kvast och fortsatte att sopa.

Vad skulle hända härnäst? Tänker verkligen Mosehn och den andre mannen komma tillbaka och hämta oss? Vad vet den här kvinnan om oss? Vad tycker hon om oss? Hon avslöjade inget och låtsades helt enkelt inte om oss medan hon höll på med sina sysslor.

Efter en stund gick hon ut och kom sedan tillbaka med bröd, ost och te. Trots att vi var hungriga förmådde varken jag eller Mahtob äta den starka osten. Vi smuttade på det varma teet och tuggade i oss så mycket av brödet vi förmådde.

Vi väntade i tystnad men ingenting hände. Mahtob och jag skakade av både köld och fruktan. Vi insåg hur sårbara vi var. Vi befann oss i utkanten av ett land där livet var primitivt också när det var som bäst. Om de här människorna fick för sig att de skulle utnyttja oss på något sätt hade vi ingen möjlighet att skydda oss eller slå tillbaka. Vi var helt utlämnade åt dem.

Vi väntade i flera timmar innan Mosehn kom tillbaka. Jag kände mig lättad när jag fick syn på honom. Det var något i hans sätt som gav honom klass. Jag insåg att det var naturligt att jag i den situation vi befann oss i drogs till någon som tycktes kunna bli vår beskyddare. Det var tråkigt och skrämmande att lämna Amahl. Till en början hade jag varit misstänksam mot kvinnan i bilen, men senare hade jag börjat lita på henne. Nu var det Mosehn jag litade på. Mitt liv – och Mahtobs – låg i hans händer. Jag ville känna mig trygg hos honom. Jag måste känna mig trygg i hans sällskap.

"Vad har ni i väskan?" frågade han.

Jag tömde ut innehållet – Mahtobs ritböcker, våra få plagg till ombyte, pengar som Amahl gett mig för att jag skulle ringa och våra pass – på det iskalla golvet.

"*Betaman*", sa Mosehn. "Ge det till mig."

Var han trots allt en tjuv? Tänkte han råna oss på det lilla vi hade? Jag kunde inte säga emot. Jag lyckades i alla fall få honom att förstå att jag ville behålla min klocka "för stunden". Allt det andra räckte jag över till honom.

Mosehn la alla sakerna i små högar och sorterade dem. "I morgon", sa han på farsi, "skall ni ta på er alla kläder ni kan. Lämna resten." Han fingrade på mina två pärlhalsband och ett pärlbesatt armband. Sedan stoppade han dem i en av fickorna.

399

För att göra honom till lags gav jag honom också mina sminksaker. "Ge dem till er hustru", sa jag. Hade han en hustru?

Han gjorde en hög med mina pengar, våra pass och mitt guldhalsband. "Behåll dem i natt", sa han. "Men jag måste ha dem innan vi åker."

"Ja", svarade jag snabbt.

Han tittade i en skolbok som Mahtob tagit med sig. Texten var på farsi. När han stoppade den under rocken fylldes Mahtobs ögon med tårar. "Jag vill ha den", skrek hon.

"Du ska få den tillbaka", sa Mosehn. Mannen blev mer och mer mystisk för varje ögonblick. Han var vänlig, men hans ord och handlingar gav oss inget val. Han log faderligt mot oss. Mina pärlor låg i hans fickor. "Jag kommer tillbaka i morgon", sa han. Sedan gick han ut i den mörka och kalla natten.

Kvinnan kom genast tillbaka och hjälpte oss att göra allt i ordning för natten. De filtar hon staplat i ett hörn förvandlades nu till madrasser åt oss, åt henne själv, hennes allvarlige make och det lilla barnet.

Det var sent och Mahtob och jag rullade ihop oss på tyglagren. Vi kröp tätt tillsammans för att kunna hålla värmen och såg till att vi låg nära fotogenkaminen. Mahtob somnade efter en stund men sov oroligt och vaknade ofta.

Jag låg utmattad och darrande av köld bredvid min dotter. Jag var hungrig och utom mig av oro. Jag var rädd för att den gamla kaminen skulle tända eld på våra filtar. Jag var orolig för att Moody på något sätt skulle ha fått reda på var vi befann oss och nu var på väg efter oss. Jag var rädd för polisen, soldaterna och *pasdar*. Jag oroade mig för morgondagen och den farliga färden över gränsen. Hur skulle de göra? Skulle Mahtob och jag tvingas låtsas att vi var sjuka eller skadade om vi skulle transporteras över gränsen i en Röda Kors-ambulans?

Jag var orolig för pappa. Mamma. Joe och John.

Jag låg och oroade mig för allt tills jag föll i dvala. Jag låg halvvaken, men slumrade till då och då under natten.

I gryningen kändes det kallare än någonsin i ladan. Mahtob skakade av köld trots att hon sov.

Kvinnan steg upp tidigt och kom med te, bröd och den härskna oätliga osten. Medan vi drack te och tuggade på det hårda brödet kom kvinnan med en överraskning. Det var en plåtbricka med solrosfrön. Mahtobs ögon lyste. Vi var så hungriga att jag var säker på att hon skulle kunnat sluka fröna. Men hon delade i stället upp dem i två lika portioner.

"Mamma, vi kan inte äta upp alla i dag", sa hon. "Vi måste spara en del." Hon pekade på en liten hög med frön. "Så här mycket äter vi i dag och resten sparar vi till i morgon."

Jag blev överraskad av hennes tanke att ransonera de dyrbara fröna. Hon var också bekymrad inför vår osäkra framtid.

Kvinnan gick ut på gården och fortsatte med sina sysslor. Hon hukade sig bredvid en primitiv spis. Hon lagade till en kycklingrätt. Det var otvivelaktigt en av invånarna på gården som fått sätta livet till. Vi kände hur det vattnades i munnen!

När grytan kokade och den härliga doften svepte in i ladan kom hon in för att laga till *sabzi*. Jag satte mig bredvid henne och hjälpte till medan jag njöt av doften från grytan.

Till sist var kycklingen klar och maten uppdukad på golvet i ladan. Vi skulle just börja äta när Mosehn plötsligt dök upp.

"*Zood bash! Zood bash!*" kommenderade han.

Kvinnan reste sig och sprang in. Ett ögonblick senare kom hon ut med famnen full av kläder. Hon klädde mig snabbt i kurdiska kläder. Hon hade fyra klänningar. Den innersta hade långa och vida ärmar som hängde ner från handlederna. Utanpå den tog hon på mig de två andra. Hon drog dem över huvudet på mig och slätade till dem så gott det gick. Det yttersta lagret var av tung sammetsbrokad i orange, blått och rosa. När det sista plagget var på plats knöt hon ett skärp runt min midja.

Sedan fick jag huvudet omlindat med ett stycke tyg som hängde ner på vänster sida. Nu var jag kurd.

Mahtob fick behålla sin *montoe* på.

Mosehn talade om att vi skulle tillryggalägga en del av färden till häst.

"Jag har inga byxor", sa jag.

Han försvann ett ögonblick och kom tillbaka med ett par trånga mansbyxor. Jag försökte dra dem på mig under kjolarna, men jag kunde knappt få dem över höfterna och absolut inte knäppa dem. Men jag visste att de måste duga i alla fall. Mosehn gav sedan ett par tjocka yllesockor var åt Mahtob och mig. Vi drog på dem och satte sedan på oss stövlarna.

Nu var vi klara.

Mosehn bad att få mina pengar, guldhalsbandet och våra pass – det var det enda värdefulla vi hade kvar, förutom min klocka. Nu hade vi inte tid att bekymra oss för småsaker som inte hade något värde i en ytterlighetssituation som den här.

"*Zood bash! Zood bash!*" upprepade Mosehn.

Vi följde honom ut ur ladan utan att röra maten och steg upp i den lilla blå lastbilen. Det var fortfarande den andre mannen som körde. Han backade ut genom porten och körde ur den lilla byn ut på den större vägen som vi kommit på. "Var inte oroliga", sa Mosehn. Han förklarade planen så gott han kunde på farsi och tog då och då till uttryck på kurdisk dialekt eller turkiska. Han sa att vi skulle fortsätta ett stycke till med bilen och sedan byta till en annan lastbil. Senare skulle vi byta till en röd bil.

Det lät ganska obestämt. Jag hoppades att planen var bättre än Mosehns förmåga att framställa den för oss.

Jag var fortfarande osäker på vem Mosehn kunde vara. Hans beteende var egendomligt. Han hade tagit mina pengar och mina smycken. Jag brydde mig inte så mycket om passen. De var värdelösa utan viseringar. Om vi bara skulle kunna ta oss till den amerikanska ambassaden i Ankara skulle vi få nya pass. Men hur skulle det gå med pengarna? Och mina smycken? Det var inte deras värde jag tänkte på. Det var Mosehns egendomliga beteende som oroade mig.

Å andra sidan var han samtidigt vänlig och uppmuntrande. Liksom tidigare var han mitt enda hopp om att nå friheten och jag ville gärna känna att jag stod under hans beskydd. Skulle han stanna hos oss under hela resan?

"Jag har aldrig gått över gränsen med någon", sa han på farsi. "Men du är min syster. Jag ska gå över med dig."

Jag kände mig plötsligt mycket bättre till mods.

Efter en stund mötte vi en annan lastbil som körde i motsatt riktning. När bilarna möttes bromsade båda förarna tvärt och stannade.

"*Zood bash!*" sa Mosehn.

Mahtob och jag gick snabbt ur bilen. Jag vände mig om mot Mosehn och väntade att han skulle komma med oss.

"Ge de här till mannen i den andra bilen", instruerade han mig och la passen i min hand. Sedan tryckte föraren gasen i botten och Mosehn försvann. Den blå lastbilen var borta och Mosehn med den.

Jaha, han kommer inte med oss, tänkte jag. Jag kommer aldrig att få se honom mer.

Den andra bilen gjorde en U-sväng och körde fram till oss. Vi steg in i hytten. Föraren körde omedelbart vidare upp mot bergen längs en slingrande väg.

Det var en öppen terränglastbil. Två män satt i hytten och jag gav passen till den som satt i mitten. Han tog emot dem som om de bränts. Ingen ville åka fast med våra amerikanska pass i fickan.

Vi körde bara ett kort stycke innan bilen stannade och mannen i mitten tecknade att vi skulle sätta oss ute på det öppna flaket. Jag visste inte varför, men jag gjorde som han sa.

Vi fortsatte omedelbart i halsbrytande fart.

Natten innan, i betongladan, hade jag trott att det inte skulle kunna bli kallare. Det var inte sant. Mahtob och jag satt tätt tillsammans baktill på flaket. Den iskalla vinden skar genom märg och ben, men Mahtob klagade inte.

Vi fortsatte längs den slingrande vägen som hela tiden steg uppåt.

Hur mycket mer av det här skulle vi kunna uthärda?

Litet senare lämnade vi vägen och körde rakt ut i den oländiga terrängen. Jag kunde inte se att vi följde någon väg alls. Efter någon kilometer stannade bilen och vi fick på nytt sätta oss i hytten.

Vi fortsatte och den fyrhjulsdrivna bilen forcerade terrängen. Vi passerade ett och annat litet hus och såg några hjordar med magra får.

Mannen i mitten pekade plötsligt mot en bergstopp. Jag lyfte blicken och såg en människa stå högt där uppe. Det var en man med ett gevär på axeln – en vaktpost. Mannen på mittsätet skakade på huvudet och mumlade något. Senare pekade han ut fler vaktposter på andra höjder.

Plötsligt hördes den skarpa smällen av ett gevärsskott i det karga landskapet. Strax kom ännu en knall och ekot kom studsande från bergssidan.

Föraren stannade omedelbart bilen. Jag såg att de båda männen var rädda, och det gjorde mig ännu räddare. Mahtob försökte borra sig in i mig och gömma sig. Vi väntade under spänd tystnad medan en soldat kom springande mot oss med geväret höjt. Han hade khakiuniform och ett bälte kring livet. Jag kände plötsligt att jag fick passen i handen. Jag visste inte vad jag skulle göra med dem och stoppade ner dem i ena stövelskaftet. Sedan väntade jag medan jag höll Mahtob hårt intill mig.

”Se inte på honom”, viskade jag till Mahtob. ”Säg inget.”

Soldaten närmade sig vaksamt förarens fönster medan han höll geväret riktat mot oss. Jag var stel av skräck.

Soldaten riktade gevärspipan rakt mot förarens ansikte och sa något på ett språk som jag inte förstod. Jag försökte låta bli att se på dem medan de samtalade. Båda höjde rösten. Soldatens ton var fräck och han lät elak. Mahtob höll mig hårt i handen. Jag var så rädd att jag knappt vågade andas.

Till sist, efter vad som tycktes vara en evighet, vände soldaten och gick. Vår förare kastade en blick på sin kamrat och lät höra en suck av lättnad. Jag visste inte vad han berättat, men soldaten hade tydligen trott på honom.

Vi började rulla på nytt och studsade fram genom terrängen tills vi nådde en väg. Militärfordon körde i båda riktningar på vägen. Framför oss låg en vägspärr med vakter, men innan vi nådde fram till den stannade vi vid vägkanten. Föraren stannade kvar i bilen, men den andre steg ur bilen och tecknade att vi skulle följa honom. Vi skulle av allt att döma ta en omväg runt vägspärren.

Mahtob och jag följde mannen ut i terrängen. Vi befann oss på en bergsplatå som var täckt av snö, is och frusen lera. Vi var klart synliga från vaktposteringen vid vägen och vi skulle inte kunna lura någon. Jag kände mig som en måltavla på skjutbanan på ett tivoli. Vi pulsade fram över fältet i flera minuter tills vi nådde fram till en annan väg som var kraftigt trafikerad i båda riktningar.

Jag antog att lastbilen skulle plocka upp oss på den vägen. Eller också kanske den röda bilen som Mosehn talat om skulle komma och hämta oss. Men i stället för att vänta vid vägkanten började vår guide gå längs vägen. Vi följde efter honom, kalla, olyckliga och förvirrade.

Vi gick i samma riktning som trafiken, backe upp och backe ner, utan att sakta in ens när de stora och skrämmande militärlastbilarna dundrade förbi. Ibland halkade vi i den frusna leran, men vi fortsatte hela tiden framåt. Mahtob satte den ena foten framför den andra och klagade inte med ett ord.

Vi fortsatte på det här sättet i en timme tills vår guide fann en slätare plats efter en särskilt brant backe. Han tecknade att vi skulle sätta oss och vila. Med några ord på farsi och med teckenspråk till hjälp sade han åt oss att stanna där vi var och sa att han skulle komma tillbaka. Sedan gav han sig av med snabba steg. Mahtob och jag satt i snön och väntade, ensamma i vårt eget privata universum, och såg efter honom medan han försvann över kammen på ett isklätt berg.

Varför skulle han komma tillbaka? Amahl hade betalat de här männen i förskott. Vi hade nyss blivit beskjutna. Varför skulle han bry sig om att komma tillbaka?

Jag vet inte hur länge vi satt där och väntade, undrade, oroade oss och bad.

Jag var rädd att någon skulle stanna och kontrollera vår identitet eller kanske erbjuda hjälp. Vad skulle jag säga i så fall?

Vid ett tillfälle såg jag den öppna lastbilen passera. Den kördes av samme man som pratat sig fri när vi blivit hejdade av soldaten. Han såg rakt på oss men gav inget tecken till att han kände igen oss.

Han kommer inte tillbaka, upprepade jag för mig själv. Jag var säker på det nu. Vi skulle vänta här tills det blev mörkt. Sedan måste vi göra något. Vad? Ge oss av på egen hand mot väster? En ensam mor och en dotter som skulle försöka gå över bergen och in i Turkiet? Skulle vi kunna hitta tillbaka till vägspärren och anmäla oss? Skulle vi offra våra drömmar och kanske också våra liv? Eller skulle vi helt enkelt frysa ihjäl under natten och dö i varandras armar vid vägkanten?

Han kommer inte att komma tillbaka.

Jag mindes den historia som Helen berättat för mig för länge sedan, om den iranska kvinnan och hennes barn som blivit övergivna på det här sättet. Dottern hade dött. Kvinnan var nära att dö. Hon hade förlorat alla sina tänder under flykten.

Tanken på den besegrade kvinnan förföljde mig hela tiden.

Jag var så förlamad av kylan och av min egen skräck att jag inte såg den röda bilen närma sig. Den hade redan kört in mot vägkanten och höll på att stanna innan jag tittade upp och fick syn på den.

Mannen hade kommit tillbaka! Han fick oss snabbt att stiga in i bilen och gav sedan den man som satt vid ratten order att köra.

Femton minuter senare passerade vi ett hus som låg intill vägen. Det var en fyrkantig betongbyggnad. En väg svängde av bakom huset och in på en gård där vi möttes av en stor skällande byracka och en hop illa klädda barn som sprang barfota i snön.

Det hängde tvätt till tork på flera ställen och den hade stelnat till frusna skulpturer som prydde trädgrenar, pålar och fönsterbräden.

Kvinnor och barn samlades kring bilen för att se på oss. Kvinnorna var fula och stornästa och de stirrade oförskämt på oss. Deras kurdiska dräkter fick dem att se dubbelt så breda ut som de var långa, och den effekten underströks av att de hade ännu vidare kjolar än de jag bar. De stod med händerna på höfterna och såg misstänksamt på oss.

"Zood bash!" sa "mannen som hade kommit tillbaka". Han förde oss runt huset till den sida som vette mot vägen, och där gick vi in i en entréhall. Flera kvinnor tecknade åt oss att vi skulle ta av oss stövlarna där. Utmattningen och den ständiga vaksamheten tog ut sin rätt hos mig. Alltsammans framstod som en overklig teater för mig.

Vi satt på den hårda leran på golvet och stirrade ordlöst och trött på de kurdiska kvinnorna som stirrade tillbaka på ett sätt som jag inte uppfattade som vänskapligt. De vitmenade väggarnas monotoni bröts bara av två små fönster med järngaller för och ett porträtt av en man, en kurd med höga kindknotor och en mössa i rysk stil.

En av kvinnorna rörde om i elden och lagade till te. En annan erbjöd några stycken gammalt hårt bröd. En tredje kom med filtar.

Vi svepte in oss så gott vi kunde, men vi skakade ändå av köld.

Jag undrade vad kvinnorna tänkte på. Jag var nyfiken på vad de sade till varandra på sin kurdiska dialekt som jag inte förstod ett ord av. Vet de om att vi är amerikaner? Hatar kurderna också amerikaner? Eller är vi allierade och båda den shiitiska majoritetens fiender?

"Mannen som hade kommit tillbaka" satte sig bredvid oss utan att säga något. Jag visste inte vad som skulle hända härnäst.

Efter en stund kom ännu en kvinna in i rummet. Hon hade den största turnyr jag sett. En pojke i tolvårsåldern kom in tillsammans med henne. Kvinnan gick fram till oss och sa något i skarp ton till pojken samtidigt som hon pekade att han skulle sätta sig bredvid Mahtob. Han satte sig och såg upp på kvinnan med ett blygt fnitter. Kvinnan. som jag antog var pojkens mor, stod framför oss som en vaktpost.

Jag blev rädd. Vad var det som försiggick? Det var en så bisarr scen att jag kände paniken komma smygande. Vi var avfällingar i detta fjärran land, och nu var vi hjälplösa redskap i händerna på dessa människor, som själva var förföljda i sitt eget land. Jag ropade ordlöst på hjälp. Var det som hände kring mig verkligt eller var det en dröm? Hur kunde en amerikansk kvinna befinna sig i en så otrolig omgivning och i en så svår situation?

Jag förstod det när jag tänkte efter. Jag kom att tänka på Moody! Hans ansikte dök upp bland de fladdrande skuggorna på väggen och det hånlog mot mig. Glöden i hans ögon när han slog Mahtob var samma glöd som nu lyste i fotogenkaminens låga. De kurdiska rösterna runt omkring mig blev allt högre och smälte samma med minnet av Moody skrikande och svärande.

Moody!

Moody hade tvingat mig att fly. Jag måste få Mahtob bort från honom. Men, gode Gud, tänk om det händer henne något, om hon råkar illa ut ...

Håller de här människorna på att organisera en komplott? Tänker de ta Mahtob från mig? Vem är den där pojken och hans enorma mor? Hade de valt ut Mahtob till hans unga brud? De gångna arton månaderna hade fått mig att inse att jag kunde vänta mig nästan vad som helst i detta egendomliga

407

land.

Det här är inte värt besväret! Jag skrek ordlöst till mig själv. Om de hade sålt henne eller gjort upp några planer för henne hade våra ansträngningar inte varit värda besväret. Jag önskade i det ögonblicket att jag beslutat mig för att stanna kvar i Iran under resten av mitt liv. Hur kunde jag utsätta Mahtob för sådana risker?

Jag försökte lugna mig och övertyga mig om att det bara var fantasier som tröttheten och spänningen framkallat.

"Mamma, jag tycker inte om det här stället", viskade Mahtob. "Jag vill bort härifrån."

Hennes ord skrämde mig ännu mer. Mahtob kände också att något var på tok här.

Då och då gjorde pojken en ansats att resa sig från sin plats bredvid Mahtob, men kvinnan – hans mor? – gav honom en sträng blick och han lugnade sig på nytt. Men "mannen som hade kommit tillbaka" satt hela tiden stilla och tyst.

Vi satt på det sättet i ungefär en halvtimme innan ännu en man kom in i rummet. Hans ankomst fick kvinnorna att omedelbart ta itu med olika sysslor. De serverade honom omedelbart varmt te och bröd, och de vakade i hans närhet för att se till att hans teglas hela tiden var fyllt. Han satt på golvet i andra änden av det stora rummet och ägnade oss ingen uppmärksamhet. Han tog upp cigarettpapper och började rulla något som liknade en cigarett, men han fyllde den inte med tobak utan med en vit substans. Var det marijuana eller opium? Jag visste inget om sådana droger, men det tycktes i alla fall inte vara tobak han la i cigarettpapperet.

Plötsligt kände jag igen mannen! Det var hans porträtt som hängde på väggen. Av allt att döma var det han som var husets herre. Var alla kvinnorna hans hustrur? Hade jag lämnat ett mansdominerat samhälle för att hamna i ett annat, där mansdominansen var ännu större?

"När kan vi åka?" viskade Mahtob. "Jag tycker inte om det här stället."

Jag såg på klockan. Kvällen närmade sig. "Jag vet inte vad som kommer att hända", sa jag till Mahtob. "Vänta bara och håll dig beredd."

Det blev långsamt mörkare i rummet. Någon kom med ett

stearinljus. Den lilla lågan gjorde scenen ännu mer surrealistisk, samtidigt som susandet från fotogenkaminen försatte oss i ett transliknande tillstånd.

Vi satt i fyra timmar och väntade på att något skulle hända. Hela tiden vilade våra vaksamma blickar på de främmande männen och kvinnorna och de betraktade oss lika vaksamt.

Spänningen bröts till sist när vi hörde en hund skälla. Det varskodde om att någon närmade sig huset. Alla i rummet reste sig och stod avvaktande och beredda.

Några ögonblick senare kom en gammal man in. Han kan ha varit i sextioårsåldern, men jag kunde bara gissa. Det är ett hårt land att leva i och huden åldras snabbt. Han var klädd i khakikläder som antagligen tidigare varit en uniform, och som ytterplagg bar han en camouflagefärgad jacka och en ullig mössa. Mannen som jag antog var familjens överhuvud sa något till oss som jag antog var ägnat att presentera den nyanlände.

"*Salom*" muttrade den gamle. I alla fall lät det så. Han gick snabbt runt i rummet, värmde händerna över kaminen och småpratade med de närvarande. Han tycktes vara fylld av energi och redo för vad som än skulle komma.

En av kvinnorna kom med ett ombyte kläder till oss och tecknade att jag skulle ta av de kurdiska kläder jag hade på mig ovanpå mina egna. Sedan hjälpte hon mig att ta på mig fyra nya lager. De nya kläderna var en smula annorlunda. Turnyrerna var ännu större och avspeglade traditionen i ett annat område. När kvinnan klätt mig färdigt var jag så påbyltad att jag hade svårt att röra mig.

Medan jag bytte om hade den gamle gått av och an i rummet. Det syntes att han var ivrig och ville ge sig av. Så snart jag var klar tecknade han åt Mahtob och mig att vi skulle följa honom ut i det mindre rum där vi hade lämnat våra stövlar. Han sa något och en av kvinnorna blåste ut ljuset så att det blev mörkt i rummet. Det enda som syntes var den lilla lågan på fotogenkaminen. Därefter öppnade han dörren precis så mycket att vi kunde nå våra stövlar. Sedan stängde han dörren snabbt men tyst.

Mahtob hade svårt att dra på sig stövlarna och jag kunde inte böja mig tillräckligt för att hjälpa henne för att de tjocka

409

kläderna hindrade mig. Skynda er! Skynda er! manade den gamle oss med tecken.

Till sist var vi klara. Mahtob tog min hand. Vi visste inte vart vi skulle bege oss, men vi var glada åt att få lämna det här stället. Den här mannen kanske skulle ta oss med till Röda Kors-ambulansen. Vi följde honom tyst ut ur huset och ut i den kalla natten. "Mannen som hade kommit tillbaka" gick också ut. Dörren stängdes snabbt bakom oss. Snabbt men utan ett ljud fördes vi runt hörnet och bakom huset.

Hunden skällde ilsket och skallet ekade ut över nejden och bars bort av den hårda vinden. Hunden kom fram och nosade på oss och vi drog oss undan så gott vi kunde.

Jag hörde ljudet av en häst.

Stjärnorna syntes väl, men av någon anledning lyste de inte upp marken det minsta. Det var bara himlen som var upplyst av ett svagt och spöklikt sken. Vi kunde nätt och jämnt orientera oss såpass att vi kunde följa vår guide.

När vi kom fram till den väntande hästen kom den man som varit vår värd under de senaste fyra timmarna fram till mig och ställde sig så nära att jag kunde se konturerna av hans ansikte i det svaga ljuset. Han sa adjö med stumma tecken och jag försökte framföra mitt tack på samma sätt.

Den äldre mannen, som nu var vår guide, tecknade att vi skulle sitta upp på hästen. "Mannen som hade kommit tillbaka" kupade handen så att jag skulle kunna stiga i den och den gamle hjälpte mig också att komma upp på hästryggen.

Hästen var inte sadlad. Det låg bara en filt på ryggen som jag fick försöka lägga till rätta under mig. "Mannen som hade kommit tillbaka" lyfte upp Mahtob framför mig på hästen. Vinden svepte in iskyla genom de tjocka klädlagren. "Försök hålla ner huvudet", sa jag till Mahtob. "Det är så kallt." Jag slog armarna om henne till skydd och lutade mig fram så att jag fick tag om hästens man. Det var ingen stor amerikansk häst utan ett litet djur, inte mycket större än en åsna.

Den gamle gick snabbt framåt, förbi porten till gården, och försvann ut i mörkret. "Mannen som hade kommit tillbaka" grep tag i hästens tyglar och ledde oss efter i vägvisarens spår.

Jag hade inte ridit på många år och aldrig ridit barbacka. Filten gled på hästryggen och vi var flera gånger nära att ramla

410

av och hamna på den frusna marken. Jag höll fast i manen med all styrka jag kunde mana fram ur min utmattade kropp. Mahtob darrade av köld i min famn. Hon kunde inte sluta skaka.

Vi tog oss sakta fram över öppen terräng. Den äldre mannen, som gick före oss, kom flera gånger springande tillbaka för att viska en varning. Vi måste undvika isbelagd mark. Hästens hovslag skulle höras för mycket på det stumma underlaget. Varje ljud av det slaget ekade som ett skott mellan bergssidorna och skulle höras av varje *pasdar* som patrullerade området. Ljuden skulle kunna röja oss och de var den största faran som hotade för stunden.

Terrängen började gradvis stiga uppåt och vi nådde kullar som förebådade högre berg. Snart fanns det inga partier med slät mark. Hästen prövade sig fram för att få fotfäste, men fortsatte tålmodigt att bära sin last framåt och uppåt. Av allt att döma hade den gjort samma färd många gånger tidigare.

När vi nådde toppen på en bergskam halkade hästen till utan att vi var beredda och vi föll av. Jag höll Mahtob intill mig under fallet för att hon inte skulle slå sig alltför illa. Vi hamnade i snö med is under. "Mannen som kommit tillbaka" borstade snön av oss och hjälpte oss snabbt att komma upp på hästryggen igen. Mahtobs ansikte värkte av den kalla vinden, hon hade slagit sig ordentligt och hon var hungrig och trött. Men hon hade ändå styrka nog att hålla tyst och inte gråta.

Jag försökte hålla ett ännu fastare grepp i hästens man medan vi red utför sluttningen mot ett osynligt och okänt mål.

Vi hade ännu inte kommit upp i de svåraste bergen, tänkte jag. Hur kunde jag ge mig in på denna galenskap? Jag kan inte sitta kvar på hästryggen. De kommer att ge upp och lämna mig.

Det blev ännu kallare och mörkare. Stjärnorna försvann. Det började snöa och hårda flingor piskade oss i ansiktet.

Vi fortsatte backe upp och backe ner. Det blev allt brantare när kullarna försvann och bergen tog vid, allt högre och brantare.

Stigningarna var inte så svåra. På väg upp var vi skyddade mot stormen. Hästen gick snabbt och halkade bara då och då på isen och skrapade sidorna mot buskarna.

411

Men det var värre att ta sig utför sluttningarna. Var gång vi nådde ett krön fick vi vinden i ansiktet med full styrka. Snökristallerna träffade oss som hagel. På krönen hade snön också lagt sig djupare. Vi kämpade oss fram genom drivor som skulle kunnat sluka en man till fots.

Mina armar värkte. Jag kände inte längre tårna. Jag ville gråta, låta mig falla av hästen och dö i en snödriva. Jag var orolig för att vi skulle förfrysa. Vi kanske skulle förlora tårna som minne av den här natten. Stackars Mahtob kunde inte sluta skaka av köld.

Jag kämpade oupphörligt för att hålla tankarna på det jag höll på med. Jag hade ingen aning om hur länge vi skulle fortsätta på det här sättet.

Jag kunde inte räkna ut hur lång tid som gick. Jag kanske skulle kunnat se vad min klocka visade, men jag kunde inte släppa greppet ett ögonblick för att komma åt klockan på handleden. Jag hade inget begrepp om tid och rum längre. Vi var förlorade ute i en mörk frusen öken i vad som tycktes vara en evighet.

Plötsligt hörde jag röster framför oss. Jag blev förtvivlad. Jag var säker på att det var *pasdar* som hade upptäckt oss. Skulle vi bli tagna nu, efter att ha uthärdat så mycket?

Men ”mannen som hade kommit tillbaka” ledde oss vidare utan att bekymra sig. Vi kom fram till en fårhjord. Det var egendomligt att se djuren i den här omgivningen. Hur kunde de överleva i det hårda klimatet? Deras kött måste verkligen bli segt, tänkte jag. Jag avundades dem deras tjocka pälsar.

När vi kom närmare såg jag att den äldre mannen, som var vår guide, stod och talade med fåraherden, som var helt klädd i svart. Det enda jag kunde urskilja av herden var ansiktskonturerna och herdestaven.

Fåraherden hälsade med låg röst på ”mannen som hade kommit tillbaka”. Han tog tyglarna från honom och fortsatte helt enkelt att leda oss framåt. Han lämnade sina får men behöll staven. Den hjälpte honom att hålla balansen. Jag såg mig om och sökte min beskyddare med blicken, men han hade försvunnit utan att säga farväl.

Den äldre mannen gav sig av för att kunna spana ett stycke framför oss. Vi följde efter, ledda av fåraherden.

Vi arbetade oss uppför ännu ett berg och sedan ner på andra sidan. Sedan kom ännu ett. Vi lyckades stanna kvar på hästryggen, men det kändes som om armarna lossnat från kroppen. Men de satt i alla fall kvar. De kanske hade frusit fast på plats. Jag kunde inte känna dem. Vi skulle inte klara det. Jag grät tyst för mig själv. Efter allt besvär skulle vi ändå inte klara det. Mahtob skakade fortfarande i mina armar. Det var det enda tecknet till att hon fortfarande var vid liv.

Vid ett tillfälle råkade jag höja blicken och se upp. Framför oss, på kammen överst på ett brant berg, såg jag en spöklik syn. Där uppe på kammen såg jag flera män avteckna sig mot den bleka himlen bakom. Det fanns också flera hästar med ryttare där uppe. "Pasdar", viskade jag för mig själv.

Av alla de vidrigheter vi skulle kunna råka ut för var det allra värsta att råka i händerna på pasdar. Jag hade hört så många historier om pasdar – den ena hemskare än den andra. De våldtog alltid sina kvinnliga fångar – unga flickor också – innan de dödade dem. Jag rös när jag mindes det hemska talesättet: "En kvinna får inte dö som jungfru."

Om det var möjligt att frysa mer än jag redan gjorde förut så fick mig tanken på pasdar att göra det.

Men vi fortsatte i alla fall framåt.

Efter en stund hörde jag röster ovanför oss. Den här gången var de högre och det lät som ett gräl. Nu var jag säker på att vi råkat ut för pasdar! Jag höll Mahtob hårt i min famn och var beredd att försvara henne så gott jag kunde. Tårar av smärta och besvikelse frös på mina kinder.

Fåraherden stannade hästen och lyssnade vaksamt.

Vi lyssnade också.

Rösten bars till oss med vinden. Det var flera män där uppe och de gjorde av allt att döma inget för att dölja sin närvaro. Men nu lät det inte längre som om de grälade.

Vi väntade att den äldre mannen skulle komma tillbaka, men det gjorde han inte. Flera spänningsfyllda minuter gick.

Till sist tycktes fåraherden besluta att det var ofarligt att gå vidare. Han gjorde ett lätt ryck i tyglarna och vi rörde oss på nytt i riktning mot rösterna.

När vi närmade oss männen spetsade hästen öronen. Han hörde de andra hästarna. Vi red rakt in i en cirkel av fyra män

413

som stod och samtalade som om de var ute på ett rutinuppdrag. De hade tre extra hästar med sig.

"*Salom*", sa en av dem lågt till mig. Till och med mitt i stormen lät hans röst bekant, men det dröjde en stund innan jag kunde se hans ansikte ordentligt. Det var Mosehn! Han hade uppfyllt sitt löfte. "Jag har aldrig gått med någon över gränsen", sa ledaren för människosmugglarbandet. "Men jag ska själv ta er med över i natt. Sitt av nu."

Jag räckte först ner Mahtob till honom och lät mig sedan glida ner. Mina ben var lika stumma och okänsliga som armarna. Jag kunde knappt stå upprätt.

Mosehn förklarade att man ändrat planen. På eftermiddagen, när vår bil beskjutits och stoppats av soldaten, hade vi blivit räddade av förarens fantasi. Han hade hittat på en förklaring till varför vi befann oss i gränsområdet. Men det som inträffat hade fått alla att vara på sin vakt. Mosehn ansåg nu att det var för riskabelt att åka över i ambulansen och utsättas för ytterligare en utfrågning. Vi skulle därför fortsätta till häst och ta oss över till Turkiet långt från alla landsvägar, högt uppe i de oländiga bergen.

"Låt Mahtob rida med en **av** de andra männen på en annan häst", sa Mosehn på farsi.

"Nej, jag vill inte", skrek Mahtob plötsligt.

Efter fem dagars färd, efter ändlösa timmar av hunger, plågor och förvirring bröt hon till sist samman. Tårarna rann utför hennes kinder och dropparna frös på hennes halsduk. Det var första gången hon hade gråtit av förtvivlan sedan hon gått med på att åka till Amerika utan sin kanin. Min modiga lilla flicka hade uthärdat alltsammans utan klagan ända tills nu, då man hotade att skilja henne från mig. "Jag vill rida med dig, mamma", skrek hon.

"Schhh", sa jag. "Vi har kommit ända hit. Nu är vi nära gränsen. Om vi bara fortsätter ett stycke till kommer vi över gränsen och kan resa till Amerika. Går inte det måste vi åka tillbaka till pappa. Försök att klara av det — för min skull. Snälla, Mahtob!"

"Jag vill inte rida ensam", snyftade hon på nytt.

"Du kommer att sitta med en annan ryttare."

"Jag vill inte sitta på en häst om inte du är med."

"Du måste. De vet vad som är bäst. Gör det så är du snäll. Lita på dem."

Någonstans djupt inom sig fann Mahtob den styrka hon behövde. Hon torkade tårarna och fick modet tillbaka. Hon skulle göra som Mosehn sa, men först var det en annan sak som måste klaras av. "Jag måste gå på toaletten", sa hon. Hon lättade sig där uppe på berget i natten och den vinande snöstormen, omgiven av främmande män.

"Mahtob", sa jag. "Jag är verkligen ledsen för det här. Jag visste inte att det skulle bli så svårt. Jag vet inte hur du orkar. Jag vet inte ens om jag själv kommer att orka."

Trots att hon var utmattad och hungrig, och trots att hennes kropp skalv av kylan hela tiden, stålsatte hon sig nu. "Jag kan klara det", sa hon beslutsamt. "Jag är seg. Jag kan göra vad som helst för att komma till Amerika." Sedan tillade hon: "Jag hatar pappa för att han tvingar oss till det här."

Hon tillät att man lyfte upp henne till en man som redan satt på en ny utvilad häst. Mosehn hjälpte mig upp på en annan häst och en ny man tog tyglarna. Nu hade alla männen suttit av. De gick och ledde de hästar vi red på och de två andra hästarna i reserv. Nu gav vi oss av på nästa etapp. Jag kastade en blick bakåt för att se hur Mahtob klarade sig. Jag kunde höra hennes hästs hovar mot marken, men jag kunde inte se den. Det gick inte heller att urskilja Mahtob.

Var stark, mitt barn, sa jag tyst till henne och upprepade samma budskap till mig själv.

Den hemska ändlösa natten fortsatte. Bergen var ännu brantare än tidigare. Vi red uppför sluttningar och sedan utför. Jag undrade när vi skulle komma fram till gränsen. Var vi framme redan?

Jag vände mig mot mannen som ledde min häst. "Turkiet? Turkiet?" viskade jag och pekade mot marken.

"Iran, Iran", svarade han.

Vi kom till en sluttning som var för brant för hästarna med ryttare på ryggen. Mosehn sa att vi måste sitta av och gå till fots uppför det brantaste partiet. Jag gled av, men jag var så svag att benen inte bar mig. Min ena fot fastnade i den långa kjolen och stövlarna halkade på isen. En av männen sträckte sig snabbt fram och tog tag i mig innan jag ramlade i marken.

415

Han stödde mig och tog sedan min arm och hjälpte mig framåt. Bakom mig lyfte en av de andra männen upp Mahtob på sina axlar och bar henne. Jag gjorde så gott jag kunde, men jag saktade ner hela gruppen när jag snubblade och halkade fram i mina långa hindrande kjolar.

När vi till sist nådde toppen fick jag för mig att vi måste befinna oss vid gränsen eftersom det var den brantaste sluttningen hittills.

"Turkiet? Turkiet?" frågade jag mannen som stödde mig.

"Iran, Iran", svarade han.

Vi satt upp på hästarna igen för att ta oss utför sluttningen framför oss. Vi kom snart in i djupa snödrivor som hejdade oss. Hästens hela framben vek sig och mina ben släpade i snön. Männen lyfte och sköt på tills djuret kommit på fötter igen och vi kunde fortsätta färden.

När vi närmade oss dalens botten kom vi till en ravin, en gapande klyfta i berget som skilde berget från nästa.

Min guide vände sig om och lutade sig närmare så att jag kunde se honom. Sedan la han ett finger mot läpparna. Jag höll andan.

Männen väntade tysta i flera minuter. I bergen var vi skyddade av terrängen. Men framför oss bredde en snöklädd platå ut sig och den var svagt upplyst av himlaljuset. Där ute skulle våra skuggor avteckna sig mot den vita snön.

Min guide tecknade på nytt att jag skulle vara tyst.

Till sist började en av männen röra sig framåt. Jag kunde se den smala konturen av hans kropp när han gav sig ut på platån. Sedan försvann han ur sikte.

Efter flera minuter kom han tillbaka och viskade något till Mosehn, som i sin tur viskade till min guide. Sedan vände han sig mot mig och talade till mig med knappt hörbar röst: "Vi måste ta er över en i taget", förklarade han på farsi. "Stigen runt ravinen är för smal och för farlig. Vi tar er först och barnet efteråt."

Mosehn gav mig ingen möjlighet att diskutera saken. Han var redan på väg framåt. Min guide drog i hästens tyglar och gick tyst och snabbt i Mosehns fotspår. Jag var på väg medan Mahtob fick vänta. Jag hoppades att hon inte skulle märka att vi skildes åt.

Vi gav oss ut på platån och försökte ta oss över det öppna utrymmet så snabbt och tyst som möjligt. Snart fann vi en passage nära en klippa som var bred nog för hästen. Vi följde den isiga stigen längs bergssidan, ner i ravinen och upp på andra sidan platån. De här männen kunde sin sak. På tio minuter hade vi tagit oss över.

Min guide stannade kvar hos mig medan Mosehn gick tillbaka för att hämta Mahtob. Jag satt tyst på hästryggen och skakade av kyla medan jag väntade på att få en glimt av Mahtob. Mina ögon försökte tränga igenom mörkret. Skynda er, snälla ni, bad jag tyst. Jag var rädd att Mahtob skulle bli hysterisk om hon upptäckte att vi var skilda åt.

Men så dök hon plötsligt upp i famnen på en av männen. Hon darrade av köld men hon var tyst och samlad.

Det var då min guide påkallade min uppmärksamhet. Han pekade på marken. "Turkiet! Turkiet!", viskade han.

"*Alhamdoallah!*" sa jag med en djup suck. "Tack gode Gud!"

Trots den ohyggliga kylan kände jag hur en underbar värme fyllde mig. Vi var i Turkiet! Vi var ute ur Iran!

Men vi var inte fria ännu. Om de turkiska gränsvakterna hittade oss skulle de kanske öppna eld mot oss. Om vi överlevde det skulle turkarna med all säkerhet gripa oss, och då skulle vi få många svåra frågor att besvara. Men jag visste i alla fall — det hade Amahl försäkrat — att turkarna inte skulle skicka oss tillbaka till Iran.

Plötsligt kom jag att tänka på en sak som fyllde mig med fasa. Jag insåg att under de tjugo minuter jag väntat vid ravinen hade jag varit i Turkiet medan Mahtob varit kvar i Iran. Jag var glad över att jag inte vetat om det förrän faran var över och vi förenats på nytt.

Nu kände jag på nytt den iskalla vinden. Vi var fortfarande högt upp i bergen och fortfarande ute i snöstormen. En linje på kartan räckte inte till för att ge mig den fysiska värme jag så väl behövde. Vilket pris skulle jag behöva betala för friheten? Jag var övertygad om att några av mina tår inte skulle kunna räddas. Jag hoppades att Mahtob klarat sig bättre än jag.

Vi började gå uppför ännu en bergssida som var för brant för att det skulle gå att rida. Den här gången ramlade jag omkull i snön när jag gled av hästen och min guide hann inte ingripa i tid. Han och Mosehn lyfte upp mig och stödde mig sedan när vi gick. Hur länge kan adrenalin vara verksamt? undrade jag. Jag var rädd för att jag snart skulle kollapsa.

Då och då kändes det som om mitt medvetande lämnade kroppen. En del av mig observerade utifrån hur jag kämpade för att komma upp på nästa berg. Jag såg mig själv sitta upp på hästen på nytt och försöka vila under ritten utför nästa sluttning. Sedan iakttog jag hur jag på nytt kämpade till fots för att ta mig upp på nästa krön.

"Hur många fler berg ska vi ta oss över?" frågade jag Mosehn.

"*Nazdik*", svarade han. "Nära."

Jag försökte känna lättnad över denna korta men hoppfulla information, men jag var i desperat behov av värme och vila. Fanns det inget ställe där vi skulle kunna ta skydd och vila så att vi fick tillbaka lite krafter?

Än en gång tittade jag upp på en hög kam framför oss. Det var ett högre och brantare berg än något av de tidigare – eller också var det min trötthet som fick det att se så ut.

"Det där framme är det sista", viskade Mosehn.

Den här gången vägrade benen helt att bära mig när jag gled ner från hästryggen. Jag kämpade i snön men förmådde inte resa mig, inte ens med de båda männens hjälp. Jag kunde inte ens säga om benen fortfarande satt fast vid kroppen. Trots den fruktansvärda kylan kändes det som om jag höll på att brinna upp.

"*Da dahdeegae*", sa min guide och pekade uppåt. "Tio minuter."

"Jag måste få vila", sa jag bönfallande . "Låt mig vila en stund."

Min guide tillät det inte. Han drog upp mig på fötterna och släpade mig framåt. Min ena fot slant på isen och jag föll med ett sådant ryck att mannen vid min sida tappade taget om min arm. Jag ramlade bakåt och gled ner några meter längs den branta sluttningen innan jag stannade. Sedan låg jag som en hjälplös hög. Min guide rusade fram till mig.

"Jag klarar det inte", stönade jag.

Guiden ropade lågt på hjälp. Mosehn kom tillbaka till oss.

"Mahtob", viskade jag. "Var är hon?"

"Hon klarar sig bra. Männen bär henne dit upp."

Nu tog både Mosehn och min guide tag i mig. De båda männen la sina armar om mina axlar och lyfte mig från marken. Utan ett ord släpade de mig uppför den branta sluttningen. Mina dinglande ben drog upp fåror i snön.

Trots bördan gick männen snabbt uppför och jag hörde inte ens att de blev andfådda.

Flera gånger lättade de på greppet och försökte få mig att gå av egna krafter. Men varje gång vek sig mina knän omedelbart och de måste ta tag i mig för att jag inte skulle ramla ihop.

"Snälla ni", grät jag, "jag måste få vila."

Min ton var så desperat att Mosehn blev orolig. Han hjälpte mig att lägga mig platt ner i snön och la sedan sin kalla hand på min panna för att kontrollera min temperatur. Också i det svaga ljuset såg jag att hans ansiktsdrag uttryckte oro och medlidande.

"Jag klarar det inte", flämtade jag. Jag visste att jag skulle dö den natten. Jag skulle inte klara mig, men jag hade i alla fall fått Mahtob ut ur Iran. Hon skulle klara sig.

Det räckte.

"Lämna mig", sa jag till Mosehn. "Gå med Mahtob. Kom tillbaka och hämta mig i morgon."

"Nej!" röt Mosehn med skärpa i rösten.

Styrkan i hans röst fick mig att skämmas mer än om han gett mig ett slag i ansiktet. Hur kan jag göra så här? förebrådde jag mig själv. Jag har väntat så länge på det här. Jag måste fortsätta.

"All right", viskade jag.

Men jag hade inga krafter. Jag kunde inte röra mig.

De båda männen erbjöd sin styrka i stället för min. De lyfte mig på fötter än en gång och lyckades bära mig uppför sluttningen. På vissa ställen gick snön dem ända till knäna. Hur säkra på foten de än var snubblade de ofta och vacklade under sin börda. Ibland föll vi alla tre i snön. Men de gav inte upp. Var gång vi föll, kravlade de upp på nytt, grep mina armar och släpade mig vidare.

Världen försvann runt omkring mig. Jag kanske förlorade medvetandet.

Efter vad som tycktes vara flera år hörde jag Mahtob viska som genom ett töcken: "Mamma!" Hon var vid min sida. Vi var uppe på bergstoppen.

"Ni kan rida resten av vägen", sa Mosehn.

Han la handen på min höft och kupade den andra så att jag skulle kunna sitta upp. Den andre mannen ställde sig på samma sätt på andra sidan. Tillsammans lyfte de upp min frusna stela kropp och förde den bakifrån upp över hästens rygg. Sedan gav vi oss utför sluttningen.

På något sätt lyckades jag sitta kvar på hästen tills vi kom nedför branten. Det var fortfarande mörkt omkring oss, men jag visste att gryningen måste vara nära. Jag kunde nätt och jämnt urskilja Mosehns ansikte där han stod framför mig och pekade tills jag förmådde urskilja ljus långt i fjärran. "Det är dit vi är på väg", sa han. Vi höll i alla fall på att närma oss skydd och värme. Jag ansträngde mig att hålla mig kvar i sadeln för den sista etappen under denna otroligt långa natt.

Vi red i ungefär tio minuter. Då hörde jag hundar som skällde för att varsko om att främlingar närmade sig. Vi kom fram till ett hus som låg gömt inne bland klipporna. Flera män kom ut på gården framför huset när vi närmade oss. Av allt att döma väntade de på oss. Jag såg att huset inte var mycket mer än en enkel barack, ett tillhåll för smugglare vid Turkiets östra gräns.

Männen framför huset välkomnade oss med breda leenden och ett livligt samtal började genast. De gratulerade Mosehn och de andra till att deras uppdrag lyckats. Den man som ridit med Mahtob i famnen satte försiktigt ner henne på marken och föll sedan in i samtalet. Jag orkade inte lyfta benet över hästens rygg utan föll rakt i den hårda marken när jag skulle glida av. Jag blev liggande orörlig och Mahtob kom springande för att hjälpa mig. Männen – till och med Mosehn – tycktes ha glömt bort att vi fanns. Några tog hand om hästarna och de andra gick in i värmen.

Med mina allra sista krafter kröp jag framåt med hjälp av armarna. Benen släpade efter mig och var inte till någon nytta. Mahtob försökte hjälpa till att släpa mig framåt. Mina armbågar skrapade mot den kalla hårda marken. Min blick var fäst vid dörren.

420

Jag lyckades på något sätt ta mig fram till tröskeln. Först då märkte Mosehn min belägenhet. Han och en av de andra männen släpade in mig i det lilla huset. Jag skrek av smärta när Mosehn drog stövlarna av mina frusna fötter. Männen bar Mahtob och mig fram till mitten av rummet och la oss framför den varma vedspisen.

Det dröjde flera minuter innan jag förmådde röra en enda muskel. Jag låg stilla och försökte dra åt mig så mycket värme som möjligt från elden.

Hettan var en långsamt verkande medicin som gradvis återförde mig till livet. Jag lyckades le mot Mahtob. Vi hade klarat det! Vi var i Turkiet!

Till sist lyckades jag i alla fall sitta upp. Jag försökte så gott jag kunde böja på tår och fingrar för att få fart på blodcirkulationen på nytt. Det brände som eld när livet återvände till fötterna och händerna.

När jag kände mig bättre kunde jag ta en överblick och bedöma scenen framför mig. Jag blev rädd på nytt. Huset var fullt av män. Det var bara män som samlats kring elden, förutom Mahtob och jag. Det var sant att vi var i Turkiet, men vi var fortfarande i händerna på laglösa smugglare. Hade de här männen tagit med oss så här långt för att sedan utsätta oss för outsägliga fasor? Skulle Mosehn kunna göra oss illa?

En av männen, som kanske märkte att jag var rädd, kom med varmt te till Mahtob och mig. Jag stoppade flera sockerbitar i munnen och sög i mig teet genom dem på iranskt sätt. I vanliga fall tyckte jag inte om socker i teet, men nu behövde jag energi. Jag sa till Mahtob att hon skulle göra på samma sätt.

Det hjälpte.

Efter ungefär en timme kände jag att jag skulle kunna gå. Jag reste mig och tog några stapplande steg.

När Mosehn såg det tecknade han att Mahtob och jag skulle följa honom. Han tog med oss ut tillbaka i den kalla gryningen och förde oss runt huset till bakgården. Där låg ett hus till.

Vi steg på och kom in i ett rum fullt av kvinnor och barn. Några pratade och andra sov på golvet, insvepta i filtar.

När vi steg in sprang en kvinna fram och hälsade på oss. Hon var klädd i flera lager av kurdiska kläder. Mosehn presenterade henne på farsi: "Det här är min syster!"

Mosehn la mer ved på elden. "I morgon ska vi föra er till Van", sa han. Sedan gick han tillbaka till männens hus.

I och med att vi kom till Van upphörde smugglarnas ansvar. När Mahtob och jag kommit dit nästa dag skulle vi få klara oss på egen hand.

Mosehns syster gav oss tjocka duntäcken och visade oss en plats intill väggen där det fanns plats på golvet så att vi kunde lägga oss. Mahtob och jag kröp ihop tillsammans under de tjocka täckena.

"Vi är i Turkiet. Vi är i Turkiet." Jag upprepade det för Mahtob gång på gång. "Kan du fatta det?"

Hon höll om mig tills hon somnade. Det var underbart att hålla henne i famn och jag försökte trösta mig med att hon sov så lugnt och att allt var bra. Men jag var fortfarande svag och det värkte i kroppen. Dessutom var jag utsvulten. Jag sov av och till under timmarna som följde. Det mesta av tiden tillbringade jag i bön. Jag tackade Gud för att han låtit oss komma så långt och bad att han skulle hjälpa oss med resten. Gode Gud, var med oss hela vägen tills vi kommer hem, bad jag. Var med oss, annars klarar vi det inte.

Jag låg utmattad men halvvaken när Mosehn kom för att hämta oss vid åttatiden på morgonen. Mahtob vaknade långsamt men mindes plötsligt att vi var i Turkiet. Då hoppade hon genast upp och var redo att fortsätta.

Jag kände mig också en smula återställd. Vi *var* i Turkiet. Mahtob var hos mig. Min kropp kändes som om jag hade fått en ordentlig omgång stryk, men jag hade fått tillbaka känseln i fingrar och tår. Jag var också redo att ge mig av. Mosehn tog oss med ut till en ganska ny skåpbil med snökejdor på hjulen. En av smugglarna satt redan bakom ratten.

Vi körde längs smala bergsvägar som vindlade fram längs branta stup. Det fanns inga vägräcken som skulle kunna skydda oss om olyckan var framme, men mannen som körde var en skicklig förare och snökedjorna gav gott grepp. Vi körde hela tiden utför och kom allt längre ner, längre in i Turkiet och längre bort från Iran.

Efter en stund stannade vi vid en bondgård och visades in i huset, som låg inbyggt i bergssluttningen. Där fick vi frukost som bestod av te, bröd och mer av den starka osten. Jag var hungrig, men jag orkade inte äta mycket. Men jag drack i alla fall flera glas te som jag la mycket socker i.

En kvinna kom med ett glas varm getmjölk till Mahtob. Hon smakade på den, men sa sedan att hon hellre ville ha te.

En enormt fet kvinna, tandlös, rynkig och medfaren av det hårda livet i bergen, kom in i köket. Hon såg ut att vara minst åttio år. Hon hade med sig kläder som vi kunde byta om till. Hon klädde både Mahtob och mig i samma kurdiska stil, men det här var av allt att döma en turkisk variant på samma tema.

Vi satt kvar en stund utan att göra något alls, och jag blev otålig. Jag frågade varför vi bara satt där och fick veta att Mosehn begett sig in till "staden" för att skaffa en bil. Jag fick också veta att den gamla feta kvinnan som hjälpt oss med kläderna var Mosehns mor. Hans hustru var också där. Det gav svar på en fråga. Mosehn var turk och inte iranier. Men egentligen var han ingendera. Han var kurd, och han erkände inte den gräns vi passerat under natten.

När Mosehn kom tillbaka med en bil blev det genast fart på allt och alla. Han räckte mig ett litet paket inslaget i tidnings-papper och tog sedan med Mahtob och mig till bilen. Jag stoppade snabbt paketet i min väska och tackade Mosehns mor för hennes gästfrihet. Till min förvåning kom hon med ut och satte sig i baksätet.

En av smugglarna satte sig vid ratten och en pojke satte sig i framsätet bredvid honom.

Vi körde genom det bergiga landskapet som en enda familj av turkiska kurder på utflykt. Mosehns mor var så överväldi-gande stor att Mahtob, som satt bredvid henne, nästan för-svann. Det kanske var just det som var meningen. Den väldiga kvinnan njöt av den halsbrytande farten utför bergen och rökte förnöjt starka turkiska cigaretter.

När vi kommit ner på plan mark saktade föraren in. Längre fram låg en vägspärr men ett litet skjul för vakterna. Jag blev rädd. En turkisk soldat tittade in i bilen. Han pratade med föraren och kontrollerade hans papper, men han bad inte att vi skulle visa några dokument. Mosehns mor blåste cigarettrök i ansiktet på honom och det dröjde inte länge förrän vakten lät oss fortsätta vår resa.

Vi fortsatte längs en ganska bred asfalterad väg fram över

423

högslätten. Ungefär var tjugonde minut måste vi stanna vid en ny vägspärr. Varje gång fick jag hjärtat i halsgropen, men varje gång tog vi oss igenom var gång utan svårigheter. Mosehns mor hade förklätt oss med stor skicklighet.

Vid ett tillfälle stannade föraren vid vägkanten där en liten väg tog av och löpte in till en liten by. Pojken hoppade ur och gav sig av längs byvägen. Vi startade på nytt och fortsatte mot Van.

Jag insåg plötsligt att jag inte hunnit säga adjö till Mosehn mitt i all röran då vi skulle ge oss av. Jag hade inte fått tacka honom, och nu gav det mig skuldkänslor.

Så kom jag att tänka på det paket han gett mig. Jag hade stoppat det i väskan utan att öppna det. Nu tog jag fram det och vecklade upp papperet. Paketet innehöll våra pass, mina pengar och mina smycken. Alla mina amerikanska dollar fanns där och de iranska rial jag haft med mig var växlade till en tjock bunt turkiska sedlar. Mosehn hade lämnat tillbaka allt — utom mitt guldhalsband. Det var ett sällsamt slut på ett kort och egendomligt möte mellan två människor. Jag hade Mosehn att tacka för Mahtobs och mitt liv. Pengar och smycken spelade inte längre någon roll för mig. Mosehn hade av allt att döma kommit fram till att guldhalsbandet var en lagom belöning för hans insats.

Vi stannade vid ännu en avtagsväg som ledde in till en annan by. Mosehns mor tände en ny cigarett på stumpen av den hon just rökt. Sedan steg hon ur bilen och försvann utan ett ord till farväl.

Nu var det bara föraren och vi kvar i bilen, och vi satte full fart mot Van.

Senare stannade föraren mitt ut på den öde landsbygden och tecknade åt oss att vi skulle ta av de yttre klädlagren. Vi tog av de kurdiska plaggen och hade nu bara våra amerikanska kläder kvar. Plötsligt blev vi amerikanska turister. Det enda vi saknade var de rätta stämplarna i våra pass.

Vi fortsatte färden och jag lade märke till att byarna vi passerade blev större och större. Efter ytterligare en stunds körning nådde vi fram till utkanten av Van.

"Flygplatsen", sa jag till föraren. Han förstod inte. Mahtob kom på det rätta ordet på farsi och förarens min ljusnade. Han stannade framför ett kontor med reseaffischer i fönstren och tecknade att vi skulle stanna i bilen medan han gick in. Han kom tillbaka efter några minuter, och efter Mahtobs översättning förstod jag att nästa plan till Ankara inte skulle gå förrän om två dagar.

Det var för lång tid att vänta. Vi måste genast till Ankara, innan någon började ställa olämpliga frågor.

"Buss?" frågade jag hoppfullt.

Föraren kände inte igen ordet.

"*Autobus?*"

"Aha". Han drog en suck av lättnad. Sedan startade han bilen och körde genom gatorna tills han hittade fram till busstationen. Han gav oss på nytt tecken att vi skulle stanna i bilen. Efter några minuter kom han tillbaka. "Lire?", sa han.

Jag tog upp bunten med turkiska sedlar ur min väska och räckte den till honom. Han tog några sedlar och försvann. Efter en kort stund kom han tillbaka. Han log brett och viftade med två bussbiljetter till Ankara. Han vände sig till Mahtob och sökte ord på farsi.

"Han säger att bussen går klockan fyra", sa Mahtob. Den skulle inte vara framme i Ankara förrän vid middagstid följande dag.

Jag såg på min klocka. Hon var bara ett. Jag ville inte sitta och vänta på busstationen i tre timmar. Jag ville dessutom unna oss att slappna av en smula när vi nu kommit närmare friheten. Jag uttalade det ord som jag visste att Mahtob också hade i sinnet.

"*Gazza*", sa jag och pekade på min mun. "Mat." Sedan vi lämnat lägenheten där vi väntat i Teheran hade vi bara ätit bröd och solrosfrön och bara druckit te.

Föraren såg sig omkring utanför busstationen och tecknade sedan att vi skulle följa med honom. Han förde oss till en restaurang i närheten och tog oss med in. När vi satt oss sa han "*tamoom, tamoom*" och gnuggade händerna. "Slut."

Vi tackade honom så gott vi kunde för hans hjälp. Han var rörd till tårar när han gav sig av.

Mahtob och jag beställde okända rätter från en främmande meny i ett främmande land. Vi visste inte riktigt vad vi skulle få på tallriken, men vi överraskades av en härlig rätt. Det var stekt kyckling och ris, och det smakade himmelskt.

Vi satt kvar länge vid bordet för att få tiden att gå, och vi åt upp allt till sista biten medan vi talade om Amerika. Jag var orolig för pappa, men de tankarna behöll jag för mig själv. Nu var magen mätt, men jag var hungrig på nyheter om min familj.

Mahtobs min ljusnade plötsligt ännu mer. "Titta!", sa hon. "Där är mannen som hjälpte oss."

Jag tittade upp och fick syn på mannen som kört bilen. Han kom tillbaka och satte sig vid vårt bord. Han satte sig och beställde mat och te för egen del. Av allt att döma hade han fått dåligt samvete för att han lämnat oss innan vi var i säkerhet ombord på bussen.

Till sist gjorde vi alla tre sällskap till busstationen. Där letade vår förare rätt på en turk som kunde vara stationschefen och talade med honom om oss. Turken hälsade hjärtligt på oss. Nu vände sig vår chaufför mot oss och upprepade sitt *tamoom, tamoom*. Hans ögon fuktades på nytt. Sedan lämnade han oss hos turken.

Turken visade oss till sittplatser intill en vedkamin. En pojke i tioårsåldern kom med te. Vi väntade.

När klockan närmade sig fyra kom turken fram till oss. "Pass?" frågade han.

Jag fick hjärtat i halsgropen. Jag stirrade på honom och låtsades inte förstå.

"Pass?" upprepade han.

Jag öppnade tveksamt min väska och stack ner handen i den. Jag ville inte att han skulle titta närmare på våra pass.

Han skakade på huvudet och höll upp handen för att hejda mig. När han fortsatte för att kontrollera de andra passagerarnas pass försökte jag förstå hans handlande. Det var antagligen hans ansvar att kontrollera att alla passagerarna hade sina papper i ordning. Han visste att vi hade pass, men han ville inte veta mer. Jag undrade vad vår chaufför hade sagt till honom.

Vi var fortfarande kvar i en värld av hemliga överenskommelser, gränser och identitetshandlingar vars giltighet bestämdes i viskade förklaringar och nickar av samförstånd.

En officiell röst läste upp ett meddelande och jag tyckte att jag kunde urskilja ordet "Ankara". Vi reste oss och följde de andra passagerarna ut till en modern buss som inte var så olik en amerikansk Greyhoundbuss.

Vi satte oss ganska långt bak på vänster sida om mittgången. Flera passagerare hade redan tagit plats och ännu fler kom nu. Bussen blev nästan fullsatt. Motorn gick på tomgång och det var varmt inne i bussen.

En tjugo timmars bussresa till Ankara var nu allt som låg mellan oss och tryggheten.

Vi var ute ur staden efter några minuter och rullade snabbt längs den isiga och slingrande bergsvägen. Chauffören utmanade ofta ödet när han styrde bussen i hög fart genom kurvor utan skyddsräcke. Herregud, tänkte jag, har vi kommit så här långt bara för att störta ner i en ravin?

Nu kände jag hur utmattad jag var efter de tidigare strapatserna. Men det värkte i kroppen så att jag inte kunde sova. Jag gled i alla fall in i ett halvslumrande tillstånd. Jag var fortfarande på min vakt, men jag drömde om morgondagen.

Jag vaknade med ett ryck mitt i natten. Chauffören hade tvärbromsat och bussen gled på isen innan den stannade. Det blåste full snöstorm ute och andra bussar hade stannat framför oss. Jag kunde se att vägen var spärrad av höga snödrivor längre fram. En eller ett par bussar hade försökt komma igenom men fastnat i snön.

Det fanns en byggnad i närheten. Det var ett hotell eller en restaurang. Eftersom det tycktes bli fråga om en lång väntan gick flera passagerare av bussen för att ta skydd inomhus tills vi kunde fortsätta.

Det var nästan midnatt. Mahtob sov djupt vid min sida och jag såg vinterscenen utanför genom min egen trötthets dimma. Efter en stund somnade jag på nytt.

Under de timmar som följde vaknade jag till då och då men somnade in på nytt efter en stund. Till slut vaknade jag och märkte att jag skakade av köld. Värmen var avslagen och det var iskallt, men jag var för trött för att orka resa mig och gå in i huset. Efter en kort stund somnade jag på nytt.

Inte förrän strax före gryningen vaknade jag på nytt. Nu var det ljudet av en snöplog som väckte mig. Man höll på att röja vägen framför oss. Mahtob darrade av köld vid min sida, men hon sov fortfarande.

Till sist, efter sex timmars försening, började vi på nytt rulla fram genom det snötäckta landskapet.

Mahtob rörde sig vid min sida. Hon vaknade och gnuggade sig i ögonen. Hon stirrade ut genom fönstret en stund innan hon kom ihåg var hon befann sig. Hon ställde samma fråga som alla barn gör när de är på resa: "Mamma, när är vi framme?"

Jag berättade för henne om den långa förseningen. "Det kommer att bli väldigt sent innan vi kommer fram", sa jag.

Bussen dunsade fram i rasande fart genom snöstormen för att inte fastna på nytt. Jag blev orolig när jag märkte att föraren försökte få upp farten ännu mer. I varje isig kurva på bergsvägen var jag säker på att vår sista stund var kommen. Det verkade omöjligt att bussen skulle kunna hålla sig kvar på vägen i den farten. Så dumt det skulle vara att dö på det här sättet!

Sent på eftermiddagen stannade bussen och vi såg döden. Det var fullt av fordon på vägen, men bussföraren körde så långt fram han kunde för att vi skulle få se vilken hemsk olycka som inträffat. Minst ett halvt dussin bussar som försökt klara sig igenom den isiga hårnålskurvan hade störtat av vägen. Skadade passagerare låg och ropade överallt i snön. Andra, som klarat sig lindrigare undan, hjälpte dem så gott de förmådde. Det vände sig i magen på mig.

Vår chaufför fick vänta en stund innan han kunde köra förbi olycksplatsen. Jag försökte att inte titta ut, men jag kunde inte låta bli.

Otroligt nog trampade vår chaufför gasen i botten på nytt så fort han kommit förbi olycksplatsen. Gode Gud, hjälp oss så att vi kommer till Ankara utan någon olyckshändelse, bad jag.

Det började mörkna på nytt. Det var den andra natten av vad som skulle ha varit en tjugotimmarsresa. Jag ställde mig själv samma fråga som Mahtob. När skulle vi komma fram?

Jag var rastlös och orolig. Det var svårt att somna och kroppen värkte av att ha varit så länge i samma ställning. Varje muskel protesterade. Jag vände och vred mig i stolen utan att kunna finna någon bekväm ställning.

Klockan var två på morgonen när vi till sist stannade på en modern bussterminal mitt i Ankara. Bussresan från Van hade tagit trettiotvå timmar i stället för tjugo, men nu var den i alla fall slut.

När vi steg av bussen vid terminalen såg vi en man som stod och ropade "taxi", och vi gick fram till honom. Vi ville inte riskera att dröja kvar och råka ut för några poliser.

"Sheraton. Hotell Sheraton", sa jag. Jag visste inte om det fanns något Sheratonhotell i Ankara.

"*Na*".

"Hotell Hyatt."

"*Na*".

"*Khub* hotell", sa jag. "Bra hotell." Han tycktes förstå det ordet på farsi och körde snabbt in i affärsdistriktet i stadens centrum. Medan vi rullade fram längs gatorna saktade han in ett ögonblick och pekade på en kontorsbyggnad vars fönster var mörka eftersom det var natt. "*Amrika*", sa han.

Ambassaden! Vi skulle gå dit så snart de öppnade på morgonen.

Taxin fortsatte ytterligare några kvarter och stannade sedan innan den backade in ett stycke på en boulevard framför en elegant byggnad med en skylt där det stod: HOTEL ANKARA.

Taxichauffören tecknade att vi skulle vänta. Sedan gick han in och kom tillbaka med en anställd som talade engelska.

"Ja, vi har rum lediga", sa han. "Har ni pass?"

"Ja."

"Välkomna in."

Jag gav taxichauffören ordentligt med dricks. Mahtob och jag följde portieren in i den stora och bekväma vestibulen. Jag skrev in oss och uppgav mina föräldrars hem i Bannister i Michigan som min hemadress.

"Kan jag få era pass", bad portieren.

"Visst." Jag letade en stund efter dem i väskan och beslöt att använda ett trick som Amahl lärt mig. När jag gav portieren passen räckte jag samtidigt över hundrafemtio dollar i amerikansk valuta. "Här är betalning för rummet", sa jag.

Portieren brydde sig mer om pengarna än om passen. Han log brett och följde sedan med oss och en piccolo till vad som tycktes vara det vackraste hotellrummet i världen. Det hade två dubbelsängar, länstolar, ett stort och modernt badrum med ett separat dressingroom och till och med en TV.

Så snart portieren och piccolon gått kramade vi varandra, halvtokiga av lycka.

"Kan du tro att det är sant?" frågade jag Mahtob. "Vi kan borsta tänderna och bada ... och sova."

Mahtob var redan på väg till badrummet för att tvätta av Iran från sin kropp för gott.

Plötsligt knackade det på dörren.

Jag förstod genast att det gällde passen. "Vem är det?" frågade jag.

"Portieren", ljöd svaret.

Jag öppnade dörren. Han stod utanför med våra pass i handen. "Var har ni fått de här passen?" frågade han. "Det finns inga visa och inga inresestämplar."

"Det är ingen fara", sa jag snabbt. "Det finns en liten hake, men det ska jag ordna i morgon. Jag ska åka till ambassaden genast i morgon bitti."

"Nej. Ni kan inte stanna här. Passen är inte giltiga. Jag måste ringa polisen."

Inte det, efter allt vi gått igenom.

"Snälla ni", bönföll jag. "Min dotter är i badrummet. Vi är trötta. Vi är hungriga och vi fryser. Låt oss bara stanna här i natt så ska vi åka till ambassaden genast i morgon bitti."

"Nej. Jag måste ringa polisen", upprepade han. "Ni måste ut ur det här rummet."

Han var artig men orubblig. Hur synd han än tyckte om oss kunde han inte riskera att mista sitt arbete. Han väntade medan vi stoppade tillbaka våra få tillhörigheter i min väska. Sedan följde han oss ner till vestibulen.

Vi var i säkerhet – i två hela minuter – tänkte jag dystert.

På väg ner försökte jag på nytt. "Jag kan ge er mer pengar", sa jag. "Kan ni inte låta oss stanna här i natt?"

"Nej. Jag måste rapportera alla utlänningar som bor här till polisen. Vi kan inte låta er stanna."

"Kan vi inte få stanna i vestibulen till i morgon? Snälla ni, låt mig slippa ta med henne ut på gatorna i kylan." Jag fick en idé. "Kan ni ringa ambassaden?" frågade jag. "De kanske kan reda upp den här saken redan i kväll."

Han ville hjälpa oss inom de gränser han kunde, och han ringde. Han talade med någon en kort stund och gav mig sedan luren. Jag talade plötsligt med en amerikan. Det var en marinsoldat som hade vaktjouren.

"Vad är det fatt?" frågade han. Det hördes på rösten att han var en smula misstänksam.

"De låter mig inte stanna här för att vi inte har några stämplar i passen. Vi behöver ligga över på något ställe. Kan vi komma till ambassaden?"

"Nej!" svarade han kort. "Ni kan inte komma hit."

"Vad ska vi göra då?" frågade jag snyftande av besvikelse.

Hans militäriska röst blev iskall och hård. "Hur kom ni in i Turkiet utan att få era pass stämplade?"

"Det vill jag inte berätta i telefon. Tänk bara efter så förstår ni."

"Hur kom ni in i Turkiet?" frågade han på nytt.

"Till häst."

Marinsoldaten brast i skratt och sa sedan nedlåtande: "Ni måste förstå att klockan är tre på morgonen. Jag har inte tid att skoja om sådana här saker. Det är inte ambassaden ni ska vända er till. Det är polisen som tar hand om sådana problem. Gå till polisen."

"Ni kan inte göra så här mot mig!" skrek jag. "Jag har gjort allt för att undvika polisen i en vecka och nu säger ni att jag ska gå till dem. Ni *måste* hjälpa mig."

"Nej, vi kan inte hjälpa er."

Jag var utom mig av besvikelse. Jag hade bara några steg kvar till friheten, men byråkratin förvandlade dem till en ändlös väg. Jag la på luren och sa till portieren att jag måste vänta till nästa morgon för att få träffa någon på ambassaden. Jag bad än en gång att vi skulle få stanna i vestibulen.

"Jag kan inte tillåta er att vistas i lokalerna", sa han. Hans ord var bestämda men tonen hade mjuknat. Han kanske själv hade en liten dotter. Hans sätt gav mig nytt hopp och jag beslöt mig för att pröva en annan taktik.

"Skulle ni kunna beställa ett samtal till Amerika? Ett samtal som ska betalas av mottagaren."

"Ja."

Medan vi väntade på att samtalet skulle bli kopplat ända till Bannister i Michigan skrek portieren en order till någon, och snart kom en servitör med en tekanna, teglas och äkta linneser-

431

vetter. Vi smuttade långsamt på vårt te och hoppades desperat att vi inte skulle behöva ge oss ut i den kalla mörka natten igen.

Det var onsdag i Ankara, men i Michigan var det fortfarande bara tisdag. Det var mamma som svarade.

"Mahtob och jag är i Turkiet!" sa jag.

"Tack gode Gud!" sa mamma. Genom lättnadens tårar förklarade hon att min syster ringt till Teheran kvällen innan för att tala med mig och att Moody ilsket hade meddelat henne att vi var försvunna och att han inte visste var vi befann oss. De hade varit bekymrade för oss.

Jag ställde en fråga trots att jag fruktade svaret: "Hur är det med pappa?"

"Han kämpar vidare", sa mamma. "Han är inte ens på sjukhuset. Han är här. Jag ska ta telefonen till hans säng."

"*Betty!!!*" skrek pappa i luren. "Jag är så lycklig över att du tagit dig ut. Kom hem så snart du kan. Jag ska ... kämpa vidare tills jag ser dig här hemma igen." Hans röst blev svagare.

"Jag ringer igen så snart jag kommer till ambassaden", sa jag.

Efter samtalet torkade jag mina tårar och försökte lösa stundens problem. "Vad ska jag ta mig till nu?" frågade jag portieren. "Jag kan inte ta med min dotter ut på gatan i den här kylan."

"Ta en taxi och åk från hotell till hotell", sa han. "Ni kanske finner ett hotell som vill ta emot er. Visa inte era pass om ni inte måste." Han gav oss passen tillbaka och räckte mig de hundrafemtio dollar jag gett honom. Sedan ringde han efter en taxi åt oss.

Han tänkte tydligen inte ringa polisen. Han ville bara inte råka i någon knipa för egen del. Och när taxin kom gick han med och talade med chauffören. "Hotell Dedeman", sa han.

Där var portieren medgörligare. När jag sa att jag skulle rätta till bristerna i passet nästa morgon frågade han om jag var eftersökt av polisen.

"Nej", svarade jag.

"Då så", sa han. Sedan bad han mig att jag skulle skriva in mig under falskt namn. Jag skrev in mig som Betty Lover, mitt flicknamn.

432

När vi kom upp på rummet tog vi ett hett bad. Sedan borstade vi tänderna och la oss. Sömnen lät inte vänta på sig.

Näste morgon ringde jag Amahl.

"Bettii!" Han skrek av glädje. "Var är ni?"

"Isfahan", svarade jag glatt.

Amahl gav till ännu ett glädjerop när jag nämnde vårt kodnamn på Ankara. "Mår ni bra? Har allt gått som det skulle? Var de snälla mot er?"

"Ja", svarade jag. "Tack ska ni ha. Tack snälla ni. Gud ska veta att jag vill tacka er!"

Mahtob och jag proppade i oss en rejäl frukost med ägg och stekt potatis. Vi fick apelsinjuice och jag drack äkta amerikanskt kaffe.

Sedan tog vi en taxi till den amerikanska ambassaden. När jag betalade föraren skrek Mahtob: "Mamma, titta. Titta!" Hon pekade på den amerikanska flaggan som vajade i vinden.

När vi kom in gick vi till receptionen och talade om vad vi hette. Vi räckte våra pass till receptionisten som satt bakom skottsäkert glas.

Efter en kort stund kom en man som presenterade sig som vicekonsul Tom Murphy. Han hade redan fått meddelande om oss från Washington.

"Jag är verkligen ledsen för det som hände i går kväll", sa han. "Jag lovar er att den vakten inte kommer att få någon löneförhöjning nästa år! Har ni lust att stanna några dagar och titta på Turkiet?"

"Nej!" sa jag med eftertryck. "Jag vill åka hem med första bästa plan."

"All right", svarade han. "Vi ska se till att era pass blir i ordning, och sedan ska vi se till att ni kommer på ett plan redan i eftermiddag."

Han bad oss vänta i entréhallen en stund. När vi satte oss på en bänk fick jag syn på ännu en amerikansk flagga. Den hängde från en flaggstång i hallen. Jag kände att jag fick en stor klump i halsen.

"Kan du fatta att vi ska åka hem, Mahtob?" sa jag. "Kan du fatta att vi i alla fall ska åka hem till sist?"

Vi bad tillsammans. "Tack gode Gud. Tack för det du gjort."

Medan vi väntade hittade Mahtob kritor – eller också fick

433

hon dem av någon. Hon satte sig och ritade på ett brevpapper från vårt hotell. Det var så mycket som snurrade i mitt huvud att jag inte märkte något förrän hon kom och visade mig sin teckning.

Högst upp på papperet fanns en guldgul sol. I bakgrunden löpte fyra bruna bergskedjor. Förgrunden visade en segelbåt som påminde om den vi hade hemma i Alpena. Vid ena sidan svävade ett flygplan eller en fågel. Ett typiskt kurdiskt hus var ritat i svart. Det liknade många av de hus vi sett på vägen. Hon hade till och med ritat märken efter kulor i väggarna. I mitten vajade en röd, vit och blå flagga i vinden. Med svart krita hade Mahtob skrivit ett ord intill flaggan.

Trots att hon textat fint kunde jag knappt läsa bokstäverna genom tårarna som nu flödade ur mina ögon. Med barnsligt formade bokstäver hade Mahtob plitat:

AMErIKA

Efterskrift

M ahtob och jag kom hem till Michigan den 7 februari 1986. Friheten var en bitterljuv upplevelse. Vi var överlyckliga när vi fick träffa Joe och John och krama om mamma och pappa. Vår ankomst hjälpte pappa att hämta litet krafter. Han levde upp och blev glad. Den 3 augusti dukade han till sist under för sin cancer – två år efter den dag Mahtob och jag anlänt till Teheran. Vi saknar honom outsägligt mycket.

Mamma kämpar för att anpassa sig till ett liv utan pappa. Hon gråter ofta. Hon är lycklig över att hennes dotter och dotterdotter återvänt från helvetet, men hon oroar sig för framtiden.

Joe och John har hjälpt oss att återanpassa oss till livet här. De är goda söner och redan mer karlar än pojkar, och deras ungdom och entusiasm hjälper oss.

Jag har inte hört något från mina vänner Chamsey, Zaree, Alice och Fereshteh. Ingen av dem visste något om mina planer att fly, och jag hoppas att ingen av dem fått lida för det som hände. Jag kan inte riskera deras säkerhet genom att försöka ta kontakt med dem.

Helen Balassian arbetar fortfarande på den schweiziska ambassadens avdelning för amerikanska ärenden och gör vad hon kan för att hjälpa andra som råkat i samma situation som jag befann mig i.

Jag skickade ett kort brev till Hamid, mannen som ägde en herrekipering i Teheran och vars telefon gav mig möjlighet att hålla kontakt med Helen, Amahl och andra. Jag fick ett svarsbrev, daterat den 2 juli 1986, som förmedlats via tredje hand. Där skriver han bland annat:

Kära modiga syster Betty,

Jag förmår inte förklara vad jag kände när jag fick ditt brev. Jag satte mig ner bakom disken och kände mig väldigt lycklig. Jag ringde min hustru och berättade det för henne. Hon blev lika lycklig som jag. Det är så roligt för oss att veta att ni är hemma och att allt är bra med er. Ni vet hur mycket jag tycker om er båda. Jag kommer aldrig att glömma er.

Min affär stängdes för knappt två månader sedan. Jag anklagades för att ha sålt tröjor med västerländska bokstäver på, och vi har inget arbete längre. Situationen blir värre här för var dag. Jag tycker ni haft tur.

Ge Mahtob en kram från mig och hälsa era föräldrar.

Gud välsigne er!
Hamid

En förstående bankman lånade mig pengar så att jag kunde betala Amahl omedelbart. I slutet av 1986 planerade han att fly själv, men han kunde inte komma ut på grund av att kontroversen kring de amerikanska vapenleveranserna till Iran ledde till att bevakningen skärptes ytterligare. När det här skrivs har han ännu inte kommit ut ur landet.

Upprördheten i USA över vapenleveranserna förvånade mig, liksom de måste ha förvånat alla som bott i Iran under de senaste åren. Där visste alla att USA hjälper båda sidor i kriget mellan Iran och Irak.

Det har varit svårt för Mahtob att återanpassa sig till livet i Amerika, men hon har klarat det med hjälp av den anpassningsförmåga unga människor har. Hon kommer hem från skolan med högsta betyg i alla ämnen och hon är på nytt ett lyckligt barn och en riktig solstråle. Ibland saknar hon sin pappa – inte den galning som höll oss inspärrade i Iran, utan den kärleksfulle far som en gång älskade oss båda. Hon saknar också sin kanin. Vi har letat i många leksaksaffärer, men vi har inte kunnat hitta en likadan.

Efter vår återkomst till Amerika träffade jag Teresa Hobgood. Hon var den person på utrikesdepartementet som arbetade med mitt fall och som hjälpte min familj genom den arton

436

månader långa pärsen. Hon tycker att jag gör rätt i att berätta om vad jag varit med om så att det kan bli en varning för andra. Teresa arbetar på en avdelning där man undersöker alla de fall där amerikanska kvinnor och barn mot sin vilja hålls kvar i Iran och andra islamiska länder. Man känner i dag till inte mindre än ett tusental sådana fall.

Mahtob och jag måste nu leva i vetskapen om att vi kanske aldrig kan bli fria från hotet att Moody ska kunna göra oss illa, trots att han befinner sig i en annan del av världen. Vi kan drabbas när som helst. Han kan komma själv eller också kan han använda någon av sina talrika släktingar som redskap. Moody vet att om han skulle kunna lura Mahtob tillbaka till Iran skulle han ha det samhällets och dess lagars fulla stöd.

Det som Moody kanske inte inser är att min hämnd är lika långtgående som hans. Jag har i dag inflytelserika vänner i USA och i Iran, och de skulle aldrig tillåta att han triumferade. Jag kan inte avslöja mina försiktighetsåtgärder i detalj. Det får räcka med att säga att Mahtob och jag nu lever under antagna namn på hemlig ort – någonstans i Amerika.

Jag vet ingenting om Moody utom vad Ellen berättade i ett brev daterat den 14 juli 1986. Hon skickade det till min mors adress och det eftersändes till mig. Ellen skrev:

Kära Betty,

Jag hoppas att det här brevet når dig och att du är välbehållen och lycklig. Jag väntade mig att du skulle skriva och berätta om vad som hände. Jag ansåg dig i alla fall vara en god och nära vän.

Vi besökte din man några gånger efter det att du gett dig av. Jag hjälpte honom till och med att ringa runt för att ta reda på vad som hänt dig. Jag var så orolig. Jag fruktade det värsta. Jag är fortfarande nyfiken på vad som hände.

Vi har inte sett dr Mahmoody på några månader. Vi knackade på en dag, men han var inte hemma. Vi åkte dit några gånger under vintern och till och med vid det iranska nyåret för att hålla kontakt med honom. Den snögubbe du och Mahtob byggde blev mindre och mindre tills det bara låg en röd halsduk kvar på marken. Den försvann i tomma intet, precis som du tycks ha gjort ...

437

Ordförklaringar

Abbah Ett capeliknande plagg som bärs av en turbanman eller ett arabiskt plagg som liknar en *chador*, men som hålls på plats av ett resårband.

Aga Herr.

Aiee Khodah Herregud!

Alhamdoallah Gud vare tack.

Allahu akbar Gud är stor.

Alman Tyskland.

Ameh Moster eller faster.

Ameh Bozorg Storfaster.

Amoo Farbror.

Ashkalee Sophämtare

Autobus Buss.

Azan Kallelse till bön.

Azzi zam Älskling.

Baad Usel.

Baba Pappa.

Baba Hajji Far som besökt Mecka.

Bakshid Ursäkta.

Banderi Persisk musik av ett glättigt slag som förbjudits av ayatollah Khomeini.

Barbari Jäst bröd som bakas i oval form.

Bebe Hajji Kvinna som vallfärdat till Mecka.

Betaman Ge mig den.

Bia Sitt ner.

Bohm Bomb.

Bozorg En person som är betydelsefull, värdig och hedrad.

Chador Ett stort halvmånformat tygstycke som sveps om skuldrorna, pannan och hakan så att bara ögon, näsa och mun förblir synliga. Effekten blir densamma som av forna tiders nunnedok.

Chash Ja.

Chelokebab En iransk kebab som består av lammkött som serveras ovanpå en hög av ris.

Chi mikai Vad önskar ni?

Da dahdeegae Tio minuter.

Daheejon Käre farbror (*dahee*, farbror; *jon* betyder "käre" och placeras efter en titel eller ett namn.

Dombeh Den fettdepå som ett iranskt fettsvansfår har hängande under svansen.

Dozari Tvårialmynt.

Eid Helgdag.

Eid e Ghorban Offerfesten.

Ensha Allah Om Gud vill.

Estacon Små teglas om inte rymmer mer än en kvarts kopp.

Gazza Mat.

Haft sin En *sofray* som prytts med de sju symboliska födoämnena vars namn på farsi börjar med bokstaven S (*haft* betyder sju och *sin* betyder S).

Hajji En person som vallfärdat till Mecka.

Hamoom Offentlig badinrättning.

Haram En berömd och vördad islamisk mans grav. Den brukar ligga inne i en *masjed*. Syftet med en pilgrimsfärd är att röra vid *haram* och be intill den heliga graven.

Injas Här.

Khanum Dam.

Khayan En engelskspråkig tidning i Teheran.

Khoreshe Sås som lagas på grönsaker, kryddor och ibland små köttbitar.

Khub Bra.

Lavash Torrt, tunt och osyrat bröd.

Maag barg Amrika Död åt Amerika.

Maag barg Israeel Död åt Israel.

Macknay Scarf.

Madrasay Skola.

Mahmood Namn som betyder "prisad".

Mahtob Månljus.

Majubeh Engelskspråkig tidskrift för islamiska kvinnor som distribueras internationellt.

Man khaly, khaly, khaly motasifan Jag är mycket, mycket, mycket ledsen.

Marsay En kryddört.

Mash Allah Gud vare lovad.

Masjed Moské.

Moharram Sorgemånaden.

Montoe Lång kappa utan markerad midja.

Mordeh Död.

Morgh Bönesten. En liten klump hårdnad lera.

Muchakher Tack.

Munafaquin Den iranska motståndsrörelsen som är för shahen och motarbetar Khomeini.

Mustakim Rakt fram.

Na Nej.

Najess Smutsig.

Nakon Låt bli.

Namakieh Saltförsäljare.

Nanni Brödbutik.

Nasr Ett högtidligt löfte till Allah. En överenskommelse.

Nazdik Nära.

Nistish Det finns inget.

No-ruz Det persiska nyåret.

Pakon Ett vanligt iranskt bilmärke.

Pasdar En speciell poliskår. Männen kör omkring i vita Nissanlastbilar och kvinnorna i vita Pakon-bilar. De patrullerar gatorna för att bl a se till att kvinnorna är rätt klädda enligt islamiska bestämmelser. *Pasdar* patrullerar också landets gränser.

Rial Den iranska valutan.

Roosarie En stor scarf som knyts framtill och som helt döljer halsen.

Saag Hund. Ofta använt som skällsord.

Sabzi Råa grönsaker (basilika, mynta, gröna lökstänglar, spenat, persilja etc).

Salom God dag.

Savak Shahens hemliga polis.

Sayyed En religiös titel som anger att bäraren är en direkt ättling till profeten Muhammed på både fädernet och mödernet.

Seda Zafar Början av Zafargatan.

Seyyed Khandan Den del av Teheran där Reza och Mammal bor.

Shoma Englisi sobatcom? Talar ni engelska?

Sofray Oljeimpregnerat tyg som läggs ovanpå mattorna till skydd när man äter på golvet.

Tamoom Slut.

Taraf Den vanliga iranska seden att göra artiga löften som man inte avser att infria.

Tavaunee Kooperativ butik.

Tup kuneh Det iranska televerket.

Zood bash Skynda på.

440